U1008604

本书出版获得教育部人文社会科学重点研究基地河北大学宋史研究中心建设经费、河北大学中国史“双一流”学科建设经费、河北大学燕赵高等研究院学科建设经费资助。

宋史研究丛书·第五辑

宋元明清岳飞故事解析

傅炳熙 著

河北大学出版社·保定

出 版 人：刘相美
责任编辑：王红梅
装帧设计：王占梅
责任校对：李　易
责任印制：常　凯

SONG-YUAN-MING-QING YUEFEI GUSHI JIEXI

图书在版编目（CIP）数据

宋元明清岳飞故事解析 / 傅炳熙著. -- 保定：河北大学出版社，2024.9

ISBN 978-7-5666-2088-0

Ⅰ. ①宋… Ⅱ. ①傅… Ⅲ. ①岳飞（1103–1142）–人物研究 Ⅳ. ①K825.2

中国国家版本馆CIP数据核字(2023)第014566号

出版发行：河北大学出版社
地址：河北省保定市七一东路2666号　邮编：071000
电话：0312-5073003　0312-5073029
网址：www.hbdxcbs.com
邮箱：hbdxcbs818@163.com
经　　销：全国新华书店
印　　刷：保定市宏箭彩印有限公司
幅面尺寸：148 mm × 210 mm
字　　数：330 千字
印　　张：13.5
版　　次：2024 年 9 月第 1 版
印　　次：2024 年 9 月第 1 次印刷
书　　号：ISBN 978-7-5666-2088-0
定　　价：78.00 元

如发现印装质量问题，影响阅读，请与本社联系。
电话：0312-5073023

《宋史研究丛书》(第五辑)编辑委员会

顾　问：（按姓氏笔画排序）

王菱菱　王曾瑜　史金波　朱瑞熙　乔幼梅

李锡厚　汪圣铎　陈　振　郭东旭　黄宽重

主　编：廖　寅

副主编：丁建军

编　委：（按姓氏笔画排序）

王晓龙　王晓薇　王善军　邓小南　包伟民

邢　铁　刘秋根　杜建录　李华瑞　杨　果

杨倩描　肖爱民　张希清　陈　峰　姜锡东

顾宏义　郭治安　程民生

序

我到安阳师院工作没多久便结识了傅炳熙教授，只知道他是汤阴人，见面也只是互相打个招呼。第一次熟悉是我邀请王曾瑜先生给我校师生及汤阴县机关干部做学术报告，这才知道他和王曾瑜先生很早就认识，他的《宋元明清咏岳飞广辑》及《宋元明清咏岳飞选注》二书均由王曾瑜先生作序。王曾瑜先生此行离别安阳之前，我们为王先生送别，主客之间，谈兴甚浓。傅炳熙教授说话声音不高不低，温文尔雅，办事也很低调。《宋元明清咏岳飞广辑》《宋元明清咏岳飞选注》两部书及之后的《岳飞故里明清题咏选》出版后，傅炳熙教授均很快签名送我，作为后学的我，非常感动。由此也体会到作为岳飞故里出来的学者，对岳飞那份特殊的感情。

傅炳熙教授之新作《宋元明清岳飞故事解析》，将宋元明清相关书籍中收集到的岳飞故事分为奇诞、忠孝、仁惠、廉俭、抗直、谦抑、智略、材武、凛严、声威、冤狱、辨诬、昭雪、追怀、象贤、痛奸、遗存、文事、谶兆、梦感、灵异、庬钞二十二类，每类又按内容多少分为若干则。书名中虽有“故事”二字，但阅读者万勿以寻常故事之意，先入为主地做出判断；这些故事均有其原始出处，并非空穴来风，而且许多“故事”和正史中的记载都有照应。傅炳熙教授具有丰富的中国古典文学治学经验，加之对宋元明清时期有关岳飞的文学类史料掌握得非常全面，因此对史料的释读和解读能力都比较高。该书不是对这些故事收集、归类、解释，以满足部分阅读者的好奇心甚至猎奇心，而是运用文化人类学、心理学等学科的相关理论，分析某些故事背后的社会心理，以达到去粗取精、去伪存真的目的。因此，该书实为兼具普及性和学术性的非常严谨的著作。该书的写作不是助长对岳飞的神化，而是让阅读者了解真实的、有血有肉有灵魂的英雄形象。

从宋代开始，新鲜活泼的俗语虽然越来越多地出现于俗文学作品中，但是经过长期的岁月变迁，许多汉字的字音和语义，倘若不是从事古汉语变革研究的专业人员，恐怕大多也难以搞准确。傅教授从音和意两方面，对一些难懂的字、词做出严谨的解释。古典文学常识较为浅薄的我，读后受益匪浅。

宋代的官职，是中国古代诸王朝中比较复杂的，即使是研究该段历史的学者，如果不查阅有关的词典，也难以搞准确。评书类的《岳飞传》和戏剧，遇到这种情况，则大多随兴发挥，比如称岳飞为岳元帅。其实，在宋代，像岳飞这样的高级官员，是被尊称为“相公”的。傅教授虽然不是专职从事中国古代历史研究的学者，但针对此类情况，还是通过各种专业途径，尽可能给出准确的解释。

故此，我相信，此书出版之后，一定会给阅读者提供许多阅读的方便和助益。书中的内容，也有助于纠正或明晰他们此前所接受的有关岳飞的错误的或者模糊的认识，更有助于还原岳飞真实的历史形象。

符海朝
2020 年 4 月 3 日于岳飞故里

目　录

一、奇诞（8 则）……………………………………………（ 1 ）
二、忠孝（16 则）……………………………………………（ 10 ）
三、仁惠（17 则）……………………………………………（ 35 ）
四、廉俭（14 则）……………………………………………（ 61 ）
五、抗直（12 则）……………………………………………（ 80 ）
六、谦抑（8 则）……………………………………………（101）
七、智略（18 则）……………………………………………（110）
八、材武（12 则）……………………………………………（136）
九、凛严（21 则）……………………………………………（151）
十、声威（15 则）……………………………………………（172）
十一、冤狱（16 则）…………………………………………（188）
十二、辨诬（15 则）…………………………………………（213）
十三、昭雪（14 则）…………………………………………（234）
十四、追怀（14 则）…………………………………………（253）
十五、象贤（10 则）…………………………………………（268）
十六、痛奸（20 则）…………………………………………（280）

十七、遗存（15 则） …………………………………… (300)
十八、文事（21 则） …………………………………… (315)
十九、谶兆（12 则） …………………………………… (344)
二十、梦感（13 则） …………………………………… (359)
二十一、灵异（20 则） ………………………………… (381)
二十二、庑钞（13 则） ………………………………… (405)

后　记 ……………………………………………………… (420)

一、奇诞

1. 先臣方在孕①，有老父过门②，闻姚氏之声③，曰："所生男也，他日当以功名显世④，位至公孤⑤。"父因忽不见。（〔宋〕岳珂《鄂国金佗稡编》卷四《经进鄂王行实编年》卷一）

［注］

①先臣：古代大臣于国君前称自己已死的祖先、父亲为"先臣"。此岳珂称其祖父岳飞。后称同者不复注。方在孕：正孕育在母腹中。②老父：对老年人的尊称。过门：登门，上门。③姚氏：岳飞的母亲。④他日当以功名显世：日后应当以功业和名声显扬于世。⑤公孤：三公三孤的合称，泛指重臣。三公，古代中央三种最高官衔的合称，各代所指并不一致。一般指太师、太傅、太保。三孤，指少师、少傅、少保，是三公的副职。岳飞于绍兴十年（1140）加正一品少保。

这是岳飞之孙岳珂追述其祖父出生之前的事。老者过访岳氏之门，听到怀孕主妇的声音，说生下的一定是男孩，且将来会做大官。在重男轻女的封建时代，客人如此恭维主人，也属人情之常。"父因忽不见"，便平添神秘色彩，使恭维之语变为谶纬之兆。岳珂或得之民间神化岳飞的传闻，或有意虚饰其祖父而自为。

2. 及生先臣之夕，有大禽若鹄①，自东南来，飞鸣于寝室之上。先臣和异之，因名焉②。未弥月③，黄河决内黄西[④]，水暴至[⑤]。姚氏仓皇襁抱[⑥]，坐巨瓮中，冲涛而下[⑦]，乘流灭没[⑧]，俄及岸，得免[⑨]。（〔宋〕岳珂《鄂国金佗稡编》卷四《经进鄂王行实编年》卷一）

［注］

①大禽若鹄：像鸿鹄一般的大鸟。鹄，鸟名。指鸿鹄，又名“黄鹄”，俗称天鹅。②先臣和：岳珂向皇帝称其曾祖父岳和。异之：认为很不寻常。因名焉：意思是据此为岳飞取名“飞”。③弥月：小儿初生满一个月。也称满月。④黄河决内黄西：黄河在内黄县以西决口。内黄县在汤阴县东，二县毗邻。按岳珂《鄂国金佗稡编》卷四《鄂王行实编年》卷一，岳飞生于宋徽宗崇宁二年（1103）二月十五日。据王曾瑜先生考证，《宋史》之《徽宗纪》《五行志》《河渠志》与《宋会要》之瑞异、方域，都无崇宁二年黄河决口之记载。且农历二月，并非汛期，亦不致有黄河决口之事。⑤暴至：突然到来，或急剧地到来。⑥仓皇：匆促而慌张。襁抱：即襁褓，背负幼儿的布带或布兜。此作动词，背负襁褓中的幼儿。⑦冲涛而下：冲破浪涛顺流直下。⑧乘流灭没：顺着水流淹没。⑨俄及岸，得免：不久到达岸边，得以避免遇难。

异人降生必有异象发生，是英雄史诗的常见母题。岳飞出生之夜，有鹄鸟飞鸣于屋上，正是受到英雄史诗“奇诞”母题影响。洪水灾害和弃子不死也是“奇诞”母题中人类早期神话的反映。在英雄故事中，初生英雄在经受磨难、考验之时，往往又得到天助，度脱厄难，最终功成名就。岳珂有意无意地将洪水神话和“弃子不死”相结合，如此传奇化叙事实开岳飞奇异身世衍化之肇端。

3. 岳飞系三国张飞转生[①]，忠心正气，千古不

磨[②]。一次托生为张巡[③]，改名不改姓；二次托生为岳飞，改姓不改名。虽然父子屈死，子孙世代贵盛[④]，血食万年[⑤]。（〔明〕冯梦龙《喻世明言》卷三二《游酆都胡母迪吟诗》）

［注］

①张飞（？—221）：字翼德（正史中字益德），幽州涿郡（今河北涿州市）人，三国时期蜀汉名将。以勇猛善战、疾恶如仇而著称。转生：同下文“托生”。释、道谓死后投胎，转世再生，成为另一个人或动物。②千古不磨：永不磨灭。③张巡（709—757）：邓州南阳（今河南南阳）人，唐代名将。开元二十四年（736）登进士第。安史之乱爆发，即率兵讨贼，始守雍丘，后与许远合力守睢阳（今河南商丘市睢阳区），战功卓著，迁御史中丞。至德二年（757），安禄山部将尹子琦十万大军围困睢阳，在城内粮尽、援兵不至的情况下，张巡率全城军民坚守达数月。城陷被执，不屈就义。④贵盛：高贵显赫。⑤血食：谓受享祭品。古代杀牲取血以祭，故称。

张飞、张巡、岳飞同为历史名将，勇武善战、赤胆忠心，内在秉性之相似，姓、名或同或异之事实，皆为此转世之说提供依据。奇思妙想，颇具理趣。此说在民间影响较大，流传极广。虽持因果报应、六道轮回之说，而谓岳飞夙世前身乃往代英雄，忠心正气，一脉相传，亦见世人对英雄的崇敬。明代龚懋贤有咏岳飞诗云：“未将汉室酬玄德，又把金人耻靖康。两度出头成幻梦，独留遗节耀穹苍。”即据此立意。

4. 且说西方极乐世界大雷音寺[①]我佛如来，一日端坐九品莲台[②]，旁列着四大菩萨、八大金刚、五百罗汉、三千偈谛[③]、比邱尼[④]、比邱僧[⑤]、优婆夷[⑥]、优婆塞[⑦]，共诸天护法圣众[⑧]，齐听讲说妙法真经[⑨]。正说得天花乱坠、宝雨缤纷之际，不期有一位星官[10]，乃是女土蝠[11]，偶在莲台之下听讲，一时忍不住撒出一个臭屁来。我佛原是个大慈大悲之主，毫不在意。不道恼了佛顶上头一位护法神祇，名为大鹏金翅明王，眼射金光，背呈祥瑞，见那女土蝠污秽不洁，不觉大怒，展开双翅落下来，望着女土蝠头上，这一嘴就啄死了！那女土蝠一点灵光[12]射出雷音寺，径往东土认母投胎，在下界王门为女，后来嫁与秦桧为妻，残害忠良，以报今日之仇。此是后话，按下不提。且说佛爷将慧眼一观，口称："善哉，善哉！原来有此一段因果。"即唤大鹏鸟近前，喝道："你这孽畜！既归我教，怎不皈依五戒[13]，辄敢如此行凶！我这里用你不着，今将你降落红尘，偿还冤债。直待功成行满，方许你归山，再成正果[14]。"大鹏鸟遵了法旨[15]，飞出雷音寺，径来东土投胎……老祖道："你们两个根浅行薄[16]，那里得知。也罢，说与你们听听罢！这段因果，只为当今徽宗皇帝元旦郊天[17]，那表章上原写的是'玉皇大帝'，不道将'玉'字上一点，点在'大'字上去，却不是'王皇犬帝'了？玉帝看了大怒道：'王皇可恕，犬帝难饶！'遂命赤须龙下界，降生于北地女真国黄龙府内，使他后来侵犯中原，搅乱宋室江山，使万民受兵革之灾，岂不可惨！"二童道："师父，今日就是这赤须龙下界么？"老祖道："非也！此乃我佛如来恐赤须龙无人降伏，故遣大鹏鸟下界，保全宋室江山，以满一十八帝年数[18]。你看，这孽畜将近飞来。你两个看好洞门，待我去看他降生何处？"……那大鹏飞到河南相州[19]一家屋脊上立定，再看时就不见了。……

却说那个人家姓岳名和，安人[20]姚氏，年已四十，才生下这一个儿子。（〔清〕钱彩《说岳全传》第一回）

［注］

①大雷音寺：传说在西天极乐的灵山上。②九品莲台：佛教净土宗认为，修行完满者死后可往西方极乐世界，身坐莲花台座，因各人生前修行深浅不同，所坐莲台有九等之别，九品莲台是最高一等。③谛：佛教语，去经历、去体验的意思。后来随着佛教的发展，演变成佛教护法神之一，也称五方揭谛。④比邱尼：亦作“比丘尼”。梵语的译音。又译作“苾蒭尼”。佛教出家“五众”之一。指已受具足戒的女性，俗称尼姑。⑤比邱僧：亦作“比丘”。梵语的译音。意译“乞士”，以上从诸佛乞法、下就俗人乞食得名，为佛教出家“五众”之一。指已受具足戒的男性，俗称和尚。⑥优婆夷：梵语。指在家中奉佛的女子。⑦优婆塞：梵语。指在家中奉佛的男子，即居士。⑧诸天护法圣众：佛教指护法众天神。佛经言欲界有六天，色界之四禅有十八天，无色界之四处有四天，其他尚有日天、月天、韦驮天等诸天神，总称之曰诸天。⑨妙法真经：佛教指义理深奥的佛法经书。⑩星官：星神。⑪女土蝠：古代汉族神话中的二十八宿之一，为北方第三宿。其星群组合状如箕，亦似“女”字，故亦称女宿。⑫灵光：神异的光辉。⑬皈依：佛教语。原指佛教的入教仪式。表示对佛、法（教义）、僧三者归顺依附，故也称三皈依。五戒：亦作“五诫”。佛教指在家信徒终身应遵守的五条戒律。即不杀生、不偷盗、不邪淫、不妄语、不饮酒。⑭正果：佛教语。修道有所证悟，谓之证果。言其修行成功，学佛证得之果，与外道之盲修瞎炼所得有正邪之分，故曰正果。⑮法旨：指佛的命令。⑯根浅行薄：指修道的根底不深，修行的功夫浅薄。⑰郊天：在郊外祭拜天帝。⑱以满一十八帝年数：以使宋朝一十八帝及其年数完满。北宋和南宋共历十八帝，享

国三百一十九年。⑲相州：古州名。北魏置。治所隋前一直在河北省临漳县古邺城，隋朝以后迁往安阳古城（今河南安阳市）。宋时，汤阴县属相州。⑳安人：犹夫人，对妇人的尊称。

此则节录自《说岳全传》开篇第一回，人多熟知。作者钱彩或受岳珂“大禽”之说的启发，借鉴宋人笔记中异物转世之想象，援以佛家典故，想象岳飞前身为护法神祇大鹏金翅明王，且显示其正义和勇猛。虽为神话，其尊崇岳飞之意甚明。清末周颖芳所著弹词《精忠传弹词》，情节设置、遣词用语皆沿袭《说岳全传》，唯对此大鹏鸟转世，女土蝠、赤须龙转世报冤之说不采。徐德升所作序言谈到果报之说的消极意义：“偶检阅《精忠传》说部，因内有俗传大鹏、女土蝠冤冤相报等事，不然其说，叹曰：‘从古邪正不并立，小人道长，君子道消；若再饰以果报，则将何以辨是非而励名节？’”充满奇幻的神话虽具有劝世作用，但因果报应也有泯灭是非、宣扬命定的一面。

5. 今有大宋徽、钦二帝，荒于酒色①，听信奸邪，将玉帝表札误书奏上②，玉帝大怒，差下赤须龙搅乱他的江山，将他囚禁。今当数满③，令其返国，又差白虎将岳飞等提兵扫尽金人④，伏尸千里⑤。（〔清〕张彝宣《如是观》第二十六出）

[注]

①荒于酒色：沉迷于美酒与女色。荒，沉溺，迷乱。《孟子·万章下》：“从兽无厌谓之荒。”②误书：指将“玉皇大帝”误写为“王皇犬帝”。见前则。③数满：命定的气数完尽。此指厄运已尽。④提兵：率领军队。⑤伏尸：被杀死倒在地上的尸体。

此段是仙人鲍方证说因果所言。其说略同《说岳全传》，唯岳飞为“白虎将”转世之说，另辟蹊径。白虎，在中国星象学中，具有多重意义。但它最主要的象征意义在于其是威猛的战神，是杀伐之神。中国早有白虎崇拜的传统。历史上，许多八面威风、战绩累累的英雄，常被传为白虎星下凡。岳飞被神化为战神英雄的形象，某种程度上反映了普通民众在外敌入侵的战乱处境中，渴望有英雄出世，战胜恶魔，以便过上安逸生活的诉求。

6. 世传桓侯[①]是大鹏金翅鸟降生，故急迫之际，元神出现耳[②]。昔有桓侯在唐留姓，在宋留名之说。于唐时为张睢阳[③]，宋时为岳忠武。在孕时母梦鹏飞入而生，此其征据也[④]。说书者可谓有原有委矣。（〔清〕清凉道人《听雨轩笔记》卷三）

［注］

①桓侯：称张飞。张飞死后被追谥为桓侯。②故急迫之际，元神出现耳：此指前文叙事，“言孟起与桓侯苦战三日夜，欲于马上擒桓侯而不能，遂诈败，桓侯追之，孟起回身，手掷飞抓罩其首。……桓侯见飞抓自空直下，猝不及避，不觉大声而呼，举蛇矛向上格之。孟起回望桓侯顶上黑气冲天而起，内现一大鸟以翅击抓，抓堕于地不可收，大惊而退。”元神，道家称人的灵魂为元神。③张睢阳：称张巡。张巡死守睢阳战败被杀，故称。④征据：犹证据。

此说张飞本是“大鹏金翅鸟降生”，急迫之际，灵魂出窍，现出大鸟原形，以作为岳飞是张飞转世的证据。大鹏之说源于《庄子·逍遥游》，金翅鸟之说源自佛经，在佛典中被誉为鸟族第一，威力巨大，无恶不克。将两种源自不同神话系统的动物合二为一，其象征意义不言自明。作者记此，以说明其对评话的观点："小说所以敷衍正史，而评话又所以敷衍小说。小说间或有与正史相同，而评话则皆海市蜃楼，凭空架造"，"然其中亦有标异出奇，豁人耳目者。"显然，作者认为张飞和岳飞同为大鹏金翅鸟转世，也是"标异出奇，豁人耳目"之说。

7. 帝①问："张飞何在？"羽②曰："飞与臣累劫③兄弟，世世为男子身④，在唐为张巡，今已为陛下生于相州岳家。他日辅佐中兴，飞将有功焉。"……初，相州汤阴岳和，真人须林⑤五世孙，存心宽厚，妻姚氏尤贤。有娠昼寝⑥，一铁甲丈夫入曰："汉翼德⑦，当住此。"醒产一子。有大鸟若鹄，飞鸣屋上，因名飞。（〔清〕徐道《历代神仙通鉴》卷一九）

［注］

①帝：指宋徽宗。②羽：指三国时蜀汉大将关羽。③累劫：连续数劫。谓时间极长。古印度传说世界经历若干万年毁灭一次，重新再开始，这样一个周期叫作一"劫"。后人借指天灾人祸。④男子身：意谓男子汉。⑤真人：道家称存养本性或修真得道的人。亦泛称"成仙"之人。须林：传说为中岳仙人，字子玄，本卫人。⑥有娠：怀孕。昼寝：白昼睡卧，午睡。⑦汉翼德：汉代的张翼德。张飞字翼德。按，古代自称称名，称人称字。此张飞自称"翼德"，殊不合理。

此段对话的背景是：宋徽宗时，宫中有祟，一金甲丈夫"奉上帝命，来此除祟"。徽宗问："金甲者何人？"道士回答："所封崇宁真君关羽也。"徽宗因向关羽询问张飞何在？关羽所以有如是说。关羽的话指出，张飞的后身世世为男子汉大丈夫，在唐朝为张巡，今世已托生为岳飞。岳飞日后将辅佐宋朝中兴，建立大功。岳飞出生时，其母果梦一铁甲丈夫对她说："汉翼德，当住此。"精灵不死、轮回循环之说，体现了民间之美好愿望。

8. 父母生他（岳飞）的时节，梦见一个金甲红袍、身长丈余的将军，走进门来，大声道："吾乃汉朝张翼德也，今暂到汝家。"说毕，即时分娩①，父亲因此就取名为飞。（〔清〕古吴墨浪子《西湖佳话》卷七《岳坟忠迹》）

[注]

①即时：当下，立刻。分娩：生孩子。

此说与上则不同的是，父亲为岳飞取名，不是因为有鹄鸟飞鸣屋上，而是因岳飞诞生时，父母梦见张飞说"今暂到汝家"，故以张飞之名名之。意在印证岳飞是张飞转世，可谓不落窠臼，新人耳目。

二、忠孝

1. 自二圣北狩[①]，夷狄猾夏[②]，先臣每怀[③]誓不与虏俱生之志。刺绣为袍[④]，有“誓作中兴臣，必殄金贼主”[⑤]之文。其后援笔为歌诗[⑥]，经行纪岁月[⑦]，无不以取中原，灭逆虏为念[⑧]。手攘群盗[⑨]，如李成、曹成、马友、彭友[⑩]，虔、吉、湖湘之寇[⑪]，皆同时诸将所不能为之功[⑫]。然大营驿等题[⑬]，则每曰[⑭]：“此蜂蚁之群也，岂足为功[⑮]，北逾沙漠[⑯]，蹀血虏庭[⑰]，尽屠夷种[⑱]，复二圣，取故疆[⑲]，使主上奠枕[⑳]，则吾所志[㉑]。”至翠岩寺诗[㉒]，又有“山林啸聚何劳取，沙漠群凶定破机”[㉓]之句。每拜官，辞避之语亦然[㉔]。于检校少保[㉕]则曰：“未能攘却夷狄，扫除僭窃[㉖]。”宣抚副使[㉗]则曰：“顾土宇恢复之迹，未见尺寸[㉘]。”太尉[㉙]则曰：“腥膻叛逆之族尚据中土，而臣官职岁迁月转，实负初心[㉚]。”少保则曰：“羯胡败盟[㉛]，未见殄灭[㉜]，岂可以身为谋，贪冒爵禄。[㉝]”又曰：“俟臣功绩有成[㉞]，将拜手稽首，祇承休命[㉟]。”其志可知矣。（〔宋〕岳珂《鄂国金佗稡编》卷九《经进鄂王行实编年》卷六《遗事》）

［注］

①二圣北狩：宋徽、钦二帝被俘往北方金国的婉辞。北狩，到北方巡狩。天子出行，视察邦国州郡，称巡狩。②夷狄：古称东方部族为夷，北方部族为狄。常用以泛称除华夏族以外的各族。此指女真金人。猾夏：侵扰华夏。猾，扰乱，侵犯。③每

怀：经常怀抱。④刺绣为袍：用丝线绣制成战袍。⑤中兴臣：使国家中途振兴由衰转盛的臣子。殄：消灭。金贼主：金侵略者的君主。⑥援笔：执笔。援，执持。歌诗：泛指诗歌。⑦经行纪岁月：行程中经过之处记写时间。指岳飞行军途中所作题记和题诗。⑧逆虏：对叛逆者的蔑称。此指金寇。为念：作为志念。⑨手攘群盗：亲自消除众多盗寇。攘，消除，驱除。⑩李成：字伯友。宋雄州（今河北雄县）人。弓手出身，以勇悍闻名。金兵占河北，他在淄川聚众，辗转南下，在江淮之间活动。两次接受南宋官职，不久又企图割据。绍兴三年（1133）进占襄阳等郡，次年被岳飞击溃。后投伪齐。曹成：汝南贼寇，与其弟曹亮于两淮间兴兵作乱，手下拥有杨再兴、何元庆等猛将。后被岳飞、韩世忠征剿，曹成、曹亮归降韩世忠，杨再兴、何元庆归降岳飞。马友：大名（今河北大名县）人，剧盗，曾与曹成、李宏、张用为义兄弟。彭友：一作彭大、彭铁大。虔州（今江西赣州市）人。建炎四年（1130）与李满、王彦、廖八姑三姐妹等拥众十余万，占领江西、湖南等八县，号称“十大王”。绍兴三年，宋廷遣岳飞至吉州（今江西吉安市）对其诱降，未从，遂战于雩都（今赣州市西北），被俘。⑪虔、吉、湖湘之寇：虔州（治赣县，今江西赣州市）、吉州（治庐陵，今江西吉安市吉州区）和湖南洞庭湖湘江一带的寇盗。⑫皆同时诸将所不能为之功：这些都是与岳飞同时的各位大将所不能建立的功绩。⑬大营驿等题：大营驿等题记。如岳飞《广德军金沙寺壁题记》《题宜兴张大年家厅事屏记》《五岳祠盟记》《东松寺题记》《永州祁阳县大营驿题记》等。⑭则每曰：就常常说。⑮此蜂蚁之群也，岂足为功：这些只不过是蜂和蚂蚁之类的群体罢了，哪里值得称为功劳。蜂蚁，喻叛乱者。⑯北逾沙漠：向北越过沙漠地带。逾，越过。⑰蹀血虏庭：踏着敌人的鲜血直杀到其老巢。蹀血，踏血而行。形容杀人之多。虏庭，古时对少数民族所建政权的贬称。⑱尽屠夷种：完全杀掉金人的族类。夷，我国古代对东方各族的泛称。种，指族类。⑲复二圣，取故疆：使徽、钦二帝回归，夺取原有的疆土。⑳奠枕：犹安枕。奠，放置。放好枕头睡觉，借指没有忧虑和牵挂。㉑则吾所志：这就是我的志向。㉒翠岩寺诗：指岳飞《题翠岩寺》诗。诗曰："秋风江上驻王师，暂向云山蹑翠微。忠义必期清塞水，功名直欲镇边圻。山林啸聚何劳取，沙漠群凶定破机。行复三关迎二圣，金酋席卷尽擒归。"㉓山林啸聚何劳取：盘踞于山林之间的盗贼哪里用得着捕获。表示蔑视。啸聚，形容互相呼叫，拉帮结伙。何劳，何须烦劳，意谓用不着。取，本义为捕获到野兽或战俘时割下左耳。沙漠群凶定破机：一定要破除北方沙漠众多凶恶悖逆之敌的机谋。㉔每拜官，辞避之语亦然：每次被授予官职，推托退避的言辞也是这样。㉕于检校少保：在辞让检校少保时就说。检校少保，古代官名。少保为君国辅弼之官，至宋，已变成为表示尊荣的加官。正一品，其班位在亲王之上，左右丞相之下。检校少保较少保低一级。岳飞加检校少保在绍兴五年九月，升少保在绍兴十年六月。㉖未能攘却夷狄，扫除僭窃：没能除掉金寇，清除越分称帝的刘豫伪政权。僭窃，越分窃取。此为岳飞《辞检校少保第二札子》中语。㉗宣抚副使：古代官名。唐后期派朝官巡视地方，称宣慰安抚使或宣抚使。宋朝宣抚使地位相当于执政大臣，或由执政大臣担任。最初的职责是巡视地方、存问官吏百姓，后演变为一路或数路的军事统帅。北宋时，宣抚副使只是副长官，并不单独设置。南宋设置的宣抚副使系长官，只是因为资浅而降低使名之故。岳飞任宣抚副使在绍兴六年三月。㉘顾土宇恢复之迹，未见尺寸：回看往事，不见有恢复国家疆土的些许功绩。此为岳飞《辞宣抚副使札子》中的自谦语。土宇，疆土，国土。尺寸，指些少或微小的事物。迹，通"绩"，功绩。㉙太尉：古代官名。中国秦汉时中央掌军事的最高官员，后逐渐成为虚衔或加官。北宋政和二年（1112）九月改武选官名之前，太尉为"三公"官之一，政和二年易“三师”“三公”名，太尉虽不复属三公之列，但为武阶官之首第一阶，官品正二品。恩数比于二府大臣（中书、枢密院长官），位极崇高。岳飞任太尉在绍兴七年二月。㉚“腥膻……实负初心”：金寇和刘豫叛逆之类，还占据中原地区，而臣下我的官职却接连升迁，实在违背我的本意。此为岳飞《辞太尉第二札子》中语。腥膻，腥而膻的味道，旧指入侵的外敌，贬称。金人习食牛羊，多腥膻味，故称金人。叛逆，指背叛宋朝的刘豫。岁迁月转，年年升迁，月月转官。形容不断升官。转，转官，升迁官职。初心，本意。㉛羯胡败盟：指金人破坏盟约。羯胡，《魏书·石勒传》：“其先匈奴别部，分散居于上党武乡羯室，因号羯胡。”旧时用以泛称来自北方的外族。㉜未见殄灭：没有被消灭。见，表被动。㉝以身为谋，贪冒爵禄：以自身的利益为图谋，贪求官爵和俸禄。冒，不知满足地追求。以上三引语见于岳飞《辞少保第五札子》。㉞俟臣：等待臣下我。功绩有成：成就功绩。有成，有成效，有成就。㉟将拜手稽首，祗承休命：将会恭敬地向皇上行礼，敬奉皇上美善的命令。拜手，作揖。稽首，古时的一种跪拜礼，叩头至地，是九拜中最恭敬的。以上二引语见于岳飞《辞少保第三札子》。

《龙文鞭影》开篇即称“重华（虞舜）大孝，武穆精忠”，可见把岳飞作为中国历史上忠贞的代表。岳飞的忠，是大忠。不只是忠于君，更是忠于国，忠于黎民百姓。在封建时代，君是国家的代表，但二者又不可混为一谈。当忠于君与忠于国二者发生矛盾时，岳飞还是毫不犹豫地尽忠于民，以报国为重。岳飞一生以歼灭贼寇、恢复中原、使中国安强为职志，而把自己的功名爵禄视为粪土。观其种种言行，其志可知也。

2. 临戎誓众[①]，言及国家之祸，仰天横泗[②]，气塞莫能语[③]，士卒感怆[④]，皆欷歔[⑤]而听命。奋不顾身，临敌必先士卒[⑥]，摧精击锐[⑦]，不破不止。或人[⑧]问："天下何时太平？"先臣曰："文官不爱钱，武官不惜命，则太平矣[⑨]。"与将校语[⑩]，必勉忠孝节义[⑪]，士皆愿效死力[⑫]。（〔宋〕岳珂《鄂国金佗稡编》卷九《经进鄂王行实编年》卷六《遗事》）

［注］

①临戎誓众：亲临战阵誓师。誓众，犹誓师。②仰天横泗：仰面对着天空涕泗横流。泗，鼻涕。此借指鼻涕和眼泪。③气塞莫能语：气息阻塞，说不出话来。④感怆：感伤。⑤欷歔：叹息声，抽咽声。⑥临敌必先士卒：面对敌人必定冲在战士前面。⑦摧精击锐：摧毁击败敌人的精锐部队。⑧或人：有的人。⑨文官不爱钱，武官不惜命，则太平矣：史籍有许多不同的版本。如《金佗续编》卷二八《吴拯编鄂王事》："侯抗声曰：'文官不取钱，武官不打卤，即太平矣。'""打卤"，嘉靖本作"怕死"。《朱子语类》卷一一二："文臣不爱钱，武臣不惜命，天下当太平。"《齐东野语》卷一三《秦会之收诸将兵柄》："如今文臣不爱钱，武臣不惜命，欲了即了耳！"《宋史·岳飞传》："文臣不爱钱，武臣不惜死，天下太平矣。"可见岳飞"文官不爱钱，武官不惜命"之语，当曾说过多次，故传诵和记录大同小异。⑩将校：军官的通称。语：动词，谈话。⑪必勉忠孝节义：必定以忠孝节义相勉励。节义，节操与义行。⑫士皆愿效死力：战士们都愿意竭尽全部气力来报效。

岳飞不仅以忠国大义自勉，更以之励众，把爱国主义教育作为治军的纲领，故能把个人的意志变成全军的意志。且身先士卒，表率三军，又能以统帅的行动带动全军将士的行动。意志化为行动，故能无往而不胜。“不爱钱”“不惜命”的名言，是岳飞终身践行的座右铭，不仅勉励当时，亦将垂训永远。

3. 每征讨出师，朝闻命，夕就道①，祁寒②大暑，不惮劳苦，虽疾亦不问③。桀虏勍敌④，众人所避，先臣独行。如隆冬按边⑤，而上有“非我忠臣，莫雪大耻⑥”之谕；盛夏出师，而上有“暑行劳勚，朕念之不忘⑦”之语；不顾目疾，东下赴援，而上有“委身徇国，竭节事君⑧”之叹；自力寒嗽⑨，疾驰先驱，而上有“国尔忘身，谁如卿者⑩”之褒者，不一也。（〔宋〕岳珂《鄂国金佗稡编》卷九《经进鄂王行实编年》卷六《遗事》）

［注］

①朝闻命，夕就道：早上接受命令，傍晚就动身上路。形容执行命令迅速。②祁寒：严寒。③不问：不管。④桀虏：凶恶的敌人。勍敌：强敌。⑤隆冬：深冬。隆，指程度深。按边：巡视边防。⑥非我忠臣，莫雪大耻：不是我的忠臣，没有人能洗雪国家的耻辱。⑦暑行劳勚，朕念之不忘：暑天行军的劳苦，我常常思念不能忘记。为高宗宸翰六十五（绍兴十年）中语。载《金佗稡编》卷二。劳勚（yì），劳苦。⑧委身徇国，竭节事君：为国家利益而献出生命，事奉君主而竭尽臣节。为高宗宸翰二十四（绍兴六年）中语。载《金佗稡编》卷一。⑨自力寒嗽：尽自己的力量，因受寒而咳嗽。⑩国尔忘身，谁如卿者：为国家而置生死于度外，谁能像你一样。为高宗宸翰八十一（绍兴十一年）中语。载《金佗稡编》卷三。

岳飞忠于国家社稷，无论是讨伐国内寇盗叛匪，还是抵御外敌侵扰，往往“朝闻命，夕就道”，甚至不闻命，即就道。不避严寒酷暑，不辞疾痛病苦，不畏敌强兵锐，总是主动出兵，一往无前。诸大将中那些畏首畏尾、避敌自保者，简直不可与岳飞同日而语。岳珂引用宋高宗多次对岳飞褒奖之语，以证实岳飞的忠心无二，固然可以理解，但也应看到，每当军情危急，宋高宗就想到岳飞，用尽甘言美语，以拉拢之态行催促之实，并非真心视岳飞为忠。一旦局势缓解，则又对岳飞加以猜忌和戒备。

4. 平居忧国，知无不为①。诸大将率以兵为乐②，坐縻廪庾③，漫不加恤④，先臣独常有忧色⑤。每调军食，必蹙頞⑥，谓将士曰："东南民力⑦耗弊极矣！国家恃民以立国⑧，使尔曹徒耗之⑨，大功未成，何以报国？"（〔宋〕岳珂《鄂国金佗稡编》卷九《经进鄂王行实编年》卷六《遗事》）

［注］

①知无不为：知道是应该做的，就一定去做。形容尽心竭力。②率：全，都。以兵为乐：凭借掌握军队而取乐。③坐縻廪庾：徒然耗费仓库的粮食。縻，通"靡"，消耗。廪，本义为米仓；庾，本义为露天的谷堆。廪庾，泛指粮仓。④漫不加恤：随随便便地不加以体恤。⑤忧色：忧愁的容色。⑥蹙頞：皱缩鼻翼。愁苦貌。頞（è），鼻梁。⑦民力：民众的人力、物力、财力。耗弊：亏损疲困。⑧恃民以立国：依靠老百姓使国家存立。⑨使尔曹徒耗之：假使你们白白地消耗老百姓的粮食。

岳飞平素忧国忧民，凡对国家和人民有利的事情，必然尽心竭力地去做。其他大将大都拥兵自重，作威作福，徒然耗费仓库的粮食而无所作为，对民情一点也不体恤，岳飞对老百姓的痛苦则常常忧愁形于颜色。当时十万大军的军粮大都由东南地区供给，每次调发军粮，岳飞必然表现出愁苦的样子，对将士们说："东南民力耗弊极矣！"以此激励将士建功报国。

5. 飞常与人言："使飞得与诸将齿①，不在偏校之外②，而进退禀命于朝③，何功名不立，一死焉足靳哉④！要使后世书策⑤中知有岳飞之名，与关、张辈功烈相仿佛耳⑥！"飞武人，意气⑦如此，岂易得哉！（〔宋〕岳珂《鄂国金佗续编》卷二八《孙逌编鄂王事》引邵缉荐书）

[注]

①使飞得与诸将齿：假令我岳飞能够与众位大将并列。齿，并列，次列。②偏校：指地位不高的武官。偏校之外，疑作"偏校之列"。③进退禀命于朝：一切行动尊奉朝廷的指挥。进退，指挥，使之进退。④一死焉足靳哉：哪里值得吝惜一死呢。靳，吝惜。⑤书策：亦作"书筴"。书册，书籍。特指史册。⑥关、张：指关羽和张飞。功烈：功业。仿佛：比似，比并。⑦意气：志向与气概。

在宋代，所谓"武人"是一种被人轻贱的蔑称。但对岳飞有相当了解的文士邵缉，却对这个"武人"特别崇敬。他向朝廷上书举荐岳飞，称赞岳飞虽然位列偏校，却有豪壮的志向和非凡的气概。岳飞经常对人说，假使我岳飞能够与诸大将同等，不在偏校之列，我会为了国家和社稷，一切听从朝廷的指挥，一死哪里值得吝惜！要在史册中留下与关羽、张飞一样的功业和威名。岳飞的一片忠心，未免过于天真。事实证明，岳飞后来虽然位居将帅，但由于投降派的阻挠和迫害，同样无法实现自己的伟大抱负。

6. 诸将皆欲叛去①，戚方首亡为盗②，麾下亦有从之者③。飞洒血厉众曰④："我辈荷国厚恩⑤，当以忠义报国，立功名，书竹帛[⑥]，死且不朽[⑦]。若降而为虏[⑧]，溃而为盗[⑨]，偷生苟活，身死名灭，岂计之得耶[⑩]！建康，江左形胜之地[⑪]，使胡虏盗据，何以立国[⑫]！今日之事，有死无贰[⑬]，辄[⑭]出此门者斩！”词色慷慨[⑮]，士皆感泣[⑯]。（〔宋〕岳珂《鄂国金佗续编》卷一七《章尚书颖经进鄂王传》之一）

［注］

①诸将皆欲叛去：许多将领都想背叛离开。此写建炎三年（1129）十一月十八日马家渡战败后的事。②戚方：原为杜充建康留守司统制。马家渡战败后叛逃作乱，岳飞招抚其部众。建炎四年六月，戚方犯湖州安吉县上乡侗里，张俊以兵讨之。会岳飞追袭其后，方无路进退，乃诣张俊乞降。首亡：首先逃跑。③麾下：将旗之下，即部下。麾，古代指挥军队的旗子。从之：跟随他（戚方）。④洒血厉众：挥洒悲痛的泪水而激励众军士。血，指血泪。⑤我辈：我等，我们。荷国厚恩：承受国家深厚的恩惠。荷（hè），承受，承蒙。⑥书竹帛：将姓名书写在竹帛上。指名垂竹帛，功标青史。古代初无纸，用竹帛书写文字。引申指书籍、史乘。⑦死且不朽：死后声名将不会磨灭。且，将要。⑧若降而为虏：如果降格成为叛逆者。降（jiàng），下降，降落。虏，敌人，叛逆。⑨溃而为盗：溃散而成为盗贼。溃，战败，溃散。⑩岂计之得耶：难道是正确的打算吗？计，打算，谋划。得，正确，合适。⑪建康，江左形胜之地：建康城是江南地势险要的地方。建康，今江苏南京市。形胜，谓地理位置优越，地势险要。⑫使胡虏盗据，何以立国：假使被金寇强占，靠什么使国家存在？胡虏，秦汉时匈奴为胡虏，后世用为与中原敌对的北方部族之通称。盗据，割据，强占。何以，以何。⑬有死无贰：只有死，没有第二种选择。发誓宁死不变。⑭辄：擅自。⑮词色慷慨：言语和神态激昂慷慨。慷慨，情绪

激昂。⑯士皆感泣：战士们都感动地流下眼泪。

建炎三年的马家渡之战，宋军面对金军强盛的兵势，或一触即溃，或不战而溃，唯独岳飞不仅顽强地坚持战斗到天黑，而且阻止溃散的兵士，晓以大义，慷慨陈词，从正反两方面激励士卒，无不以国家民族利益为重，且严令擅敢出此门者斩，表现了他在危急时刻为国家"有死无贰"的忠心。

7. 既平虔、吉[①]，召赴行在[②]，上慰抚再三[③]，赐宸翰于旗上[④]，曰："精忠岳飞"，令王每行师建之[⑤]。

（〔宋〕岳珂《鄂国金佗续编》卷二四《阁学刘光祖襄阳石刻事迹》之三）

［注］

①既平虔、吉：岳飞平定虔州和吉州的寇盗之后。承前省去主语。②召赴行在：皇帝召命岳飞到行在所临安（今浙江杭州）。行在，亦称行在所，指天子所在的地方，亦专指天子巡行所到之地。宋绍兴三年（1133），赵构在临安府。③上：皇上。此指宋高宗赵构。慰抚：安抚，安慰。④赐宸翰于旗上：在旗帜上赐书皇帝的墨迹。《宋史·岳飞传》记载："（绍兴三年）秋，入见，帝（宋高宗）手书'精忠岳飞'字，制旗以赐之。"宸翰，帝王的墨迹，皇帝亲笔手诏、御札之类。⑤令王每行师建之：命令岳飞每当出兵时树立此旗。王，岳飞死后追赠鄂王，故称。行师，用兵，出兵。

岳飞精纯的忠贞，得到宋高宗手书制旗的赏赐，说明宋高宗早期认为岳飞是忠诚可嘉的。这与其后来猜忌并杀害岳飞判若两人，可以看出宋高宗是一个反复无常的君主。经常有人将岳飞背上刺字"尽忠报国"误为"精忠报国"。背刺"尽忠"，旗帜上绣"精忠"，前者以报国自许，后者以忠君期臣，这是需要加以区分的。

8. 复襄汉时[①]，宰臣朱胜非使人谕之[②]，以饮至日建节旄[③]。先臣愕然[④]，曰："丞相待我何薄耶[⑤]！"乃谢使者曰[⑥]："为飞善辞丞相[⑦]，岳飞可以义责，不可以利驱[⑧]。襄阳之役，君事也[⑨]，使讫事不授节，将坐视不为乎[⑩]？拔一城而予一爵者[⑪]，所以待众人，而非所以待国士也[⑫]。"及建节，力辞[⑬]，不得已乃受。（〔宋〕岳珂《鄂国金佗稡编》卷九《经进鄂王行实编年》卷六《遗事》）

［注］

①复襄汉时：岳飞收复襄汉六郡的时候。襄汉，襄水和汉水流域共同流经区域的统称。襄汉六郡，指襄阳府、唐州、邓州、随州、郢州、信阳军。岳飞收复襄汉六郡之战在绍兴四年(1134)。②宰臣朱胜非使人谕之：宰相朱胜非派人告诉岳飞。朱胜非（1082—1144），字藏一，蔡州（今河南上蔡）人。崇宁二年（1103）进士及第。绍兴二年，除兼侍读，寻拜尚书右仆射、同中书门下平章事，兼知枢密院事，奉祠。及秦桧为相，朱胜非与其不合，废居八年。绍兴十四年卒。宰臣，帝王的重臣，宰相。③以饮至日建节旄：等到得胜回来喝庆功酒的日子可封节度使。饮至，上古诸侯朝会盟伐完毕，祭告宗庙并饮酒庆祝的典礼。后泛指奏凯庆功之宴。以，用同"于"。建节旄：建立旌节。节旄，旌节上装饰的牦牛尾。唐时，节度使或经略使受任，皆赐旌节。岳珂《愧郯录・旌节》："旌节之制，命大将帅及遣使于四方，则请而假之。旌以专赏，节以专杀……唐天宝中置。节度使受命日赐之，得以专制军事。行即建节，府树六纛。"④先臣愕然：岳飞很惊讶。愕然，惊讶的样子，形容吃惊。⑤丞相待我何薄耶：丞相为什么这样轻蔑地对待我。薄，轻视，看不起。⑥乃谢使者曰：于是辞谢派来的人说。⑦为飞善辞丞相：替我好好地辞谢丞相。⑧可以义责，不可以利驱：可以用道义来要求我，不可以用利益来役使我。驱，驱使，役

使。⑨襄阳之役，君事也：襄阳之战，是君主的事业。⑩使讫事不授节，将坐视不为乎：假如战事结束后不授予我节度使的符节，难道我将会坐着旁观而不去做吗？讫事，完事，竣工。坐视，指对该管的事漠不关心或故意不管。⑪拔一城而予一爵者：攻取一座城池因而授予一个爵位的方法。⑫所以待众人，而非所以待国士也：是用来对待普通人的，而不是用来对待国士的。国士，一国中最杰出的人才。⑬及建节，力辞：等到授予节度使的时候，尽力推辞不接受。

绍兴三年，金军和伪齐联合出兵，襄阳府、郢州等地相继陷落，使南宋长江防线形成巨大缺口。岳飞不断得到伪齐和杨么准备联合行动的情报，确定先发制人，击破伪齐李成军，才能粉碎其南北夹攻的计划。岳飞主动请缨，多次上表请求先复襄阳。而宰相朱胜非却像对待其他大将一样诱以官爵，自然受到岳飞正气凛然的反诘。岳飞忠于国家，忠于抗金事业，确实达到了“可以义责，不可以利驱”的“国士”境界。

9. 丙戌①，以金人来和，大赦天下②……湖北、京西宣抚使岳飞表曰③：“救暂急而解倒垂，犹之可也④；欲长虑而尊中国，岂其然乎⑤！”又曰：“谓无事而请和者谋，恐卑辞而益币者进⑥。愿定谋于全胜，期收地于两河⑦。唾手燕云，终欲复仇而报国⑧；誓心天地，尚令稽首以称藩⑨！”（〔宋〕李心传《建炎以来系年要录》卷一二五绍兴九年正月丙戌）

［注］

①丙戌：绍兴九年（1139）正月初五日。是月壬午朔。②大赦天下：中国古代帝王以施恩为名，常在皇帝登基、更换年号、立皇后、立太子及皇宫有重大喜庆或者遭遇大天灾时，通常会

赦免一批罪犯，这种行为叫大赦天下。此次大赦是因为金人前来议和。③表：给皇帝上的奏章。此指岳飞的《谢讲和赦表》。绍兴九年正月，宋高宗因乞和成功，立即宣布大赦，并对武将一律加官晋爵。岳飞当即命令幕僚长张节夫为写《谢讲和赦表》，一本作《谢请和赦表》。④救暂急而解倒垂：解救国家暂时的危急和人民极其艰困的苦难。倒垂，指人头朝下脚朝上地被倒挂，比喻处境极其困苦危急。犹之可也：尚且可以。《谢讲和赦表》原文为“图暂安而解倒垂，犹之可也”。⑤欲长虑而尊中国：要想从长远考虑而使中国受到尊奉。岂其然乎：难道是这样吗？意谓这样做是不行的。⑥谓无事而请和者谋：与无缘无故请求和议的人谋划。谓，与。《藏一话腴》内编卷下作“与”。无事，无端，没有缘故。恐卑辞而益币者进：恐怕主张对金人卑辞厚礼的人会被进用。卑辞，言辞谦恭。益币，增加岁币。币，泛指车马皮帛玉器等礼物。此指向金人输纳的财物。⑦愿定谋于全胜，期收地于两河：愿意朝廷制定完全胜利的谋略，期望收复两河地区的失地。两河，宋称河北路、河东路地区为两河。泛指中原地区。⑧唾手燕云：毫不费力地收复燕云地区。唾手，指极容易办到。燕云，指燕云十六州。五代石敬瑭以燕云十六州赂契丹，借契丹力以建立后晋王朝。十六州为：幽、蓟、瀛、莫、涿、檀、顺、新、妫、儒、武、云、应、寰、朔、蔚，约当今河北、山西两省北部地区及京津二市辖区。南宋时为金人占领区。终欲复仇而报国：最终要报复仇敌，而为国家竭诚效力。⑨誓心天地：内心向天地发誓。誓心，心中发誓，立定心愿。尚令稽首以称藩：还要让敌人跪拜叩头而自称藩属。称藩，自称藩属，向大国或宗主国承认自己的附庸地位。

绍兴九年正月，宋高宗因乞和成功，立即宣布大赦天下，并对武将一律加官晋爵，借以粉饰太平，平息军愤。岳飞在鄂州军中得到赦书后，当即命幕僚以自己的名义起草了一封《谢讲和赦表》。从表中可以看出，岳飞坚决反对与金人议和，重申收地两河、唾手燕云、复仇报国的誓愿。一腔热血，万丈豪情，远见卓识，诚至言切。然而宋高宗和秦桧等投降派却根本听不进去。半年后，果然金军毁约南侵，令人愤恨不已。

10. 十一年，虏入寿春①，逾淮而来。先臣初得警，即上奏乞出师。继又念虏既入寇，巢穴必虚，乞出京、洛②，以制其弊。复恐上急于退虏，是日复奏，乞出蕲、黄相度③，先议攻却，皆未有诏也。至援濠州④，亦不待诏而行。其切于谋国⑤如此。（〔宋〕岳珂《鄂国金佗稡编》卷九《经进鄂王行实编年》卷六《遗事》）

［注］

①十一年：指绍兴十一年（1141）。寿春：府名，治下蔡（今安徽凤台县）。②乞出京、洛：请求出师开封和洛阳。京，指北宋京城开封。当时开封和洛阳是金占区。③蕲、黄：蕲州（治蕲春，今湖北蕲春县）和黄州（治黄冈，今湖北黄冈市）。相度：观察估量。④濠州：治钟离（今安徽凤阳县）。⑤切于谋国：急切地为国家利益谋划。

岳飞忠于国家，表现在急切地为国家利益谋划，总是主动请求出兵，不待皇帝下诏就行动。岳珂以岳飞第三次驰援淮西为例，绍兴十一年春，金军以重兵突入淮南西路，淮南西路本不是岳家军的防区，岳飞得到警报后，立即上《乞会诸帅兵破敌奏》，请求出兵增援。还没得到宋高宗的批复，岳飞已择定二月十一日出发。同时连献两策，希望出奇制胜，皆未允准。岳飞兵临庐州，接到张俊的信，说敌军已退，企图阻止岳飞分功。岳飞退兵舒州，得知濠州城破、宋军大败的消息，于是统兵兼程进军。岳家军抵达濠州以南的定远县，金军闻风渡淮北撤。

11. 小心事上①，畏威咫尺②，闻大驾所幸，未尝背其方而坐③。上尝称其尊朝廷④。及赐诏，屡有“小心恭慎，不敢专辄”之褒⑤。如绍兴六年御刘麟至江州⑥，十一年御兀术舒州俟命之类是也⑦。视国事犹其家常。以国步多艰⑧，主上春秋鼎盛⑨，而皇嗣未育⑩，圣统未续⑪，对家人私泣⑫，闻者或相与窃迂笑之⑬。十年北征，首抗建储之议⑭，援古今，陈利害⑮，虽犯权臣之忌而不顾⑯，天下闻而壮之⑰。（〔宋〕岳珂《鄂国金佗稡编》卷九《经进鄂王行实编年》卷六《遗事》）

［注］

①事上：侍奉皇上。②畏威咫尺：敬畏如常在面前的天子威严。语本《左传·僖公九年》：“天威不违颜咫尺。”③闻大驾……而坐：听说皇上亲临某地，不曾背对那个方向坐。意为必然对着皇帝所在的方向而坐，以示恭敬。大驾，皇帝出行，仪仗队之规模最大者为大驾，在法驾、小驾之上。借指皇帝。幸，旧指皇帝亲临。④上尝称其尊朝廷：皇上曾经称赞岳飞尊崇朝廷。⑤及赐诏：待到赐给岳飞诏书。屡有……之褒：多次有……的表扬。褒，表扬。恭慎：谦恭谨慎。专辄：专擅。擅自行事。⑥御：抵御。刘麟：字符瑞，伪齐皇帝刘豫之子。任伪齐兴平军节度使、开府仪同三司、太中大夫、济南知府等，封梁国公。伪齐亡后，历任金国参知政事、尚书右丞、尚书左丞、转运使等，封韩国公。江州：治德化（今江西九江市）。⑦兀术：完颜兀术（？—1148），汉名宗弼，金太祖完颜阿骨打第四子。一直是金国主攻派的代表，并领导了多次南侵，迫宋称臣，以功进太傅。金天会七年（1129）任统帅，渡长江，迫高宗入海。“绍兴之盟”后独掌军政大权。舒州：治怀宁（今安徽潜山）。俟命：等待命令。绍兴十一年（1141）二月，岳飞三援淮西，师至庐州（治今安徽合肥市），兀术闻岳飞之师骤至，望风

遽逃，岳飞遂还兵舒州，等待朝廷命令。宋高宗有御札说："得卿奏，知卿属官自张俊处归报，虏已渡淮，卿只在舒州听候朝廷指挥。此以见卿小心恭慎，不敢专辄进退，深为得体，朕所嘉叹。"⑧国步多艰：国家处于危难之中。国步，国家的命运。⑨主上：称皇上。春秋鼎盛：年龄正处于旺盛、强壮之际。春秋，指年龄。鼎盛，正当旺盛之时。⑩皇嗣：皇子。后来指皇太子。未育：没有诞生。宋高宗因建炎三年（1129）扬州逃难，一场淫乐时的惊吓，使他丧失了生育能力。他唯一的幼子又很快夭亡，之后未再生育。⑪圣统：帝王的统绪。指世代相传的帝系。未续：没有继承。宋高宗没有皇太子，不得不接受隆祐皇太后和一些臣僚的建议，选宋太祖七世孙赵伯琮（改名赵瑗）和赵伯玖（改名赵璩）养育宫中。但宋高宗又不甘心于自己不能生子，他千方百计，求医问药，祈祷神灵，而根本不肯及早确立皇储地位。⑫私泣：私下哭泣。⑬闻者或相与窃迂笑之：听到此事的人有的互相偷偷笑他迂腐。迂笑之，以为迂腐而笑他。⑭首抗建储之议：首先向皇帝奏上设立皇太子的建议。抗，（向皇帝）呈上（奏章）。⑮援古今：援引古今的先例。陈利害：陈述利害关系。⑯虽犯权臣之忌而不顾：即使触犯权臣的忌恨也不反顾。⑰闻而壮之：听到此事认为他很勇壮。壮，意动词，以为壮。

岳飞深知宋高宗最忌大将不听朝命，所以平时特别"小心事上""尊朝廷""不敢专辄"，但最后仍以援淮西时"前后亲受札十五次，不即策应"作为罪名之一被杀。岳飞听说金人准备废除刘豫，要在开封立宋钦宗的太子赵谌为皇帝，图谋制造两个宋朝南北对立的局面。岳飞认为，要挫败敌人的阴谋，高宗应该先确立皇储（太子）。于是在绍兴七年觐见高宗时提出这一谏议，因而招致高宗和权臣的深忌。此也可证岳飞忠于国家和民族的利益，而不避个人的祸福。此事岳珂记为绍兴十年，应误，且有意隐去招致高宗的深忌。

12. 同与先臣别，未几而死①。先臣往吊其墓②，悲恸不已。每朔望则鬻一衣③，设卮酒鼎肉于同冢上④，奠之而泣。引所遗弓，发三矢⑤，又泣，然后酹酒瘗肉⑥于冢之侧，徘徊凄怆⑦，移时乃还⑧。衣就尽⑨，先臣和觉而索之⑩，默不言⑪，挞之亦不怨⑫。后伺其出而窃从⑬，往视之，尽见其所为⑭，乃问之曰："尔所从射者多矣⑮，独奠泣于周同墓⑯，何也？"曰："飞向者学射于周君⑰，而特与飞厚⑱，不数日，尽其道以归⑲。念其死，无以报，聊于朔望致礼耳⑳。"又问其故，曰："射三矢者，识是艺之所由精也㉑；酹酒瘗肉者，周君所享，飞不忍食也㉒。"先臣和始甚义之㉓，抚其背曰㉔："使汝异日得为时用㉕，其徇国死义之臣乎㉖！"先臣应之曰："惟大人许飞以遗体㉗报国家，何事不敢为！"先臣和乃叹曰："有子如此，吾无忧矣！"（〔宋〕岳珂《鄂国金佗稡编》卷四《经进鄂王行实编年》卷一）

［注］

①同：岳飞的箭师周同。未几而死：不久去世。未几，没有多久，很快。②往吊其墓：前往周同墓悼念。③每朔望则鬻一衣：每月初一和十五日，就典卖一件衣服（用来换钱）。④设卮酒鼎肉于同冢上：在周同的墓前陈设杯中的酒和鼎中的肉。卮（zhī），古代盛酒器皿。鼎，古代烹煮或盛放用的器物，一般三足两耳。⑤引所遗弓，发三矢：拉动周同所赠给他的弓，发射三支箭。⑥酹酒瘗肉：将杯中的酒浇到地上祭奠，将鼎中的肉埋入土中。酹（lèi），把酒浇在地上，表示祭奠。瘗（yì），掩埋，埋葬。⑦徘徊凄怆：来回走动，凄惨悲伤。徘徊，在一个

地方来回地走。⑧移时乃还：停留一会才回去。移时，经历一段时间。⑨衣就尽：衣服即将卖光。就，表示趋向，渐近。⑩觉而索之：发觉后向岳飞追要衣服。之，代衣服。⑪默不言：（岳飞）闭口不说话。⑫挞之亦不怨：打他他也不怨恨。挞，用鞭子或棍子打。⑬后伺其出而窃从：后来窥察岳飞出去便偷偷地跟随他。⑭尽见其所为：全看到了他所做的事。⑮尔所从射者多矣：你所师从射箭的人很多了。⑯独奠泣于周同墓：只对周同墓祭奠哭泣。⑰向者：从前，过去。周君：对周同的尊称，犹言周先生。⑱特与飞厚：特别对我深厚。⑲尽其道以归：将他的全部方法教给我，而让我回来。⑳聊于朔望致礼耳：姑且在初一和十五表达我的礼敬罢了。致，表达。㉑识是艺之所由精也：记住这个技艺（指射箭的技艺）能够精熟的来由。识(zhì)，记住。所由，所自，所从来。㉒周君所享，飞不忍食也：是周先生所享受的祭品，我不忍心吃它。㉓始甚义之：才认为岳飞特别忠义。义，意动词，以为义。㉔抚其背：抚摩着岳飞的背。㉕使汝异日得为时用：假使你日后能够有机会被重用。时，时机，机会。㉖其徇国死义之臣乎：或许是为国献身为正义牺牲的臣子吧。其，表示推测，也表示祈使。徇，同“殉”。㉗遗体：旧谓子女的身体为父母所生，因称子女的身体为父母的“遗体”。《礼记·祭义》：“身也者，父母之遗体也。”

岳飞不忘亡师厚恩，多次前往悼念。由于经济拮据，私下典卖自己的衣服来换钱置办祭品，又不愿让父亲知道，虽受挞楚也不肯说出实情。这表现了岳飞从小就懂得知恩图报的道理。父亲由此事看出岳飞的忠义之心，所以转加赞许和勉励。岳飞更以父亲的话激励自己，终于成就了“徇国死义”的壮举。

13. 王至孝[①]，靖康初，始见高宗[②]。母涅其背[③]曰

"尽忠报国"，趣之行[4]，遂从高宗渡河。（〔清〕钱汝雯编《宋岳鄂王年谱》卷一引《唐门岳氏宗谱》）

［注］

①至孝：极尽孝道。②靖康初：指靖康元年（1126）。靖康是宋钦宗的年号，共二年（1126—1127）。始见高宗：《金佗稡编》卷四《鄂王行实编年》卷一："（靖康元年）冬，高宗皇帝以天下兵马大元帅开府河朔，至相州，先臣因刘浩得见。"③涅其背：在岳飞背上刺字并涂墨。涅，可做黑色染料的矾石。此作动词，刺字并染黑。④趣之行：催促岳飞快走。趣，古通"促"。催促，督促。

"岳母刺字"不见于《金佗稡编、续编》和宋代其他笔记及野史，《宋史·岳飞传》说，起初命何铸审问岳飞时，"飞裂裳以背示铸，有'尽忠报国'四大字，深入肤理"，但也未说是何人所刺。《唐门岳氏宗谱》卷二载明万历张应登节录《忠武王传》始言"尽忠报国"是绍兴初岳母姚氏所刺，钱汝雯据以又引。即使不是岳母亲刺，也表现了岳母对儿子的期望和勉励。岳飞一生践行"尽忠报国"，应看作是遵从母命的大孝。

14. 先臣天性[1]至孝，自北境纷扰[2]，母命以从戎报国[3]，辄不忍[4]。屡趣之[5]，不得已，乃留妻养母，独从高宗皇帝渡河。河北陷，沦失盗区，音问绝隔[6]。先臣日夕求访，数年不获[7]。俄有自母所来者[8]，谓之曰[9]："而母寄余言[10]：'为我语五郎，勉事圣天子，无以老媪为念也[11]。'"乃窃遣人迎之[12]。阻于寇攘，往返者十有八，然后归[13]。先臣欣拜且泣[14]，谢不孝[15]。自归，有痼疾[16]。先臣虽身服王事[17]，军旅应酬无虚刻[18]，尝以昏莫窃暇至亲所[19]，尝药进饵[20]。衣服器用，视燥湿寒暖之节[21]。语咳、行履未尝有声[22]。遇出师，必严饬家人谨侍养[23]，微有不至，詈罚自妻始[24]。及母薨[25]，水浆不入口者三日，每恸如初，毁瘠几灭性[26]。自与臣云跣足扶榇归葬[27]，不避涂潦蒸暑[28]。诸将佐有愿代其役者，先臣谢之[29]，路人无不涕泣。既葬，庐于墓[30]，朝夕号恸。又刻木为像，行温清定省[31]之礼如生时。连表哀诉，愿终三年丧[32]。上三诏不起[33]，敕监司、守臣请之[34]，又不起。责其官属以重宪，使之以死请[35]，乃勉强奉诏，终制不忍弃衰绖[36]。（〔宋〕岳珂《鄂国金佗稡编》卷九《经进鄂王行实编年》卷六《遗事》）

［注］

①天性：天生的秉性。②北境纷扰：北部边境纷乱骚扰。指金人入侵。③从戎报国：投身军旅，报效国家。④辄不忍：总是不忍心（离开）。⑤屡趣之：多次催促他。⑥“河北陷”三句：河北陷，黄河以北陷落。沦失盗区，沉没于敌占区。音问绝隔，音信阻隔断绝。⑦日夕求访，数年不获：日夜寻觅探访，多年未能得到。⑧俄有自母所来者：不久有从母亲住地来的人。俄，形容时间短暂的副词。⑨谓之曰：对他（岳飞）说。⑩而母寄余言：您母亲托我捎信给您。寄言，犹寄语，带信。⑪为我语五郎：替我告诉五郎。五郎，是岳飞的幼名。岳飞可能在本家兄弟中排行老五。勉事圣天子：尽力事奉圣明的皇帝。天子，是古时臣民对于帝王的称呼。历代帝王一直鼓吹“君权神授”，故称帝王为天子。无以老媪为念也：不要挂念我老太婆。以……为念，把……作为思念。⑫乃窃遣人迎之：于是偷偷派人前去迎回她。⑬阻于寇攘：被敌寇的侵扰所阻隔。寇攘，劫掠，侵扰。引申指由兵匪劫掠侵夺所造成的祸乱。往返者十有八：来回派去的人有十八次。十有八，十又八，即十八。然后归：这以后才接回来。然后，表示接着某种动作或情况之后。

⑭欣拜且泣：高兴地拜见并哭泣。⑮谢不孝：道歉不孝。谢，谢罪。向人认错，请求原谅。⑯自归，有痼疾：岳母自从迎归后，有经久难治愈的病。⑰身服王事：亲身从事王命差遣的公事。⑱军旅应酬无虚刻：尽力应付军务没有空闲的时刻。应酬，尽力应付，勉强应付。⑲尝以昏莫窃暇至亲所：曾经用晚上偷空到母亲的住所。昏莫，天晚。莫，“暮”的古字。⑳尝药进饵：对药物亲自先尝，然后奉上。饵，药物。㉑视燥湿寒暖之节：根据干燥、潮湿、寒冷、温暖的节度（而合理调配）。㉒语咳、行履未尝有声：说话和咳嗽、往来行走，不曾发出声响。形容举止轻轻，怕发出声响影响岳母休息。㉓必严饬家人谨侍养：必然严肃告诫家人诚敬地奉养母亲。饬，告诫，命令。㉔微有不至，詈罚自妻始：稍微有不周到之处，责骂和惩罚从妻子开始。㉕及母薨：等到母亲去世。薨（hōng），古代称诸侯或有爵位的大官死去。岳母因岳飞封为周国太夫人，故可称“薨”。㉖每恸如初，毁瘠几灭性：经常悲痛得像母亲刚去世一样，因居丧过哀而极度瘦弱，几乎毁灭性命。《礼记·丧服四制》：“毁不灭性，不以死伤生也。”㉗自与臣云跣足扶榇归葬：自己与岳云光着脚扶着灵柩到墓地。臣云，岳珂称其已故的伯父岳云。跣（xiǎn），光着脚，不穿鞋袜。榇（chèn），棺材，灵柩。归葬，本指把尸体运回故乡埋葬。岳母并未回故乡埋葬，而是葬于庐山。㉘不避涂潦蒸暑：不回避道路泥泞积水和盛暑天气闷热。涂通“途”。㉙将佐：将领及佐吏。泛指将领。有愿代其役者：有愿意代替他尽此职分的人。谢之：委婉地推辞拒绝了他们。㉚既葬，庐于墓：埋葬母亲后，岳飞在墓旁搭盖小屋居住。古人于父母或师长死后，服丧期间在墓旁搭盖小屋居住，守护坟墓，称庐墓。㉛温清定省：冬温夏凊、昏定晨省的省称。谓冬天温被，夏天扇席，晚上侍候睡定，早晨前往请安。表示侍奉父母无微不至。语本《礼记·曲礼上》：“凡为人子之礼，冬温而夏凊，昏定而晨省。”㉜连表哀诉，愿终三年丧：连续向皇

帝上表章悲伤地诉说，希望完成三年服丧的礼数。㉝上三诏不起：皇帝连下三道诏书起复而不动身。㉞敕监司、守臣请之：皇帝命令负有监察之责的官吏和地方长官请求他。㉟责其官属以重宪，使之以死请：皇帝用严肃处罚的法令责令岳飞的部下，让他们以死相请。官属，主要官员的属吏。重宪，严酷的法令。㊱终制：父母去世服满三年之丧。不忍弃衰绖：不忍心脱去丧服。衰绖（cuīdié），丧服。古人丧服胸前当心处缀有长六寸、广四寸的麻布，名衰；围在头上的散麻绳为首绖，缠在腰间的为腰绖。衰、绖两者是丧服的主要部分。

此岳珂综述其祖一生至孝。一是母命从戎报国，不忍丢下母亲而去；二是克服重重困难，寻找并迎归母亲；三是迎归后恭谨奉养，关切备至；四是母亲去世后，无比哀痛并极尽孝子之礼，甚至皇帝命令起复，不肯从命。岳飞的种种孝行，确实令人感动，堪称中华孝道的典型。从中亦可看出姚氏是一位深明大义的母亲。

15. 伏念臣孤贱之迹[①]，幼失所怙[②]，鞠育训导[③]，皆自臣母。国家平燕云之初[④]，臣方束发从事军旅[⑤]，誓期尽瘁[⑥]，不知有家。自从陛下渡河以来，而臣母沦陷河朔[⑦]。凡遣人一十八次，始能般挈[⑧]，得脱虏祸。惊悸至疾，遂以缠绵[⑨]。臣以身服戎事[⑩]，未尝一日获侍亲侧[⑪]，躬致汤药之奉[⑫]。今者遭此大难，荼毒哀苦[⑬]。每加追念，辄欲无生。而陛下恩眷有加[⑭]，即命起复[⑮]。在臣么微[⑯]，固深衔戴[⑰]。然臣重念[⑱]为人之子，生不能致菽水之欢[⑲]，死不能终衰绖之制[⑳]。面颜有腼[㉑]，天地弗容。且以孝移忠[㉒]。事有本末[㉓]。若内不克尽事亲之道，外岂复有爱主之忠[㉔]？臣已般挈扶护[㉕]

前来，欲于江州或南康军界营葬[26]。伏望圣慈[27]，矜怜余生[28]，许终服制[29]。取进止[30]。（〔宋〕岳珂《鄂国金佗稡编》卷一四岳飞《乞终制札子》）

［注］

①伏念：犹俯念，下念。谓在上者体察下情。孤贱之迹：孤苦低贱的行迹。②幼失所怙：幼年丧父。语本《诗经·小雅·蓼莪》："无父何怙？无母何恃？"③鞠育：抚养，养育。语本《诗经·小雅·蓼莪》："父兮生我，母兮鞠我，拊我畜我，长我育我。"训导：教诲开导。④平燕云之初：宋徽宗宣和四年(1122)，宋朝两次出兵攻打已退守燕云地区的辽军残部，居然一败涂地。最后由金军攻下燕云地区，按照宋金的"海上协议"，宋朝只能出重金高价买回几座空城。是年，岳飞二十岁，应募刘韐"敢战士"，为小队长。⑤束发：古代男孩成童时束发为髻，束发必加冠，男子二十而冠，因以总发代指初成年。军旅：军队，军事。⑥誓期尽瘁：立誓心许竭尽心力，不辞劳苦。⑦河朔：黄河以北。⑧般挈：搬迁扶携。⑨惊悸至疾，遂以缠绵：因惊恐导致疾病，于是久病不愈。⑩臣以身服戎事：臣子我因为亲身致力于军事。⑪获侍亲侧：得以侍奉母亲身边。⑫躬致汤药之奉：亲自进献汤水和药物的奉养。⑬荼毒哀苦：悲哀痛苦。荼毒，悲痛。⑭恩眷有加：皇帝的恩宠眷顾超过常礼。⑮起复：古时官员服父母丧守期未满即应召赴任官职。岳母姚太夫人于绍兴六年（1136）三月二十六日卒于军中。岳飞不等朝廷答复，解官而去，扶榇至庐山，奏乞终制。宋高宗诏飞起复。⑯么微：亦作"幺微"，指微不足道的人。⑰固深衔戴：固然深深衔恩戴德。⑱重念：再三思考。⑲菽水之欢：奉养父母，使父母欢乐。语出《礼记·檀弓》："子路曰：'伤哉贫也。生无以为养，死无以为礼也。'孔子曰：'啜菽饮水，尽其欢，斯之谓孝。……'"⑳终：完成。衰绖之制：穿丧服为母亲守孝的丧礼。㉑面颜有腼：使容颜感到羞愧。腼，使感到羞愧。㉒以

孝移忠：把尽孝移于尽忠。宋高宗《起复诏》中有“尽孝于忠”语。㉓事有本末：事情有主次、先后。㉔“若内不克”二句：如果在家庭内不能完成侍奉父母的孝道，在家庭外又怎能有亲爱皇帝的忠诚呢？㉕扶护：扶持卫护。㉖南康军：宋行政区划名。隶属江南东道，治星子县（今江西庐山市）。营葬：办理丧事。㉗伏望：表希望的敬辞。多用于下对上。圣慈：圣明慈祥。旧时对皇帝或皇太后的谀称。㉘矜怜：怜悯。余生：幸存的生命。㉙许终服制：允许我完成守丧之礼。㉚取进止：宋代奏疏末所用的套语。犹言听候旨意，以决行止。

绍兴六年三月二十六日，岳飞母亲去世，岳飞痛不欲生。三天不进饮食，痛哭不已，以致憔悴损容。岳飞一面上奏请为亡母服丧守制，一面亲扶灵柩前往江州营葬。岳飞平日自奉俭薄，此次为母亲营葬却例外地大事铺张。安葬完毕，岳飞就在东林寺为母守孝。宋高宗下“起复诏”，命令岳飞还军。岳飞为此写了《乞终制札子》。奏札中，岳飞缅怀母恩，哀痛母亡，自惭生前不能尽孝，恳请为亡母终制，言辞恳切，令人感泣，堪媲李密《陈情表》。宋高宗在“起复诏”中要岳飞“尽孝于忠”，而反观其不思为父兄报仇雪耻，只顾苟且偷安，与岳飞形成鲜明对照。

16. 飞执兵权之日，遣使臣王忠臣往楚州韩世忠处下书[①]，得回书，欲归[②]。临行，世忠嘱之曰：“传语岳宣抚[③]，宣抚有结发之妻[④]，见在此中嫁作一押队之妻[⑤]，可差人来取之。”忠臣密报飞以世忠语[⑥]，飞不答。世忠上闻[⑦]，飞奏言[⑧]：“履冰渡河之日[⑨]，留臣妻侍老母，不期妻两经更嫁[⑩]，臣切骨恨之[⑪]。已差人送钱五百贯，以助其不足，恐天下不知其由也[⑫]。”上令报

行[13]。(〔宋〕徐梦莘《三朝北盟会编》卷二〇七)

[注]

①使臣：军中低品武官。南宋初年，各军战士大致有使臣、效用和军兵三等。楚州：治山阳（今江苏淮安市淮安区）。时为韩世忠军驻地。下书：投递书信。②得回书，欲归：（王忠臣）得到回信，将要回归。③传语：传话。岳宣抚：对岳飞的官称。岳飞任湖北京西宣抚副使始于绍兴六年（1136）三月。④结发之妻：指原配妻子。古礼成婚之夕，男左女右共髻束发，故称。⑤押队：宋军编制“队”的军官。大概负责跟在队伍后面保护或监督。⑥忠臣密报飞以世忠语：王忠臣把韩世忠的话秘密报告给岳飞。⑦世忠上闻：韩世忠上报给皇帝知道。⑧飞奏言：岳飞向皇帝奏报说。⑨履冰渡河之日：踏着结冰渡过黄河的时候。指从军离开家乡解京师之围，时在靖康元年（1126）十二月末。⑩不期妻两经更嫁：没料到妻子经两次改嫁。⑪切骨恨之：彻骨地恨她。形容恨之深入。⑫不知其由：不了解其中的原因。⑬上令报行：宋高宗批复可行。

岳飞原有结发妻子刘氏，生子岳云、岳雷。岳飞从军后留下刘氏侍奉母亲。后刘氏丢下婆婆和儿子改嫁他人，而且改嫁两次，岳飞为此“切骨恨之”。韩世忠托人告诉岳飞，其“结发之妻，见在此中嫁作一押队之妻，可差人来取之”，岳飞当然不肯。但岳飞还是出于道义，送给刘氏五百贯钱，帮助她解决一定困难。韩世忠将此事报告宋高宗，岳飞不得已说明情况。岳飞随宋军南渡后，得知刘氏改嫁，于建炎二、三年间（1128、1129）又与李娃结婚，生子岳霖、岳震、岳霆。由于岳飞痛恨不孝且无情义的刘氏，所以，《鄂国金佗稡编、续编》未提及刘氏。

三、仁惠

1. 虏之渡江[①]，诸将戚方首亡为盗[②]。广德守臣以其难来告[③]，诏王讨之[④]。方发兵断官桥以自固[⑤]，王射矢桥柱[⑥]，方得矢，大惊，遂遁。俄益兵来[⑦]，王与战，数胜，复遁[⑧]。王穷追不已，方知必为王所诛[⑨]，会张俊来会师[⑩]，方乃间道降俊[⑪]。俊为王置酒[⑫]，令方出拜，方号泣请命[⑬]，俊力恳而免之[⑭]。当广德之战，方以手弩射王，中鞍[⑮]。王纳矢于箙[⑯]，曰："他日擒此贼，必令折之以就戮[⑰]。"到是取矢畀方[⑱]，方寸折惟谨[⑲]。王与俊皆大笑，方流汗股栗[⑳]，不敢仰视。（〔宋〕岳珂《鄂国金佗续编》卷二三《阁学刘光祖襄阳石刻事迹》之二）

［注］

①虏之渡江：金寇南侵渡过长江的时候。②诸将戚方首亡为盗：众大将中戚方带头去做盗匪。③广德守臣以其难来告：镇守广德县的地方长官将戚方造成的灾祸上奏朝廷。④诏王讨之：皇帝命令岳飞征讨戚方。王，指鄂王岳飞。⑤方发兵断官桥以自固：戚方派兵拆断官桥用以确保自己的安全。方，指戚方。官桥，公家造的桥。⑥王射矢桥柱：岳飞射箭于桥柱上。桥柱，此指桥面上支承桥亭的柱子，而不应指桥下支承桥梁的柱子。⑦俄益兵来：一会儿又增兵而来。⑧复遁：戚方又逃跑。⑨方知必为王所诛：戚方知道必然被岳飞所杀。⑩会张俊来会师：正好张俊来与岳飞会师。第一个"会"，副词。正好，恰巧。⑪间（jiàn）道：偏僻的小路。此作降的状语，从偏僻的小路投降张俊。⑫俊为王置酒：张俊为岳飞陈设酒宴。⑬号泣请

命：号啕大哭请求岳飞饶命。⑭力恳而免之：极力恳求而赦免了戚方。⑮方以手弩射王，中鞍：戚方用手弩射岳飞，箭射中了岳飞的马鞍。手弩，一种用手拉动的机械弓。⑯王纳矢于箙：岳飞将戚方的箭装入箭袋。箙（fú），用竹、木或兽皮做成的盛箭的器具。⑰必令折之以就戮：一定让他将箭折断后被杀。就戮，受戮，被杀。⑱到是取矢畀方：到此时取出箭给戚方。畀（bì），给予。⑲寸折惟谨：谨慎小心地将箭一寸寸折断。⑳股栗：两腿发抖。形容紧张、害怕。

岳飞降服戚方在建炎四年（1130）六月。当初戚方以手弩射岳飞中鞍，岳飞曾决心将其擒获，并让他折断所射箭再杀死他。戚方战败逃遁，又增兵来战，数败复逃，自知必为岳飞所诛，走投无路才投降张俊。张俊为戚方求情，岳飞最终赦免戚方一死，并非仅仅碍于张俊情面，而是出于宅心仁厚，寄望于戚方能为国效力。此后赦免杨再兴一事即可印证。

2. 王破曹成于蓬岭①，成窜连州②。王召张宪、王贵、徐庆③，谓之曰："曹成败走，余党尽散，追而杀之，则良民胁从，深可悯痛④；纵其所往，则大兵既旋，复聚为盗⑤。吾今遣若等⑥三路招降，若复抵拒⑦，诛其酋而抚其众⑧。切无妄杀⑨，以累主上保民之仁⑩。"于是三将所招降者二万，王用其酋领，而给其食，降民大喜。（〔宋〕岳珂《鄂国金佗续编》卷二三《阁学刘光祖襄阳石刻事迹》之二）

［注］

①蓬岭：在今广西贺州市境。后因岳飞破曹成于此，改名将军岭。②窜：奔逃。连州：治桂阳（今广东连州市）。③张宪：岳飞爱将。官至龙神卫四厢都指挥使、阆州观察使、高阳

关路马步军副都总管。后与岳飞同案被冤杀。王贵：相州汤阴（今河南汤阴县）人，岳飞麾下中军统制，与前军统制张宪是岳飞的左右手。官至武安军承宣使、鄂州驻扎御前诸军权都统制，接替岳飞掌握兵权。岳飞遇害后，王贵称病离军，改授侍卫亲军步军副都指挥使、福建路马步军副都总管，死后追赠宁国军节度使。徐庆：相州汤阴人，从岳飞起兵，为岳家军重要将领。多立战功，官至防御使。④“追而杀之”三句：如果追赶并将他们杀死，那么一般普通老百姓是被胁迫而随从，特别值得怜悯和痛惜。良民，旧指平民。⑤“纵其所往”三句：放纵他们去到所去的地方，那么大军回师以后，他们又会相聚为盗匪。⑥若等：你等，你们。⑦若复抵拒：如果还抗拒。⑧诛其酋而抚其众：诛杀他们的首领，安抚他们的兵众。⑨切无妄杀：一定不要滥杀。⑩以累主上保民之仁：因而使皇上保护老百姓的仁德之心受到玷污。累，使受玷污。

岳飞讨伐曹成军在绍兴二年（1132）四月。岳飞数次大败曹成军，曹成从蓬岭逃走，部将张全、杨再兴等先后被擒。岳飞深知曹成军已无招架之力，但面对的一个严峻的问题是，如何对待一般胁从的百姓。于是召见王贵、张宪和徐庆三员最信任的部将，分析形势，命他们分头前去招降。三将深深领会岳飞的“保民之仁”，招降二万，“用其酋领，而给其食，降民大喜”。最后，曹成势穷力竭，也只好接受韩世忠的招安。

3. （杨）再兴走至静江界中①，官军追及②，跳入深涧中。官军欲杀之，再兴曰：“我是好汉，当执我③见岳飞。”遂受缚④。飞见再兴，解其缚⑤，曰：“我与尔是乡人⑥，汝好汉也⑦，吾不杀汝，当以忠义报国家！”再兴谢之⑧。（〔宋〕徐梦莘《三朝北盟会编》卷一五一）

［注］

①杨再兴：相州（今河南安阳市）人。汝南贼寇曹成的部下。曾杀岳飞弟岳翻。绍兴二年（1132）闰四月，神武副军都统制岳飞引兵击曹成于贺州境上，大破之。再兴因投岳飞，后多立战功，绍兴十年与金人战，战死于小商桥。走至静江界中：逃跑到了静江地界。静江，府名，治桂州（今广西桂林市）。②官军：旧时国家的正式军队。此指岳飞所部。追及：追得到。③当执我：应当捉拿我。④遂受缚：于是被捆绑起来。⑤解其缚：解开捆绑杨再兴的绳索。⑥我与尔是乡人：我和你是老乡。尔，第二人称代词。乡人，同乡的人。⑦汝好汉也：你是好汉。汝，第二人称代词。多用于称同辈或后辈，表示彼此亲昵。⑧谢之：感谢他（岳飞）。

杨再兴原为曹成部将，曾杀岳飞胞弟。在蓬岭战败后杨再兴被缚。杨自称好汉，其愿见岳飞，必仰慕岳飞也是好汉。岳飞也知道杨再兴骁勇善战，战败求见，尚知顺逆，果然不计较杀弟之仇，而以同乡结好，且勉励其“以忠义报国家”。岳飞的仁德胸怀深深感动了杨再兴，此后，杨再兴忠心耿耿地追随岳飞征战，多立战功。其战死于小商桥，得矢镞二升。

4. 先臣乃列马军①于山下，皆重铠持满②。黎明，遣死士三百③，疾驰④登山，贼众大乱。山下鸣鼓呼噪，贼莫测多寡⑤，弃山而下，见山下皆为列骑所围⑥，于是疾呼丐命⑦，仓卒投坠而死者甚众⑧。先臣乃令军中毋杀一人⑨。贼众悉下山投降，或曰⑩：“说之不我听⑪，何以贷为⑫！请尽戮之⑬。”先臣蹙然良久⑭，曰：“此辈虽凶顽，然本愚民耳，杀之何益⑮！且主上既赦其人矣⑯，不然，何以成主上之美⑰。”命籍其金、帛之藏⑱，尽入备边、激赏库⑲，择降民之勇锐者隶诸军⑳，余悉纵之田里㉑。下令使各安业耕种㉒，逃民尽还。（〔宋〕岳珂《鄂国金佗稡编》卷四《鄂王行实编年》卷二）

［注］

①列马军：排列骑兵。列，排列，摆开阵势。②重铠：身穿多重的护身铁甲。持满：拉满弓弦。③遣死士三百：派遣三百名敢死的勇士。④疾驰：快速奔跑。⑤莫测多寡：不能揣测岳飞军队的多与少。⑥皆为列骑所围：都被排列的骑兵所围困。⑦疾呼丐命：大声高呼请求饶命。丐，乞求。⑧仓卒：同“仓猝”。投坠而死者：从山上跳下坠落而死的人。甚众：特别多。⑨毋杀一人：不许杀一个人。⑩或曰：有的人说。⑪说之不我听：劝说他们投降却不听我们。不我听，即不听我。宾语前置。⑫何以贷为：为什么饶恕他们？⑬请尽戮之：请全部将他们杀死。戮，杀。⑭蹙然：忧愁的样子。良久：很长时间。⑮“此辈虽凶顽”三句：这些人虽然凶狂且不易制伏，但本只是愚昧无知的人，杀死他们有什么好处呢？⑯既赦其人矣：已经赦免这些人了。⑰何以成主上之美：如何成就皇帝的美德呢？⑱命籍其金、帛之藏：命令没收登记他们库藏的钱财、布帛。籍，登记。⑲备边、激赏库：备边库和激赏库。备边库，唐会昌末始置，收度支、户部、盐铁钱物，以助军用。宋因之。激赏库，置于绍兴年间，专供边防将士军需物资之用，后兼管供应朝廷和官吏所需用的物资。南宋初，江南西路和岳家军中都设“激赏、备边”等库。⑳择降民之勇锐者隶诸军：挑选勇敢强悍的人隶属于军队。㉑余悉纵之田里：其余的人都放还他们回到乡间。㉒使各安业耕种：使他们各自安于本业耕种田地。

绍兴三年（1133）四月，岳飞破固石洞贼寇，曾派辩士前往劝降，说：“你们诚然地处险要，但是能保不败吗？败而后降，吾决不赦免你们！降就赶紧来降，不要自己招致罪过。”但贼首李洵和廖三姑等有恃无恐，坚守抗拒。所以贼寨被攻破后，有的将士说，既然劝降不从，应将被俘者和投降者全部杀死。岳飞却令军中一个人也不要杀，除了将勇锐者编入军中，其余都让他们安业种田。岳飞的仁爱之心，不止一次地表现在对降民和俘虏的宽大处理上。

5. 初，庙堂以隆祐震惊之故①，有密旨，令屠虔城②。先臣既平诸寇，乃驻军三十里外，上疏请诛首恶，而赦胁从，不许③。连请不已④，上乃为之曲宥⑤，就诏先臣裁决⑥。六月，先臣始入城论囚⑦，即诸酋罪之尤者数人⑧，各置之法⑨，余悉称诏贳之⑩。市不易肆⑪，虔人欢声如雷。至今父老家家绘而祀之⑫，遇讳日⑬，则裒金饭僧于梵舍⑭，以为常⑮。虽更权臣之祸，亦不变⑯。（〔宋〕岳珂《鄂国金佗稡编》卷四《鄂王行实编年》卷二）

［注］

①初：往昔，先前。庙堂：朝廷，代称帝王。此指宋高宗。以隆祐震惊之故：因为隆祐太后曾在虔州受到惊吓的缘故。隆祐，隆祐皇后，宋哲宗第一位皇后孟氏，洺州（今河北永年）人。因其封后于元祐七年（1092），故被称为元祐皇后。绍圣三年（1096）被废。哲宗病逝，徽宗赵佶继位，孟氏被复位。崇宁元年（1102）二度被废。靖康二年（1127），张邦昌不得已，请其垂帘听政。因迎立高宗赵构，被尊为元祐太后。不久，因“元”字犯其祖父孟元的名讳，再改为隆祐太后。建炎四年（1130），隆祐太后避兵于虔州。“癸未，虔州乡兵首领陈新率众数万围虔州，隆祐皇太后震恐。赦其罪，不听。”（《建炎以来系年要录》卷三一建炎四年二月癸未）②有密旨，令屠虔城：宋高宗有秘密的旨意，命令岳飞屠杀虔州（今江西赣州）城。③不许：宋高宗不允许。④连请不已：岳飞连续不停地请求。⑤上

乃为之曲宥：宋高宗才对虔州城曲意宽容。宥，宽容，饶恕。⑥就诏先臣裁决：就便诏令岳飞做出决定。裁决，意思是经过考虑，做出决定。⑦论囚：定罪并处决囚犯。⑧即诸酋罪之尤者数人：立刻就把众多匪首中罪大恶极的几个人。尤，特异的，突出的。⑨各置之法：分别按照法律予以惩处。⑩余悉称诏贳之：其余的都宣称是皇帝诏命赦免了他们。贳（shì），宽纵，赦免。⑪市不易肆：市场贸易店铺没有改变。形容安定如旧。⑫绘而祀之：描绘岳飞的画像并像敬神一样祭祀他。⑬遇讳日：逢到岳飞去世的日子。讳日，忌日，人死亡之日。⑭裒金：聚集资金。裒（póu），聚。饭僧：向僧人施饭。梵舍：僧舍。和尚的住所。裒金饭僧是当地人民为岳飞向佛祈福的行为。⑮以为常：把它作为经常的事。⑯虽更权臣之祸，亦不变：即使经历权臣制造的祸患（指诬杀岳飞），也不改变。更（gēng），经历，经过。权臣，有权势之臣。多指掌权而专横的大臣。

虔、吉州“民叛”，人数众多，声势浩大，一度成为朝廷心腹大患。绍兴三年（1133）四月，岳飞奉命前往平叛，势如破竹。因为建炎四年隆祐皇太后曾受到当地乡兵的惊吓，宋高宗下密旨，令岳飞将被俘者全部斩尽杀绝。经岳飞一再申奏，获允“曲宥”。岳家军入城后，以宽大为怀，只处死一小批叛军首恶，余皆妥善安置，故深得民心，家家户户绘像祠祀，历久不变。由此可见岳家军仁义之师的形象。

6. 朱梦说，字肖隐，严州①人，博学，有为国忧民之心。……累迁泰州军事推官②。湖北、京西宣抚使岳飞闻其贤，辟为干办公事③。随飞入朝，复见时尚禽色之荒④，多无用之物，二圣播迁⑤未还，中原陷没⑥未复，上无良相，朝乏贤臣，上书于御史中丞辛炳⑦，责其不谏。炳携书奏上[⑧]，上不悦，谕飞罢之。飞厚赠梦说，而谢遣之[⑨]。（〔宋〕徐梦莘《三朝北盟会编》卷一五九引《中兴姓氏录》）

［注］

①严州：治建德（今浙江建德市）。②累迁：多次迁升至。军事推官：州、县属官名。负责与军事相关事务。③辟：是指公卿或州郡征调某人为掾属，也称为辟召、辟除。干办公事：军事职官名称。简称干办官。“干办”原作“勾当”，避高宗赵构名讳改。南宋在宣抚司中设有机宜干办公事。④复见时尚禽色之荒：又见当时的风尚沉迷于畋猎和女色。禽色之荒，语出《尚书·夏书·五子之歌》：“内作色荒，外作禽荒。”荒，迷乱。⑤二圣：指宋徽宗、钦宗二帝。播迁：迁徙，流离。⑥陷没：沦陷，被攻占。⑦辛炳：字如晦，福州侯官县（今福建福州市区和闽侯县一部分）人。登元符三年进士第，累官至监察御史兼权殿中侍御史。⑧携书奏上：拿朱梦说的上书奏报宋高宗。⑨谢遣之：言辞委婉地送走朱梦说。

岳飞器重朱梦说的为人，将他辟为宣抚司干办公事。绍兴三年（1133）九月，朱梦说随岳飞入朝，看到朝廷种种贪图享乐的现象，就上书于御史中丞辛炳，责备他没有尽到劝谏之责。辛炳惶恐，把朱梦说的上书奏报宋高宗，宋高宗大不高兴，迫令岳飞将朱梦说罢去。岳飞赞赏朱梦说忠心体国，敢于犯颜直谏，出于对朱梦说的爱护，厚加馈赠，不得已将他辞谢送走。

7. 当时牛皋禀覆岳枢相[①]，言：“许大杨么[②]，占据重湖作过[③]，致烦朝廷之忧[④]。虽一王四厢[⑤]大军数万人，犹自败折了空回[⑥]。今节使太尉提大兵来[⑦]，讨荡巢穴[⑧]，贼众畏伏虎威[⑨]，尽已出降，独遮[⑩]杨么抗拒，已行擒戮[11]。若不将其手下徒党少加剿杀[12]，何以示我军威？欲乞略行洗荡[13]，使后人知所怕惧[14]。”岳枢相曰：“杨么之徒，本是村民，先被钟相以妖怪诳惑[15]，次又缘程吏部怀鼎江劫虏之辱[16]，不复存恤[17]，须要杀尽，以雪前耻，致养得贼势张大。其实只是苟全性命，聚众逃生。今既诸寨出降，又渠魁杨么已被显诛[18]，其余徒党并是国家赤子[19]，杀之岂不伤恩[20]，有何利益？况不战屈人之兵[21]，而全军为上[22]，自是兵家所贵；若屠戮斩馘[23]，不是好事。但得大事已了，仰副朝廷好生之意[24]，上宽圣君贤相之忧[25]，则自家门[26]不负重责，于职事亦自无惭也[27]。”连道数声：“不得杀！不得杀！”于是牛皋无辞而退，遂行抚定诸寨[28]，一时了当[29]。（〔宋〕岳珂《鄂国金佗续编》卷二六《杨么事迹》）

［注］

①牛皋：字伯远，汝州鲁山（今河南鲁山县）人。南宋初年聚集人民抗金，绍兴三年（1133），加入岳家军，任中军统制。对金作战中屡立战功。岳飞被害后，被秦桧指使田师中毒死。禀覆：向尊长回报。岳枢相：对岳飞的官称兼尊称。宋称宰相兼枢密使者为枢相。岳飞曾任枢密副使，故称。此称谓和下文“节使太尉”当是后来鼎澧逸民叙述杨么事迹时所称。②许大：这般多，许多。杨么（？—1135），原名太，龙阳（今湖南汉寿县）人。建炎四年（1130）从钟相起义，在诸首领中年最少，被称为么。钟相死后，被诸寨推为领袖，称“大圣天王”，立钟相幼子义为太子，多次击败宋军的进攻。绍兴五年六月为岳飞消灭。③重湖：洞庭湖的别称。作过：做坏事。特指叛乱、闹事等。④致烦朝廷之忧：以致烦扰朝廷的忧虑。⑤王四厢：对王躞的官称。王躞，秦州成纪（今甘肃秦安县）人，南宋将领，官至捧日天武四厢都指挥使、庆远军承宣使、神武前军统

制，故称。⑥犹自败折了空回：尚自损兵折将无功而回。败折(shé)，亏损。⑦节使太尉：对岳飞的官称。节使，节度使的省称。岳飞绍兴四年八月任清远军节度使，绍兴五年二月授镇宁、崇信军节度使。太尉，岳飞绍兴七年二月拜太尉。提大兵：率领大军。⑧讨荡巢穴：征讨扫荡盗贼盘踞的老窝。⑨贼众：众贼人，贼徒们。畏伏：畏惧敬服。伏，通“服”。虎威：指岳家军威武的气概。⑩遮：同“这”。⑪已行擒戮：已经实施活捉处死。⑫徒党：党羽。剿杀：剿除，消灭。⑬欲乞略行洗荡：想请求大略施行扫荡。洗荡，清洗，涤荡。⑭知所怕惧：知道有所惧怕。⑮钟相：武陵（今湖南常德市）人。南宋初洞庭湖地区的变乱武装首领。以妖怪诳惑：用妖异怪诞欺骗迷惑。钟相是一个巫师，自称“有神通与天通”，能救人疾患，“若受其法，则必田蚕兴旺，生理丰富，应有病患，不药自安”。自称“天大圣”，以“等贵贱，均贫富”相号召，人多信之。⑯程吏部：对程昌寓的官称。鼎江劫虏之辱：是指程昌寓初至鼎州上任时，于路纵兵骚扰百姓，惹恼水寨群盗，将程氏所载财货及其爱妾劫去。可参看《杨么事迹》。⑰不复存恤：不再慰问救济。⑱渠魁：首领。显诛：公开诛戮。⑲赤子：刚生的婴儿。比喻百姓、人民。⑳伤恩：使恩德受到损害。㉑不战屈人之兵：多指不通过双方军队的兵刃交锋，便能使敌军屈服。语出《孙子兵法·谋攻》：“不战而屈人之兵，善之善者也。”㉒全军为上：谓不战而以计谋使敌军全部降伏。语出《孙子兵法·谋攻》：“凡用兵之法，全国为上，破国次之；全军为上，破军次之。”㉓屠戮：屠杀。斩馘：斩敌首割下左耳计功。泛指斩杀敌人。馘(guó)，古代战争中割取敌人的左耳以计数献功。㉔仰副朝廷好生之意：恭敬地符合皇上爱惜生灵、不事杀戮的圣意。㉕上宽圣君贤相之忧：对上宽纾圣明君主和贤良宰相的忧虑。㉖自家门：自家们。犹言我们自己。㉗于职事亦自无惭也：对职分之事也没有愧疚。㉘遂行：顺适地进行。抚定：安抚平定。诸寨：指杨么原部各寨。㉙一时：同时。了当：办理停当。

绍兴五年六月，杨幺军被瓦解后，对如何处置包括家眷在内的20多万失败者，岳家军中出现不同意见。牛皋向岳飞提议"欲乞略行洗荡，使后人知所怕惧"，具有一定的代表性。但岳飞决不以多杀为快，认为杨幺徒党都是国家赤子，只是为了苟全性命，聚众逃生而已，严令"不得杀"。可见无论对虔吉叛军，还是对杨幺叛军，岳飞都以仁心爱物为本，处置皆以宽大为怀，体现了这位贤明将帅的好生之德。

8. 先臣亲行①诸寨，慰抚之②。命少壮强有力者籍为军③，老弱不堪役者④各给米粮，令归田。有自请归业者二万七千余户，先臣皆给据而遣之⑤。又命悉贼寨之物，尽散之诸军⑥，而纵火焚寨，凡焚三十余所。揭榜于青草、洞庭湖上⑦，不数日，行旅⑧之往来，居民之耕种，顿若无事之时然⑨。湖湘悉平。（〔宋〕岳珂《鄂国金佗稡编》卷四《鄂王行实编年》卷三）

［注］

①行：视察。②慰抚：安抚，抚慰。③籍为军：登记名册，编入军队。④不堪役者：不可役使的人。⑤给据而遣之：发给凭据后遣返他们。⑥悉贼寨之物，尽散之诸军：尽将贼寇营寨中的物品，全都散发给军中各个单位。⑦揭榜：张贴文告。青草：青草湖。古五湖之一。亦名巴丘湖，在今湖南省岳阳市西南，和洞庭湖相连。⑧行旅：往来的旅客。⑨顿若无事之时然：立即像没有战事的时候那样。

此记述对杨幺叛军的具体善后处置。岳飞亲自到各个贼寨进行安抚，以稳定人心。"命少壮强有力者籍为军"，以扩充兵员；“老弱不堪役者各给米粮，令归田”，且“皆给据而遣之”，返匪为民，使安居乐业；“又命悉贼寨之物，尽散之诸军”，补充了军需物资；“凡焚三十余所”“揭榜于青草、洞庭湖上”，以彻底消灭死灰复燃的隐患。此后荆湖一带再未出现类似规模的叛乱。这使岳家军之后的抗金战争具有了一个安定的后方。

9. 绍兴六年冬，公亲提兵往取蔡州[①]。二更令下，三更即行。至蔡州，其濠水深阔，城上惟植黑旗，并无守者。每进攻，则黑旗动，然后一队兵上城相御[②]，退则复下，势不可攻，乃归。董先为殿[③]，刘豫伏兵俟[④]我军退，则追而掩[⑤]之。我之后军逢彼踏白者[⑥]，为亲戚，且素闻公之德，遂泄其计，曰：“汝宣抚自来有兵二万人，七分披带[⑦]，持十日粮，今粮尽而归。刘豫遣李成等十大将，各将万人，先各赐宅一区，宫女十人，径来掩彼军，约尽擒之，直造鄂州。我军人持一绳，得南军穿其手心，每十人作一串，鼓行[⑧]东下，今即至矣。”董先见贼悉得我军之实，驰报公。董先遂择险地，伏其军于林莽中，独据河桥以待之。须臾，李成等至，见董先，举绳以告之，悉如踏白者之言。谓董先曰：“汝勿走，我今先擒汝。”先答曰：“我定不走，只恐汝走耳。”贼见董先待之闲暇[⑨]，疑有伏，不敢径进。每遣兵来战，董先则旋出林中兵一二队以应之，彼退则又归于林中，贼益疑，相持久之。公领大军复回，李成等望见如银山拥出于众山中，即遽奔溃。公渡河追之三十里而止。擒其将数十人，俘其军数千人而归。公厚以钱布劳所俘之军[⑩]，告之曰：“汝皆中原百姓，国家赤子也，不幸为刘豫驱而至此。今释汝，见中原之民，悉告以朝廷恩德，俟大军前进恢复，各率豪杰来应官军。”其俘皆欢呼而反。公乃贻书与蔡之守者[11]，蔡人感公释其俘，遂请降。所擒之将献于行在所[12]。其后讲和，复割蔡州与敌，有通判者，不肯臣敌，自缢而死。（〔宋〕岳珂《鄂国金佗续编》卷二七黄元振编岳飞事迹）

［注］

①公：尊称岳飞。蔡州：治汝阳（今河南汝南县）。②御：抵挡。③殿：殿后，压阵。④俟：等待。⑤掩：袭击。⑥踏白者：侦察兵。⑦七分披带：（二万人中）穿戴盔甲的军士有七成。披带，犹披挂，穿戴盔甲。⑧鼓行：击鼓行军。引申为大张声势地前去。⑨闲暇：悠闲从容。⑩钱布：钱币。劳：慰劳。⑪贻书：送信。贻，赠送。蔡之守者：镇守蔡州的官员，蔡州知州。⑫行在所：指天子所在的地方。绍兴六年（1136），宋高宗在临安（今浙江杭州市）。

绍兴六年，岳飞率兵攻打伪齐占领的蔡州。看到蔡州守备坚固，一时难以强攻急下，所带粮食又无法与敌旷日持久，岳飞当机立断，下令撤军。董先殿后之军，遇敌侦察兵，由于亲戚关系，“且素闻公之德”，于是就向他们泄漏了刘豫的军事计划。董先一方面驰报岳飞，一方面用疑兵之计与敌周旋。岳飞大军复回，大败李成军，俘获甚众。岳飞“厚以钱布劳所俘之军”，将他们全部释放，并让他们给伪齐蔡州知州带去一信。“蔡人感公释其俘，遂请降。”敌人感于岳飞的恩德，先是向岳家军泄漏了刘豫的军事计划，后又以蔡州自愿请降，使刘豫围歼岳家军的计划完全破灭。

10. 待人以恩[1]，常与士卒最下者[2]同食。樽酒脔肉，必均及其下[3]。酒少不能遍，则益之以水[4]，人受一啜[5]。出师野次[6]，士卒露宿[7]，虽馆舍甚备，不独入[8]。诏词有所谓“绝少分甘，与人同欲[9]”，又云“甘苦同于士卒”“虽万众而犹一心[10]”者指此。诸将远戍[11]，则使妻至其家，问劳其妻妾，遗之金帛[12]，申殷勤之欢[13]，人感其诚，各勉君子以忠报[14]。其有死事者[15]，哭之尽哀[16]，辍食数日[17]。育其孤[18]，或以子婚其女[19]。士卒有疾，辄亲造抚视[20]，问所欲[21]，至手为调药[22]。（〔宋〕岳珂《鄂国金佗稡编》卷九《经进鄂王行实编年》卷六《遗事》）

［注］

①待人以恩：用恩德对待别人。②士卒最下者：最下等的士兵。③樽酒脔肉，必均及其下：一杯酒一小块肉，一定均分给他的部下。脔（luán），切成小块的肉。④则益之以水：就用水添加。⑤人受一啜：每人接受尝一点。啜（chuò），尝，喝。⑥野次：止宿于野外。⑦露宿：在郊野住宿。⑧虽馆舍甚备，不独入：即使（为主将岳飞准备的）房屋很完备，（岳飞）也不单独住进去。馆舍，接待宾客住宿之所。泛指房舍。⑨诏词：皇帝诏书上的话。所谓：所说的。用于复说、引证等。绝少分甘：拒绝不多的东西，与众人分享甘美的食物。谓自己不图享受，待人优厚。语出汉司马迁《报任少卿书》：“以为李陵素与士大夫绝甘分少，能得人之死力，虽古名将不过也。”与人同欲：与别人同一愿望。形容与人同心。语出《左传·襄公二十年》：“书曰：‘蔡杀其大夫公子燮’，言不与民同欲也。”“绝少分甘，与人同欲”，《金佗续编》卷三《张宗元奏军旅精锐奖谕诏》作“茹苦分甘，与下同欲”。⑩甘苦同于士卒：《金佗续编》卷四《第四辞免同前不允诏》：“甘苦同于士卒，故虽万众而犹一心。”⑪诸将远戍：众将士到远方驻军防守。⑫遗之金帛：赠送他们钱物。金帛，黄金和丝绸。泛指钱物。⑬申殷勤之欢：

表达情意深厚的欢洽。⑭各勉君子以忠报：各自勉励丈夫用忠诚来报答。君子，旧时妻对夫之称。《诗经·召南·草虫》："未见君子，忧心忡忡。"⑮死事者：指死于国事的将士。⑯哭之尽哀：竭尽哀痛地对他哭泣。⑰辍食数日：几天不吃东西。辍，停止。⑱育其孤：抚育他们的遗孤。《孟子·梁惠王下》："幼而无父曰孤。"⑲或以子婚其女：有的让自己的儿子娶他们的姑娘。⑳辄亲造抚视：常常亲自前去抚慰探视。㉑问所欲：询问他们有什么需要。㉒至手为调药：甚至亲手给他们调药。

岳飞治军，仁严兼济，而以仁为本。此从五个方面表现岳飞爱护士兵，多方抚恤。一是在物资供应十分菲薄和匮乏的情况下，经常与下等军士共餐，且力求均等；二是行军露宿，与将士同，绝不搞特殊化；三是诸将远戍，命妻子问劳其家，赠之钱物；四是对战死的将士，哭之尽哀，抚育其孤，甚至让自己的儿子娶其女为妻；五是对有病的士卒，常常亲自前去抚慰探视，满足他们的需求，甚至亲手给他们调药。这些都体现了岳飞爱兵如子的理念。有这样的将帅，将士自然无不用命。

11. 凡出兵，必以广上德为先①，歼其渠魁，而释其余党，不妄戮一人②。裨将寇成尝杀降③，即劾其罪④。是以信义著敌人不疑⑤，恩结于人心，虽虏人、签军，皆有亲爱愿附之意⑥。如建炎三年在常州⑦，绍兴十年龙虎大王下忔查千户高勇等之来，皆千里来奔⑧。故制词有"得仁人无敌之勇""宣予不杀之武""广好生于朕志"等语⑨。（〔宋〕岳珂《鄂国金佗稡编》卷九《经进鄂王行实编年》卷六《遗事》）

［注］

①必以广上德为先：一定以扩大皇帝的恩德作为首要施行

的事。②歼其渠魁：歼灭敌人的首领。而释其余党：释放残留的党羽。不妄戮一人：不滥杀一个人。妄，胡乱。③裨将：偏裨，副将。寇成：岳家军马军统制，多有战功。后因违犯军律，被岳飞撤职。尝杀降：绍兴六年，寇成时任统制，于虢州等地反击伪齐军，曾经杀掉投降的敌兵五百人，受到岳飞弹劾。④即劾其罪：岳飞就弹劾他的罪过。岳飞弹劾寇成奏今已佚失。⑤是以信义著敌人不疑：因此信义显扬于敌人，敌人对他信任而不怀疑。《金佗续编》卷二一章颖《经进鄂王传》作“故信义著于人心”。⑥虏人：指金人。签军：指金人签发汉人丁壮所组成的部队。宋汪藻《论侨寓州郡札子》：“比金人入寇，多驱两河人民，列之行阵，号签军。”⑦建炎三年在常州：按应为“建炎三年在广德”。岳飞驻军常州宜兴县在建炎四年（1130）。《金佗续编》卷二八《孙逌编鄂王事》引邵缉建炎四年荐书：“诸将溃为群盗，纵兵大略。飞独顿兵广德境中，资粮于官，身与下卒同食；而持军严甚，民间无秋毫之扰。虏人签军经涉其地者，或闻其威名，各相谓曰：‘岳爷爷军也！’争来降附，前后几万余人。”《金佗稡编》卷一《鄂王行实编年》卷一记其事在绍兴三年“驻于广德之钟村”时。⑧“绍兴十年……千里来奔”句：《鄂王行实编年》卷五：“以至虏酋之腹心禁卫，如龙虎大王下忔查千户高勇之属及张仔、杨进等，亦密受先臣旗、榜，率其众自北方来降。”龙虎大王即完颜突合速，金人称“大王”并非真封王爵，只是因其监龙虎军而称之。《中兴小纪》卷八：“龙虎大王者，乃伪封王爵而监龙虎军，乌珠（兀术）之婿也。”忔查，即合扎，女真语亲兵之义。见《金史·兵志》。“忔查千户”即“合扎猛安”，乃金朝前期所设，为龙虎大王等大将之亲军。⑨故制词有……等语：制词，诏书，诏书上的文词。“得仁人无敌之勇”，是绍兴四年（1134）八月二十五日宋高宗《清远军节度使湖北路荆襄潭州制置使特封武昌县开国子食邑五百户食实封贰伯户制》中语。仁人，有德行的人。《论语·卫灵公》：“志士仁人，无求生以害仁，有杀身以成仁。”无敌，指没有与之匹敌的对手。“宣予不杀之武”，宣扬我不滥杀的武威。这是绍兴五年六月宋高宗《杀杨么赐诏奖谕》中语。“广好生于朕志”，使寡人爱惜生灵、不事杀戮的心志得以扩大。这是绍兴五年九月十一日宋高宗《检校少保加食邑制》中语。

岳飞对待金军和伪齐军战败被俘的敌人，也往往只杀其首领，宽大其徒众，不滥杀一人。这是岳飞固有的好生之德使然，前已有所说明。岳珂把它说成是“凡出兵，必以广上德为先”，并引宋高宗制词为说，显属谀辞。岳飞的仁德之心已结恩信于“虏人、签军”，赢得“岳爷爷”的尊称，声威所至，曾使敌人“皆千里来奔”“争来降附”，多者竟至“几万余人”。

12. 不幸大功未立，公为权臣中祸①，天下痛之。先父亦屏居田野②，时时谈及军中旧事，尝谓公之英威③，古人不能过，至于仁心爱物④，虽古之名将有所不逮⑤。若夫盛德懿行⑥，夙夜⑦小心，不以一物累其心⑧，虽今之老师宿儒⑨，勉强而力行者，公则优为之⑩。（〔宋〕岳珂《鄂国金佗续编》卷二七黄元振编岳飞事迹）

［注］

①公：尊称岳飞。权臣：有权势之臣。多指掌权而专横的大臣。中祸：中伤被祸。②先父：黄元振称其已故的父亲黄纵。黄纵（1101—1159），字循圣，苏州人。绍兴五年（1135）岳飞讨杨么，辟为宣抚司主管机密，以功授昌州文学。绍兴七年，岳飞因并统淮西等军、北伐计划被取消一度愤而辞职，黄纵深感事无可为，也辞职屏归田里。屏居：指退隐，屏客独居。③英威：英勇威武。④仁心爱物：以仁爱之心爱惜万物。语出《孟子·尽心上》：“君子之于物也，爱之而弗仁；于民也，仁之而

弗亲，亲亲而仁民，仁民而爱物。”⑤不逮：比不上；不及。⑥盛德懿行：高尚的品德和美善的行为。⑦夙夜：早晚，朝夕。⑧不以一物累其心：不因为一件物品使他的心受到累害。累，使受害。⑨老师宿儒：指年辈最尊和知识渊博的学者。⑩优为之：谓任事绰有余力。

黄纵原为湖北京西宣抚司主管机宜文字，深得岳飞倚重，也悉知岳飞的不杀之武。岳飞被害后，黄纵受到牵连，屏归田里。此为黄纵之子黄元振追述其父对岳飞“仁心爱物”“盛德懿行”的评价。

13. 先父被檄在远[①]，公尝遣一兵持书来[②]，趣回[③]。盛寒止一单布衫，先父问曰：“汝怨乎?”曰：“不怨也。他军所得请给[④]，则有减克[⑤]。又如科作纳袄之类[⑥]，自身虽暖，老小则冻馁[⑦]矣。宣抚[⑧]则不然，所请食钱若干，不减一钱，听士自用之[⑨]。某自因家累重而费之[⑩]，非在上者有克于我也[⑪]，何怨之有[⑫]。”（〔宋〕岳珂《鄂国金佗续编》卷二七黄元振编岳飞事迹）

［注］

①被檄在远：奉命在远地。檄，檄文。引申指命令。②公：尊称岳飞。遣一兵持书来：派遣一个兵士携带书信前来。③趣回：催促赶快回去。趣通“促”。④请给：薪俸。⑤减克：克扣。⑥科作：按规定式样制作。纳袄：衲袄。一种斜襟的夹袄或棉袄。⑦冻馁：寒冷饥饿。⑧宣抚：对岳飞的官称。⑨听士自用之：任凭战士自己使用它。⑩家累重而费之：家庭生活负担重而花费了它。之，指薪俸。⑪非在上者有克于我也：不是上级对我有所克扣。在上者，位于上面的人。⑫何怨之有：有什么怨恨呢?

此段记载借一个送信的兵士之口，说出岳飞体恤部下，从不克扣士兵一文钱，而且允许根据自家情况，听其自主使用。这与其他军将帅经常减克战士给养形成鲜明对比。所以，这位兵士虽在严寒天只穿一件单麻布衣，但对岳飞非但不怨，还心存感恩之情。

14. 岳还自边①，列将贺舍人者②，白其妇与僧乱③。岳即便座按其事④，辞连一寺僧⑤，无非诸将家也⑥。岳引伯父视其牍⑦，曰："飞出，营中至此，略不问，则飞负诸将⑧。欲如柳公绰故事，尽纳诸江，复不忍，奈何⑨？"伯父曰："发妇私者，但一贺，将众何与⑩？安知非谰辞分谤，小人之情邪⑪？"岳意不解⑫，伯父曰："此曹类因乱离偶合⑬，不以正者有之⑭，今暴其私⑮，人情念家者怨⑯，耻过者忿⑰，而公自谓无负⑱，不摇三军之众乎⑲？"岳曰："请密之⑳。"旋使夫人内集㉑，视辞所污蔑类老矣，即已㉒。贺妇狱决㉓，贺即日恚死㉔。（〔宋〕薛季宣《浪语集》卷三三《先大夫行状》）

[注]

①岳还自边：岳飞从边地回来。②列将贺舍人者：一个被称为贺舍人的将官。列将，指一般的将官。舍人，宋元以来俗称显贵子弟为舍人。可见，贺舍人不是真名。③白其妇与僧乱：禀告说他的妻子与和尚淫乱。白，下对上告诉。④岳即便座按其事：岳飞就在别室按问这件事。按，按问，查究审问。便座，同"便坐"，别室。指正室以外的房间。唐刘禹锡《郑州刺史东厅壁记》："古诸侯之居公私皆曰寝，其它室曰便坐。"⑤辞连一寺僧：供词牵连整个一座寺庙的和尚。⑥无非诸将家也：没有不是众位将领的家属。意思是整个寺庙的和尚与许多将领的家属发生淫乱。⑦岳引伯父视其牍：岳飞延请我的伯父看此事的

书写材料。伯父，《浪语集》的作者薛季宣称其伯父薛弼。薛弼（1088—1150），字直老，温州永嘉人。北宋政和二年（1112）进士。岳飞幕僚。曾任荆湖南路转运判官，湖北、京西路宣抚司参谋官，甚得岳飞赏识。牍，本义指木片。古代写字用的木片，故指书写的材料。⑧“飞出”四句：我外出后，军营中达到这种情形，如果全然不管，那么我岳飞就对不起众位将士。⑨“欲如柳公绰故事”四句：想要依照柳公绰的先例，把她们全投到江中，又不忍心，怎么办？柳公绰（765—832），小字起之，唐京兆华原（今陕西铜川市耀州区）人。柳公权之兄。累官至河东节度使，户部尚书，检校左仆射。《资治通鉴》卷二三九宪宗元和十年春载：“公绰号令整肃，区处军事，诸将无不服。士卒在行营者，其家疾病死丧，厚给之，妻淫泆者，沉之于江，士卒皆喜曰：‘中丞为我治家，我何得不前死！’故每战皆捷。”⑩“发妇私者”三句：举发妻子隐私的，只不过一个姓贺的，与众将领有什么相干？何与，意为何干。将（jiàng），将领，将官。⑪安知非谰辞分谤，小人之情邪：怎么知道不是说假话让别人分担诽谤，出于小人的本性呢？谰辞，说假话，虚妄不实的言辞。⑫岳意不解：岳飞的心意还不罢休。⑬此曹类因乱离偶合：这样的人大都因为遭乱而流离偶然相合。类，大抵，大都。偶合，指偶然相合，也指结成配偶。⑭不以正者有之：不行正道的人才有此事。⑮今暴其私：假使暴露他们的隐私。今，假使，如果。⑯人情念家者怨：按人之常情，顾念家的人会怨恨。⑰耻过者忿：以过错为耻的人会愤怒。⑱自谓无负：自己认为没有对不起人。⑲不摇三军之众乎：能不动摇军队众将士之心吗？⑳请密之：请对这件事保密。㉑旋使夫人内集：岳飞随即让夫人把涉事的妇人集中在内室。㉒视辞所污蔑类老矣：看到供词所诋毁的妇人大都老了。即已：就停止不再追究了。㉓贺妇狱决：贺舍人妻子的案件判决后。㉔即日恚死：当天愤恨而死。恚（huì），恨，怒。

有一次，岳飞从前线回来，一个被称作贺舍人的将官向他诉说其妻与和尚淫乱的事，岳飞就在别室查究详问这件事。不料贺舍人所述情况，牵连整个寺庙的和尚与许多将领的家属。这倒让岳飞很犯难。他找来幕僚薛弼商量，说："如果全然不管，那么我岳飞就对不起众位将士。想要依照唐代柳公绰的先例，把她们全投到江中，又不忍心，怎么办？"岳飞听从薛弼的建议，要求对这件事保密，然后让夫人把涉事的妇女集中在内室，看到供词所诋毁的妇人大都已老，就不再追究了。本文虽旨在颂扬薛弼，但从侧面反映了岳飞对部下及其家属的关心和体恤，亦见岳飞遇事善与部下商议，从善如流。

15. 张所以谤谪行至长沙①，贼酋刘忠者诱其附己以叛②，所骂忠不从，竟遇害。其子宗本尚幼，先臣访求鞠养③，教以儒业④，饮食起居，使处诸子右⑤。绍兴七年，遇明堂恩⑥，舍其子，而补宗本⑦……又陈述所死难之由⑧，乞追复旧职⑨，仍乞优加褒异⑩，以旌其忠⑪。上俞之⑫，复特赐其家银绢百匹两，与一资恩泽⑬。（〔宋〕岳珂《鄂国金佗稡编》卷九《经进鄂王行实编年》卷六《遗事》）

［注］

①张所（？—1127）：山东青州（今山东青州市）人。宋徽宗朝进士，累官监察御史。因言忤逆时任宰相黄潜善，责授凤州团练副使，于江州安置。李纲入相，除龙图阁直学士、充河北西路招抚使。建炎元年（1127）八月间，岳飞投奔张所的招抚司，深得张所知遇。李纲罢相后，张所被贬谪居广南，入潭州界时，为盗贼刘忠所害。以谤谪行至长沙：因为受到诬谤被贬谪行走到长沙。②刘忠：山东盗贼，号白毡笠，曾据岳州平江县之白面山，在潭州和岳州之间为乱。后投伪齐，任登莱沂

密都巡检使，为其部下王林等所杀。诱其附己以叛：诱导张所归附自己，背叛宋廷。③访求：探访寻求。鞠养：抚养，养育。④教以儒业：用儒家经学来教育他。⑤使处诸子右：让张宗本处在自己几个孩子之上。意思是优待张宗本比自己的孩子还要好。⑥遇明堂恩：逢上朝廷举行明堂大礼而施恩。绍兴七年（1137）九月，因闻徽宗赵佶及宁皇后卒，宋廷举行明堂大礼，大赦天下，“行在诸军赏给并依绍兴四年例”（《建炎以来系年要录》卷一一四绍兴七年九月己巳）。⑦舍其子，而补宗本：岳飞舍弃自己儿子的恩赏，而用以补赏张宗本。⑧所死难之由：张所遇难的情由。⑨乞追复旧职：请求恢复张所原来的官职。⑩仍乞优加褒异：连续请求优厚地加以特殊的褒扬嘉奖。仍，此作一再、频繁解。⑪以旌其忠：用来表彰张所的忠贞。⑫上俞之：皇上准许岳飞的请求。俞，俞允，指帝王直接允许臣下的请求。⑬与一资恩泽：给予一级官资的恩惠。

岳飞在建炎元年因“越职上书”被削除军籍后，曾投奔张所在大名的招抚司，深得张所知遇。对此，岳飞终生铭感难忘。后虽身居高位，不忘旧恩。张所被杀后，岳飞访求张所的幼子张宗本，善加抚养，优待张宗本比自己的孩子还要好。对张所的“追复”及其儿子张宗本的“荫补为官”之事，岳飞曾多次上书，有《乞以明堂恩奏张所男宗本奏》《再乞褒赠张所申省札子》《照会追复张所左通直郎直龙图阁省札》《赐张所一资恩泽仍支银绢省札》等，可谓不遗余力。

16. 时裨将杨贵怒一卒擅离队伍①，遂脔而尸之②，卒尚未死，飞见之，问其故，以为不应死，顾左右求其生，不可，则绝之③，而解衣以殓焉④。召贵，诘曰⑤：“擅离队伍，罪未至是⑥，汝当以死偿之⑦。”贵皇惧⑧不敢对，诸将罗拜祈免乃已[9]。犹以豫章境上有逋逃者，责使招降焉[10]。不然，复其罪[11]。贵后能致其人者，始获免[12]。（〔宋〕曾敏行《独醒杂志》卷七）

［注］

①时：当时。裨将：副将。怒：对……感到愤怒。②遂脔而尸之：于是把他脔杀而陈尸示众。尸，名词作动词，陈尸示众。③顾左右求其生，不可，则绝之：岳飞回视旁边的人要求让这个士兵活下来，已经不可能了，就让他即刻死去。左右，指在旁侍候的人。绝，使气息中止。④以殓焉：用来装殓他。殓，装殓。给尸体穿衣下棺。⑤召贵，诘曰：召来杨贵，斥责他说。诘，责备。⑥罪未至是：罪过不至于此（割成肉片而陈尸示众）。⑦汝当以死偿之：你应当用死来抵偿他。⑧皇惧：惊慌恐惧。皇，通“惶”。⑨罗拜：罗列而拜，即围绕着下拜。祈免：请求免除（杨贵的死）。乃已：才算了。已，停止。⑩犹以豫章境上有逋逃者，责使招降焉：仍然以豫章地境有逃亡的士兵，责令杨贵前去那里招降。焉，代词，指豫章（今南昌市地区）。⑪不然，复其罪：如果不能完成这一任务，仍然要治他的罪。⑫贵后能致其人者，始获免：杨贵后来能招来那些逃亡的人，才得到赦免。

士卒擅离队伍，不但杨贵感到愤怒，岳飞也不能容忍。但擅离之罪，罪不至死。所以，岳飞对即将死去的士兵仍然挽救其生命。当知道不可能救活时，又不忍心看到他临死前的痛苦，即以速死来结束他的痛苦，又解下自己的衣服来装殓他，可见岳飞爱恤士卒的仁德之心。而对于擅杀士卒的杨贵，岳飞却毫不留情，责以死偿。由于众人的求情和杨贵的以功折罪，才免于一死，亦见岳飞治军仁严分明。

17. 鄂州大吏①丁某死，妻年方三十，与屠者朱四通②。其子二郎尚少，不能制③。至于成立④，朱略无忌惮，白昼宣淫⑤，反怒丁子不揖⑥，以为见我无礼，盖以假父自处也⑦。丁愤懑⑧，以母之故，且虑丑声彰著，隐忍弗言⑨。有哮张二者，密州诸城⑩人，遭乱南徙，亦以屠为业，壮勇负气⑪。丁意其可属此事⑫，而每与侪辈诣市饮酒⑬，张担肉过前，辄呼买之⑭，而厚酬厥价，久或至数倍⑮。他日，邀之饮，问："何以不作区肆，而行贾仆仆⑯。"张曰："非不能之，但赤手乏本耳⑰。"乃付之数百缗⑱，因默念彼当感我恩谊，必可使⑲，从容⑳曰："君知我心中有不平事乎?"曰："不知也。"丁以乞殴朱为请㉑，张艴然㉒曰："讶汝贷我钱，盖欲陷我于争斗㉓。"奋衣㉔而起。自后相遇，邈然㉕如不相识，迨于绝交㉖。众哂丁不知人㉗，而下交非类㉘，丁亦衔之㉙。未几，张拉朱同渡江，买猪于汉阳，争舟，相殴击。既归，夜入朱室，杀朱与男女并三人，自缚告官㉚，终不及丁一词㉛。时岳少保领大兵驻鄂，嘉其志义㉜，移檄取隶军中㉝，不问其罪。后以功补官。（〔宋〕洪迈《夷坚志》甲卷八《哮张二》）

［注］

①大吏：大臣，大官。②与屠者朱四通：与一个屠户名叫朱四的人私通。屠者，以宰杀牲畜、卖肉为业的人。③不能制：不能制止。④至于成立：到了二郎长大成人。成立，成人，成长自立。⑤略无忌惮：完全没有顾虑畏惧。白昼宣淫：大白天公然淫乱，毫无避忌。⑥反怒丁子不揖：反而恼怒丁家的儿子对他不行礼。揖，拱手行礼。⑦盖以假父自处也：大概是以义父的身份自居。盖，表示推测，相当于大约、大概。假父，义

父。汉刘向《说苑·正谏》："秦始皇帝太后不谨，幸郎嫪毐，封以为长信侯……饮酒醉，争言而斗，瞋目大叱曰：'吾乃皇帝之假父也。'"⑧愤懑：气愤，抑郁不平。⑨且虑丑声彰著，隐忍弗言：并且顾虑坏名声暴露，所以强力克制而没说什么。彰著，暴露，败露。隐忍，将事情藏在内心，强力克制忍耐，不作表示。⑩密州诸城：今山东诸城市。⑪壮勇负气：强壮勇敢，凭恃意气，不肯屈居人下。⑫丁意其可属此事：丁二郎揣测孝张二可以托付这件事。⑬侪辈：同辈。诣市：到集市去。⑭辄呼买之：总是呼唤他前来，买他担中的肉。⑮厚酬厥价，久或至数倍：优厚地偿付肉的价钱，时间既久有时甚至达到原价的好多倍。厥，代词。其。⑯何以不作区肆，而行贾仆仆：为什么不开店铺，却风尘仆仆地游走经商？区，特指小屋。《汉书·胡建传》："穿北军垒垣以为贾区。"颜师古注："区者，小室之名，若今小庵屋之类耳。"行贾（xínggǔ），行走经商。经商有行贾和坐商之分。仆仆，形容旅途劳顿。⑰但赤手乏本耳：只是空手没有本钱罢了。⑱缗（mín）：古代穿铜钱的绳子。亦指成串的铜钱，每串一千文。⑲恩谊：恩德情谊。必可使：一定可以支使。⑳从容：私下。《资治通鉴》卷七十八："炎立发委地，手垂过膝，尝从容问裴秀曰：'人有相否？'因以异相示之。秀由是归心。"㉑以乞殴朱为请：以殴打朱四为请求。㉒艴然：因愠怒而脸色改变的样子。艴（fú），生气的样子。㉓讶汝贷我钱，盖欲陷我于争斗：怪不得你借给我钱，原来是想让我陷入争斗。讶，诧异。㉔奋衣：犹拂袖。表示气愤。㉕邈然：远远地。㉖迨于绝交：至于断绝交情。迨（dài），及，到。㉗众哂丁不知人：大家嘲笑丁二郎不能识别人。哂（shěn），讥笑。知人，谓能鉴察人的品行、才能。㉘下交非类：向下交往不相类的人。下交，地位高的人与地位低的人交往。非类，身份、门第等不相类的人。㉙衔之：怀恨他。衔，怀藏。此指衔恨。㉚自缚告官：自己捆绑自己向官府报告。相当于今天的自首。㉛终不及丁一词：

最终也没有牵涉到丁二郎一句供词。㉜嘉其志义：称赞哮张二的志节。㉝移檄取隶军中：用公文求取哮张二隶属于岳家军中。移檄，古代官方文书移和檄的并称。多用于征召、晓谕和声讨。此作动词。发布文告晓示。

哮张二受丁二郎资助之恩，铭感于心，却表现出“艴然”“奋衣而起”“邈然如不相识”“迨于绝交”等假象，不仅众人讥笑丁不知人，丁亦衔恨于哮张二。殊不知哮张二乃不愿牵连丁二郎。至其为丁报仇，自缚告官，最终没有一句供词牵连到丁，真可谓侠义之士。岳飞正是看到哮张二的志义可嘉，才“取隶军中”，不问其罪。哮张二不负岳飞期望，果能建功补官。从中可以见出岳飞的仁爱之心和用人之明。

四、廉俭

1. 乐施踈财[①]，不殖资产[②]，不计生事有无[③]。所得锡赉，率以激犒将士[④]。兵食不给，则资粮于私廪[⑤]。九江有宅一区，聚家族之北来者[⑥]。有田数顷，尽以赡守家者[⑦]。张俊[⑧]贪，占田遍天下[⑨]，而家积巨万[⑩]，尝谓其形迹己，故憾之[⑪]。卒之日，虽王会极力搜刮[⑫]，家无余资[⑬]。秦桧犹疑之，谓所藏不止是[⑭]。兴大狱数年，尽捕家吏[⑮]，逮治[⑯]有死者，而卒不得锱铢云[⑰]。上知其屡空[⑱]，欲择第于行都[⑲]，欲以出师日，自任其家事[⑳]。先臣辞曰："北虏未灭，臣何以家为[㉑]！"起复制词亦有"厉票姚辞第之志"[㉒]之语。（〔宋〕岳珂《鄂国金佗稡编》卷九《经进鄂王行实编年》卷六《遗事》）

［注］

①乐施踈财：乐于分散财物接济别人。踈财，以财物分人。踈通"疏"。②不殖资产：不经营财产。殖，经营。③不计生事有无：不考虑生活用度有还是没有。生事，指生计，生活用度。④所得锡赉，率以激犒将士：所得到朝廷赏赐的财物，大都用来奖励犒赏将士们。锡，通"赐"。赉（lài），赏赐。激犒，奖励犒赏。⑤兵食不给，则资粮于私廪：军粮匮乏，就从自家私人的粮仓取用。不给，供给不足。资粮，取粮。资，取用。⑥九江：今江西九江市。有宅一区：有宅院一所。一区，表数量。聚家族之北来者：使从北方来的族人聚居。⑦尽以赡守家者：全部用来赡养守护老家的人。⑧张俊（1086—1154）：字伯英，凤翔府成纪人。南宋方面军统帅，官至宣抚使，绍兴十一年

(1141) 拜枢密使。知朝廷欲罢兵，首请纳所统兵，力赞议和。秦桧皆罢诸将兵权付俊。累封广、益国公，进封清河郡王，拜太师。然岳飞冤狱，俊独助桧成其事，成为谋杀岳飞的帮凶之一，并以此博得宋高宗深宠，为世所鄙。《宋史》有传。⑨占田遍天下：占据农田遍布天下。⑩家积巨万：家中积蓄上万。⑪尝谓其形迹己，故憾之：曾经认为岳飞以廉俭与自己作对，来暴露自己的贪财，所以怀恨岳飞。形迹，显示。宋俞文豹《吹剑录》："以己长而形迹人短，以己清而形迹人污，皆取憎取祸之道。"⑫王会：秦桧之妻弟，也是秦桧的党羽。陆游《老学庵笔记》卷三："秦会之有十客：曹冠以教其孙为门客，王会以妇弟为亲客……"王会毫无资历，靠着秦桧的权势，升迁迅速，曾任兵部侍郎，以敷文阁学士出知平江府。极力搜刮：岳飞遇难后尽力地对岳飞家搜索。搜刮，同"搜括"，指搜求、搜索。⑬家无余资：家中没有多余的财货。⑭谓所藏不止是：认为岳飞家所积藏的不只是这些。⑮家吏：私家自己委任的属官。⑯逮治：逮捕惩治。⑰而卒不得锱铢云：但是最终丝毫也没有得到。锱铢，旧制锱为一两的四分之一，铢为一两的二十四分之一。比喻极其微小的数量。⑱上知其屡空：皇上知道岳飞贫穷。屡空，经常贫困。指贫穷无财。典出《论语·先进》："回也其庶乎！屡空。"⑲欲择第于行都：要在杭州为岳飞选址建府第。行都，在首都之外另设的一个都城。绍兴元年升杭州为临安府，将其作为"行在"，绍兴八年正式定临安为行都。⑳欲以出师日，自任其家事：想在岳飞出兵期间，自己承担为岳飞建筑府第的家事。㉑北虏未灭，臣何以家为：金寇还没有剿灭，臣子我要家干什么呢！北虏，对北方金国的蔑称。㉒制词：诏书上的文词。厉票姚辞第之志：激励霍去病谢绝建府第的志向。票姚，一作"剽姚""嫖姚"，指汉代霍去病。霍去病，平阳（今山西临汾西南）人，汉武帝时的大将军，曾为票姚校尉，是抗击匈奴的名将卫青的外甥。霍去病多立战功，汉武帝曾下令给他建造府第，但他却拒绝了。《史记·卫青霍去病传》:“天子为治第,令骠骑视之,对曰:‘匈奴未灭,无以家为也。’”

岳飞胸怀抗敌复国的大志,全不以经营家产为意。他的私产一部分用来周济别人,一部分充作军用。九江虽有少量田宅,也主要用来供养北方来的族人和守宅护家者。这比起同时的大将,特别是“占田遍天下,家积巨万”的张俊,悬若云泥。所以,岳飞死后“家无余资”。尽管秦桧及其党羽极力搜刮和追逼,却终无所得。“北虏未灭,臣何以家为”一语,直使秦桧、张俊辈贻羞万年!

2. 朝廷每有颁犒①,多者数十万缗,少者数万缗,付之有司分给②,一钱不私藏。尝命其将支犒③:带甲人五缗,轻骑人三缗,不带甲者二缗。将裁其数④,匿金归己⑤,杖而杀之⑥。(〔宋〕岳珂《鄂国金佗稡编》卷九《经进鄂王行实编年》卷六《遗事》)

[注]

①颁犒:颁赐犒赏,用财物分赏下属。②付之有司分给:交给主管部门的官吏分发。有司,古代设官分职,各有专司,故称有司。③支犒:支付犒赏。④将裁其数:这位将领裁减规定的数目。⑤匿金归己:藏匿克扣的钱归于自己。⑥杖而杀之:用杖将他打死。

在当时诸大将占田敛财蔚成风气的背景下,岳飞独能“临财廉,取予义”,堪称“自守奇士”(司马迁《报任安书》中称赞李陵语)。他不但不向朝廷滥功邀赏,不向地方非法征敛,连朝廷的每次犒赏,也必“付之有司分给”,以示公开、公正、公平。朝廷的颁赐犒赏尽管很多,岳飞也从不私藏一钱,如数分给将士。但对贪腐的将吏却毫不留情，必加严惩。

3. 公命宅库①，除宣赐金器存留外②，余物尽出货③，以付军匠④，造弓二千张。先父曰："此军器，当破官钱⑤。"公曰："几个札子乞得⑥，某速欲用⑦，故自为之⑧。"（〔宋〕岳珂《鄂国金佗续编》卷二七黄元振编岳飞事迹）

［注］

①宅库：私家财库。②宣赐：谓帝王赏赐。金器：金质器物。③余物尽出货：其余的器物全部出卖。货，买或卖。④军匠：军中的工匠。⑤此军器，当破官钱：这些弓属于兵器，应当花费公家的钱币。⑥几个札子乞得：几道奏札就求得了。⑦某速欲用：我急需要用。某，岳飞自称。⑧故自为之：所以自己这样做。

岳飞不经营家产，对属于自己的财产却毫不吝啬，经常将自家的财产充作军用。一次需要急造两千张弓，命令将自家财库的东西，除了皇帝赏赐的金器外，尽行变卖。而皇帝所赏赐的物品是不能随便变卖的，因此黄纵说："弓是军器，应当用公家的钱。"岳飞却满不在乎地说："几道奏札就求得了。现在我急需要用，所以这样做。"表现了岳飞的公而忘私。

4. 初，曹成据道州①，以兵守莫邪关②。岳飞遣前军张宪攻关。有郭进者，趫勇有膂力③，每以伙饭不饱为言④，乃自制大马杓打饭⑤，火头⑥亦笑而与之，无忤意⑦，军中呼为大马杓。郭进每随宪，执马枪⑧。莫邪之役，进与旗头⑨二人先登攻关。贼兵拒关⑩，进挥枪先进，杀贼旗头，贼兵乱，官军齐进，遂入关。俄报郭进已得关，为第一功，飞喜之，解金束带，并随行跟从物

赏之⑪，仍补秉义郎⑫。（〔宋〕徐梦莘《三朝北盟会编》卷一五一）

［注］

①道州：治营道（今湖南道州市）。②莫邪关：在今广西荔浦县东北。③趫勇有膂力：矫捷勇猛而有力气。趫（qiáo），敏捷。膂（lǚ），指脊柱两旁的肌肉。④每以伙饭不饱为言：常说吃不饱饭。以……为言，拿……作为话说。伙饭，伙食。⑤乃自制大马杓打饭：就自己制造了个大马杓盛饭。马杓（sháo），形似马蹄且容积较大的勺子。以金属制成，容量不等，一般可容二三升。⑥火头：军中掌炊事的人员。⑦无忤意：不违逆他的心意。⑧马枪：马上使用的长竿上装有金属尖头的武器。⑨旗头：队前掌旗的人，或指兵卒之长。宋赵彦卫《云麓漫钞》卷一："韩岳兵尤精，常时于军中角其勇健者另为之籍。每旗头、押队阙，于所籍中又角其勇力出众者为之；将、副有阙，则于诸队旗头、押队内取之。"⑩拒关：把守关隘。⑪解金束带，并随行跟从物赏之：岳飞立即解下金饰的腰带以及自己随身的物品赏给郭进。岳珂《鄂国金佗稡编》卷九《遗事》作"顿解金束带及所用银器赏之"。⑫秉义郎：宋阶官名。徽宗政和（1111—1118）中，定武臣官阶五十三阶，第四十六阶为秉义郎，以代旧官西头供奉官。绍兴（1131—1162）时改称秉节郎。

力气大者，其食量自大。如"大马杓"者，乃岳家军中奇才。奇才必有奇用，故能攻关斩将，"为第一功"。而奖励有功者，按例应用公家的钱物。岳飞不惜将自己随身的贵重之物赏赐有功的将士，以鼓励将士继续杀敌立功。这正如《武穆谥议》所说："平居洁廉，不殖货产，虽赐金己俸，散予莫啬，则不知有其家。"

5. 公①奏战功必以实，未尝徇私而寄名②虚奏。公之子宣赞云[③]勇冠三军，攻随州[④]，手持两锥[⑤]，首先登城，公乃奏其功。与妄将私昵窜名战士之中，以冒官爵者异哉[⑥]。（〔宋〕岳珂《鄂国金佗续编》卷二七黄元振编岳飞事迹）

［注］

①公：尊称岳飞。②寄名：托名，假名。③宣赞云：绍兴五年（1135）二月岳云转官为忠训郎阁门宣赞舍人。④随州：治随县（今湖北随州市）。⑤锥：指铁锥枪。⑥“与妄将”二句：与虚假地将所亲近、宠爱的人混入战士名单当中，而冒取官爵的人多么不同啊。昵，亲近、亲昵。窜名，谓以不正当手段列名其中。

岳飞每次向朝廷申报战功，从不徇私舞弊而托名虚报。其子岳云十二岁从军，数立军功，岳飞却不予上报。绍兴三年（1133）九月，岳云随其父朝见宋高宗，宋高宗特赐岳云正九品保义郎、阁门祗候的武官虚衔，岳飞不愿让其子“未立寸功”而享受“异眷”，曾上奏力辞，不获允准。次年在攻打随州的战斗中，十六岁的岳云勇冠三军，第一个登上城头。岳飞鉴于儿子去年无功受禄，问心有愧，才正式上报岳云一份战功。自此之后，凡是岳云立下战功，岳飞一律扣押不报。事隔一年，宋廷查清此事，才将岳云迁升武翼郎。这与当时的一些将领在立功将士的名单中夹带自己的亲属而冒功领赏，何啻天壤之别。

6．兵隶李回日[①]，授神武副军都统制[②]，已乃闻为甥婿高泽民伪为之请而得之[③]。先臣惊惕[④]，即日自陈，乞正泽民罔上之诛[⑤]，力辞不受。又数[⑥]见回，白[⑦]其事。回乃奏云：“岳飞一军自从讨贼，服勤职事[⑧]，忠勇之名闻于江右[⑨]，纪律之严信于疲甿[⑩]。留屯洪州，声势甚远，江、湖群寇，率皆[⑪]逃避。近迁神武副军都统制，士论[12]皆谓称职。及得其外甥婿私书，乃知此除曾经枢密院陈乞[13]，飞小心惶惧[14]，累[15]与臣言，实非本心所敢侥望[16]。”上即报回曰[17]：“岳飞勇于战斗，驭众有方[18]，昨除神武副军都统制，出自朕意，非因陈乞[19]，可令安职。”又力辞，回再三谕之，乃止。（〔宋〕岳珂《鄂国金佗稡编》卷九《经进鄂王行实编年》卷六《遗事》）

［注］

①兵隶李回日：即参知政事李回出任江西安抚大使兼知洪州的时候，岳飞时任建州观察使。②授神武副军都统制：建炎元年（1127）十二月十四日，亲卫大夫建州观察使、神武右副军统制岳飞为神武副军都统制，仍以所部屯洪州。都统制：宋代军中职官名。北宋为临时派遣，非常设职官，南宋方为常设职官。都统制总管诸军，副职是副都统制，下面有统制和统领。③已乃闻：事后才听说。高泽民：岳飞的外甥女婿，在岳飞军中主管文字，秉义郎。伪为之请而得之：假冒岳飞的名义为岳飞请求才得来的官职。④惊惕：惊惧。惕，戒惧。⑤乞正泽民罔上之诛：请求治高泽民欺骗上级的罪。正，使罪受到应得。诛，惩罚。⑥数（shuò）：屡次，多次。⑦白：下对上告诉。⑧服勤职事：谓服持职事勤劳。职事，职务内的事情。⑨闻于江右：驰名于江西。江右，江西，指长江以西地区，古人以西为右，故又称江右。⑩信于疲甿：取信于老百姓。疲甿，疲氓，疲困之民。⑪率皆：全都。⑫士论：士大夫间的评论，舆论。⑬此除：这一任命。除，任命官职，要除旧官，任新官。曾经枢密院陈乞：曾经向枢密院陈述请求。枢密院，官署名称，长官称枢密使，主要掌管军政。⑭惶惧：惶恐。⑮累：多次。⑯侥望：对财利等方面的企求奢望。⑰上即报回曰：皇上当即回复李回说。⑱驭众有方：统治军队得法。⑲出自朕意，非因陈乞：出自我的心意，并非因为（高泽民）陈述请求的缘故。

岳飞一军隶属李回的时候，宋廷授予岳飞神武副军都统制的官职。原来是岳飞的外甥女婿高泽民前往“行在”绍兴府时，假冒岳飞名义，向枢密院投状，要求都统制或总管的差遣。岳飞得知真情后，力辞不受，要求严惩高泽民，并屡次向李回陈述事情的原委和自己的衷曲。李回对岳飞局促不安的心情表示理解，便上奏宋高宗。宋高宗深知岳飞是个出类拔萃的将才，为了让他效命朝廷，回诏李回，说这次新命“出自朕意”，“可令安职”。此事可见岳飞绝不贪功图官，更不能容忍自己的亲戚向朝廷要官。

7. 初，飞遣本军提举事务、武功大夫刘康年来陈乞襄汉功赏①，而康年用飞备纸②，乞奏子雷文资等三事③。朝论以奏文资为不可，余皆许之④。其后飞言：“臣近蒙恩，以收襄汉功⑤，宠加旌节⑥，臣具恳辞⑦，不敢祗受⑧。敢谓⑨康年于国家多事之际，辄以私门猥琐，希求恩宠⑩。望寝前命⑪，仍将康年正朝典⑫。”诏：“飞母封号系特恩⑬，余令改正⑭。康年依冲替人例⑮，其所得襄汉功赏仍夺之。”（〔宋〕李心传《建炎以来系年要录》卷八二建炎四年十一月庚午）

［注］

①来陈乞襄汉功赏：来朝廷陈述请求襄汉之战立功的奖赏。绍兴四年（1134），岳飞出兵北伐，收复襄汉六郡，并于襄阳府击败伪齐李成反扑，于邓州大破金与伪齐联军。襄汉之战是宋金战争重要战役之一，为南宋首次收复大片失地的战役。②用飞备纸：利用岳飞预备的盖了印的空白公文纸张（私自填写）。③乞奏子雷文资等三事：奏请封赏岳飞次子岳雷文职之官等三件事。另两件事是请求封岳飞母姚氏为国夫人，庐山东林寺僧慧海赐号佛心禅师。《金佗稡编》卷一三《劾刘康年伪奏乞恩泽

奏》:“臣近读池州送到朝报,内一项系臣画一陈乞,臣母封国夫人,第二项次男雷乞授文资,第三项乞江州庐山东林禅寺住持僧慧海佛心禅师事。臣伏读,不胜惊骇。盖臣先于鄂州驻扎日,遣本军提举事务、武功大夫刘康年将收复襄汉等赏功文字,前去行在投进。臣以鄂州去行在遥远,恐往复迟缓,又臣本军军器阙少,战马倒死者甚多,遂令刘康年赍空名印纸,因便将带阵乞军器、战马等事。不谓刘康年将前项印纸擅行书填,陈乞臣之私事。……乞将上件恩数早赐追寝。仍将刘康年妄行书填印纸情罪,明正朝典,所有臣不合令刘康年将带空名印纸事理,见在本军待罪,伏乞同赐黜责施行。”④朝论以奏文资为不可,余皆许之:朝廷上的议论认为奏请岳雷文职之事不准许,其余的都可答应。⑤臣近蒙恩,以收襄汉功:臣近来蒙受皇上恩惠,因而能取得襄汉之战的成功。收功谓取得成功。⑥宠加旌节:光荣地被加官节度使。宠,荣耀,光荣。⑦臣具恳辞:臣拟写恳切的言辞。具辞,谓形诸文辞。⑧不敢祗受:不敢恭敬地领受。祗,敬。⑨敢谓:冒昧地认为。自谦之词。⑩辄以私门猥琐,希求恩宠:就擅自对琐碎的事行私,谋求皇上对臣下的优遇宠幸。私门,行私请托的门路。《战国策·秦策三》:“吴起为楚悼罢无能,废无用,损不急之官,塞私门之请,壹楚国之俗。”猥琐,琐细,繁杂琐碎。⑪望寝前命:希望废止先前的命令。寝,停止。⑫正朝典:按朝廷的法律治罪。正,正法,治罪。⑬飞母封号系特恩:岳飞母亲的封号是皇帝所给予的特殊恩典。⑭余令改正:其余的事项命令改正。⑮依冲替人例:依照贬降人员的先例。冲替,宋代公文习用语。谓贬降官职。宋司马光《涑水记闻》卷九:“狱成,以赎论,仍冲替。”

岳飞既不贪财,又不贪官。每有战胜,必先推功于人,不但自己不报功,连儿子岳云的战功也匿而不报。朝廷有加官,总是多次辞让。部下刘康年知道岳飞不会自己为自己邀功,所以利用向朝廷陈乞襄汉功赏的机会，擅自做主，在盖了印的空白公文纸上，私自填写奏请，请求封赏岳飞次子岳雷文职之官、封岳飞母姚氏为国夫人、为庐山东林寺僧慧海赐号等三件事。岳飞不能容忍自己清白的声名受到玷污，更不能容忍部下擅自胡为，所以接连向宋高宗上了《劾刘康年伪奏乞恩泽奏》《再乞寝罢刘康年伪乞恩泽札子》两道奏札，一是要求废止刘康年伪乞的恩泽，二是要求对刘康年严惩不贷。

8. 奉身俭薄①，不二胾②，居家惟御布素③，服食器用④，取足而已，不求华巧⑤。旁无姬妾⑥，蜀帅吴玠⑦素服先臣善用兵，欲以子女交欢⑧。尝得名姝⑨，有国色⑩，饰以金珠宝玉⑪，资奁巨万⑫，遣使遗先臣⑬。次汉阳⑭，使者先以书至⑮，先臣读之，甚不乐，即日报书⑯，厚遣使者⑰，而归其女⑱。诸将或请曰⑲：“相公方图关陕⑳，何不留此以结好㉑。”先臣曰：“吴少师于飞厚矣㉒。然国耻未雪，圣上宵旰不宁㉓，岂大将宴安取乐㉔时耶!”左右莫敢言，玠见女归，益敬服㉕，以为不可及㉖。少时饮酒，至数斗不乱，上尝面戒曰㉗：“卿异时到河朔㉘，方可饮酒。”自是绝口不复饮，诸将佐有欲劝者，辄怒之㉙。见妻御缯帛㉚，则曰：“吾闻后宫妃嫔在北方，尚多窭乏㉛。汝既与吾同忧乐，则不宜衣此㉜。”命易以布素㉝。家人有捣练㉞者，闻先臣归，即遽止㉟。（〔宋〕岳珂《鄂国金佗稡编》卷九《经进鄂王行实编年》卷六《遗事》）

［注］

①奉身俭薄：岳飞生活俭朴。奉身，养身，守身。②不二胾：一餐只吃一种肉，不吃第二种肉。胾（zì），切成大块的肉。

③居家惟御布素：在家的日常生活只穿布衣素服。御，使用，应用。布素，布指质地，素指颜色，形容衣着俭朴。④服食器用：衣着、食物和器皿、用具。⑤取足而已，不求华巧：只求得够用而已，不追求华丽精巧。⑥旁无姬妾：没有别的小老婆。⑦蜀帅吴玠：吴玠（1093—1139），字晋卿，兴国州永兴（今湖北省阳新县）人。早年从军御边，抗击西夏建功。后领兵抗金，因功官至四川宣抚使。⑧欲以子女交欢：想用美女与岳飞结好。子女，美女，年轻女子。交欢，谓与人结交而取得对方的欢心，泛指结好。⑨名姝：著名的美女。⑩国色：有绝顶出众的美貌、冠绝一国的女子。⑪饰以金珠宝玉：用金珠宝玉装扮。⑫资奁巨万：嫁妆上万。极言嫁妆数目之多。⑬遣使遗先臣：派遣使者送给岳飞。遗（wèi），给予，馈赠。⑭次汉阳：停宿在汉阳（今武汉市汉阳区）。⑮先以书至：先把书信送到。⑯即日报书：当天回信。⑰厚遣使者：重赏打发使者回去。⑱归其女：送那个美女回去。归，使动词，使归。⑲诸将或请曰：众将领有人请求说。⑳相公方图关陕：相公正要谋划收复关陕地区。相公，泛称高级官员。关陕，指陕西地区。陕西古名关中，故称。㉑何不留此以结好：为什么不留下这个姑娘来与吴玠缔结友好。㉒吴少师：对吴玠的官称。吴玠曾以功进检校少师。少师，与少傅、少保合称三孤。于飞厚矣：对我岳飞太深厚了。㉓圣上：封建时代臣民对在位皇帝的尊称。宵旰不宁：起早睡晚生活不安宁。宵旰，宵衣旰食，即天不亮就穿衣起床，天晚了才吃饭歇息。㉔宴安取乐：安逸享受，寻取快乐。㉕益敬服：对岳飞更加敬重信服。㉖以为不可及：认为自己比不上。及，追赶得上。㉗上尝面戒曰：皇上曾经当面告诫岳飞说。戒，通“诫”。㉘卿：古代君对臣的称谓。异时：以后，他时。河朔：黄河以北，指金占区。㉙辄怒之：总是对他们（劝酒的将佐）发怒。㉚御缯帛：穿着丝绸衣服。缯帛，丝绸之统称。㉛后宫妃嫔：皇帝内宫的妾侍。在北方：指被掳到金国。尚多窭乏：还有很多贫乏的。

窭（jù），贫穷，贫寒。㉜不宜衣此：不应该穿这样的衣服。衣，作动词，穿着。㉝命易以布素：命令换上布衣素服。㉞捣练：捣洗煮过的熟绢。练，把生丝、麻或布帛煮熟，使柔软洁白。㉟即遽止：就赶忙停止。遽，急，仓促。

岳珂综述其祖父生活俭朴守素：一是服食器用，自奉俭薄；二是旁无姬妾，拒纳名姝；三是自坚其志，绝不饮酒；四是严令家人，杜绝奢华。其中以拒绝吴玠所赠美女尤为典型。同时诸大将无不姬妾满堂，纵情享乐。吴玠后因服食丹石、酒色过度，咯血而死。刘光世开创请求朝廷封赠其姬妾的先例。张俊与王渊为抢夺一周姓妓女，杀害宗室赵叔近，又将此女转送韩世忠。韩世忠也因污辱部将妻女，竟迫使猛将呼延通自杀。唯独岳飞出淤泥而不染，坚持一夫一妻，与李娃恩爱始终，致使吴玠深为敬服，自叹弗如。

9. 公家素无姬侍①，先父被檄差出②，远方妄传公纳士族之女以为妾③。先父以告④，公曰："四川吴宣抚尝遣属官来议军事⑤，某饭之⑥，彼惊讶某之冷落⑦，归言于吴宣抚。吴乃以二千缗买一士族女⑧，遣两使臣妻送来。某令其立于屏后⑨，告之曰：'某家上下所衣䌷布尔⑩，所食虀面耳⑪。女娘子若能如此同甘苦，乃可留，不然，不敢留。'女乃吃然而笑⑫，某曰：'如此则不可留也。'遂遣还⑬之，初未尝曾⑭见其面也。"公之不喜声色⑮，出于性之自然者如此⑯。（〔宋〕岳珂《鄂国金佗续编》卷二七黄元振编岳飞事迹）

［注］

①公家素无姬侍：岳飞家中向来没有侍妾。公，尊称岳飞。②先父：黄元振称其已故的父亲黄纵。被檄差出：奉命办差外

出。③妄传：胡传，谓传言不实。纳士族之女以为妾：娶名门望族人家的姑娘作小老婆。④先父以告：是说黄纵把这一传闻告诉岳飞。⑤吴宣抚：对吴玠的官称。吴玠官至四川宣抚使。尝遣属官来议军事：曾经派遣部下官员来商议军事。⑥某饭之：我请他吃饭。某，自我谦称之词。指代“我”或本名。⑦彼惊讶某之冷落：那人惊讶我的冷清不热闹。⑧二千缗：二千贯钱。缗是古代穿铜钱的绳子，用作量词，指成串的铜钱，每串一千文，称为一贯。士族：同“世族”。⑨某令其立于屏后：我让她站在屏风后面。⑩某家上下所衣紬布尔：我家上上下下所穿的衣料都是纺织的布而已。紬（chōu），抽引，理出丝缕的头绪。引申为纺织。⑪所食齑面耳：所吃的是虀面而已。齑（jī）面，一种用齑菜调制的面食。⑫吃然而笑：吃吃地笑。吃然，形容笑的声音。⑬遣还：犹遣返。谓遣送回原来的地方。⑭初未尝曾：完全不曾。初，全，本来就。尝、曾，都是曾经的意思。⑮声色：指淫声与女色。⑯出于性之自然者：是出于天生秉性的。如此：就像这个事例。

此条史料从黄纵的角度记述了岳飞谢绝吴玠所赠美女事，更披露了一些细节及原委。吴玠派人来与岳飞议事，来人惊讶吃饭时很冷落，回去报告吴玠。这透露了当时诸大将招待客使时都有歌女舞姬侑宴之欢，而唯独岳飞没有。吴玠特地以二千缗买一名门望族之女派人送来。来后，岳飞并没有面见这位姑娘，而是让她立在屏风后面，将自家的生活条件如实告诉她，如能同甘共苦，可留下来，不然，则不敢留。岳飞本就料到这位富家女不可能吃苦，听到女子“吃然而笑”，于是就把她送回了。黄元振举出此例，特别说明岳飞不喜声色，是出于天生本性。

10. 公自奉甚菲薄[①]，屯驻将郝晸饮食□□□□其寨而食素②，聂以酸馅为供③，公食□□□□聂曰④："此名何物?"曰："酸馅。"公曰："某平□□□□食此⑤。"顾左右⑥，留其余以为晚食⑦，不□□□□甚愧⑧。……□□□□属官会食⑨，惟煎猪肉、齑面，未尝兼□□□□人供鸡⑩，公曰："何为多杀物命⑪?"庖人⑫曰："州中所送食也⑬。"公命后勿复供⑭。公与士卒同甘苦，不复以口腹自累⑮，然亦出于仁心爱物者如此。

(〔宋〕岳珂《鄂国金佗续编》卷二七黄元振编岳飞事迹)

[注]

①自奉甚菲薄：自己日常生活很刻苦俭约。《文选·张衡〈东京赋〉》："文又躬自菲薄，治致升平之德。"薛综注："菲薄，谓俭约。"②此处大约是说，驻军将领郝聂请岳飞到他的营寨中吃饭，岳飞提出只吃素餐。屯驻，军队驻扎。郝聂，原隶江南东路安抚大使吕颐浩，绍兴五年（1135）随岳飞镇压杨么军，转遥郡刺史，正式并入岳家军。后任中军副统制。③聂以酸馅为供：郝聂用素馅包子作为供给的膳食。酸馅，以蔬菜为馅的包子。《古今小说·宋四公大闹禁魂张》："宋四公夜至三更前后，向金梁桥上四文钱买两只焦酸馅。"④此处大约是说，岳飞吃后问郝聂说。⑤此处大约是说，我平生还没有吃过这种食品。⑥顾左右：岳飞回视随从的人。⑦留其余以为晚食：命令把剩余的留下作为晚餐。⑧此处大约是说，众人感到特别惊愕和惭愧。⑨此处大约是说，平时与下属将官会餐。⑩此处大约是说，不曾有两种以上的荤食，这次厨师却多上了鸡肉。⑪何为多杀物命：为什么多杀生命?物命，有生命的物类。⑫庖人：厨师。⑬州中所送食也：这是鄂州知州州署所送来的食物。⑭公命后勿复供：岳飞命令今后不要再供应鸡了。⑮不复以口腹自累：不再因为吃喝牵涉连累自己。口腹，口和腹，多指饮食、吃喝。

黄元振举出两件典型事例：一是岳飞在部将郝晸那里做客，郝晸知道岳飞的性格，只用一种素面食招待他。岳飞问这是什么，郝晸说是“酸馅”。岳飞说自己平生从来没有吃过这种面食，命令将剩余的酸馅留作晚餐。这种颇有点过分的节约，使众人感到惊愕和惭愧。二是岳飞同部属会餐，一般也只是家常便饭，另加一种猪肉，从未有第二种荤食。有一次会餐，厨师供应鸡肉，岳飞感到奇怪，就问：“为什么多杀生命？”厨师回答，鸡是鄂州知州衙门所供，岳飞立即命令：“今后再不要供应鸡了。”这两个事例说明岳飞自奉特别菲薄，不以口腹为累，而与士卒同甘苦；又说明岳飞不多杀生，出于仁心爱物。

11. 遇诸子尤严①，平居②不得近酒。为学之暇，使操畚锸③，治农圃④，曰：“稼穑⑤艰难，不可不知也。”

（〔宋〕岳珂《鄂国金佗稡编》卷九《经进鄂王行实编年》卷六《遗事》）

［注］

①遇诸子尤严：对待儿子们尤其严格。遇，对待，相待。②平居：平日，平素。③操畚锸（běnchā）：握持农具。畚，盛土器；锸，起土器。此借指农具。④治农圃：经营农田园圃。治，治理，经营。⑤稼穑：耕种和收获。泛指农业劳动。

岳飞对子女教育极为严格，首先从生活上培养其艰苦朴素、热爱劳动的美德。岳飞对儿子们规定，除了喜庆和节日宴会外，平日里一律不准进酒。学业完成后，还要他们拿着畚箕、扛着铁锹到菜园里参加劳动，从小培养他们自食其力的能力，使他们知道稼穑艰难，养成俭朴的生活习惯。

12. 岳少保既死狱①，籍其家②，仅金、玉、犀带③

数条，及锁铠、兜鍪、南蛮铜弩、镔刀、弓、剑、鞍辔[④]，布、绢三千余匹[⑤]，粟、麦五千余斛[⑥]，钱十余万[⑦]，书籍数千卷而已。视同时诸将如某某辈[⑧]，莫不宝玩满堂寝[⑨]，田园占畿县[⑩]，享乐寿考[⑪]，妻儿满前[⑫]，祸福顿悬，不意如此[⑬]。（〔宋〕袁褧、袁颐《枫窗小牍》卷下）

［注］

①岳少保：对岳飞的官称。既死狱：死于冤案之后。②籍其家：查抄并登记他的家产。③金、玉、犀带：指金饰的腰带、玉饰的腰带和犀角饰的腰带。④锁铠：即锁子铠，一种铠甲。其甲五环相衔，一环受镞，诸环拱护，故箭不能入。兜鍪：古代战士戴的头盔。秦汉以前称胄，后叫兜鍪。南蛮铜弩：南方出产的用铜制机栝发箭的弓弩。镔刀：精铁制成的锋利的刀。鞍辔：马鞍子和驾驭牲口的嚼子、缰绳。⑤绢：一种薄而坚韧的丝织物。匹：中国古代计算布帛的单位，四丈为匹。泛指整卷的绸或布。⑥粟：古称“稷”，俗称小米。斛：古代容积单位。一斛本为十斗，宋改为五斗。⑦钱十余万：铜钱十余万文。每千文为一贯，应合一百余贯。⑧视同时诸将：与同时的各位大将相比。视，比照，与……相比。如某某辈：此处未点名，但如张俊、刘光世甚至韩世忠辈都是如此。⑨宝玩：珍贵的赏玩品。满堂寝：犹言满屋。堂指正室，寝指卧室。泛指房屋。⑩畿县：旧称京都近旁的县份。⑪享乐寿考：享受安乐直到高寿。⑫满前：充满于面前。⑬祸福顿悬，不意如此：灾殃与幸福决然悬殊，想不到竟是这样。顿，决然，完全。

岳飞的薪俸（包括“料钱”和“禄粟”）加上其他名目的补贴和赏赐，其收入应该是不菲的。岳飞自奉又很节俭，为什么死后却没有多少遗产呢？除了养活家人和宗亲，则主要用于奖赏将士，慰劳军属，抚育孤寡，补贴军用。随着兵力的扩充，岳家军的军费供应往往入不敷出，岳飞总是慷慨地“自掏腰包”。从上述岳飞家中被查抄的财产中并无一件金玉财宝，所剩钱财也不足其节度使薪俸的几分之一，却有一些军用器械即可看出。麻布和丝绢三千余匹，粟米和麦子五千余斛，当然也是为了军用。如此数额的准备补贴军用的物资，足见岳飞平时尽心为国，“不计生事有无”。

13. （李）启者，岳飞军中回易官[1]，有心计，能斡旋财赋[2]，惟著布衣、草鞋，雨中自执盖[3]步行，佐[4]飞军用甚多。（〔宋〕徐梦莘《三朝北盟会编》卷一九一）

［注］

①回易官：军队中负责营利性经营的官员。回易，交易，贸易。②斡旋：周旋，奔走活动。财赋：财富。③执盖：打伞。雨伞又名盖或雨盖。④佐：辅助，帮助。

为了减轻百姓负担，补贴军费，岳家军也像其他大将的部队一样，从事一些营利性的经营。李启是岳家军中的回易官，精明能干，善于贸易获利，对岳家军的用费贡献很大。但李启自奉却十分俭朴，他平时只穿麻布衣服和草鞋，在雨中奔劳也是自己打伞步行。这除了他个人的操守，无疑是深受主帅廉俭作风的影响，也是岳飞从严治军而产生的典范。

14. 张俊岁收租六十四万斛。高宗尝幸其第，俊所进服玩[1]珠玉锦绣，皆值巨万。自宰相以下，具有赠遗。延及其孙镃，园池声伎[2]甲天下。每宴十伎为一队，队各异其衣色，凡十易始罢[3]。客去时，姬侍百余人送客，烛花香雾，如游仙窟。而杨和王[4]建第洪福桥，欲以西湖水环其居。奏于上，上令密速为之[5]，恐外廷有言者[6]。遂督濠兵[7]，连夕浚成[8]。有故人自北来投者，杨遣人押就常州本府庄内，支一百贯与之，密遣人偕往代郡为之置田千亩，谓之曰："当今兵革不用，无可立功名，和王遣来办生事耳。"其女适[9]向子丰于湖州，以妾所生子密为己子报王[10]，王即拨昆山良田千亩为粥米费。韩忠武之子孙迁于苏者，买沧浪亭价百万，其它可知。是营财殖产，即贤者犹不免也。惟岳忠武之籍没[11]也，仅金玉带数条及锁铠、兜鍪、铜弩、镔刀、弓剑、鞍辔、布绢三千匹、粟麦五千余斛、钱十余万、书数千卷。孝宗时追复官爵，令给还原资，主者具当时没入之数，共九千缗。则忠武不特忠义过人，即其治家小节亦加人数等矣！陆放翁《入蜀记》：至金陵晤秦桧之孙侍郎伯和，访其家事，则谓家门衰替[12]，岁入不过十余万缗，渐忧生计窘迫。以十余万之岁入，已谓家门衰替，则其前之豪富可知。此又权奸之瘠公以肥私[13]，固不足责矣。尝记宋人《野史》，绍兴中有以功臣财产为言者，高宗为下诏曰："南渡之初，州县皆盗贼所据，命将征讨，朕当时矢心自誓[14]，但期克复地土[15]，而贼之子女玉帛惟诸将所欲为。"然则诸将帅之富，盖多获贼所得。而岳忠武破贼最多，资产独少，则其平日殉国忘事，尤非诸将所可及也！（〔清〕赵翼《陔馀丛考》卷一八《南宋将帅之豪富》）

［注］

①服玩：指服饰器用玩好之物。②园池：指有池塘的园林。声伎：亦作"声妓"。旧时宫廷及贵族家中的歌姬舞女。③凡十易始罢：共换十次不同颜色的衣服才算完。④杨和王：杨沂中

(1102—1166)，字正甫，代州崞县（今山西原平市）人。为宋高宗心腹，宋高宗赐名为杨存中。官拜少师，位视枢密使。卒，追封和王，谥号武恭。⑤上令密速为之：皇上（宋高宗）让他秘密快速地去做（引西湖水环其居）。⑥恐外廷有言者：恐怕朝廷有谏官上奏阻止。外廷，外朝。对皇宫内（内廷）而言。指群臣等待上朝和办公议事的地方。言者，指谏官。⑦濠兵：指挖壕沟引水的兵士。⑧连夕浚成：连夜挖掘疏通（西湖水）而完成。⑨适：女子出嫁。⑩以妾所生子密为己子报王：扬沂中的女儿以向子丰的小老婆所生的孩子秘密地作为自己所生的孩子报告其父杨和王。⑪籍没：谓登记所有的财产，加以没收入官。⑫衰替：犹衰败。替，亦衰微、衰落意。⑬瘠公以肥私：义犹“损公肥私”。瘠，瘦弱。此为使动词，使公家贫弱。⑭矢心自誓：自己发誓，下定决心。⑮但期克复地土：只期望收复失地。地土，国土，领土。

赵翼详述张俊和杨沂中、韩世忠财产之豪富，生活之奢侈，然后叙述岳飞家产被籍没和平反归还之数，形成鲜明对比，以见“忠武不特忠义过人，即其治家小节亦加人数等矣”。又根据陆游《入蜀记》所述秦桧之孙“以十余万之岁入，已谓家门衰替，则其前之豪富可知”，指出“此又权奸之瘠公以肥私”，进一步与岳飞财产形成对比。最后引用《野史》记载宋高宗的说法，概括为“然则诸将帅之富，盖多获贼所得”，作者以此推论，“而岳忠武破贼最多，资产独少，则其平日殉国忘事，尤非诸将所可及也”。

五、抗直

1. 大元帅移南京[①]，复令先臣以所部从[②]。五月，大元帅即皇帝位，改元[③]建炎。先臣上书数千言，大概谓："陛下已登大宝[④]，黎元有归，社稷有主[⑤]，已足以伐虏人之谋[⑥]；而勤王御营之师日集[⑦]，兵势渐盛。彼方谓吾素弱[⑧]，未必能敌，正宜乘其怠而击之[⑨]。而李纲、黄潜善、汪伯彦辈不能承陛下之意[⑩]，恢复故疆，迎还二圣，奉车驾日益南[⑪]，又令长安、维扬、襄阳准备巡幸[⑫]。有苟安之渐，无远大之略[⑬]，恐不足以系中原之望[⑭]，虽使将帅之臣戮力于外[⑮]，终亡成功[⑯]。为今日之计，莫若请车驾还京[⑰]，罢三州巡幸之诏[⑱]，乘二圣蒙尘未久，虏穴未固之际[⑲]，亲帅六军，迤逦北渡[⑳]。则天威所临[㉑]，将帅一心，士卒作气[㉒]，中原之地指期可复[㉓]。"书奏，大忤用事之臣[㉔]，以为小臣越职，非所宜言[㉕]，夺官归田里[㉖]。（〔宋〕岳珂《鄂国金佗稡编》卷四《鄂王行实编年》卷一）

［注］

①大元帅：指康王赵构，时任河北兵马大元帅。移南京：建炎二年（1128）四月，赵构的大元帅府转移到南京应天府（治今河南商丘市）。②以所部从：以所管的部属跟随。③改元：指中国封建时期皇帝即位时或在位期间改换年号。每个年号开始的一年称元年。新皇帝即位后，一般都要改变纪年的年号，称为"改元"。宋钦宗的年号为"靖康"，靖康二年（1127）二

月，金人攻破开封，宋徽宗、钦宗被废为庶人，后被俘北去。同年五月，宋高宗在南京即位，改年号为“建炎”。④登大宝：登上皇帝的大位。《易·系辞下》：“圣人之大宝曰位。”⑤黎元有归：老百姓有所归属。社稷有主：国家有了君主。⑥伐虏人之谋：破坏敌寇施展的谋略。《孙子·谋攻》：“故上兵伐谋，其次伐交，其次伐兵。”⑦勤王：指君王有难，臣下起兵救援君王。御营：营卫，护卫。汉班固《十八侯铭·太尉绛侯周勃》：“懿懿太尉，惇厚朴诚，辅翼受命，应节御营。”日集：一天天聚集。⑧彼方谓吾素弱：敌人正认为我们向来孱弱。⑨正宜乘其怠而击之：正应该趁着敌人怠惰击败他们。⑩李纲（1083—1140）：字伯纪，号梁溪先生，祖籍福建邵武。徽宗政和二年（1112）进士。历官太常少卿。钦宗时，授兵部侍郎、尚书右丞。靖康元年金兵侵汴京时，任京城四壁守御使，团结军民，击退金兵。但不久即被投降派所排斥。高宗即位初，一度起用为相，曾力图革新内政，仅七十五天即遭罢免。绍兴二年（1132），复起用为湖南宣抚使兼知潭州，寻复罢。多次上疏，陈抗金大计，均未被采纳。后抑郁而死。《宋史》有传。黄潜善（1078—1130），字茂和，邵武（今福建邵武市）人。元符三年（1100）进士。徽宗时任左司郎，靖康二年为副元帅。宋室南渡后，任右仆射兼中书侍郎，主和议，官至左丞相。建炎三年卒于英州。汪伯彦（1069—1141），字廷俊，祁门县（今安徽祁门县）人。徽宗崇宁二年（1103）进士。靖康改元，知相州。康王奉旨设天下兵马大元帅府，为副元帅。高宗即位，升知枢密院事、右仆射等职，同黄潜善把持相位，不谋战守之策，一味主张南逃。建炎三年，扬州失陷，被免职，贬居永州。《宋史》黄、汪皆入《奸臣传》。不能承陛下之意：不能秉承陛下的意旨。于此可看出岳飞作为一名下层军士并不了解上层政治集团的具体情况，以致把主战的李纲与投降派黄潜善、汪伯彦混为一谈。⑪奉车驾日益南：侍奉皇上一天比一天去向南方。车驾，帝王所乘的车。亦用为帝王的代称。⑫又令长安、维扬、襄阳准备巡幸：又命令长安（今陕西西安市）、维扬（今江苏扬州市）、襄阳（今湖北襄阳市）准备迎接皇上前去巡幸。实际上是准备逃跑到那里避难。巡幸，指皇帝到各地巡游驾幸。⑬有苟安之渐，无远大之略：只有苟且偷安的迹象，没有高远伟大的谋略。渐，迹象，征兆。⑭恐不足以系中原之望：恐怕不足以寄托中原人民的期望。系，寄托。⑮戮力于外：在京城之外协力作战。戮力，同“勠力”。尽力，协力。⑯终亡成功：终究没有成功。亡通“无”。⑰莫若请车驾还京：不如请皇帝回到京城开封。⑱罢三州巡幸之诏：废止到三州（长安、维扬、襄阳）去巡幸的诏命。⑲乘二圣蒙尘未久，虏穴未固之际：趁着（徽、钦）二帝蒙受风尘不久，敌寇巢穴没有稳固的时候。蒙尘，古代多指帝王失位逃亡或被俘在外，蒙受风尘。⑳迤逦北渡：逐渐向北渡过黄河。迤逦（yǐlǐ），渐次，逐渐。㉑天威所临：皇上所到之处。天威，帝王的威严，朝廷的声威。㉒作气：振作勇气。《左传·庄公十年》：“夫战，勇气也。一鼓作气，再而衰，三而竭。”㉓指期可复：很快即可收复。指期，犹指日。不日，限期。㉔书奏，大忤用事之臣：奏书上达后，大大触犯当权的大臣。用事，执政，当权。㉕以为小臣越职，非所宜言：认为岳飞职位低下超出职权范围，说不应该说的话。㉖夺官归田里：削去官职使他回到故乡。田里，田地和庐舍。因指故乡或乡间。

岳飞少负气节，天生性格刚直，心里怎么想的，就直接说出来，不管会不会招来灾祸。在鄙视武夫的年代，岳飞作为一个不过从七品的下级小武官，为了国家的恢复和民族的振兴，居然敢于上书规谏皇帝，指斥宰执，批评朝廷的投降政策。岳飞超人的胆识和勇气，无疑来自他的忠诚和刚直。所言字字恳切，深中要害，见识卓越，非同凡响。然而，却得到“小臣越职”的罪名，不仅被革掉官职，还被削除军籍，赶出兵营。岳飞的悲剧正是耿直的个性特质遭遇强势的专制威权所必然产生的后果。

2. 命飞从都统制王彦[①]渡河，至卫州新乡县[②]。虏势盛，彦军石门山下[③]。飞约彦出战，不进[④]。飞疑彦有它志[⑤]，抗声[⑥]谓之曰："二帝蒙尘，贼据河朔[⑦]，臣子当开道以迎乘舆[⑧]。今不速战，而更观望，岂真欲附贼耶!"彦默然，彦幕下有劝彦杀飞者，彦不应。飞怒，起，独引所部鏖战[⑨]，夺虏纛，舞而示诸军[⑩]，诸军鼓噪争奋[⑪]，遂拔新乡，擒千户阿里孛[⑫]。（〔宋〕岳珂《鄂国金佗续编》卷一七《章尚书颖经进鄂王传》之一）

［注］

①王彦（1089—1139），字子才，河东上党（今山西长治）人。南宋抗金名将，八字军首领。靖康之变后，为河北招抚使张所部下都统制。后充御营平寇统领，又为川陕宣抚处置使张浚前军统制，改知荆南府。绍兴七年（1137），被投降派解除兵权，以洪州观察使知邵州。卒于任。②卫州新乡县：卫州，治汲县（今河南卫辉市），新乡县（今属河南新乡市）为其属县。③彦军石门山下：王彦的部队驻扎在石门山下。军，作动词，军队驻扎。石门山，在今河南新乡市西北约50公里处。④飞约彦出战，不进：岳飞约请王彦出战，王彦并不出兵进军。⑤它志：别的想法、企图。⑥抗声：高声，大声。⑦二帝蒙尘，贼据河朔：徽宗、钦宗被掳，金贼占据黄河以北地区。⑧乘舆(shèngyú)：旧指皇帝或诸侯所用的车舆。此处指帝王。⑨独引所部鏖战：岳飞独自率领所统率的部队与敌人极力苦战。鏖(áo)战，激烈地战斗，竭力苦战。⑩夺虏纛，舞而示诸军：夺取敌人军中的大旗，挥舞着给各支部队看。纛(dào)，古时军队的大旗。⑪鼓噪：鸣鼓呐喊喧哗而进。争奋：竞相奋发。⑫千

户：又称千夫长，武官官职名。阿里孛：金将人名。

建炎元年（1127）九月间，岳飞隶属王彦军。王彦一军，屡破金军，是抗金的重要力量。但当时张所被革职，河北招抚司被撤销，王彦得不到上级指示，也无后援，面对大量集结的敌军，他感到必须采取持重的措施。而年少气盛的岳飞却不理解，认为王彦怯战，对他高声指责。王彦没有听从部下的意见杀掉岳飞，也没有说明情况，岳飞一怒之下便率领部队擅自出战。虽然打了胜仗，但这种意气用事、冒犯上级、擅离队伍的做法，应为军纪所不容。再次表现出岳飞抗直不驯、易于冲动的性格。

3.（杜）充闭门不出，诸将屡请，不答。先臣叩寝阁①，谏之曰：“勍虏②大敌，近在淮南，睥睨③长江。卧薪之势④，莫甚于此时，而相公乃终日宴居⑤。不省兵事⑥。万一敌人窥吾之怠⑦，而举兵乘之⑧，相公既不躬其事⑨，能保诸将之用命⑩乎？诸将既不用命，金陵⑪失守，相公能复高枕于此乎？”因流涕被面⑫，固请出视师⑬。充漫应⑭曰：“来日当至江浒⑮。”竟不出。（〔宋〕岳珂《鄂国金佗稡编》卷四《鄂王行实编年》卷一）

[注]

①叩寝阁：敲开卧室的门。叩，敲击。寝阁，古代帝王日常处理政事的便殿。此应指内室、卧室。②勍虏：强敌。③睥睨（pìnì）：斜着眼睛看，引申指窥伺、觊觎。④卧薪之势：抱火卧薪的形势。汉贾谊《新书·数宁》：“夫抱火厝之积薪之下，而寝其上，火未及燃，因谓之安，偷安者也。方今之势，何以异此？”比喻处境险恶，而不自知。⑤宴居：闲居，一般指公余无事时。⑥不省兵事：不就职治理军务。省（xǐng），视事，处

理政务。⑦窥吾之怠：侦探到我军松弛怠惰。窥，观察，侦探。⑧举兵乘之：发兵利用这一机会。乘，趁着，利用。⑨不躬其事：不亲自治理军事。⑩用命：效命，奋不顾身地战斗。⑪金陵：建康（今南京市）的古称。⑫被面：加于面，满面。⑬固请出视师：坚决请求出去督率军队。⑭漫应：随随便便地答应，形容答应时并没有放在心上。⑮江浒：江边。浒，水边。

杜充在宗泽死后，继任东京留守，他擅自放弃开封，径自率重兵逃到江南。宋廷不但不追究其罪，反而任命他为同知枢密院事，又出任右相，“兼江、淮宣抚使，领行营十余万守建康”。杜充“酷而无谋”，“斩人无虚日”，专以滥杀无辜立威。他终日安闲，不问军务，根本不接见部下。对这样一位骄横而暴戾的上司，岳飞竟敢擅自闯入其内室，当面责备、劝谏，“固请出视师”，显示了岳飞刚直的个性和无所畏惧的胆量。

4. 绍兴七年三月，浚奏刘光世在淮西[①]，军无纪律，罢为少师、万寿观使，以其兵隶都督府[②]。命参谋、兵部尚书吕祉往庐州节制[③]，且以王德为都统制[④]，郦琼[⑤]副之。琼与靳赛，皆故群盗，与王德素不相能[⑥]。德，威声素著[⑦]，军中号为王夜叉。都承旨张宗元[⑧]，深以为不可，谓浚曰：“琼等畏德如虎，今乃使临其上，是速其叛也[⑨]。”浚不谓然[⑩]。复谋之岳飞曰：“王德，淮西军所服[⑪]，浚欲以为都统制，而命吕祉为督府参谋领之[⑫]，如何?”飞曰：“德与琼素不相下[⑬]，一旦使握之在上，势所必争[⑭]。吕尚书虽通才[⑮]，然书生不习军事，恐不足以服之[⑯]。”浚曰：“张宣抚[⑰]何如?”飞曰：“暴而寡谋[⑱]，且琼辈素不服。”浚曰：“然则杨沂中耳[19]。”飞曰：“沂中视德等耳，岂能驭之[20]？”浚艴然[21]曰：“浚固知非太尉不可[22]。”飞曰：“都督以正问飞[23]，飞不敢不尽其愚[24]，岂以得兵为念哉[25]！”即日乞解兵柄，持余服[26]。（〔宋〕周密《齐东野语》卷二《张魏公三战本末略·淮西之变》）

［注］

①浚：张浚。张浚（1097—1164），字德远，世称紫岩先生，汉州绵竹（今四川绵竹市）人。徽宗政和八年（1118）进士。高宗建炎、绍兴间，官至尚书右仆射同中书门下平章事兼知枢密院事都督诸路军马。力主抗金，然措置多失当，故无功。《宋史》有传。刘光世（1089—1142）：字平叔，宋保安军（今陕西志丹县）人。官至节度使，为南宋方面军统帅。身为大将，却将略寻常，且治军不严，胆小怕死，常常不战自退。绍兴七年（1137），引疾罢去兵权，拜少师。卒赠太师，谥武僖，追封鄜王。《宋史》有传。淮西：为一地域名称，宋在苏北和江淮设淮南东路和淮南西路，淮南西路称淮西或淮右。淮西地区一度为刘光世、张俊军防区。②以其兵隶都督府：将他的军队隶属张浚的都督府。③吕祉：字安老，建州建阳（今福建南平市建阳区）人。绍兴七年，迁兵部尚书，升督府参谋军事，往淮西抚谕诸军。节制：指挥，管辖。此指临时指挥。④王德：字子华，通远军熟羊寨（今甘肃陇西县西北）人，为淮西军刘光世部下第一悍将，人称“王夜叉”。屡建奇功，官至清远军节度使，封陇西郡侯，卒赠检校少保、少傅，谥威定。⑤郦琼（1104—1153）：字国宝，相州临漳（今河北临漳县）人。初隶宗泽，后归刘光世，绍兴七年叛宋投金。⑥素不相能：一向不和睦。能，和睦。《诗经·大雅·民劳》：“柔远能迩，以定我王。”⑦威声素著：威名一向昭著。⑧都承旨：官名，全称枢密都承旨。掌管枢密院内部事务，检查枢密院主事以下官吏功过

及其迁补等事。张宗元：曾任兵部侍郎兼都督府参议军事，岳飞弃军回庐山为母“持余服”，张宗元担任湖北、京西宣抚判官，监视岳家军。⑨是速其叛也：这是招致他叛变的原因。⑩浚不谓然：张浚不认为是那样。然，指“是速其叛也”。⑪淮西军所服：是淮西军信服的人。⑫领之：兼任淮西军统帅。兼任称“领”。⑬不相下：互不相让。⑭一旦：此处意为“突然”。使揠之在上：王德被提拔为郦琼的上级。势所必争：形成必然争斗的情势。揠（yà），拔。⑮通才：指学识广博、具有多种才能之人。⑯服之：使他们畏服。⑰张宣抚：称张俊。张俊时任淮西宣抚使。⑱暴而寡谋：暴躁而缺少谋略。⑲然则杨沂中耳：既然这样，那么应该是杨沂中了。⑳沂中视德等耳：杨沂中与王德相同而已。岂能驭之：哪能驾驭得了他们？㉑艴然：恼怒貌。㉒浚固知非太尉不可：我本来就知道除非岳太尉谁都不行！㉓都督：对张浚的官称。《宋史》本传中说：“至儿童妇女，亦知有张都督也。”以正问飞：用公正的态度问我岳飞。㉔不敢不尽其愚：不敢不竭尽我愚笨的心意。愚，自谦之词。㉕岂以得兵为念哉：哪里是为得到军队作打算呢？㉖即日乞解兵柄，持余服：当天请求解除兵权，为母亲继续还没有守完的孝。为尊亲守孝，服丧三年（实际二十七个月）称为“持服”。岳母姚太夫人于绍兴六年三月二十六日卒于军中，到绍兴七年四月，才一年多点。所以，岳飞一怒之下，不经宋高宗准许，径自弃军回庐山东林寺为母亲“持余服”去了。

绍兴七年三月，宋高宗在“行在”建康府的寝阁中单独召见岳飞，许以“除张俊、韩世忠不受节制外，其余并受卿节制”。岳飞非常感激皇帝的恩遇，更渴望统率各路大军，以实现抗金的事功。由于张浚想得到淮西军的私欲，加上秦桧从中作祟，宋高宗突然变卦，收回成命，并命张浚将岳飞召至都督府谈话。张浚对岳飞的发问，看似征求意见，实是转弯抹角地通知岳飞，淮西军的指挥权已经有了新的安排。尽管如此，岳飞以抗金大业为重，还是直言不讳地回答了张浚所问。不料张浚却认为岳飞是执意扩大自己的军队实力，艴然而怒说："浚固知非太尉不可！"岳飞本来对宋高宗的出尔反尔愤恨已极，再加上与张浚议不和，一气之下，不经宋高宗许可，径直往庐山给亡母"持余服"去了。

5. 上命参议官李若虚、统制官王贵诣江州①，敦请飞依旧管军②，如违，并行军法③。若虚等至东林寺，见飞，具道④朝廷之意，飞坚执⑤不肯出。若虚曰："相公欲反耶？且相公河北一农夫耳！受天子之委任，付以兵柄，相公谓可与朝廷相抗乎⑥？公若坚执不从，若虚等受刑而死，何负于公⑦？"六日，飞乃受诏⑧。（〔宋〕李心传《建炎以来系年要录》卷一一二绍兴七年七月丁卯）

［注］

①李若虚：洺州曲周县（今河北曲周县）人。北宋末年殉难名臣李若水之次兄。曾任岳飞制使参议官，兼提点荆湖北、襄阳府路招讨司屯田公干，京西南路提举兼转运、提刑公事。后内调，官至司农卿。岳飞遇害后，李若虚也受牵连，被罢官夺职，后又遭流放，最终死于贬所。诣：去，到。②敦请飞依旧管军：岳飞因宋高宗改变让其统领淮西军的主张及与张浚议事不和而回庐山东林寺为母亲"持余服"，所以宋高宗发布严令，命李若虚和王贵赴庐山敦请岳飞回到军中。敦请，恳切地邀请。③如违，并行军法：如果违背命令，一并按军法惩处。④具道：备述，具体详细地述说。⑤坚执：固执坚持。⑥谓可与朝廷相抗乎：认为可以与朝廷相对抗吗？⑦何负于公：对于您有什么亏负？意即有什么对不起您的地方。⑧六日，飞乃受诏：一连请求了六天，岳飞才接受皇帝的命令。

岳飞离职回庐山为亡母“持余服”守孝后，张浚在秦桧的支持下，多次上奏宋高宗，准备乘机剥夺岳飞的兵权。宋高宗对岳飞之举也是满腹恼怒，但为了自己的帝座，他权衡再三，还是姑且隐忍，拒绝了张浚收回岳飞兵权之谋，命王贵和李若虚赶往庐山，敦请岳飞还军。王贵和李若虚带诏旨来到庐山，但任凭他们说破大天，岳飞坚执不肯出山。岳飞表面上是生张浚的气，实际是对宋高宗的反复无常感到怨抑和失望。岳飞认死理，其刚直倔强的性格决定了他的不管不顾。僵持到第六天，李若虚眼见濒临绝境，不得不放出最重的话，责以大义，动以私情，岳飞才不得不受诏。这也为日后岳飞被杀埋下了隐患。

6. 又张魏公之出督①也，陛辞②之日，与高宗约曰：“臣当先驱清道③，望陛下六龙夙驾④，约至汴京⑤，作上元帅⑥。”飞闻之曰：“相公得非睡语乎⑦？”于是魏公憾之终身⑧。（〔宋〕周密《齐东野语》卷一三《岳武穆逸事》）

［注］

①张魏公：称张浚。张浚封魏国公。出督：外出督师。②陛辞：指朝官离开朝廷，上殿辞别皇帝。③先驱清道：前行开路清除道路，驱散行人。④六龙夙驾：车驾及早驾到。六龙，古代天子的车驾为六马，马八尺称龙，因以为天子车驾的代称。《易·乾》：“大明终始，六经时成，时乘六龙以御天。”夙驾，早早驾车行驶。《诗经·鄘风·定之方中》：“星言夙驾，说于桑田。”⑤汴京：今河南开封，北宋国都。⑥作上元帅：作皇上的元帅。⑦相公：旧时对宰相的敬称。得非睡语乎：莫不是说梦话吗？⑧憾之终身：一辈子恼恨岳飞。

张浚一生主张抗金，但志大才疏，措置往往失当，故少有成功。岳飞深知其人，当张浚对宋高宗说，他要为宋高宗先驱清道，请宋高宗及早驾临故都开封，并且他还要做皇帝的元帅，岳飞笑他又在说大话，所以讽刺他“得非睡语乎”。对皇帝信任的军政一把手，岳飞敢于一针见血、直言不讳地讽刺批评，亦见其抗直不阿，不避祸福。

7.《野史》传[①]曰：绍兴十一年，奉诏按兵楚州[②]。行次镇江时[③]，韩世忠[④]人马入教场，俊欲分其背嵬[⑤]，飞曰：“不可，今国家唯自家三四辈，以图恢复[⑥]。万一官家复使之典军[⑦]，吾曹将何颜以见之[⑧]？”俊大不乐[⑨]。及至楚州，俊谓飞曰：“当修城守[⑩]。”飞不答者久之，俊屡强问[⑪]，亦勉答曰：“吾曹蒙国家厚恩，当相与戮力复中原，若今为退保计[⑫]，何以激励将士？”又不乐，语颇侵飞[⑬]。遂迁怒于二候兵[⑭]，以微罪斩之[⑮]，飞恳救数四[⑯]，不从。俊归，遂倡言飞议弃山阳，专欲保江[⑰]。桧风谏臣罗汝楫弹之[⑱]，会[⑲]飞亦自请解兵柄，遂为万寿观使[⑳]。（〔宋〕岳珂《鄂国金佗稡编》卷二三《山阳辨》引《野史》）

［注］

①《野史》传：即《野史》之《岳飞传》。②奉诏按兵楚州：接受皇帝的命令到楚州巡视军队。按，巡视，巡行。楚州，治山阳县（今江苏淮安市淮安区）。时为韩世忠军防区。③行次：旅途暂居。镇江：府名，治丹徒（今江苏镇江市丹徒区）。④韩世忠（1089—1151）：字良臣，延安（今陕西绥德县）人。武胜军节度使、御营左军都统制，南宋方面军统帅。在抗击西夏和金的战争及平定各地的叛乱中做出了重大的贡献。力主抗金，不肯依附宰相秦桧，为岳飞遭陷害而鸣不平。死后被拜为太师，追封通义郡王；孝宗时，又追封蕲王，谥忠武。《宋史》

有传。⑤俊欲分其背嵬：张俊想要分散韩世忠的背嵬军。背嵬，背嵬军，南宋初的军队名称。韩世忠和岳飞皆有背嵬军。背嵬军是精兵，战斗力极强。“背嵬”名称的理解颇多：一说嵬本指酒瓶，将帅的酒瓶必亲信拿，故喻为亲信；一说是皮牌；一说是大将帐前的骁勇人；还有一说是党项西夏语的音译。⑥国家唯自家三四辈，以图恢复：国家疆土只有咱们三四个人，来谋求恢复扩大。《文选·班固〈东都赋〉》：“系唐统，接汉绪，茂育群生，恢复疆宇。”刘良注：“恢，大也。大复前后之疆宇。”⑦官家：臣下对皇帝的尊称。复使之典军：又让韩世忠统领军队。典军，统领军队，掌管军事。典，主持，主管。⑧吾曹：我辈，我们。将何颜以见之：将以什么颜面来见他。⑨俊大不乐：张俊老大不高兴。⑩当修城守：应当整治城池的守备。⑪屡强问：多次强行质问。⑫若今为退保计：如果现在为退守考虑。⑬语颇侵飞：言语甚是侵凌岳飞。⑭迁怒：将怒气宣泄到不相干的人身上，使人无辜受牵连。候兵，即候卒。侍候长官的士兵。⑮以微罪斩之：因轻微的罪过杀了他们。⑯恳救：诚恳地为二候兵求情。数四：犹言再三再四，形容次数多。⑰倡言：扬言，公开提出来。飞议弃山阳：岳飞提议放弃山阳城。专欲保江：专要退保长江。⑱风谏臣罗汝楫弹之：暗示谏官罗汝楫弹劾岳飞。风，风示，暗示，用言语示意。谏臣，掌谏诤的官员。罗汝楫（1089—1158），字彦济，徽州歙县人。秦桧党羽。登政和二年（1112）进士第，历官监登闻鼓院、大理丞、刑部员外郎、监察御史、御史中丞、吏部尚书，充国信使，除龙图阁学士，知严州，累赠开府仪同三司。⑲会：正逢上。⑳万寿观使：官名。虚衔，没有实权。

绍兴十一年（1141）五月，宋廷命张俊和岳飞前往淮南东路“措置战守”，实际上，他们的任务之一是罗织韩世忠的罪状，二是肢解韩家军，企图将其大本营由淮东前沿撤往江南的镇江府。行至镇江，张俊提出要分散韩家军，岳飞从抗金大局出发，恳切地向张俊表达了反对意见，张俊置若罔闻。到了楚州，张俊又提出要整修楚州城池，岳飞深知其用心，便不愿回答。张俊一再追问，岳飞一针见血地指出这只是“为退保计”，而不是“戮力复中原”。岳飞两次顶撞张俊，张俊恼羞成怒，遂拿两名卫兵出气，以一点微小的罪名将其杀害。张俊回去后，反而颠倒黑白地宣扬岳飞“议弃山阳”。这也成为岳飞冤狱的罪状之一。

8. 韩世忠谋劫使者，败和议①，得罪于桧。桧命先臣使山阳②，以捃摭世忠军事③，且戒令备反侧④，托以上意⑤。先臣曰：“主上幸以世忠升宥府⑥，楚之军⑦，则朝廷军也。公相命飞以自卫，果何为者⑧？若使飞捃摭同列之私⑨，尤非所望于公相者⑩。”及兴耿著狱⑪，将究分军之说，连及世忠⑫，先臣叹曰：“飞与世忠同王事⑬，而使之不辜被罪⑭，吾为负世忠⑮！”乃驰书告以桧意⑯。世忠亟奏求见⑰，上惊，谕之曰：“安有是⑱！”既而以诘桧⑲，且促具著狱⑳，著得减死㉑。（〔宋〕岳珂《鄂国金佗稡编》卷二〇《吁天辨诬通叙》）

［注］

①韩世忠谋劫使者：《宋史·韩世忠传》载，“金使萧哲之来，以诏谕为名，世忠闻之，凡四上疏言：‘不可许，愿举兵决战，兵势最重处，臣请当之。’又言：‘金人欲以刘豫相待，举国士大夫尽为陪臣，恐人心离散，士气凋沮。’且请驰驿面奏，不许。既而伏兵洪泽镇，将杀金使，不克”。败和议：破坏和议。②使山阳：执行使命到山阳。山阳，县名，亦为楚州州治，今江苏淮安市淮安区。③以捃摭世忠军事：搜集韩世忠军中的情况。捃摭（jùnzhí），搜集，采集。④且戒令备反侧：并且警戒

让岳飞防备军队反叛。反侧，不顺从，反叛。⑤托以上意：假托是皇帝赵构的意思。⑥幸以世忠升宥府：宠爱韩世忠让他升为枢密使。宥府，即枢密院。⑦楚之军：楚州的军队。⑧公相：对宰相的尊称。因宰相多封公。果何为者：究竟为什么？⑨若使飞捃摭同列之私：如果让我搜集同僚的非法之事。⑩尤非所望于公相者：尤其不是我对您的希望。⑪及兴耿著狱：等到产生了耿著的案件。耿著是韩世忠的亲校，淮东总领胡纺一向“奴事”韩世忠和耿著，后又转向趋附秦桧。三大将罢兵权后，胡纺依照秦桧旨意，诬告耿著自行在临安回楚州后，散布流言蜚语，“鼓惑众听”“图叛逆”“谋还世忠掌兵柄”，秦桧下令逮捕耿著，以酷刑逼供，企图以此牵连韩世忠。⑫将究分军之说，连及世忠：秦桧将追究耿著所谓“二枢密来，将分世忠之军”的来源，牵连到韩世忠。⑬同王事：共同尽力于君王的事业。⑭而使之不辜被罪：却让他无罪而受惩治。辜，罪。⑮吾为负世忠：我就是对不起韩世忠。⑯乃驰书告以桧意：于是急速送信将秦桧的阴谋告诉韩世忠。⑰亟奏求见：紧急向宋高宗上奏要求觐见。⑱谕之曰：告诉他说。安有是：哪里有这样的事。⑲既而以诘桧：不久宋高宗以这件事责问秦桧。⑳且促具著狱：并且催促秦桧对耿著备文定案。㉑著得减死：耿著得以减免死刑。

当张俊和岳飞离开临安府到淮东韩世忠军去之前，秦桧曾在政事堂布置使命，指示岳飞，说是皇上的意思，要他搜集韩世忠在军中的罪状，并且假惺惺地要他“备反侧”。一向刚直的岳飞明了秦桧的用心后，义正词严地回绝了他。岳飞出使后，才得知秦桧所兴起的耿著冤狱，意在牵出韩世忠，岳飞以其磊落耿介的性格，认为如果使韩世忠“不辜被罪”，便是自己对不起这位同事，于是写信告知了韩世忠，由此使韩世忠避免了一场株连之祸，也使耿著得以免死。自然，也使秦桧更加忌恨岳飞。

9. 赵鼎议崇、建二国公典礼[①]，与桧意殊[②]，桧挤鼎而逐之[③]。飞对客语，必叹惜[④]，桧深恶之。自兀术复取河南地，飞深入不已[⑤]，日以恢复劝上[⑥]，而桧主议和。兀术以书谓桧曰："尔朝夕以和请，而岳飞方为河北图[⑦]，且杀吾婿[⑧]，不可以不报。必杀岳飞，而后和可成。"飞入觐，论和议[⑨]，谓"相臣谋国不臧[⑩]"。虏人渝盟[⑪]，上以桧奏付飞[⑫]，飞读之，见"德无常师，主善为师"[⑬]之语，恶其言饰奸罔上[⑭]，则曰："君臣大伦，比之天性[⑮]，大臣秉国政[⑯]，忍面谩其主耶[⑰]！"桧益憾之。飞亦自知不为桧所容，力请解兵[⑱]。（〔宋〕岳珂《鄂国金佗续编》卷二一《章尚书颖经进鄂王传》）

[注]

①赵鼎议崇、建二国公典礼：赵鼎（1085—1147），字元镇，自号得全居士，解州闻喜（今山西闻喜县）人。崇宁五年（1106）进士。绍兴年间几度为相，后罢相，出知泉州。寻谪居兴化军，移漳州、潮州安置。再移吉阳军。知秦桧必欲杀己，自书铭旌曰："身骑箕尾归天上，气作山河壮本朝。"不食而卒。孝宗朝谥忠简。《宋史》有传。议崇、建二国公典礼，议论崇国公赵璩与建国公赵瑗两位国公的礼仪。宋高宗无子，取宗室赵伯琮（改名瑗，后继位为孝宗）和赵伯玖（改名璩）为皇子。赵瑗先立，封建国公，后宋高宗以御笔想封赵璩为国公、节度使，使其名位与赵瑗相等，遭到左相赵鼎和执政王庶、刘大中等的反对。秦桧与赵鼎相约面见宋高宗，让他收回御笔，及至帝前，桧无一语。次日，秦桧留身单独奏事，后数日，赵鼎和刘大中俱被罢官。赵鼎知为秦桧所倾，见到秦桧，一揖而去。②与桧意殊：与秦桧的意见不同。③桧挤鼎而逐之：秦桧排挤赵鼎而把他流放到外地，逐，放逐，流放。④飞对客语，必叹

惜：岳飞对客人谈起这件事，必然嗟叹惋惜。⑤深入不已：不停地向纵深进军。⑥日以恢复劝上：一天天地以收复中原失地劝谏皇上。⑦尔朝夕以和请，而岳飞方为河北图：你一直请求讲和，而岳飞正在做收复河北地区的打算。朝夕，犹言从早到晚，整天。形容长时间。以和请，以讲和作为请求。河北，指黄河以北金军侵占的地区。图，图谋，打算。⑧且杀吾婿：并且杀死我的女婿。岳家军在绍兴十年（1140）七月十四日颍昌大战中，杀完颜兀术（宗弼）女婿、统军使、夏姓金吾卫上将军。⑨飞入觐，论和议：岳飞入朝觐见皇帝赵构，谈论与金人议和的事。⑩相臣谋国不臧：宰相（秦桧）为国家谋划不善。不臧，不善，不良。臧，好，美善。《诗经·邶风·雄雉》："不忮不求，何用不臧。"⑪虏人渝盟：金人背叛盟约。虏人，胡人。古时对北方外族的蔑称。渝，变，改变。⑫上以桧奏付飞：皇上把秦桧的奏章交给岳飞。⑬德无常师，主善为师：语出《尚书·咸有一德》。意思是：德没有不变之法，只要能达到善治就是可行之法。绍兴十年，金人叛盟，秦桧为了掩饰其先前力主和议的劣迹，引用了《尚书》中的这句话，意思是说，先前主和是善，现在形势变了，抗金也是善。《宋史·秦桧传》：（绍兴十年）六月，桧奏曰："德无常师，主善为师。臣昨见挞懒有割地讲和之议，故赞陛下取河南故疆。今兀术戕其叔挞懒，蓝公佐归，和议已变，故赞陛下定吊伐之计。愿至江上谕诸帅同力招讨。"⑭恶其言饰奸罔上：厌恶他文饰其奸邪以欺骗皇上。⑮君臣大伦，比之天性：君臣的伦常大道，就像人先天具有的固有属性。⑯秉国政：主持国家的政事。秉，手持，引申为主持、执掌。⑰忍面谩其主耶：忍心当面欺蒙他的君主吗？⑱力请解兵：极力请求解除兵权。

此则说明岳飞自知不为秦桧所容，而极力请求解除兵权的几件事。一是岳飞对秦桧排挤赵鼎而将其贬谪流放的不满，使得秦桧“深恶之”。二是岳飞“日以恢复劝上”，而秦桧力主和议，且完颜兀术（宗弼）给秦桧的密信，要求“必杀岳飞，而后和可成”，岳飞向宋高宗指出秦桧谋国怀有不可告人的目的。三是金人叛盟后，秦桧以“德无常师，主善为师”文过饰非，岳飞直斥秦桧是“饰奸罔上”，秦桧更加恼恨岳飞。岳飞亦自知不为桧所容，所以“力请解兵”。“正邪自古同冰炭”，岳飞不畏秦桧势焰，敢于忤逆权奸，虽自求解除枢密副使的职务，最后还是难免冤诬被杀。

10. 十月①，械宪至行在②，下之棘寺③。十三日，桧奏，乞召先臣父子④证张宪事，上曰：“刑所以止乱⑤，若妄有追证⑥，动摇人心。”不许。桧不复请，十三日矫诏⑦召先臣入，臣云亦逮至⑧（据《三朝北盟集》先臣飞传）。前一夕，有以桧谋语先臣⑨，使自辨，先臣曰：“使天有目，必不使忠臣陷不义⑩；万一不幸，亦何所逃⑪！”明日，使者⑫至，笑曰：“皇天后土，可表飞心耳⑬！”（〔宋〕岳珂《鄂国金佗稡编》卷八《鄂王行实编年》卷五）

［注］

①十月：绍兴十一年（1141）十月。②械宪至行在：拘系张宪到行在所临安。械，名词作动词，拘系、枷锢。③下之棘寺：把张宪投送到大理寺。棘寺，大理寺的别称。古代听讼于棘木之下，大理寺为掌刑狱的官署，故称。④乞召：请求召来。先臣父子：指岳飞和岳云父子。⑤刑所以止乱：刑罚是用来制止祸乱的。⑥若妄有追证：如果随便加以审讯对证。有，发生，产生。⑦矫诏：假托或假传的皇帝诏书，或者篡改皇帝的诏令。⑧逮至：逮捕来到。⑨有以桧谋语先臣：有人把秦桧的阴谋告诉岳飞。据史料记载，这个人是鄂州大军进奏官王处仁。他冒着风险来到临安府，再次向岳飞报告王俊诬告的事，并劝岳飞

上奏自辩。⑩陷不义：落入不义的罪名。不义，古代刑律“十恶”之一。⑪亦何所逃：哪有逃避的地方？意为无法逃避。⑫使者：指前来捉拿岳飞的人员。⑬皇天后土：指天地神祇。皇天，古代称天；后土，古代称地。指天地。旧时迷信天地能主持公道，主宰万物。可表飞心耳：可以表明我岳飞的心啊！意思是我的心毫无愧怍，天地可以明鉴。

岳家军中的副统制王俊，被秦桧和张俊收买，诬告张宪图谋裹胁鄂州大军前去襄阳府，以威逼朝廷将军权交还岳飞。张宪在镇江枢密府被拷打得体无完肤，死去活来，但坚决不肯招承。秦桧奏请将张宪和岳云押送大理寺狱“根勘”，并召岳飞至大理寺与张宪对证。岳珂说宋高宗“不许”，秦桧“矫诏”，是曲意为宋高宗开脱。当部下劝岳飞上奏自辩时，倔强的岳飞认为，宋高宗完全知道这样的诬告是“使忠臣陷不义”，没有辩白的必要。所以，第二天使者到来，岳飞傲然笑道：“皇天后土，可表飞心耳!”

11. 秦桧奏：“乞将张宪、岳云与飞同证，明其事。”是时，侯尚不知①，良久②，秦桧密遣左右传宣③：“请相公略到④朝廷，别听圣旨。”侯既闻宣诏，实时⑤前去，却引到大理寺⑥。侯骇然⑦曰：“吾何到此?”才入门到厅，下轿不见一人，止见四面垂帘。才坐少时，忽见官吏数人，向前云：“这里不是相公坐处，后面有中丞，请相公略来照对数事。”侯点头云：“吾与国家宣力⑧，今日到此，何也!”道罢，随狱吏前行，至一处，见张宪、岳云露头赤体，各人杻械⑨，浑身尽皆血染，痛苦呻吟。又见罗振等将王俊、王贵首⑩张宪、岳云并侯反叛罪状前来，云：“国家有何亏负，汝三人却要反背[11]?”侯向万俟卨[12]、罗振曰:“对天盟誓,吾无负于国家。汝等既掌正法,且不可损陷[13]忠臣。吾到冥府[14],与汝等面对不休。”众人闻其说,罗振并御史中丞万俟卨等曰:“相公既不反,记得游天竺日[15],壁上留题[16]曰,‘寒门何载[17]富贵’乎?”众人曰:“既书此题,岂不是要反也!”侯知众人皆是秦桧门下[18],既见不容理诉[19],长吁[20]一声,云:“吾方知既落秦桧国贼[21]之手,使吾为国忠心,一旦都休[22]!”道罢,合眼,任其拷掠[23]。(〔宋〕徐梦莘《三朝北盟会编》卷二〇七《岳侯传》)

[注]

①是时:当时。侯尚不知:岳侯还不知道。侯,对岳飞的尊称。②良久:过了好一会儿。③左右:在旁侍候的人,侍从人员。传宣:传达宣布。④略到:稍稍去到。⑤实时:准时,按时。⑥大理寺:官署名。相当于现代的最高法院,掌刑狱案件审理,长官名为大理寺卿,位九卿之列。⑦骇然:惊讶的样子。⑧宣力:效力,尽力。⑨杻械:古代手铐、脚镣一类的刑具,泛指刑具。此处名词作动词用。⑩罗振:时为御史台长官,秦桧党羽。王俊:济南府(一说东平)人。原为范琼部将,绍兴五年(1135)参加镇压杨么叛军,后并入岳家军,任前军副统制。是一个最惯于反复变诈、喜欢出卖同僚的人,在岳家军中是一个害群之马,因此人们都呼他为王雕儿。数年无功不迁官。绍兴十一年希承张俊和秦桧的意旨,诬告主将张宪谋反,是制造岳飞冤案的主要帮凶,以此升正任观察使。首:告发。⑪反背:背叛。⑫万俟卨(Mòqí Xiè,1083—1157):字符忠(一作元中),开封阳武(今河南原阳县)人。政和二年(1112)考中举人,初任湖北提点刑狱,依附秦桧,任监察御史、右正言。绍兴十一年,秉承秦桧之意打击主战派,主治岳飞之狱,致使岳飞父子和张宪等被害。后与秦桧争权,遭到罢黜。秦桧

死后，万俟卨被召回京，升任尚书右仆射，继续执行投降政策，为百姓所恨。次年去世。⑬损陷：贬损陷害。⑭冥府：阴曹地府。迷信的人指阴间管理鬼魂的地方。⑮游天竺日：游天竺寺的时候。杭州天竺山有著名三寺：上天竺寺、中天竺寺、下天竺寺，通称“天竺三寺”。⑯壁上留题：在墙壁上题字留念。⑰寒门：指贫寒微贱的家庭。载：开始。《诗经·豳风·七月》：“春日载阳，有鸣仓庚。”⑱门下：门客。谓在某人的门庭之下，为某人效力。⑲理诉：申诉，说理。⑳长吁：长叹。吁，叹息。㉑国贼：危害国家或出卖国家主权的败类。㉒一旦都休：突然都完了。㉓拷掠：拷打，刑讯。

此则披露了岳飞被骗到大理寺的经过和审问岳飞的一些细节。秦桧派人欺骗岳飞说是要他到朝廷“别听圣旨”，岳飞没有想到竟被引到大理寺，“下轿不见一人，止见四面垂帘”，已见阴森恐怖。官吏数人要他到后面与御史中丞“照对数事”，岳飞疑惑地说：“吾与国家宣力，今日到此，何也!”及至看到张宪与岳云被拷打的惨状，其震惊、痛心和愤慨难以言说。罗振等已将三人的“反叛状”准备好，厉声责问：“国家有何亏负，汝三人却要反背?”岳飞知道自己正面临一场生死攸关的诬陷，他正气凛凛地驳斥了这一伙丑类，对方却以“寒门何载富贵”这一驴唇不对马嘴的“证据”反诘。岳飞立即明白这伙人是欲加之罪，何患无辞。刚强不屈的岳飞只好仰天长叹，闭上眼睛，任凭他们拷打好了。

12. 袁先生讳溉，字道洁，汝阴①人也。……其出关至夏口②，岳开府飞必欲延至幕下③。先生一见而出，不辞而行，语所知④曰：“岳公武人而泥古⑤，幕府无圆机⑥之士，难乎免矣⑦!”未几而及难⑧。（〔宋〕薛季宣《浪语

集》卷三二《袁先生传》）

［注］

①汝阴：县名。今属安徽阜阳市。②出关：出函谷关。《袁先生传》："薛翁（富顺高人）击节称善，因以所学授之，居月余，励先生出关。"夏口：今湖北武汉市汉口。③岳开府飞：对岳飞的尊称。开府，古代指高级官员（如三公、大将军、将军等）成立府署，选置僚属。后称有权开府的官员为开府。必欲延至幕下：意思是一定要延请他做自己的幕僚。④所知：互相知心要好的人。⑤泥古：拘泥于古代的成规或古人的说法而不知变通。泥，拘泥，固执。⑥幕府：本指将帅在外的营帐。借指幕僚，幕宾。圆机：圆通机变。⑦难乎免矣：难免（遭受灾祸）。⑧未几而及难：不久岳飞就遇难了。

袁溉是一个学问渊博、超然旷达、见识高明的"厚德君子"。岳飞闻其名，一心想要招他做自己的幕僚。袁溉之所以"一见而出"，是看到岳飞是一个武人却泥古而不知变通，他的幕僚中也少有圆通机变之士，这样就难免遭受祸患。他的话不幸被言中，没过多久，岳飞就遇难了。这段记述虽在表明袁溉见识卓异，但也从侧面反映了岳飞及受其影响的幕僚们，拘泥古道，固执正义，耿直而不知圆通机变，终究不被当权者所容的事实。

六、谦抑

1. 公[①]昔为招抚使司都统制日，飞实以偏将从[②]。新乡之役，违公节度[③]，飞辄[④]以其所部别为一寨。已而公兵大集[⑤]，飞一日单骑叩公垒[⑥]，请罪，左右或劝公斩飞以谢众[⑦]，飞惶恐色动[⑧]。公曰："汝罪当诛，然汝去吾已久，乃能束身自归[⑨]，胆气足尚[⑩]也。方国步艰危[⑪]，人材难得，岂复仇报怨时邪[⑫]！吾今舍汝[⑬]。"因以卮酒饮之[⑭]，飞再拜谢[⑮]。（〔宋〕徐梦莘《三朝北盟会编》卷一九八《续霄为公（王彦）行状》）

［注］

①公：对王彦的尊称。②飞实以偏将从：岳飞实际上是以副将的身份从属。王彦时任招抚使司都统制，岳飞任中军统制。③违公节度：违反王彦的指挥。节度，约束，指挥。④辄：擅自。⑤已而公兵大集：不久王彦分散的军队重新大规模聚集。已而，不久，后来。⑥单骑：一人一马，独自骑行。叩公垒：叩击王彦的营门。意为叩门求见。叩，敲击。垒，营垒。此表现岳飞能为自己先前的意气用事进行反思，并主动向王彦"请罪"。⑦谢众：向兵众谢罪。⑧惶恐色动：惶惧惊恐，脸色改变。⑨乃能：却能。束身：约束自己或自缚其身（表示谢罪）。⑩胆气：指胆量和勇气。足尚：值得尊崇。尚，崇尚，尊崇。⑪方国步艰危：正当国家的命运艰难危困之际。⑫岂复仇报怨时邪：哪里是报复仇恨的时候呢？⑬舍汝：放过你。舍，通"赦"。免罪或免罚，释放。《左传·僖公三十三年》："夫人请之，吾舍之也。"⑭卮酒：犹言杯酒。卮（zhī），古代盛酒的器

皿。饮之：给岳飞喝。⑮再拜：古代一种隆重的礼节，拜两次，表达敬意。谢：告辞，告别。

行状自是为王彦歌功颂德，此段却从侧面记述了岳飞既有抗直倔强的一面，也有谦抑逊让的一面。岳飞率小部队离开王彦军后，苦战在太行山区。天寒粮尽，只能把战马杀掉充饥。这时王彦的部队得到两河地区义军民兵和老百姓的支持和响应，兵力迅速扩大到十多万人，营寨绵延数百里，兵势强盛。岳飞得悉此情后，深感后悔。岳飞虽然年轻气盛，倔强任性，还是能勇敢地正视自己的过错。他单身前往王彦的营寨，叩门谢罪，请求归队。虽然王彦对岳飞很宽容，没有听从部属的建议将他杀掉，还“以卮酒饮之”，实际上，王彦对往日的嫌隙还是不能释怀，他既不肯收留岳飞，也不肯借粮给他，而是以一卮酒把岳飞打发走了。

2. 时①淮东宣抚使韩世忠、江东宣抚使张俊皆已立功，而飞以列校拔起②，世忠、俊不能平③。先是，飞皆屈己下之④，数通书，俱不答⑤。及飞破杨太⑥，献楼船各一⑦，兵徒战守之械毕备⑧。世忠始大悦⑨，而俊益忌之⑩。（〔宋〕李心传《建炎以来系年要录》卷九〇绍兴五年六月丙辰）

［注］

①时：当时。指绍兴五年（1135）六月。②以列校拔起：从低级将领拔擢升迁。列校，东汉时守卫京师的屯卫兵分作五营，称北军五校，每校首领称校尉，统称列校。此指低级将领。③不能平：心意不能平和。即心中不满。④屈己下之：降低自己的身份，甘居于别人之下。岳飞自知自己在诸大将中年龄最轻，资历最浅，虽然战功超过他们，但能表示对人谦让。⑤数通书，俱不答：岳飞屡次给他们通信，全都不回复。⑥及飞破

杨太：等到岳飞击破杨么军。⑦献楼船各一：岳飞向韩世忠、张俊各献送一艘楼船。楼船，是一种具有多层建筑和攻防设施的大型战船，外观似楼，故称楼船。⑧兵徒战守之械毕备：士兵攻防的器械全都具备。⑨始大悦：才大为高兴。⑩益忌之：更加忌恨岳飞。

在南宋抗金的诸大将中，岳飞年纪最轻，资历最浅。其他大将早有建功，权位也比岳飞要高。所以，诸大将大都看不起岳飞。对岳飞屡立战功、后来居上心存嫉妒。特别是张俊，作为岳飞曾经的上级，更是如此。岳飞为了团结抗金，对诸大将却一向恭谨，能够屈己下人，多次与他们通书信，他们却不予理睬。绍兴五年六月，岳飞平定杨么叛军后，送给韩世忠和张俊楼船各一艘，韩世忠得到后大为高兴，而张俊不但毫无感谢之意，而且越发忌恨岳飞，认为岳飞这是向他炫耀功绩，人品之高下，显而易见。

3. 是日行营前护副军都统制王彦发荆南①，以所部八字军②万人赴行在。……彦未至鄂州，湖北京西宣抚副使岳飞使人邀请舣舟③相见，彦许之。而俟风顺，即解缆张帆下鄂渚，其疾如飞。飞岸观其过舟，叹伏④久之而去。（〔宋〕李心传《建炎以来系年要录》卷一〇三绍兴六年七月辛巳）

［注］

①是日：指绍兴六年（1136）七月十五日（辛巳）。荆南：府名。治江陵（今湖北荆州市）。②八字军：南宋初河北、河东地区人民组织的抗金义军。建炎元年（1127），王彦率抗金部队入太行山，因面部刺“赤心报国，誓杀金贼”（或作“誓竭心力，不负赵王”）八字而得名。③舣舟：停泊船只。舣，停船

靠岸。④叹伏：同“叹服”。

当时王彦所统八字军驻守荆南府，宋廷曾命王彦出任襄阳知府兼京西南路安抚使，受岳飞“节制”。王彦与岳飞因十年前的嫌隙，无论如何不甘受旧日部将的“节制”，坚决上奏辞免新命。宋廷为息事宁人，又下令将八字军调驻临安府。岳飞的威名战功已凌驾于王彦之上，他谦下地派人邀请王彦在鄂州稍事停留，以释嫌言欢，王彦表示同意。岳飞率领众多部将和幕僚，来到鄂州江边恭候。不料王彦却违约食言，指挥船队乘风扬帆，飞驶而去。岳飞受到如此无礼的对待，并不介意，仍然在岸边看着王彦经过的船只，对昔日的上级表示叹服。

4. 丁巳[①]，起复检校少保武胜定国军节度使湖北京西宣抚副使岳飞为太尉。赏商虢[②]之功也。翌日[③]，升宣抚使。飞威名日著，淮西宣抚使张俊益忌之。参谋官薛弼每劝飞调护[④]，而幕中之轻锐者复教飞勿苦降意[⑤]。于是飞与俊隙[⑥]始深矣。（〔宋〕李心传《建炎以来系年要录》卷一〇九绍兴七年二月丁巳）

［注］

①丁巳：绍兴七年（1137）二月二十五日。是月癸巳朔。②商虢：商州（治上洛，今陕西省商洛市商州区）和虢州（治虢略，今河南灵宝市）。绍兴六年七、八月间，岳飞第二次北伐，克复商、虢二州。③翌日：第二天。④调护：调和维护。⑤轻锐者：年轻气盛的人。勿苦降意：不要过于屈意相从。降意，降心相从。⑥隙：嫌隙，怨恨。

张俊本来就嫉妒岳飞。岳飞因克复商、虢战功而升正任宣抚使和太尉，威名日渐显著，张俊更加忌恨。岳飞听从薛弼的意见，注意调和维护与张俊的关系。而岳飞部下出现不同的意见。一些年轻气盛的幕僚之所以劝岳飞对张俊不必过分降心屈意，正是看到岳飞对张俊一味克恭克顺，谦卑示好，而张俊非但毫不领情，反而变本加厉，难免愤愤不平。

5. 功成不居①，尽推与同列及其下②。始受襄汉之命③，朝廷令刘光世④遣军马五千人为牵制。六郡尽复，光世之军始至。及论赏，乃奏乞先赏光世功。李宝结约山东豪杰数千人⑤，屡请以曹州⑥率众来之。先臣以黄金五百两遣之⑦，俾壮士四人偕行⑧。宝果领众五千，趋楚、泗以归⑨，为韩世忠奏留之⑩。宝截发恸哭⑪，愿还先臣戏下⑫。世忠以书来谂⑬，先臣答曰："是皆为国家报虏⑭，何分彼此。"世忠叹服⑮。每辞官⑯，必云："某所之战⑰，皆将士竭力，在臣何功。"（〔宋〕岳珂《鄂国金佗稡编》卷九《经进鄂王行实编年》卷六《遗事》）

［注］

①功成不居：立了功而不把功劳归于自己。居，占有。②同列及其下：同僚以及其下属。同列，同僚，地位相同者。③始受襄汉之命：开始接受收复襄汉六郡命令的时候。④刘光世：见"五、抗直"第4则注①。⑤李宝：兴仁府乘氏（今山东菏泽市）人。出身农家，重气节，有胆略。绍兴九年（1139），在濮州（今山东鄄城北）聚众抗金，失败后，南下投奔岳飞，奉命以河北路统领忠义军马名义，潜回山东联络抗金义军。次年，金军背盟南下，李宝为配合岳飞反攻，在山东多次袭击金军，钳制了金朝南下之师。后从韩世忠守卫海州（今江苏连云港西南）。结约：结交，邀结。⑥曹州：治济阴县（在今山东荷泽市南）⑦遣之：派遣李宝。⑧俾：使。偕行：相伴而行。⑨趋楚、泗以归：奔赴楚州（治山阳县，今江苏淮安市淮安区）和泗州

（治泗州城，今江苏省盱眙县境内）以归附。趋，趋向。⑩奏留之：奏明朝廷而把他们留下。⑪截发恸哭：剪掉头发痛哭。意为态度坚决。⑫戏下：谓在主帅的旌麾之下。戏（huī），同“麾”。⑬以书来谂：通过书信来告诉岳飞。谂（shěn），知道。⑭报虏：报复敌寇。⑮叹服：赞叹佩服。⑯辞官：推辞升官。⑰某所之战：某地的战役或战斗。所，处所，地方。

南宋诸大将如张俊、刘光世、杨沂中等人，都是贪功邀赏、忌才利己之辈。岳飞功盖诸军，却从不居功，常将功推于同列和部属。这是南宋诸将中绝无仅有的。如收复襄阳六郡时，朝廷曾命刘光世派兵出援。结果，收复后第三天，刘光世部将郦琼才姗姗而至。在上报战功时，岳飞却请求先赏刘光世。再如李宝，是岳飞派他到山东结约豪杰，李宝率五千人来归，结果被韩世忠截留，李宝死活要回到岳飞麾下。当韩世忠将此事告诉岳飞，岳飞却谦让地说，都是为国家抗金，何分彼此。对部属，更是“尺寸之功，丝毫必录”，每因战功升迁，总是辞官说：“皆将士竭力，在臣何功。”岳飞这种谦下、辞让、不居功、不贪官的高风亮节，真可使同时诸将羞煞。

6. 权虽专，莫敢擅辄[①]。初，襄汉平，诸郡雕瘵[②]，州县官率瓜时不上[③]，诏先臣得自专辟置、臧否之权[④]。先臣诠择[⑤]人物，以能安集百姓[⑥]为先。……多由小吏识拔[⑦]。人乐于赴功[⑧]，期月[⑨]之间，咸以最闻[⑩]。迨其稍还旧观[⑪]，即上章乞还辟置之权[⑫]。上降诏，援卫青不与招贤事称之[⑬]，且曰：“自非思虑之审，谦谨之至，何以及此[⑭]。”其远权势盖如是[⑮]。（〔宋〕岳珂《鄂国金佗稡编》卷九《经进鄂王行实编年》卷六《遗事》）

[注]

①权虽专，莫敢擅辄：权力虽然集中，却不敢专擅。“辄”与“擅”义同，指专权，独断专行。②诸郡雕瘵：许多郡县凋残病困。指民生疾苦。③率瓜时不上：大都任职期满而不得升迁。《左传·庄公八年》：“齐侯使连称、管至父戍葵丘。瓜时而往，曰：‘及瓜而代。’”后以“瓜时”借指任职期满。④自专辟置、臧否之权：独擅任用人才和升降官吏的权力。辟置，谓征聘人才，置为僚属。臧否，褒贬，品评。⑤诠择：考核优劣、选拔人才。诠，通“铨”，衡量。⑥安集百姓：使百姓安定。⑦多由小吏识拔：大多从小官赏识并提拔。省略号部分略去张旦等十六人的任职情况，此句为总括。⑧赴功：建立功业。⑨期(jī)月：一整月。⑩咸以最闻：都以考绩优异上报。古代考核政绩或军功，以上等为最，下等为殿。⑪迨其稍还旧观：待到那里渐渐恢复旧时的样子。迨，等到，达到。稍，渐渐。⑫即上章乞还辟置之权：就上奏章请求归还辟置的大权。⑬援卫青不与招贤事称之：援引卫青不参与招贤的故事称赞他。《史记·卫将军骠骑列传》记载：苏建曾希望大将军卫青能够效法古代那些招选贤人的名将，大将军拒绝说：“自从魏其侯窦婴和武安侯田蚡厚待宾客，天下之人常切齿痛恨。那亲近和安抚士大夫，招选贤才，废除不肖者的事，是国君的权柄。当大臣的只需遵守法度干好本职的工作，何必参与招选贤士的事呢？”⑭自非思虑之审，谦谨之至，何以及此：倘若不是思索考虑周密而慎重，谦和谨慎至极，怎么能达到这种境界。⑮盖如是：大概就是这样。

岳家军平定襄汉后，岳飞被升迁为清远军节度使、湖北路荆襄潭州制置使，不久又晋封为“武昌县开国子”。岳飞独掌荆鄂地区的军政大权，且得到“自专辟置、臧否之权”。对于这一特权，岳飞一是认真用好。他选拔官吏的标准是“以能安集百姓为先”，多用熟悉基层事务的小吏。这些人乐于建功，成就卓著，都能以考绩优异闻名。二是不贪恋特权。等到治绩初显，“稍还旧观”，岳飞就上章请求将特权交还朝廷。所以宋高宗称赞他是汉朝卫青一样的大将。岳飞远离权势，是由他个人谦抑的操守所决定，也是他胸怀抗敌复国大志的表现。这正如宋代释行海诗《岳飞》所赞扬的“臣图恢复不图官”。

7. 云①从军，虽立奇功，匿不以闻②。或自朝廷举行③，上所特命而迁④，亦辞不已⑤。襄汉平，云功第一，不上逾年⑥，铨曹⑦举行，始迁武翼郎⑧。平杨么，云功亦第一，又不上功，张浚闻之，曰：“廉则廉矣，然未得为公也⑨。”浚乃奏云功⑩，飞犹力辞⑪。（〔宋〕岳珂《鄂国金佗稡编》卷二一《章尚书颖经进鄂王传》）

［注］

①云：指岳飞长子岳云。②匿不以闻：隐藏而不向朝廷报告。闻，向上级报告。③举行：举荐施行。④上所特命而迁：皇上特别命令而升迁岳云的官职。⑤亦辞不已：岳飞也不停地推辞。不已，不停止。⑥不上逾年：不上报超过一年。⑦铨曹：主管选拔官员的部门。⑧始迁武翼郎：才升迁为武翼郎。武翼郎，武臣官阶五十三阶中的第四十二阶。⑨廉则廉矣，然未得为公也：廉洁是廉洁，但是不能算得上公正。⑩乃奏云功：于是奏报岳云的功劳。⑪飞犹力辞：岳飞仍然极力推辞。

岳云是岳飞的长子，十六岁从军，跟随父亲南征北战，屡立战功。而岳飞也屡次向朝廷隐瞒岳云之功。如战襄汉，平杨么，岳云功居第一，竟长期不予上报。有时宋高宗特命升迁，或朝廷发现后给予升迁，岳飞也多次辞谢。岳飞的廉洁已达到慎独的程度。诚如张浚所论，“廉则廉矣，然未得为公也”。这样的事情不仅表现了岳飞的廉洁，而且表现了他在论功时的逊避。岳飞认为，自己作为一军统帅，不仅在冲锋陷阵时要身先士卒，在论功行赏时也要表现出谦让精神，这样将士们才能和衷共济，争先立功。

8. 先臣得附竹帛之光①，以此好礼下士②。食客所至常满③，一时名人才士皆萃幕府④，商论古今，相究诘⑤，切直无所违忤⑥。或语至夜分，乃寝⑦。（〔宋〕岳珂《鄂国金佗稡编》卷九《经进鄂王行实编年》卷六《遗事》）

[注]

①得附竹帛之光：能够接近书籍的光芒。指岳飞能从书籍中得到教益。竹帛，竹简和白绢。引申指书籍、史乘。②以此好礼下士：因此喜好以礼待人而谦居贤士之下。③食客所至常满：所招致的门客常常满座。食客，旧时寄食于豪门贵家、帮忙帮闲的门客。此指岳飞的幕僚。④一时名人才士皆萃幕府：当代著名的人物和有才德的读书人都聚集在岳飞的营帐，幕府，本指将帅在外的营帐。后亦泛指军政大吏的府署。⑤相究诘：互相追问，深究原委。⑥切直无所违忤：恳切率直地研讨而没有什么背离。切直，恳切率直。违忤，违背，不顺从。⑦或语至夜分，乃寝：有时谈到半夜，才睡。夜分，夜半。

岳飞因为喜好读书，从书籍中明白了许多道理，因此对读书人特别敬重。他身为大将，位居一方军区统帅，却能礼贤下士。他的帐下聚集了当时的许多名人、才士，他经常与这些幕僚讨论古今的人事和道理。在讨论时，岳飞放下将帅的身段，与他们平等相处，即使意见不一致，也没有思想和感情上的背离，有时一直讨论到半夜才睡。既表现了岳飞的虚心好学，又表现了岳飞的谦下待人。岳家军之所以能够战无不胜，也多得益于这些文士幕僚。

七、智略

1．相州剧贼陶俊、贾进攻剽县镇[①]，官军屡战，不利。飞请以百骑[②]灭之，韐与步、骑二百[③]。飞豫遣三十人易衣为行商[④]，入贼境，贼掠之以归，置部伍间[⑤]。飞以百人夜伏于山之下，而自领数十骑逼贼垒[⑥]。贼易其兵少[⑦]，出战。飞阳北[⑧]，贼乘胜追逐。伏兵起，先所遣三十人在贼中擒俊、进于马上，遂俘其众。（〔宋〕岳珂《鄂国金佗续编》卷一七《章尚书颖经进鄂王传》）

［注］

①剧贼：大盗，强悍的贼寇。攻剽：侵扰劫夺。②百骑（jì）：一百名骑兵。一人一马合称骑。③韐（gé）：刘韐（1067—1127），又名福高，字仲偃，崇安（今福建武夷山市）人。元祐九年（1094）进士。靖康元年（1126），充河北、河东宣抚副使，继除京城四壁守御使。京城不守，遣使金营，金人欲用之，不屈，于靖康二年自缢死，年六十一。高宗建炎初赠资政殿大学士，谥忠显。《宋史》有传。步、骑二百：步兵和骑兵共二百名。④飞豫遣三十人易衣为行商：岳飞预先派三十人换上衣服装扮成商人。豫，通“预”。预先，事先。易，换。行商，外出经营的流动商人，“坐商”的对称。⑤贼掠之以归，置部伍间：匪贼掳掠他们而回，把他们安置在部队中。部伍，部曲行伍，泛指军队。⑥逼贼垒：逼近贼寇的营寨。逼，接近，靠近。⑦易其兵少：轻视他们兵少。易，轻视。含有“不以为意”的意思。⑧阳北：假装败退。阳，诈伪。

此事发生在宋徽宗宣和四年（1122），岳飞二十岁，随真定（今河北正定）知府兼真定府路安抚使刘韐在真定。岳飞看到剧盗陶俊、贾进在故乡横行无阻，祸害一方，便主动请缨，铲除故乡之害。岳飞鉴于“官军屡战，不利”，决定智取。他先派三十人假扮商旅，听任陶俊和贾进俘掠，收归部伍。又命一百人埋伏在山下，自领几十人前去挑战。贼人看他人少，不把他们放在眼里。交战后，岳飞佯败而逃。贼首率众前来追击，正好中了岳飞的设计，山下伏兵乘机出击，三十名伪装的商人也充作内应，一举擒获了陶俊和贾进，其余贼众也被俘虏。岳飞只用二百名兵士，就把数千兵匪击溃了。岳飞善用智谋，以少击众，在他第一次指挥作战中就表现出来了。

2. 八月①，飞诣②河北招抚使张所，一见，以国士③待之，借补修武郎、阁门祇候④，充中军统领⑤。所尝从容⑥问之曰：“闻汝勇冠军，自料能敌几何人⑦？”飞曰：“勇不足恃也⑧，用兵在先定谋⑨。谋者，胜负之机也⑩，故为将之道⑪，不患⑫其无勇，而患其无谋。是以‘上兵伐谋，次兵伐交’⑬，栾枝曳柴以败荆⑭，莫敖采樵以致绞⑮，皆用此也⑯。”所本儒者⑰，闻飞言矍然⑱起曰：“君殆非行伍中人也⑲！”（〔宋〕岳珂《鄂国金佗稡编》卷一七《章尚书颖经进鄂王传》）

［注］

①八月：指建炎元年（1127）八月。②诣：到某处去。③国士：一国中才能最优秀的人物。④借补：用补充缺额的名义授予某种官职。不经官府任命。修武郎：武臣官阶五十三阶的第四十四阶。阁门祇候：职官名。为皇帝的侍卫。《建炎以来朝野杂记》甲集卷一〇：“阁门祇候，掌侍卫班列。”此为荣誉职，不到任。⑤充：充任。统领：官名，位在统制之下，为偏裨军

官。⑥从容：私下，主要强调非正式的。⑦自料：自己估量。敌：抵挡。几何人：多少人。⑧勇不足恃也：勇气是不可依仗的。恃，依赖，依仗。⑨定谋：决定谋略。⑩谋者，胜负之机也：谋略，是胜败的关键。机，对事情成败有重要关系的中心环节。⑪故为将之道：所以作大将的原则。⑫患：忧虑，担心。⑬是以：因此。上兵伐谋，次兵伐交：语出《孙子·谋攻》，意思是用兵的最上等策略是用计谋去挫败对方，其次是在外交上击败对方。⑭栾枝曳柴以败荆：栾枝，春秋时晋国大臣，即栾贞子。《左传·僖公二十八年》载：晋楚城濮之战，栾枝任下军主帅。他使战车拖着柴火假装逃走，楚军在后追击，晋下军副帅原轸、中军副帅郄溱率领中军的公族拦腰截击，晋上军副帅狐毛、上军主帅狐偃率领上军夹攻楚将子西，楚国的左翼部队溃散，楚军大败。⑮莫敖采樵以致绞：莫敖，官名，同令尹。《左传·桓公十二年》载：楚国进攻绞国，军队驻扎在南门，莫敖屈瑕说："绞国地小而人轻浮，轻浮就缺少主意，请对砍柴的人不设保卫，用这引诱他们。"楚王听从了屈瑕的意见。绞军俘获了三十个砍柴人。第二天，绞军争着出城，把楚国的砍柴人赶到山里。楚军坐等在北门，同时在山下设伏兵，大败绞军，强迫绞国订立城下之盟而回国。⑯皆用此也：都是用的这种办法。此，指"上兵伐谋"。⑰所本儒者：张所本来就是读书人。⑱矍（jué）然：惊视的样子。⑲君殆非行伍中人也：先生大概不是军队中的人哪。殆，大概。也可理解为必定，或将要。

建炎元年六、七月间，岳飞因向宋高宗上书恳切言事，而被认为是"小臣越职"，受到"夺官归田里"的处分。他怀着扑不灭的满腔激情，投奔张所设在大名府的招抚司。张所是个爱惜人才并善于使用人才的官员，他初步了解岳飞的经历和志向后，便以"国士"的礼节待之。为了进一步了解这个青年才俊，张所有意考问他："闻汝勇冠军，自料能敌几何人？"岳飞从容地回答了他，其核心在于强调“用兵在先定谋”，并引经据典地阐述自己的观点。饱读经书的张所听了岳飞一席雄才大略的议论，对岳飞更是刮目相看，器重有加，认为岳飞的确是一个不可多得的奇才，于是对他破格提拔。

3. 留守司檄飞留军竹芦渡①，与虏相持②。粮尽，飞密选精锐三百，伏前山下，令各以薪交缚③两束，四端然火，夜半皆举。虏疑救兵至，惊溃。追袭，大破之，以奇功转武功郎④。（〔宋〕岳珂《鄂国金佗续编》卷一七《章尚书经进鄂王传》）

［注］

①檄：命令。竹芦渡：在汜水关东，今河南省荥阳市汜水镇西北1公里。②相持：指双方坚持对立，互不相让。③交缚：交叉捆扎。④武功郎：武臣官阶五十三阶中的第三十五阶。

建炎二年（1128）八月，岳飞在汜水关击败金军后，宗泽主持的东京留守司命令岳飞留军在竹芦渡，与金军相持。可携带的军粮快吃完了，必须用计才能迫使金军撤退。于是岳飞命令三百军士，每人捆扎好两束交叉的柴草，等到半夜，点燃柴草的四端，高高举起。金军发现一山火光通明，以为宋军大量的援军到了，惊慌溃散。岳飞率军追袭，大破敌军，再次显示了岳飞的军事智慧。

4. 泽大奇之①，谓飞曰：“尔勇智材艺②，虽古良将不能过。然好野战③，非古法，今为偏裨④尚可，它日为大将，非万全计也⑤。”因授以阵图⑥。飞曰：“古今异宜⑦，夷险异地⑧，岂可按一定之图。兵家之要，在于出奇⑨，不可测识⑩，始能取胜。”泽曰：“如尔所言，阵法不足用耶?”飞曰：“阵而后战[11]，兵之常法，然势有不可拘[12]，则运用之妙，存于一心[13]。”泽默然[14]，良久，曰：“尔言是也。”（〔宋〕岳珂《鄂国金佗稡编》卷一七《章尚书颖经进鄂王传》）

［注］

①泽大奇之：宗泽认为岳飞很奇特。宗泽（1060—1128），字汝霖，宋婺州义乌（今浙江义乌）人。南宋初抗金名臣。康王赵构任河北兵马大元帅，泽任副帅。继受黄潜善、汪伯彦排斥，任开封知府兼东京留守。宗泽曾屡次上书高宗，请还汴京，以安定民心，振作士气，但被拒绝。宗泽终于忧愤而死，死时曾三呼“过河”。《宋史》有传。此处接写靖康二年（1127）二月，“战于曹州，飞被发，挥四刃铁简，直犯虏阵。士从之。大破之，追奔数十里。转武翼郎”。②尔：你。勇智材艺：勇气智慧和才能技艺。③野战：不按常法作战。④偏裨：古代佐助大将的将领称偏裨，亦称副将。⑤非万全计也：不是万无一失的计策。⑥因授以阵图：因而把阵图交给他。阵图，古代军队作战时兵力部署、队形变化的图式。⑦古今异宜：古代和现今的式样各不相同。⑧夷险异地：平坦与险阻的地形各不相同。⑨兵家之要，在于出奇：军事家的总要领，在于出奇制胜。出奇，谓出奇兵，用奇计。⑩不可测识：不可推测知悉。⑪阵而后战：摆好阵势以后作战。⑫势有不可拘：情势不可拘泥而不变通。⑬则运用之妙，存于一心：那么运用的巧妙、灵活，全在于善于动脑筋思考和判断。⑭默然：沉默不语。

这次宗泽与岳飞谈论用兵之法，应当发生在建炎二年（1128）岳飞再隶宗泽期间。宗泽根据岳飞以往在战争中的表现，认为他是一个很奇特且可寄予厚望的军中人才。所以首先肯定他勇智材艺超过古代的良将，接着指出其“不足”：“好野战”，还不是做大将的万全之策，因而把一些阵图授予他。岳飞对老将的爱护和指导非常感激和敬重，但又不愿盲从。所以只将阵图粗略地浏览一番，便大胆说出自己的意见。宗泽始则反问：“如尔所言，阵法不足用耶?”终则心悦诚服地首肯：“尔言是也。”“兵家之要，在于出奇，不可测识，始能取胜。”“阵而后战，兵之常法，运用之妙，存于一心。”这几句话后来成了有名的军事格言。

5. 二月①，先臣至鄱阳②，与俊合兵③。三月初三日，次洪州④。贼连营西山⑤，王师不得渡，诸将莫当其锋⑥。俊大惧，召先臣问曰：“俊与李成前后数战，皆失利，君其为我计之⑦。”先臣对曰：“甚易也，贼贪而不虑后⑧，若以骑兵三千，自上流生米渡⑨出其不意，破之必矣。飞虽不才⑩，愿为先锋以行。”俊大喜，从之。（〔宋〕岳珂《鄂国金佗稡编》卷五《经进鄂王行实编年》卷二）

［注］

①二月：指绍兴元年（1131）二月。②鄱阳：饶州县名。今江西鄱阳县。③与俊合兵：与张俊的大军合在一处。绍兴元年正月，宋高宗命张俊为江淮招讨使以讨李成。张俊颇有怯意，说了一番李成兵众势盛的话，宋高宗说：“今日诸将独汝未尝立功。”张俊最后不得不“恐悚承命”。但经他请求，宋廷将岳家军拨归他指挥。岳飞接到命令，将军队眷属自宜兴（今江苏宜兴市）携往徽州（治歙县，今安徽歙县）安置后，方得加快行军速度，故稍后于张俊军至鄱阳。④次洪州：军队驻扎在洪州（治南昌、新建，今江西南昌市）。⑤连营西山：扎营相连于西山。⑥莫当其锋：没有人抵挡敌人的锐气。⑦君其为我计之：您可为我谋划如何战胜他。其，表示祈使。⑧贪而不虑后：贪婪而不顾虑后果。⑨生米渡：渡口名。在今江西省南昌市新建区

西南，距南昌城约 20 公里。⑩不才：没有才能的人。自谦之词。

绍兴元年，宋廷命张俊为江淮招讨使讨伐叛服无常的军贼李成，张俊怯敌，经他请求，宋廷将岳家军拨归他指挥。张俊军到达洪州后，李成的副都统领马进军也连营于章水（今赣江）西岸的西山，屡次下战书挑战，张俊畏惧敌人，连月不敢出战。岳飞至三月初到达洪州，张俊急忙向他请求改变失利战局的计策。岳飞不但向张俊献上以骑兵三千自上流生米渡破之的妙策，而且自告奋勇，请为先锋。自此，宋军以消极防守转变为主动进攻，并最终战胜李成军。相比张俊的既怯懦又无谋，岳飞的足智多谋和勇敢善战，表现出一个大将应有的器识和担当。

6. 夏闰四月①，入贺州②境。成置寨③太平场，先臣未至贼屯数十里④，按兵立栅⑤。会得成谍⑥，缚而坐之帐下⑦。有间⑧，先臣出帐，召军吏调兵食⑨，吏请⑩曰："粮且罄矣，奈何⑪？"先臣曰："促之耳⑫，不然，姑返茶陵以就饷⑬。"已而顾见成谍⑭，捽耳顿足⑮而入，乃逸之⑯。谍至成军，尽以告成⑰。成大喜，期明日⑱追先臣军。是夜⑲，先臣命士蓐食⑳，夜半悉甲趋绕岭㉑。初五日未明，已破太平场寨，尽歼其守隘㉒之兵，而焚毁之，成大惊。（〔宋〕岳珂《鄂国金佗稡编》卷五《经进鄂王行实编年》卷二）

[注]

①夏闰四月：指绍兴二年（1132）闰四月。②贺州：治临贺县（今广西贺州市贺街镇）。③成：指曹成。置寨：设置寨堡。④未至贼屯数十里：即距离曹成营寨数十里。屯，兵营。⑤按兵：指止兵不进。立栅：建立营寨。⑥会得成谍：适逢得到曹成军的情报人员。谍，秘密刺探情报的人。⑦缚而坐之帐

下：将敌探捆绑着坐在营帐中。⑧有间：片刻，有一会儿。⑨召军吏调兵食：岳飞召唤将佐调集军粮。军吏，泛指军中的将帅官佐。⑩请：请示。⑪粮且罄矣，奈何：粮食将要吃完了，怎么办？罄，尽，用尽。⑫促之耳：赶快催促就是了。⑬不然：意思是如果不能很快调来。姑返茶陵以就饷：权且返回到茶陵去吃军饷。意思是放弃攻打太平寨。茶陵，衡州县名。今湖南茶陵县。就，靠近，走近，趋向。饷，军粮及军队的俸给。⑭已而：不久，后来。顾见成谍：岳飞回头看到曹成军的情报人员。⑮捽耳顿足：揪着耳朵跺着双脚。形容悔恨的样子。此处是说岳飞故意装作先前没有看到敌人的情报人员在场，而让他听见了“粮且罄”的消息，因而悔恨。捽（zuó），揪，抓。⑯乃逸之：于是故意让他逃跑了。逸，逃跑。此作使动词。之，指“成谍”。⑰谍至成军，尽以告成：敌探回到了曹成军中，把岳飞军中粮食告罄的情报全部报告曹成。⑱期明日：约定第二天。期，约期，约定时间。⑲是夜：这天夜里。指闰四月四日夜间。⑳蓐食：早晨未起身，就在床席上进餐。谓早餐时间很早。㉑悉甲：全都穿上铠甲。趋绕岭：奔赴绕岭。绕岭，山岭名。㉒守隘：把守要隘。

绍兴二年，岳飞奉命讨伐军贼曹成。岳飞先进行招降，但曹成仗恃兵强将勇，完全不听。这时，军中捉到一名敌探，岳飞便想利用这一机会，设计智取。他召来管军粮的军吏，问他军粮的情况，军吏向他假报军粮已经告罄，岳飞也假装着急地要他赶紧催促，不然，就要暂且返回茶陵就饷。岳飞故意让敌探听到这一番对话，却又装作因为不小心泄漏军情而悔恨不已。敌探信以为真，岳飞设计将其放走。曹成得到假情报，大喜过望，放松了防备，准备追击岳家军。不料第二天天色未明，岳家军已取道绕岭，飞兵奇袭，全歼守隘之兵，攻破并焚烧了太平寨。这一胜利，是岳飞兵不厌诈、“用兵先在定谋”军事思想的成果。

7. 先是，岳飞军中有校尉[①]王大节者，川人，飞待以为客。李成退走，归刘豫[②]也，上语飞曰："如李成归国，朕当以节度使待之。"飞即遣大节诈伪投降，招成归国。是时，刘豫方招接江南衣冠[③]，大节遂投刘麟[④]。麟待之甚厚，授承务郎，为皇子府属官。麟问征江南之策，大节言："四川百姓以宣抚司征扰不已，供亿重困[⑤]，思得大齐以重兵临关，则人皆响应。既得四川，然后发蜀江之舟，鼓棹[⑥]而下，江南屯戍之兵魂丧胆裂矣。"麟曰："不然，大金有命，会本国之兵，趋淮甸[⑦]，渡长江，直捣吴会[⑧]，汝以为如何?"大节曰："其谋非不善，但恐南兵扼长江，未可渡，则吾师挫锐[⑨]矣。不若攻四川必取之地，以图万全，虽若迟而迂[⑩]，然大功可以必成。"麟不听。大节既得敌人之情，乃脱身走，归报飞。飞大喜，送大节于行在。上令引见，大节具以奏闻，且请淮南为防江之备，授大节承节郎[⑪]、阁门祗候。至是伪齐与金人果合兵犯淮甸。(〔宋〕徐梦莘《三朝北盟会编》卷一六一)

［注］

①校尉：校，军事编制单位。尉，军官。校尉为部队长之意，宋时为军队低级军官。②刘豫（1073—1143 或 1146），字彦游，永静军阜城（今河北阜城县）人。元符时进士及第。北宋末任河北西路提点刑狱，金兵南下即弃职逃走。建炎二年(1128)，任知济南府，降金。建炎四年，受金册封为"大齐皇帝"，建都大名（今河北大名）。李成投奔刘豫在绍兴元年(1131) 五月。③招接：招引接纳。江南衣冠：指南宋的士大

夫。④刘麟：刘豫之子。⑤供亿：供给，供应。重困：加重困苦。⑥鼓棹：划桨。此意为乘船。⑦淮甸：淮河流域。⑧吴会：今绍兴的别称。古代会稽郡分成三吴（吴会、吴郡、吴兴）。⑨挫锐：锐气受挫。⑩虽若迟而迂：虽然好像迟慢而且迂回。⑪承节郎：宋阶官名。武臣官阶五十三阶之第五十一阶。

从此则记载可以看出，岳飞不仅善于正面攻坚战，而且重视看不见的间谍战。岳飞派王大节到伪齐刘豫军中作卧底，虽然未能策反李成归国，也未能改变刘麟“征江南之策”，却得到了“大金有命，会本国之兵，趋淮甸，渡长江，直捣吴会”的情报，回来报告岳飞，所以岳飞仍然“大喜”，送王大节于行在，面见宋高宗报告敌人动向，使宋军为伪齐与金人合兵犯淮甸提前做好“防江之备”。

8. 张平为盗湖南①，岳枢使②讨之，遣李道③往，平克日④与道战。道之始发也⑤，岳集诸校⑥，置酒⑦而叹，问所以叹⑧，曰：“使道当平，能不忧乎⑨！”张宪请行⑩，许之。计授宪，临阵就以道军战⑪。平降者与俱来，又计授道，宪到，以兵授之而归⑫。平临阵，求与道语⑬，军士以张告⑭，平惕眙⑮。既见宪⑯，召左右议，遂降。岳意李威名出宪下⑰，宪径往，则平且逃去⑱，临阵投以所忌，则气夺⑲。识者以岳之料平⑳，与李光弼降高晖、李日越不异㉑。（〔宋〕陈造《江湖长翁集》卷二二《记岳侯事》）

［注］

①张平为盗湖南：张平在湖南做盗匪。在湖南为盗之张平，史无记载。②岳枢使：对岳飞的官称。岳飞曾任枢密副使，故称。③李道：字行之，相州汤阴人，早年从宗泽抗金，泽死隶

襄阳镇抚使桑仲，绍兴三年（1133）李成南侵，李道移军江州，诏隶岳家军，任选锋军统制，终任荆湖北路副总管。其女凤娘后为宋光宗皇后，李道死后追赠庆远军节度使。④克日：约定日期。⑤道之始发也：李道开始出发时。⑥岳集诸校：岳飞召集众位军官。⑦置酒：陈设酒宴。⑧问所以叹：问他叹息的原因。所以，表示原因、情由。⑨使道当平，能不忧乎：让李道对阵张平，能不忧虑吗？⑩请行：请求前去。⑪临阵就以道军战：来到阵地就凭借李道的部队作战。⑫以兵授之而归：把部队交给张宪就回来。⑬求与道语：要求与李道对话。⑭军士以张告：士兵把张宪为宋军统帅的事告诉张平。⑮惕眙：惊恐地瞪大眼睛。惕（tì），惊惧，害怕。眙（yí），直视，瞪。⑯既见宪：张平看到张宪以后。意思是看到后，知道确实是张宪。⑰岳意李威名出宪下：岳飞意料李道的威望在张宪之下。意，意料，估量。⑱宪径往，则平且逃去：如果让张宪直接前去，那么张平将要逃走。⑲临阵投以所忌，则气夺：临阵把张平所忌惮的人投放在面前，就会使张平的勇气丧失。投，放置，投放。⑳识者：有见识的人。以岳之料平：认为岳飞对付张平。料，对付。㉑与……不异：与……没有不同。意即与之相同。李光弼降高晖、李日越：唐朝将领李光弼在野水渡（今河南济源黄河南岸）征讨史思明，到了晚上，军队撤回，只留了一千多人。李光弼对部将雍希颢说："史思明必然派高晖或李日越等人来劫我。你领士兵在这等他们，不准和他们交战；他们若是投降，就和他们一起来。"史思明命部将李日越必须抓到李光弼，否则，就别回来。李日越率骑兵到了唐军阵前，问："太尉（指李光弼）在么？"有回答说："夜间走了。"李日越又问："有多少兵？"答："一千人。"又问："将领是谁？"答："是雍希颢。"李日越对他部下说，我接受的命令是抓不到李光弼就别回来，现在即使抓到雍希颢，仍然难免一死，于是李日越便投降了。

岳飞讨伐湖南盗匪张平，先派李道前去，却忧虑李道的威名还不足以使张平慑服。当张宪知道岳飞的心事，便主动请缨前往。岳飞准许了张宪的请求，并向他授计：临阵就以李道部队的名义与张平作战。又向李道授计，要他先行，等到张宪后到，把部队交给张宪。张平约定日期与李道对战，到阵前，要求与李道搭话，军士告诉他张宪才是宋军的统帅。张平万万没想到对手竟是威名赫赫的张宪，自料不是张宪的对手，便投降了。岳飞心里知道李道的威名在张宪之下，如果让张宪直接前去，张平就会逃走；如果临阵让他所畏惧的人突然出现，张平的勇锐之气就会丧失。所以岳飞用了这样的计策。这是“不战而屈人之兵”的又一战例。

9. 杨么方炽①，诏张相都督、岳侯为制置使讨之②。贼便水战③，楼船如大德胜、小德胜、望三州等④，高过十丈，其多不可计。二公亦作大舰当之⑤。伯父知舟楫⑥非我所长，不敢明告，因燕白曰⑦：“适观儿戏摸鱼，而得一理⑧。”呼吏立取盆鱼于前⑨，损益盆水示之⑩，水宽则纵鬐去⑪，而鱼不可执⑫也。岳侯睨旁微笑⑬，自此不复言水战矣。（〔宋〕薛季宣《浪语集》卷三三《先大夫行状》）

[注]

①方炽：正当气焰嚣张。炽，本义为火旺。②“诏张相”句：皇帝命令宰相张浚都督军事，岳飞任制置使讨伐杨么。时张浚任同平章事兼知枢密院、都督诸路军马。同平章事全称同中书门下平章事，南宋初为宰相之职，故称张浚为张相。制置使，掌本路诸州军事，多以安抚大使兼任，可便宜制置军事。岳飞当时除任两镇节度使外，又任荆湖北路荆襄潭州制置使。③便水战：熟习水上作战。便，熟习，熟练。④楼船：我国古

代一种甲板建筑特别巨大、船高首宽、外观似楼的舰船。大德胜、小德胜、望三州：皆为杨么军楼船名。⑤二公：指张浚和岳飞。当之：抵挡杨么军的楼船。当，用武力抵敌。⑥伯父：薛季宣称其伯父薛弼。舟楫：船和桨。此借指凭船只作战。⑦不敢明告，因燕白曰：不敢公开告诉，借着酒宴说道。燕，通“宴”。⑧适观儿戏摸鱼，而得一理：刚才观看儿童玩摸鱼的游戏，从中悟得一个道理。适，刚刚，方才。⑨呼吏立取盆鱼于前：召唤军吏立即取来一盆鱼放在面前。⑩损益盆水示之：减少或添加鱼盆中的水演示（其道理）。⑪水宽则纵鬐去：盆中水宽裕，鱼就腾跃鱼鳍而去。鬐，古通“鳍”。⑫执：捉住。⑬睨旁微笑：看着旁边的人微笑。睨，本义为斜视，泛指看。

绍兴五年（1135），岳飞和张浚奉命讨伐杨么，岳飞明知道水战非本军之长，而最初仍打算建造大舰，以对付杨么水军。负责后勤供应的荆湖南路转运判官薛弼，乘宴会之机，向岳飞说：“适观儿戏摸鱼，而得一理。”当场用一个放有活鱼的水盆演示。岳飞从演示中领悟了战胜杨么的妙法，自此不再说造大舰与杨么水战的事了，而制定了扬长避短的取胜策略。后在与杨么、钟子义的作战中，采用开闸放水，并以青草阻遏敌人车船行驶的办法，无疑受此启发。从中亦可看出，岳飞善于听取别人的意见，敏于领悟克敌制胜的道理。

10. 公[①]讨杨么，官军有以交易诱贼[②]，遂俘数百人以献[③]。公会属官于教场[④]，问：“何以处之[⑤]？”皆曰：“彼残害官军多矣，宜尽戮之[⑥]。”先父[⑦]独无言，公曰：“机密[⑧]以为何如？”先父曰：“诱而执之，不武[⑨]，此正是兵机[⑩]。”公曰：“会得[⑪]，会得。”即问贼曰：“汝为盗，残害一方久矣，今当死，不足以偿[⑫]。”

众贼皆请死[13]，公曰："主上圣明，以汝曹[14]本皆良民，不幸罹乱[15]，驱胁至此[16]。今命我来，正欲救汝辈耳。"又问："汝在贼寨中有何可乐？"贼皆言寨中荒索愁苦[17]。公乃厚犒之[18]，俾之买市物[19]，以归遗老小[20]，阴戒市人贱取其直，而自偿之[21]。贼归，相告语[22]，知外之丰乐如此[23]，为之欢动，皆有愿归之心。（〔宋〕岳珂《鄂国金佗续编》卷二七黄元振编岳飞事迹）

［注］

①公：尊称岳飞。②有以交易诱贼：有人用做买卖的方法引诱杨么部下的贼寇。交易，原指以物易物，后泛指买卖商品。③遂俘数百人以献：于是俘获几百人献给岳飞。④公会属官于教场：岳飞在教场会见部下。教场，操练和检阅军队的场地。⑤何以处之：怎样处置他们？⑥宜尽戮之：应该全部杀掉他们。⑦先父：黄元振称其故父黄纵。⑧机密：岳飞对黄纵的官称。黄纵时任岳家军主管机密之职。⑨诱而执之，不武：用引诱的方法擒缚敌人，不算勇武。⑩此正是兵机：这时正应该是用兵的计谋。⑪会得：犹言能理会，懂得。⑫今当死，不足以偿：现在应当处死，即使死去也不足以偿还你们的罪过。⑬请死：求死。⑭汝曹：你们。汝，你；曹，辈、们、类。⑮不幸罹乱：不幸遭逢变乱。⑯驱胁至此：被驱使胁迫到这里。"此"也可指这步田地。⑰荒索愁苦：荒僻冷落，忧愁苦恼。⑱厚犒之：重重地慰劳他们。⑲俾之买市物：让他们去买东西。市物，货物，商品。⑳以归遗老小：用以回去送给家中的老小。㉑阴戒市人贱取其直，而自偿之：暗中告诫商人便宜收取他们的价格，而自己补偿损失的部分。戒，通"诫"，告诫。市人，市肆中人，商人。直，通"值"。㉒贼归，相告语：盗寇回去后，互相告诉。㉓知外之丰乐如此：知道洞庭湖外面如此富饶安乐。丰乐，岁丰熟，民安乐。亦谓富饶安乐。

岳飞讨杨么，汲取了程昌寓和王瓒正面进攻、以硬碰硬而屡遭挫败的教训，改用谋取的策略。这则记事就是岳飞运用智谋瓦解敌军的一个实例。岳家军有人利用私下买卖物品的机会，诱捕了数百名叛军。岳飞将他们集中在教场，问部下们该如何处置，大家都说应该全部杀掉。岳飞听从机密官黄纵的献言，利用这一“兵机”，对众俘说，你们本都应被处死，但念在你们是被驱胁的良民，我正要解救你们。然后以银两慰劳他们，让他们去买所需要的东西，回去送给家中的老小。同时，暗中告诫商人便宜收取他们的价格，而自己补偿损失的部分。众俘虏回到杨么水寨后，自然起了瓦解军心的作用。

11. 五月[①]，有旨召张浚还[②]。浚得诏，谓先臣曰：“浚将还矣，节使经营湖寇[③]，已有定画[④]否?”先臣袖出小图[⑤]，以示浚[⑥]曰：“有定画矣。”浚按图熟视[⑦]，移时[⑧]，谓先臣曰：“浚视此寇，阻险穷绝[⑨]，殆未有可投之隙[⑩]。朝廷方召浚归，议防秋[⑪]。盍且罢兵[⑫]，规画上流[⑬]，俟来岁徐议之[⑭]。”先臣曰：“何待来年，都督第能为飞少留[⑮]，不八日[⑯]，可破贼。都督还朝，在旬日[⑰]后耳。”浚正色[⑱]曰：“君何言之易耶[⑲]？王四厢[⑳]两年尚不能成功，乃欲以八日破贼，君何言之易耶!”先臣曰：“王四厢以王师攻水寇[㉑]，则难；飞以水寇攻水寇，则易。”浚曰：“何谓以水寇攻水寇?”先臣曰：“湖寇之巢[㉒]，艰险莫测[㉓]，舟师[㉔]水战，我短彼长，入其巢而无乡导[㉕]，以所短而犯所长，此成功所以难也。若因敌人之将[㉖]，用敌人之兵，夺其手足之助[㉗]，离其腹心之援[㉘]，使桀黠[㉙]孤立，而后以王师乘之[㉚]，覆亡犹反手耳㉛。飞请除来往三程㉜，以八日之内，俘诸囚于都督之庭㉝。”浚亦未信……自其与浚言，至贼平，果八日。浚叹曰：“岳侯殆神算也㉞！”即日上之朝㉟。（〔宋〕岳珂《鄂国金佗稡编》卷六《经进鄂王行实编年》卷三）

［注］

①五月：指绍兴五年（1135）五月。②有旨召张浚还：宋高宗有命令召张浚回到朝廷。③节使：节度使的省称。此称岳飞。经营：规划营治。湖寇：指杨么军。④定画：确定的谋划。⑤袖出小图：从袖中取出一小幅地图。⑥以示浚：拿来给张浚看。⑦按图熟视：用手按压着地图注目细看。⑧移时：过了一会儿。⑨阻险穷绝：地势极端险要。阻险，同“险阻”，地势险恶而有阻碍。穷绝，“穷”与“绝”皆有至极义。⑩殆：大概。未有可投之隙：没有可以利用的机会。投，乘。隙，空子。投隙，乘隙，伺机。⑪议防秋：商议防秋的事宜。古代西北各游牧部落，往往趁秋高马肥时南侵。届时边军特加警卫，调兵防守，称为“防秋”。⑫盍且罢兵：何不暂且休兵停战。盍，何不，表示反问或疑问。⑬规画：规划。上流：上游。⑭俟来岁徐议之：等到来年慢慢想办法。议，通“仪”，忖度。《墨子·非儒》：“博学不可使议世。”王念孙云：“仪、议古字通。”⑮都督：对张浚的官称。第：但。为飞少留：为我岳飞稍作停留。⑯不八日：用不了八天。⑰旬日：十天。亦指较短的时日。⑱正色：态度严肃，神态严厉。⑲君何言之易耶：您为什么说得那样轻易呢？⑳王四厢：指王𤫉。㉑王师：朝廷的军队。水寇：指杨么水军。㉒巢：巢穴。动物栖身的地方，借指敌人或盗贼的藏身之所。㉓艰险莫测：艰难险恶不可测度。㉔舟师：水军。㉕乡导：向导。㉖若因敌人之将：如果凭借敌人的将领。因，依靠，凭借。㉗夺其手足之助：削除其兄弟般的救助。手足，比喻整体的分支。㉘离其腹心之援：离散其亲信的支援。腹心，

指亲信。㉙桀黠（xiá）：指凶悍狡黠的人。㉚乘之：利用机会。㉛覆亡犹反手耳：灭亡他们如反手一般容易。㉜飞请除来往三程：岳飞请求除去来往三天的期限。㉝俘诸囚于都督之庭：俘获众囚犯到都督的官署。庭，官署，衙署。㉞殆神算也：真是预料如神啊。殆，表示肯定。神算，指预测准确，有先见之明。㉟即日上之朝：当天就把平定杨么的事上报于朝廷。

绍兴五年五月，岳飞经过两个月的准备工作，决定对杨么军正式用兵。正在此时，宋廷急召都督张浚回朝筹划“防秋”。岳飞一直以来未对杨么大举进攻，张浚虽相信其“用兵有深机”，但并不知道其计划是否已定，于是便召岳飞问“已有定画否”，岳飞从袖中拿出一张小图给张浚看，说“有定画矣”。张浚仔细观看地图，仍不明所以，提议等待来年慢慢想办法。岳飞却保证八天之内即可破敌。张浚认为岳飞有点言过其实，于是岳飞向他分析了敌我双方的优劣，讲述了自己的战略构想，并再次保证八日之内定可破敌。张浚虽仍不相信，但听岳飞讲得很有道理，便决定暂缓回朝。岳飞按照既定的计划进行，果然在八日之内取得了预期的成功。张浚大为叹服：“岳侯殆神算也!”

12. 唯夏诚①一寨，背山，三面临湖，恃险不下②。飞亲临，测水浅处，遣善骂者二千人，隔水骂贼，贼争掷瓦石以击之。飞先令人伐草木，投之上流③，瓦石遇草相积压。良久④，淤塞可涉⑤，遂长驱进擒其众。湖南平，止八日。（〔宋〕徐梦莘《三朝北盟会编》卷二〇八《林泉野记》）

［注］

①夏诚：龙阳（今湖南汉寿县）人。杨么部将。②恃险不下：凭仗险要的地势而不被攻克。③投之上流：将砍伐的草木

投进上游。④良久：很久。⑤淤塞可涉：因水道阻塞不通可以徒步蹚水而过。

夏诚一寨，是洞庭湖叛军的最后一座堡寨。在杨么部各寨相继被击破、杨么被杀、钟相等头领投降招安后，夏诚倚仗背靠峻岭、三面环水、易守难攻的险要地势，坚持负隅顽抗。岳飞观察地形，测量水文，依然采用智取的策略。他派遣二千多名口齿伶俐的兵士，站在浅水中朝夏诚寨詈骂。叛军中计，向岳家军大量投掷砖瓦石块。岳飞先已令人砍伐草木在上游投放，草木顺流而下，与瓦石相积压，铺成一条进攻之路。岳家军将士沿着这条道路争先恐后地进攻，终于摧毁了叛军最后一个顽垒。

13. 王知粘罕主刘豫①，而兀术常不快于粘罕②，可以间而动③。会兀术欲与豫分兵自清河入寇④。兀术遣谍至王军⑤，为逻卒所获⑥。王愕视⑦曰："汝非张斌耶⑧？本吾军中人也。"引至私室⑨，责之曰⑩："吾乡者遣汝以蜡书至齐⑪，约诱致四太子⑫，而共杀之。汝往不复来。吾继遣人问⑬，齐帝⑭已许我，今年冬以会合寇江⑮为名，致四太子于清河矣。然汝所持书竟不至⑯，何背我耶⑰？"谍冀缓死，即诡服⑱。乃作蜡书，言与伪齐同谋诛兀术事，且曰："八月交锋，我穷力相攻⑲，彼⑳已不疑，江上之约其遂矣㉑。事济㉒，宋与齐为兄弟国。"因谓谍者曰："汝罪万死，吾今贷汝㉓，复遣至齐㉔，问举兵期㉕，宜以死报㉖。"刲股纳书㉗，厚币丁宁㉘，戒勿泄㉙，谍拜谢而出。复召之还，益以币，重谕之，乃遣㉚。谍径至兀术所，出书示之。兀术大惊，

驰白其主㉛，于是清河之警不复闻㉜。豫以故遂见废夺㉝。（〔宋〕岳珂《鄂国金佗续编》卷一九《章尚书经进鄂王传》之三）

［注］

①王知粘罕主刘豫：岳飞知道金将粘罕支持刘豫。王，称岳飞。粘罕，完颜宗翰（1080—1137），本名黏没喝，又名粘罕，小名鸟家奴，国相完颜撒改长子，金开国功臣，历侍金太祖、太宗、熙宗三朝皇帝。天会三年（1125）大举攻宋，南渡黄河。七年俘虏辽末帝和北宋徽、钦二帝。十四年卒。主，支持，重视。②不快于粘罕：对粘罕不满。③可以间而动：可以凭借离间而行动。④会：恰逢。分兵自清河入寇：分派军队从清河入侵。清河，为黄河改道入淮处，在今江苏淮安市。⑤遣谍至王军：派遣情报人员至岳家军。⑥为逻卒所获：被巡逻的士兵擒获。⑦愕视：惊讶地看着。⑧汝非张斌耶：你不是张斌吗？⑨引：引领。私室：私人的寝室，内房。⑩责之曰：责备张斌说。⑪乡者：先前。遣汝：派遣你。蜡书：封在蜡丸中的文书。引申指密信。至齐：去到大齐（指刘豫伪政权）。⑫约诱致四太子：相约将四太子完颜兀术（宗弼）诱骗来。⑬吾继遣人问：我接着又派人去问。⑭齐帝：指刘豫。⑮会合寇江：联合侵犯长江。⑯然汝所持书竟不至：然而你带的信竟然没有回信来。⑰何背我耶：为什么背叛我呢？⑱谍冀缓死，即诡服：敌探希望迟点死，就假意服罪。⑲我穷力相攻：我竭尽全力对你（指刘豫）攻击。⑳彼：指完颜兀术（宗弼）。㉑江上之约：指“以会合寇江为名，致四太子于清河”。其遂矣：将要成功了。其，将，将要。遂，顺利地达到目的。㉒事济：事情（一旦）成功。㉓吾今贷汝：我今天饶你一死。贷，宽恕，饶恕。㉔复遣至齐：再派你到大齐。㉕问举兵期：问出兵的日期。㉖宜以死报：你应该以死报答我。㉗刲股纳书：割开大腿肉将密信藏在里边。刲（kuī），割，刺。㉘厚币丁宁：送给他丰厚的礼

物，并反复地嘱咐。丁宁，同“叮咛”。㉙戒勿泄：告诫他不要泄露。㉚益以币，重谕之，乃遣：又增加礼物，一再晓喻他，才打发他走。㉛驰白其主：快速报告他们的皇帝。㉜清河之警不复闻：清河的警报没有再听说。意思是完颜兀术（宗弼）和刘豫没有再犯清河。㉝豫以故遂见废夺：刘豫因此原因被废除帝位。夺，丧失。

刘豫只忠于扶持他做“子皇帝”的完颜粘罕，完颜兀术（宗弼）与完颜粘罕（宗翰）不和，所以兀术与刘豫颇存嫌隙。岳飞认为可以利用他们之间的矛盾，施行反间计。当兀术与刘豫准备从清河入侵时，岳家军中正好捉到一名兀术的情报人员，岳飞立即抓住并利用这一机会，故意把兀术的情报人员错认作派往刘豫处送信的张斌，严责他去而不还是有意背叛。谍者希求缓死，也就将计就计，假意承认，殊不知已落入岳飞的设计之中。岳飞又作蜡书，让谍者再去刘豫处送信，谍者径直将岳飞与刘豫的密信交给兀术，兀术信以为真，立即报告金朝皇帝。岳飞用反间计不但破坏了金伪联合寇江的军事计划，还导致刘豫被废。此事，宋朝其他史书全无记载，如有其事，岳飞的反间计对刘豫被废恐怕也不是关键因素。

14. 绍兴和议初成[①]，金人以河南[②]归我。判宗正事士㒟衔命[③]，道荆、襄、宛、洛[④]，祗谒巩襄原[⑤]。道过南邓[⑥]，岳飞止之[⑦]曰：“金虏无信，君宜少驻。”㒟以上命有程[⑧]，辞去。不数舍[⑨]，烟尘四起，军声嚣然[⑩]，于是失色南奔[⑪]。忽遇大军，望之，岳帜也[⑫]。遂驰就之[⑬]，飞笑曰：“固谓君勿行，正恐此耳。然已遣董御带、牛观察在前与之交锋矣[⑭]。兵胜败无常，君正人，且近属[⑮]，吾当以自己兵卫送君。”行数里，两将捷书

至[16]，盖㒞未行前一日出师也。（〔宋〕周密《齐东野语》卷一三《岳武穆逸事》）

［注］

①绍兴和议初成：此指绍兴九年（1139）正月，宋高宗向金乞和初步成功但尚未达成书面协议。当时宋与金达成的和议内容主要是：宋对金称臣，每年向金进贡银二十五万两、绢二十五万匹。金许还河南、陕西地及徽宗“梓宫”与高宗生母韦太后。宋令文字务存两国大体，不得抵斥金邦。②河南：指以开封府为中心的京东西路、京西南路、京西北路等中原地区。③判宗正事：官名。全名“判大宗正事”。宋代于大宗正司置此官，选皇族宗室位高属尊者充任，位在知大宗正事下。士㒞：赵士㒞，字立之，郇康孝王赵仲御第四子。初补右班殿直，累迁忠州防御使、郑州观察使，由宁远军承宣使转权同知大宗正事。衔命：遵奉命令。④道：名词作动词，取道。指选取经由的道路。荆：荆州（治江陵，今湖北荆州市荆州区）的简称。襄：襄阳（今湖北襄阳市襄城区）的简称。宛：南阳（今河南南阳市）的简称。洛：洛阳（今河南洛阳市）的简称。⑤祗谒：恭敬地拜谒。巩襄原：位于巩义（今河南巩义市）的北宋帝陵所在。原，特指墓地。⑥南邓：指南阳、邓州。⑦止之：阻止赵士㒞。⑧㒞以上命有程：赵士㒞因为皇上命令有程限。程，期限。⑨不数舍：走了没有几舍。舍，古代一舍三十里。⑩军声嚣然：军队的喧闹之声扰攘不定。⑪失色：改变神色。此形容害怕。⑫岳帜也：是岳家军的旗帜。⑬遂驰就之：于是飞马靠近岳家军。⑭董御带：指董先。董先，字觉民，河南府洛阳县（今河南洛阳市东）人。原是翟兴的统制，后投伪齐。绍兴四年与牛皋一起归宋，隶岳飞任踏白军统制，屡立战功。在岳飞冤案中，曾为秦桧胁迫至大理寺做证。岳飞遇害后，董先官职数次升迁。绍兴二十六年死于鄂州。御带，宋代武官官名。“带御器械”的别称。宋代为武臣荣衔。牛观察：指牛皋。观

察，“观察使”的省称。宋代实为虚衔。⑮君正人，且近属：君是正直的人，并且是皇帝血统关系较近的亲属。⑯两将：指牛皋和董先。捷书：军事捷报。

绍兴九年正月，宋高宗向金乞和初步成功，派宗室判大宗正事赵士㒟一行人等前往巩义祭扫宋陵。岳飞本来上奏要求前去，想趁机深入前沿，观察敌情。宋廷不准。赵士㒟一行道经南阳、邓州时，岳飞认为“金虏无信”，让他们暂作停留。赵士㒟以“上命有程”为由，继续前行。行不甚远，果然听到军队的喧扰之声，吓得仓皇南奔，忽然遇到一支大军，军中旗帜大书“岳”字，正是岳家军。原来岳飞正率军在后面保护他们，并且在前一天，就派部将董先和牛皋在前面为他们开路，赵士㒟听到的喧扰声正是两位大将在和敌军交锋。此正表现岳飞对“金虏无信”有先见之明并及早采取应对措施。

15. 初，兀术有劲军①，皆重铠②，贯以韦索③，凡三人为联，号“拐子马”，又号“铁浮图”，堵墙④而进，官军不能当，所至屡胜。是战⑤也，以万五千骑来。诸将惧，先臣笑曰：“易尔！”乃命步人以麻扎刀⑥入阵，勿仰视，第斫马足⑦。拐子马既相联合，一马偾⑧，二马皆不能行，坐而待毙，官军奋击，僵尸如丘。兀术大恸⑨曰：“自海上⑩起兵，皆以此胜，今已矣！”拐子马由是遂废。（〔宋〕岳珂《鄂国金佗稡编》卷八《经进鄂王行实编年》卷五）

［注］

①劲军：精锐的军队，强有力的队伍。②重铠：多重的护身铁甲。③贯以韦索：用皮绳串连。④堵墙：排列如墙。⑤是战：指绍兴十年（1140）八月的郾城之战。⑥麻扎刀：用于砍

杀的一种兵器。⑦第斫马足：但砍马脚。⑧偾（fèn）：仆倒，翻倒在地。⑨大恸：极度悲伤。⑩海上：金人语，意为开始。

“拐子马”“铁浮图”是宋时对左、右翼骑兵的称谓，金军惯用此阵法，“所至屡胜”。郾城之战，金军以一万五千“拐子马”前来，岳飞针对其特点，运用巧妙的战术，“乃命步人以麻扎刀入阵，勿仰视，第斫马足”，致敌“僵尸如丘”“兀术大恸”。亦见岳飞用兵之谋，因情制宜，不拘一格。

16. 侯承宣诏①，又不敢便行收兵②，恐兀术闻知，断我军路，故虚张其声③，科买布帛④，造战牌⑤，言进兵北讨⑥。兀术使人探听，闻知侯有北讨之意，引兵夜遁一百余里，我兵亦退四十五里。（〔宋〕徐梦莘《三朝北盟会编》卷二〇七《岳侯传》）

［注］

①侯：对岳飞的尊称。承宣诏：接奉诏书的命令。此指绍兴十年（1140）七月宋高宗以十二道金牌命令岳飞班师的诏书。②便行：就施行。便，即，就。收兵：撤退军队。③虚张其声：虚假地张扬其强大的气势。指假造声势，借以吓人。④科买：征购。布帛：丝、麻、棉织物的总称。⑤战牌：盾牌。古时兵士打仗时用来遮护身体的“盾”的俗称。⑥言进兵北讨：扬言要进军向北讨伐金人。

绍兴十年七月中旬，正当岳家军取得颍昌大捷、大军前锋已进抵朱仙镇时，岳飞却在一天之内，接连收到十二道由宋高宗亲自签发的班师诏书。如此仓促的举措，如此紧迫的催促，表明班师的命令必须立即执行。岳飞不敢迟留，又不敢立即收兵，恐怕金军得到消息截断其后路。岳飞故意虚张声势，扬言要进兵北伐，迷惑敌人。完颜兀术（宗弼）本来就连连失败，听到岳飞还要继续北伐，所以连夜引兵逃跑一百余里，岳家军也后退四十五里。这表现了岳飞临危不乱的品质，他的谋略为岳家军的安全撤退赢得宝贵的时间。

17. 岳鄂王飞《谢收复河南赦及罢兵表》略曰①：“莫守金石之约②，难充溪壑之求③。暂图安而解倒垂，犹云可也④；欲长虑而尊中国，岂其然乎⑤？”……未几金渝盟⑥，河南复陷⑦。后六十年得金之《南迁录》⑧，见当时诸酋⑨议论，锐意为取江南⑩之计：归三京以诱吾归兵于平地⑪，吾保河南则江防必虚⑫；若吾不守河南，则是彼尝见归，吾自委弃⑬，在遗民当自归曲于吾矣⑭。金谋若此，鄂武穆之料敌，信不妄云⑮。（〔宋〕陈郁《藏一话腴》内编卷下）

［注］

①《谢收复河南赦及罢兵表》：即《谢讲和赦表》。略曰：大略说。②莫守金石之约：金人不遵守坚如金石的盟约。金石，比喻事物的坚固。③难充溪壑之求：难以填充溪壑般的贪欲。溪壑，山里的河沟和坑谷。比喻难以满足的贪欲。④暂图安而解倒垂，犹云可也：参见“二、忠孝”第 9 则注④。⑤欲长虑而尊中国，岂其然乎：参见“二、忠孝”第 9 则注⑤。⑥未几：没有多久。金渝盟：金国背叛盟约。渝，改变，违背。⑦复陷：再次陷落。⑧《南迁录》：文集名，金朝文士张思颜撰。当完颜亮迁都燕京时，张氏曾“握笔东观”，随迁汴京，凡金朝宫廷见闻，京都大事，无不载记，并多追述金初史事与轶闻，对金蒙争战中原描写尤为详尽。其书成于金太和末，二万余字。叙事颇详，简练得体。思颜后奔南宋，官至骑都尉。⑨诸酋：指金国的众位首领。⑩锐意：意志坚决，勇往直前。江南：特指金

对南宋侮辱性的称谓。宋李纲《梁溪全集》卷一〇二《论使事札子》："今者（王）伦之归，与虏使偕，乃以'江南诏谕'为使名。……今乃不著国号，而曰'江南'，不云'通问'，而曰'诏谕'，此何礼也？"⑪归三京以诱吾归兵于平地：归还三京之地用以诱骗我使军队返回到平原地带。金人以骑兵擅长，骑兵利于平地作战。三京，宋朝以东京（今开封）、西京（今洛阳）、南京（今商丘）为三京。归兵，使军队返回。⑫吾保河南则江防必虚：如果我方保卫河南地区，那么长江的军事防御必然空虚。⑬若吾不守河南，则是彼尝见归，吾自委弃：如果我方不专守河南地区，那么曾经被彼方归还我方的土地，我方自己抛弃。⑭在遗民当自归曲于吾矣：在沦陷区的老百姓自然要归罪于我方了。⑮信不妄云：确实没有错误。妄，虚妄，荒谬。云，句末助词，无义。

绍兴八年（1138）末，宋金和议初成，宋高宗和秦桧被"胜利"冲昏头脑，弹冠相庆，岳飞却非常清醒地看到，这只不过是金朝愚弄宋朝的一出闹剧。他在《谢讲和赦表》中明确指出，金人犬羊无信，欲壑难填，讲和只可图暂且苟安，难可使中国长久尊大。事实不出所料，刚过半年，金军就撕毁和约，牧马南侵，致使"河南复陷"。六十年后，从金朝文士的《南迁录》中可看清当年金酋们的阴谋：归还河南之地，是为了诱骗宋军返回到平原地带，便于其骑兵予以歼灭；如果宋朝为保归还的河南之地，江防必然空虚，金军就可顺利地越过长江；如果宋朝不保河南，则是自我放弃领土，沦陷区的人民自然要归罪于宋廷。其用心何其毒也。这证明岳飞对金人阴谋的预料正确无误。

18．岳飞用兵，有胜而无败。闻其欲有所举也[①]，必尽召诸统制官，环坐饮食之，而与之谋。先谋夫敌之所以败我者，至于六七[2]，备谋[3]，详虑[4]，竭智[6]，共攻而终于无败也，乃行。故飞每战无败。（〔宋〕杨简《慈湖遗书》卷一六《论兵》）

［注］

①闻其欲有所举也：听说岳飞将要有所行动的时候。举，兴起，发动。②至于六七：直到列举六七种。③备谋：周全地谋划。④详虑：详尽地思虑。⑤竭智：竭尽智慧。

岳飞用兵以智取胜，是岳飞继承古代军事理论而形成的自觉的军事思想。值得注意的是，在军事实践中，以智取胜不是主将个人的灵机一动，而是善于集思广益，定必胜之计。每次军事行动之前，岳飞总是召集众位统制官，围坐在一起，边吃饭边讨论。“谋胜先谋败”，首先讨论敌人能够战胜我们的条件和可能，直至列举出六七种。然后周全地谋划对策，详尽地考虑细节，竭智尽慧地完善作战方案，直到确保最终不致失败才付诸实施。

八、材武

1. 夏六月①，路分②季团练（失其名）知其勇，以百余骑檄往寿阳、榆次县觇贼③，谓之“硬探”。猝遇虏众④，骑士畏却，先臣单骑突虏阵⑤，出入数四，杀其骑将数人。虏众披靡⑥，不敢逼。至夜，以虏服潜入其营。遇击刁斗者⑦，谬为胡语答之⑧，遂周行营栅，尽得其要领⑨以归。（〔宋〕岳珂《鄂国金佗稡编》卷四《鄂王行实编年》卷一）

［注］

①夏六月：指靖康元年（1126）六月。②路分：指路一级的地方武官。③檄：命令。寿阳、榆次县：今山西寿阳县和晋中市榆次区。觇贼：侦察敌情。④猝遇虏众：突然遇到敌兵。⑤突虏阵：急速地冲向敌人军阵。突，急速地向前或向外冲。⑥披靡：溃散。⑦刁斗：古代行军用具。斗形有柄，铜质，白天用作炊具，晚上击以巡更。击刁斗者，即打更的人。⑧谬为胡语答之：假装用女真人的语言回答他。谬，欺诈。⑨要领：指敌军的主要情况。

宣和六年（1124），岳飞第二次投军，被分拨到河东路平定军（治平定，今山西平定县）。靖康元年，时金人围太原。六月，为了给刘韐自真定府救援太原作准备，一个季姓团练使、路分都监，命岳飞率一百多名骑兵，前往太原府的寿阳县、榆次县等地，进行武装侦察，宋时称为“硬探”。在行军路上，猝然与一支金军遭遇，骑兵们有些畏怯，岳飞单骑突入敌阵，“出入数四”，杀死几名敌人骑士，致金军溃散。岳飞乘着黑夜，换上金军的装束，潜入敌营。他遇到击刁斗的金兵，就说些女真话应付，走遍营寨，尽得敌情，圆满地完成了侦察任务。这次行动显示了岳飞过人的勇武和机智。

2. 冬①，高宗皇帝以天下兵马大元帅开府河朔②，至相州③，先臣因刘浩得见④。命招群贼吉倩等⑤，与以百骑⑥。先臣受命出，日薄莫⑦，顿所部宿食⑧，自领四骑径入贼营。群贼骇愕⑨，先臣呼倩等慰谕之⑩，曰："胡虏犯顺⑪，汝曹不辅义以立功名⑫，反于草间苟活⑬。今我以大元帅命，招纳⑭汝曹，此转祸为福之秋也⑮。"倩等素知先臣名，且感其至诚，置酒延之⑯，先臣亦豪饮不疑⑰。酒酣⑱，倩谓先臣曰："倩等既搔动⑲州县，今既受招，恐未免诛戮⑳。"先臣开谕㉑再三，众已听命㉒，忽一贼起，搏先臣㉓。先臣批其颊㉔，应手仆地㉕，拔剑向之㉖。倩等罗拜请免㉗，相率解甲受降㉘，凡三百八十人。（〔宋〕岳珂《鄂国金佗稡编》卷四《鄂王行实编年》卷一）

［注］

①冬，指靖康元年（1126）冬天。②天下兵马大元帅：宋代史料有的作“河北兵马大元帅”，有的作“天下兵马大元帅”。据高纪春先生考证，康王任大元帅后，只能调动和号令河北军马，而不能调动和号令全国军马，故应以“河北兵马大元帅”为准。开府河朔：在黄河以北建立府署。古代高级官员（如三公、大将军、将军等）成立府署，选置僚属，称开府。③相州：治安阳（今河南安阳市）。④因刘浩得见：凭借刘浩得以见到兵马大元帅赵构。刘浩，时任兵马大元帅府前军统制，武翼大夫。岳飞以一新兵因刘浩得见兵马大元帅，似不可能。其他史料未

见记载。⑤群贼：结成群伙的盗匪。吉倩：盗匪首领。⑥与以百骑：把一百名骑兵拨给岳飞。⑦日薄莫：太阳快落山的时候。莫，“暮”的本字，傍晚。⑧顿所部宿食：止宿所率领的军队夜餐。顿，止宿，屯驻。宿食，夜餐。⑨骇愕：惊讶，惊愕。⑩慰谕：抚慰晓喻。⑪胡虏：对金寇的蔑称。犯顺：违背情理，违反正道。⑫不辅义以立功名：不辅佐正义而建立功名。⑬反于草间苟活：反而在乡野间偷生。草间，草丛间，比喻乡野，民间。苟活，指苟且活命。⑭招纳：犹招降。⑮此转祸为福之秋也：这正是你们把祸患转变为幸福的时刻。⑯置酒延之：设置酒宴请岳飞喝酒。延，邀请，请。⑰豪饮不疑：畅快地痛饮而毫无疑忌。⑱酒酣：谓酒喝得尽兴、畅快。⑲搔动：骚动，扰乱。⑳今既受招，恐未免诛戮：现在既然接受招降，恐怕不能免于被杀。诛戮，杀害，杀戮。㉑开谕：启发解说，劝告。㉒众已听命：贼众已经听从命令。㉓搏先臣：与岳飞搏斗。㉔批其颊：打他的耳光。㉕应手仆地：随手倒在地上。㉖拔剑向之：拔出剑来指向他。此句的主语是岳飞。㉗倩等罗拜请免：吉倩等人罗列而拜请求赦免他。㉘相率解甲受降：相继解下身上的铠甲接受投降。相率，一个接一个。

靖康元年冬天，岳飞第三次从军，投奔宋高宗设在相州的河北兵马大元帅府，受命去招降以吉倩为首领的一支盗匪。在这次执行任务中，岳飞表现出非凡的勇敢和威猛。首先，他将所部安顿好晚餐，只领四个骑兵径直进入盗匪大营。面对近四百人的盗匪，虎穴险恶，敌情莫测，这是需要勇气的。岳飞这样做，是为了不致引起贼众的对抗，便于开展劝降工作。其次，吉倩请岳飞喝酒，岳飞尽情畅饮，既向他们展现了豪放的人格魅力，又表现出对他们不存丝毫疑忌和戒备，便于取得他们的信任。最后，在贼众都表示听从命令时，一个壮汉突然向岳飞猛扑过来，岳飞其实早有戒备，他迅速予以反击，用手重重地批其面颊，将其打翻在地，拔剑指向对手。这表现了岳飞的机敏和威猛，不但制服了强悍的对手，也使所有盗匪大为慑服，成功地收编了三百八十人。

3. 未几①，以檄从刘浩解东京围②，与虏相持于滑州③南。先臣乘浩马，从百骑④，习兵河上⑤。河冻冰合，虏忽至，先臣麾其下⑥曰："虏虽众，未知吾虚实，及其未定，击之可以得志⑦。"乃独驰迎敌。有枭将⑧舞刀而前，先臣以刀承之⑨，刃入寸余⑩，复拔刀击之，斩其首，尸仆冰上。骑兵乘之⑪，虏众大败。斩首数千级，得马数百匹，以功迁秉义郎。（〔宋〕岳珂《鄂国金佗稡编》卷四《鄂王行实编年》卷一）

［注］

①未几：没有多久。②以檄从刘浩解东京围：因为朝廷的命令跟随刘浩前去解救金军对东京开封的围城。檄，古代官府用以征召或声讨的文书。此指朝廷下发的军事文书。③滑州：治白马（今河南滑县东5公里）。④乘浩马：乘坐刘浩的战马。从百骑：率领百名骑兵。从，本义是跟随。此为使跟随，故有"率领"义。⑤习兵河上：在黄河上练兵。⑥麾其下：指挥其部下。麾，同"挥"。⑦得志：谓实现其志愿。⑧枭将：勇猛的将领。此指金军将领。⑨以刀承之：用刀承接敌将之刀。⑩刃入寸余：刀锋砍入一寸多。根据上文，敌将"舞刀而前"，岳飞"以刀承之"，应该是敌将的刀锋砍进岳飞的刀锋，可见敌将凶悍。岳飞能将这样一员悍将杀死，说明岳飞更勇猛。⑪乘之：趁着胜利的形势。

岳飞投奔刘浩军没有多久，金军兵围开封，宋钦宗命令康王赵构的大元帅府火急前往救援。赵构命刘浩前去解开封围，其实是迷惑金军，掩护赵构与汪伯彦逃跑。刘浩前军进至滑州，受到金军拦截。两军隔着黄河对垒相持。为了训练骑兵渡过冰封的黄河作战，刘浩命令岳飞率一百名骑士在冰上练兵，还特地将自己的一匹战马借给岳飞。当岳飞及其所部在操练时，大批金军突然从对面冲来。在众寡悬殊的危急时刻，岳飞指挥若定地对部下说："敌人虽然人数众多，但不知道我们的虚实，趁他们立足未稳，攻击他们必定成功。"说罢，单枪匹马飞奔迎敌。金军一员猛将舞刀前来，岳飞用刀承接，竟被砍进一寸多深。岳飞又拔出刀来再击，将敌将杀死。后面的部众乘胜冲杀，金军大败而逃。

4. 靖康二年，是年改元建炎。正月，战于开德①，以二矢殪②金人执旗者二人，纵骑突击③，夺甲、马、弓、刀以献④。转修武郎。二月，战于曹州⑤，飞被发⑥，挥四刃铁简⑦，直犯虏阵⑧。士从之⑨。大破之，追奔数十里。转武翼郎。（〔宋〕岳珂《鄂国金佗续编》卷一七《章尚书颖经进鄂王传》之一）

［注］

①开德：府名。治濮阳（今河南濮阳市）。②二矢：两支箭。殪（yì）：杀死。③纵骑突击：纵马奔驰对敌人进行急速而猛烈的打击。④以献：而报功。献，献上功绩。⑤曹州：治济阴（今山东菏泽市南）。⑥被发：披散着头发。被，古同"披"。⑦四刃铁简：简，当为"锏"，类似鞭，四棱形，铁制，是一种盛行于宋代的兵器。⑧直犯虏阵：直冲敌人的军阵。犯，袭击，进击。⑨士从之：战士们跟随着他。

岳飞原属康王大元帅府前军刘浩部，康王命宗泽前去救援开封，将刘浩部分给宗泽，岳飞自然随刘浩初隶宗泽。宗泽在靖康元年（1126）十二月下旬进军开德府，接连同金军打了十三仗。其中建炎二年（1128）正月开德一战，岳飞连发两支箭，射死金军的两名执旗的军士，接着纵马突击敌人，夺得甲、马、弓、刀等大批军械。二月，刘浩部奉命转战曹州，岳飞披头散发，挥舞四刃铁锏，身先士卒，直贯敌阵，以白刃近战大破金军，追奔数十里。这两次战斗，岳飞都表现了非凡的勇猛，接连迁升四官，也受到宗泽的赏识和器重。

5. 明日，将战侯兆川①，先臣预戒②士卒曰："吾已两捷，彼必并力③来。吾属④虽寡，当为必胜计，不用命者斩！"及战，士卒多重伤，先臣亦被十余创，与军中士皆死战，卒破之，获士马⑤不可胜计。夜屯石门山⑥下，或传虏骑复至，一军皆惊，唯先臣坚卧不动，虏卒不来。粮尽累日，杀所乘马以飨士⑦。间走彦壁乞粮⑧，彦不许，乃引所部益北击虏⑨。又战于太行山，获马数十匹，擒拓跋耶乌。居数日，复与虏遇，先臣单骑持丈八铁枪，刺杀虏帅黑风大王，走⑩其众三万，虏军破胆。（〔宋〕岳珂《鄂国金佗稡编》卷四《经进鄂王行实编年》卷一）

［注］

①侯兆川：位于共城县（今河南辉县市）西北。②预戒：预先告诫。③并力：合力，一齐用力。④吾属：我等。⑤士马：兵马。引申指军队。⑥石门山：见"五、抗直"第2则注③。⑦飨士：以酒饭犒劳士卒。⑧间走彦壁乞粮：从小路去到王彦营寨请求给予粮食。间（jiàn），间径，小路。壁，营垒，营寨。⑨益北击虏：更加向北攻击敌人。⑩走：逃跑。走其众三万，使金军三万人战败逃跑。

建炎元年（1127）九月，岳飞率小股部队与王彦军脱离后，与金军苦战于太行山区。他们在侯兆川遭到金兵的围追，岳飞预料敌人经两次失败，必并力来攻，他鼓励战士尽力死战，终于击退敌人，战士多受重伤，他本人也受伤十余处。夜屯石门山下，有人传言敌人骑兵又来，部众都很惊慌，岳飞却“坚卧不动”，表现了他的沉着勇敢。连日粮尽，岳飞杀掉自己所乘之马犒劳士卒，与部众共渡难关。向王彦求粮不得，却更加英勇杀敌，连续两次击败强敌，生擒敌将拓跋耶乌，刺杀敌帅黑风大王。特别是岳飞“单骑持丈八铁枪，刺杀虏帅黑风大王”，更显示其勇猛非凡。

6. 春正月①，贼首王善、曹成、张用、董彦政、孔彦舟率众五十万②，薄南熏门外③，鼓声震地。充拊先臣曰④：“京师存亡，在此举也！”时先臣所部才八百人，众皆惧不敌，先臣谓曰：“贼虽多，不整也⑤，吾为诸君破之！”左挟弓矢，右运铁矛⑥，领数骑横冲其军，贼军果乱。后骑皆死战，自午及申⑦，贼众大败。（〔宋〕岳珂《鄂国金佗稡编》卷四《鄂王行实编年》卷一）

[注]

①春正月：指建炎三年（1129）正月。②王善：王善是河东的大盗，拥有人马七十万，战车万辆，为东京留守宗泽招降。宗泽死，为杜充所疑乃引兵去，继续为寇。后降金。张用：原为汤阴县的弓手，趁战乱聚众为寇，后归东京留守宗泽，为统制。宗泽死，为杜充所疑，复叛。张用与曹成、李宏、马友结为“义兄弟”，有兵数万，后分别流窜到南方。闾勍在撤往淮南的途中与张用相遇，为劝说张用归顺宋朝，将义女“一丈青”嫁给张用。张用虽接受了闾勍的好意，仍窜扰一些地区，而未降宋。绍兴元年（1131）六月，受岳飞招安。董彦政：叛匪首

领。孔彦舟：字巨济，相州林虑（今河南林州）人。靖康元年(1126) 应募从军升至京东西路兵马钤辖。金军入山东，他率部南逃，所经之地，沿途烧杀抢掠，未几，升任沿江招讨使。建炎四年，杀害钟相，在湖南大肆烧杀。绍兴二年叛降伪齐从刘麟攻宋。伪齐废，为金将，从宗弼侵宋。官至河南尹、南京留守。③薄：迫近。南熏门：汴京南三门的中门。《南村辍耕录》卷一八《记宋宫殿》："皇城南外门曰南熏。"④充拊先臣曰：杜充轻轻拍着岳飞的肩背说。拊，抚摸，轻拍。⑤不整也：指军队不严整。⑥左挟弓矢，右运铁矛：左臂挟带着弓箭，右臂挥动铁矛枪。⑦自午及申：从午时（上午 11 时至下午 1 时）到申时（下午 3 时至下午 5 时）。

东京留守宗泽去世后，继任东京留守的是相州人杜充。岳飞原隶东京留守司，跟随主管侍卫步军司公事闾勍驻军西京河南府，因汜水关大捷转升武功郎。建炎三年正月，岳飞奉杜充之命率本部人马返回到开封。一见面，杜充就向岳飞布置了消灭张用等部的任务。不料张用早已得到情报，在南熏门摆好应战阵势，驻扎在东城外的王善也率部赶来支援张用，故贼众约有五十万。当时岳飞所部才八百人，大家都担心寡不敌众，岳飞一面鼓励战士的斗志，一面身先士卒，左挟弓矢，右运铁矛，直冲敌阵，贼军被杀得乱作一团，终于大败。面对数十倍于自己的对手，岳飞毫不畏惧，创造了以少胜多的著名战例。

7. 盖公神勇[①]，每战尝自为旗头[②]，身先士卒，先父力谏[③]曰："猾虏或识之[④]，聚强弓[⑤]以射我，奈何？虽公忠义，神明相之[⑥]，自不能伤，然非大将之事也[⑦]。"公曰："昔杜充留守京师[⑧]，某[⑨]有兵二千，来受充节制[⑩]。始至，适[⑪]城外有大寇数万，充即命某往战。

充谓之，杜且斩[12]。某不敢以兵寡不敌为辞[13]，即往说贼约降[14]，来禀充，充曰：‘我何尝令汝受降，须为我擒之！’某复往责贼[15]，以约降而缓来，今不复受降矣[16]，愿与汝挑战。贼魁[17]出斗，某驰骑[18]独往，奋[19]大刀劈之，自顶至腰分为两，数万众不战而溃。人力不至于此，真若有神助之者，某平生之战类如此[20]。”（〔宋〕岳珂《鄂国金佗续编》卷二七黄元振编岳飞事迹）

［注］

①盖：句首发语词，无义。公：尊称岳飞。神勇：非凡的勇敢。②旗头：见“四、廉俭”第4则注⑧。③先父：黄元振称其已故的父亲黄纵。力谏：极力规劝。④猾虏或识之：敌人中有的人认识您。猾虏，奸狡的敌人。对敌方的蔑称。⑤聚强弓：集中强劲的弓。⑥神明相之：神灵佑助你。相（xiàng），辅佐，扶助。⑦然非大将之事也：然而作旗头终究不是大将职分内的事。⑧杜充：字公美，相州（今河南安阳）人。建炎二年（1128），代为东京留守。但杜充害怕和金军打仗，次年南逃建康府，丢掉了长江以北的所有宋朝领土，却被拜为右相，旋为江淮宣抚使驻守建康。金兵渡江，遂降。官至燕京行台右丞相。《绍兴和议》签订时死去。留守京师：任东京（开封）留守。⑨某：自称之词。指代“我”或本名。旧时谦虚的用法。⑩来受充节制：来接受杜充指挥管辖。⑪适：正好，恰好。⑫充谓之，杜且斩：杜充对我说，如果不听命令将要被斩。杜，拒绝。⑬为辞：作为理由。辞，辞头。说法，借口。⑭即往说贼约降：就前去说服贼寇约定日期投降。⑮复往责贼：又前去责备贼寇。⑯以约降而缓来，今不复受降矣：因为约期投降但来得慢，现在不再接受投降了。⑰贼魁：贼寇的首领。⑱驰骑：驱马疾行。⑲奋：挥动。⑳类如此：大都像这样。类，大抵，大都。

岳飞身先士卒，每战自为旗头。幕僚黄纵曾极力劝谏岳飞，岳飞却举出战胜王善、张用的战例，以说明“某平生之战类如此”。岳飞以第一人称口述其事，许多细节与前则岳珂所记有所不同。杜充命岳飞讨伐张用等部时，岳飞曾向杜充分析敌情，认为敌众我寡，不利于我方。恣睢暴戾、刚愎自用的杜充却说，如果拒绝出战，当即砍头。岳飞不敢严拒，因与张用为汤阴同乡，且想可将盗匪收编为抗金力量，就去招降。张用等部已与岳飞约定时间来降，岳飞禀报杜充，杜充大怒，说：“我何曾让你接受投降？必须为我把他们擒来！”岳飞只好以“约降而缓来”为由，拒绝接受投降。岳飞向贼将挑战，一员勇悍的匪首出斗，岳飞单骑直前，举起大刀奋力一劈，居然将匪首从头至腰劈为两半。敌方顿时尽皆惊骇，数万众不战而溃。

8. 节使岳侯飞①，邺②人也，初为杜相充③爱将。充既失建康，犹数万皆西北健儿，讻讻谋异④。独畏侯忠勇，因以主帅密白侯⑤。侯度未有部曲以绳之⑥，阳使自结⑦，以籍上⑧。侯乘其不意，与平生三五辈，弯弓跃马俦伍⑨中，击数十人。抵弓矢⑩，大骂曰：“朝廷不负尔曹，尔以数万众，不能斩一岳飞，即能死我，乃为贼⑪！”众始戢⑫。（〔宋〕岳珂《鄂国金佗续编》卷二八《吴拯编鄂王事》）

［注］

①节使：节度使的省称。岳侯飞：对岳飞的尊称。侯，古代对士大夫的尊称。②邺：古地名，故址在河北邯郸临漳县西和今河南安阳市北郊一带。③杜相充：对杜充的官称。④讻讻：吵闹争夺。谋异：谋划叛离。⑤因以主帅密白侯：因而把让岳飞做叛军主帅的意思秘密告诉岳飞。⑥侯度未有部曲以绳之：岳飞估量没有部队能够约束他们。绳，约束，制裁。⑦阳使自

结：假装与他们彼此结交。阳，表面上。自结，主动攀附、缔交。⑧以籍上：把名册送上。⑨俦伍：同类之人，同等之人。⑩抵弓矢：扔掉弓箭。抵，扔，掷。⑪即能死我，乃为贼：即使能把我杀死，只不过是寇盗而已。死我，使我死。乃，只，仅仅。⑫戢：收敛，停止。

杜充丢弃建康逃跑后，还留下数万西北地区籍的兵士，他们喧闹纷纷图谋叛离宋军，唯独惧怕岳飞忠诚勇武，就想让岳飞做他们的首领。岳飞估量当下没有部队能够制服他们，便假意答应，然后出其不意地率三五个亲信，突入叛军中，击杀数十人，并对众人加以义正词严的训斥，叛军慑于岳飞的武威，立即停止叛乱的行动，再也不敢“谋叛”了。岳飞凭借智慧和勇敢，有效地制止了一场军队哗变。

9. 先臣还师保泰①，虏骑二十万披城而阵②。先臣独以扶伤饥羸之卒③，贾其勇于累战之余④。柴墟再捷⑤，河流为丹⑥。先臣率先士卒⑦，身被⑧两枪，犹乘胜逐北⑨。虏既退遁入栅⑩，先臣尽护数十万之生聚⑪保柴墟。是时，光世非特措置之责，漫若不闻⑫，一兵之援亦不及⑬。（〔宋〕岳珂《鄂国金佗稡编》卷二五《承楚辨》）

［注］

①还师保泰：调回军队保卫泰州。泰州，治海陵（今江苏泰州市）。②披城而阵：打开城门排列阵势。③独以扶伤饥羸之卒：独自以撑持伤残和饥饿羸弱的战士。扶，勉力撑持（伤、病的身体）。岳家军经历长途转战奔袭，军士们衣装弊旧；泰州屡遭兵火，全无收成，可谓衣食无着。岳飞曾两次向刘光世的两浙西路安抚大使司发出公牍，申述自己的困难处境，并请求“假十余日之粮，令飞得激励士卒，径赴贼垒，解二州之围，扫

犬羊之迹”，而刘光世竟连一粒粮食也不给。④贾其勇于累战之余：意思是在多次作战之后还可以逞其尚未用完的勇力。贾(gǔ)，买或卖。贾其勇化用成语“余勇可贾”，典出《左传·成公二年》：“齐高固入晋师，桀石以投人，禽之而乘其车，系桑本焉，以徇齐垒，曰‘欲勇者贾余余勇。’”⑤柴墟再捷：柴墟镇多次取胜。柴墟，镇名。泰兴县（今江苏泰兴市）的县治所在地。建炎四年（1130）八月，通泰镇抚使兼知泰州岳飞奉命救援楚州，十月二十六日败金人于承州，完颜挞懒（昌）又以重兵南下，向承州附近的岳家军猛扑。岳飞接到退守通州和泰州的指令，在回师途中，自北炭村直到泰兴县的柴墟镇，屡次击退金兵的追击，敌人伤亡甚多，不得不终止追逐。⑥河流为丹：河中流水成为红色。⑦率先士卒：领先于士兵。⑧被：蒙受，遭受。⑨逐北：追逐逃走的败兵。北，溃败（的军队）。⑩退遁入栅：败退逃跑进入营寨。栅，营寨。⑪生聚：指人民。《左传·哀公元年》：“越十年生聚，而十年教训，二十年之外，吴其为沼乎！”⑫光世非特措置之责，漫若不闻：刘光世没有尽到措置的职责，全然听不到。措置，处置安排。漫，全，都。⑬一兵之援亦不及：并且连一兵一卒的支援也没有到。岳飞曾向刘光世请求，“欲望钧慈捐一二千之众”，或“别差统制官一员前来掎角，不致上误国事”。刘光世竟置若罔闻。

建炎四年七月，宋廷任命岳飞为通、泰州镇抚使、兼泰州知州。岳飞率部刚赶到泰州，宋廷又命岳飞救援楚州。岳飞命部将张宪留守泰州，自己挥师出征。岳家军虽在楚州取得三战三捷的胜利，终未能改变楚州被攻破的战局。岳飞接到宋廷退守通州和泰州的指令，在撤退途中，屡次击退金兵的追击。在激战中，岳飞身中两枪，仍然指挥将士死战，终于打退金兵，很多敌人毙命于河中，“河流为丹”。岳飞得以保护数十万老百姓退保泰兴县的柴墟镇。刘光世对岳飞不但没有丝毫援助，反而上奏朝廷，将承州和楚州的失利归咎于岳飞。这后来竟也成为岳飞冤案中的罪状之一。岳珂是以有《承楚辨》。

10. 初九日①，先臣身披重铠②，先诸军跃马以济③，众皆骇视④，须臾，以次毕渡，观者以为神。乃潜出进军之右⑤，先臣首突贼阵⑥，所部从之⑦，贼大败，降其卒五万⑧。先臣追之二十五里，及河⑨，渡土桥，才数十骑而桥坏，后骑莫能进⑩。进引军⑪五千，回攻先臣，先臣以一矢殪⑫其先锋之将，麾骑突前⑬，进军望风皆曳兵⑭，又大败。俊呼壕寨吏治桥⑮，后骑亦至，进遂走筠州⑯。（〔宋〕岳珂《鄂国金佗稡编》卷五《经进鄂王行实编年》卷二）

［注］

①初九日：指绍兴元年（1131）三月初九日。按《建炎以来系年要录》注引张俊申报为七日甲辰，应以初七日为准。②重铠：多重的护身铁甲。③先诸军：先于各部队。跃马以济：策马腾跃而渡过江水。④众皆骇视：大家都惊骇地看着。⑤乃潜出进军之右：于是偷偷地出兵到马进军队的右面。潜出，偷偷地出兵。马进，李成的部将。《三朝北盟会编》卷二一九《林泉野记》："绍兴初，至洪州，李成将马进来挑战，俊坚壁不出，后用飞计，渡江击之于玉隆观，败之。"⑥首突贼阵：带头急速地向前冲入敌人的军阵。突，急速地向前或向外冲。⑦所部从之：所统率的部队跟随着他。⑧降其卒：使马进的兵士投降。⑨及河：（马进的部队）到了河边。⑩后骑莫能进：后面的骑兵不能前进。⑪引军：率领军队。⑫一矢：一箭。殪（yì）：杀死。⑬麾骑突前：指挥骑兵急速地冲向前面。麾，同"挥"。⑭望风：远远望见对方的气势很盛。曳兵：拖着兵器逃跑。⑮俊：张俊。呼壕寨吏治桥：呼唤负责壕堑寨堡工程的官吏修治坏桥。

⑯筠州：治高安（今江西高安市）。

绍兴元年三月，岳飞奉命从张俊讨伐李成。岳飞率部从生米渡渡江，一举击溃李成部将马进一部。着重写了岳飞的三件事，以表现其英勇善战的为将之才。一是岳飞身披多重铠甲，先于各部队跃马渡江。二是岳飞率部偷偷地绕到马进军的右翼，身先士卒，奋勇冲入敌阵，把马进打得大败，俘虏五万人。三是岳飞追赶二十五里，率几十名骑兵刚冲过河上的一座小土桥，小桥突然崩塌，马进乘机率五千人马反扑过来。敌我兵力悬殊，既无退路，又无援军，岳飞沉着应战，英勇顽强，一箭射死敌方的先锋将，指挥几十名骑士奋勇死战，杀得马进军望风溃逃。

11. 先臣时出踏战地①，望见黄尘蔽天，众欲少却②，先臣曰："不可，汝等封侯取赏之机，正在此举，岂可后时③！"自以四十骑驰出，都训练霍坚者扣马谏曰④："相公为国重臣⑤，安危所系⑥，奈何轻敌⑦！"先臣鞭坚手⑧，麾之⑨曰："非尔所知⑩！"乃突战⑪贼阵前，左右驰射⑫，士气增倍，无不一当百，呼声动地，一鼓败之⑬。（〔宋〕岳珂《鄂国金佗稡编》卷八《经进鄂王行实编年》卷五）

［注］

①时出踏战地：当时出去勘察战场。时，按岳珂所记是绍兴十年（1140）七月初十日，根据岳飞《郾城县北并垣曲县等捷奏》，应为初八日。②众欲少却：大家想稍向后退。③后时：失时，不及时。④都训练：军中负责教授并使之操练的将官。扣马：拉住马不使行进。谏：规劝。⑤为国重臣：作为国家身负重任的臣子。⑥安危所系：关系着国家的安危。⑦奈何轻敌：为什么轻视敌人。⑧鞭坚手：鞭打霍坚的手。⑨麾之：甩开他，

命令他。⑩非尔所知：这不是你所能懂得的。⑪突战：突然袭击。⑫左右驰射：或左或右地骑马射箭。⑬一鼓败之：一鼓作气打败了敌人。

绍兴十年七月初，宋金郾城之战拉开序幕。岳飞当时出城勘察战场，突然望见黄尘遮天蔽日，随从人员想少作后退，岳飞却临敌不乱，他激励随从将士杀敌立功，并亲率四十名骑士突出阵前。都训练霍坚急忙上前挽住岳飞的战马，劝岳飞身为朝廷重臣不可轻敌，岳飞用马鞭在霍坚的手上抽打一鞭，甩开他说："这不是你能懂得的！"岳飞跃马驰突于敌人阵前，左右开弓，箭无虚发，中箭者应声倒地。将士们看到主帅亲自出马，士气倍增，一鼓作气击溃了敌人。岳家军之所以敢打硬仗，能打硬仗，是和主帅岳飞的表率作用分不开的。

12. 临战亲冒矢石①，为士卒先，摧精击锐②，不胜不止。则不知有其身。忠义殉国，史册所载，何以尚兹③。（〔宋〕岳珂《鄂国金佗续编》卷一四《武穆谥议》）

［注］

①亲冒矢石：身为将帅亲临作战前线。矢石，箭和垒石，古时守城的武器。②摧精击锐：摧破敌人的精锐军队。③何以尚兹：谁能超过他？语出汉张衡《东京赋》："得闻先生之余论，则大庭氏何以尚兹？"尚，超过，高出。

绍兴三十二年（1162），宋孝宗为岳飞平反，淳熙五年（1178），命礼部为岳飞议定谥号，议谥官员议定的谥号为"武穆"。此为《武穆谥议》文末对岳飞一生勇武的概括，是谥号议定"武穆"之"武"的依据，是官方对岳飞的肯定。

九、凛严

1. 内有刘经、扈成①、戚方等诸将，于建康乘势为乱，刦掠②州郡。惟侯③一军秋毫无犯，屯于宜兴县。官吏、民户④皆惧，并弃家业⑤，走宜兴县⑥，投侯居止⑦。盖缘侯军整肃⑧，不令骚扰民庶⑨，有犯者，并依军法。以此前后一年，收捕扈成、戚方，及斩刘经，并留守司败残官兵⑩千余人，复取建康，招民安业。（〔宋〕徐梦莘《三朝北盟会编》卷二〇七《岳侯传》）

［注］

①内：相对于外寇而言，指宋朝国内。刘经：相州汤阴人。南宋初先后在东京留守司（主官宗泽）、江淮宣抚司（主官杜充）累功为统制，建炎三年（1129）秋冬金军南侵过江，杜充弃职（后叛逃），建康失守，江淮宣抚司诸军游散于江东、浙西一带。岳飞率部北上收复建康时，命刘经留守宜兴县。刘经图谋杀害岳飞的母亲和妻子，吞并他的军队。被岳飞部将姚政杀死。扈成：江淮宣抚司后军统制。《三朝北盟会编》卷二〇八《林泉野记》：“（杜）充后守建康，叛归虏。诸将扈成、戚方皆反，惟飞全一军，屯于宜兴县。时常州吏民避狄，居县中者甚众，赖飞而全。”②刦掠：抢劫。刦同“劫”。③侯：对岳飞的尊称。④官吏、民户：此指宜兴以外其他州郡的官吏和老百姓。民户，民家。⑤并弃家业：全都丢弃家产。⑥走：往。奔向某地。走宜兴县，即奔向宜兴县。⑦居止：居住，停留。⑧整肃：形容纪律整齐严肃。⑨民庶：庶民，百姓。⑩并：合并收纳。留守司败残官兵：指杜充投敌后残留的官兵。因杜充原为继任

宗泽的留守司长官。

建炎三年冬，建康失陷后，宋高宗率朝廷漂洋出海，去向不明。右相兼江、淮宣抚使杜充既渡江投敌，很多将士趁势作乱，转当掳掠为生的盗匪。唯有岳飞一军纪律严明，秋毫无犯，屯于宜兴县。周边其他县的官吏、百姓深受盗匪祸害，朝不虑夕，听说岳飞的军队在宜兴县，军纪严明，从不骚扰百姓，“有犯者，并依军法”，便纷纷抛弃家产，奔向宜兴县投靠岳飞。岳飞的军队靠铁的纪律赢得百姓的信赖、拥护和支持，又使岳飞的军队得到生存和发展的机会，使他能在前后一年中平定军贼，收复建康，召集百姓各回原籍，安居乐业。

2. 杜充之驻建康也，岳飞军立硬寨于宜兴①，命亲将②守之。飞兵出，不利。夫人密谕③亲将，选精锐，具糇粮④，潜为策应之备⑤。未几，飞兵还，即入教场，呼问之曰：“汝欲何为⑥？”曰：“闻太尉军小不利⑦，故择敢战之士⑧，以备策应，此男女孝顺耳⑨！”飞曰：“吾命汝坚守根本⑩，天不能移，地不能动⑪。汝今不待吾令，擅自动摇⑫，是无师律⑬也。”立命责短状⑭，将大惧，祈哀吐实⑮，谓“此非某所自为，盖⑯夫人亦曾有命耳”。飞愈怒，竟斩之。（〔宋〕周密《齐东野语》卷一三《岳武穆逸事》）

［注］

①硬寨：坚固的营垒。宜兴：县名。今江苏宜兴市。②亲将：亲信的将领。③密谕：秘密地告诉。④糇粮：干粮，食粮。糇（hóu）：干粮。⑤潜为策应之备：偷偷地做策应的准备。策应，战斗中互相配合应敌。⑥汝欲何为：你们要干什么？⑦太尉：对岳飞的官称。⑧敢战之士：指具有特殊技能的佣兵。也

称“敢战士”。⑨男女：旧时地位卑下者的自称。孝顺：指讨好上官或尊长。⑩根本：根基。此指军队在宜兴的大本营。⑪天不能移，地不能动：意为无论出现任何情况都不能改变坚守本寨的命令。⑫擅自动摇：擅自行动。擅自，越权自作主张。动摇，有所动作。《战国策·赵策二》：“守四封之内，愁居摄处，不敢动摇，唯大王有意督过之也。”⑬师律：指军队的纪律。⑭立命责短状：立即命令要求他写出供述状。短状，检查书，供状。⑮祈哀：请求怜悯。哀，同情，怜悯。吐实：吐露实情。⑯盖：因为，由于。

建炎四年，岳飞驻军宜兴县。有一次，岳飞率兵外出作战，命令亲信将领守卫大本营。岳飞的夫人李娃听说岳飞作战小有不利，很是担心，便秘密地告诉亲将，选择精锐士兵，备办干粮，偷偷地做策应的准备。不久岳飞带兵回来，听说这件事，即刻进入教场，呼唤亲将问他这是要干什么，亲将不敢说是夫人的安排，只说是自己“以备策应”的一点心意。岳飞大怒道：“我命你坚守大本营，天塌地陷不能动，你今天竟然擅自行动，这是目无纪律！”立即责令他写出供述状。亲将非常害怕，不得已说出实情。岳飞听了更加愤怒，竟然将这名亲将斩了。可见岳飞军令如山，不能有丝毫违犯，否则，必然严惩不贷。

3. 七月①，岳飞除通、泰州镇抚使②，至是以本部兵入泰州③。飞治军严整，将士畏之，禁止军中不得骚扰，百姓室家安堵④，尤得民情⑤。（〔宋〕徐梦莘《三朝北盟会编》卷一四二》）

[注]

①七月：指建炎四年（1130）七月。②除通、泰州镇抚使：升任通、泰州镇抚使。武功大夫昌州团练使岳飞为通泰镇抚使

兼知泰州在建炎四年七月二十日。除，任命官职，要除旧官，任新官。③泰州：治海陵（今江苏泰州市）。④室家：家家，家家户户。安堵：安居，不受骚扰。⑤尤得民情：尤其深得民心。民情，民心。

建炎四年（1130）七月，岳飞升任通、泰州镇抚使。通、泰二州由于累遭兵火，百业荒废，收成全无。百姓不得安居，流离失所。民众连自己糊口尚有困难，哪有存粮供输军队，岳家军要担负保卫通、泰二州和救援楚州的战斗任务，却得不到最基本的粮食供给。这在其他军队，往往会顾不上军纪，打家劫舍，剽掠居民。岳飞却认为，越是在艰苦的时刻，治军越要严整，他严格约束部下，不得骚扰百姓。将士们都害怕军中铁的纪律，不敢稍有违犯。因此，老百姓家家户户安居如常，岳家军很快赢得通、泰二州民众的信赖和支持。

4. 李成遣偏将马进①领兵二十万，对垒于洪州②，诸将不敢当其锋③。张招讨请侯④议曰："俊与李成数战不胜，公有何见？愿求一计。"侯对曰："某既蒙下问，不避僭越⑤。用兵者无他，仁、信、智、勇、严⑥五事，不可不用也。有功者重赏，无功者重罚，行令严者是也。某虽不才，乞⑦为先锋，与敌迎战，必可破贼。"俊喜而许之。（〔宋〕徐梦莘《三朝北盟会编》卷二〇七《岳侯传》）

［注］

①偏将：副将。宋代武职统制、统领的副职。马进：李成的部将。②对垒：两军相持，交战。洪州：治南昌、新建（今江西南昌市）。③不敢当其锋：不敢触其锋芒。形容气势极盛，不可抵御。锋，锋芒，指刀剑的刃和尖，喻军队的锐气。当，阻挡、承受。④张招讨：对张俊的官称。侯：对岳飞的尊称。

⑤不避僭越：不回避超越本分行事。此为岳飞的谦辞。⑥仁、信、智、勇、严：仁爱、诚信、睿智、勇敢、严明。⑦乞：请，恳求。

绍兴元年（1131），宋廷命张俊为江淮招讨使讨伐叛服无常的军贼李成。张俊与李成数战不胜，向岳飞请益，岳飞在回答中提出“用兵者无他，仁、信、智、勇、严五事，不可不用也”。关于为将之“五德”，并非岳飞的发明，在《孙子》兵法中早已有之。孙武说：“将者，智、信、仁、勇、严也。”岳飞将“五德”的次序有所调整，而将“仁”字放在第一位，应是受儒家思想的影响。在这五事之中，岳飞又特别强调了“严”，就是对有功的将士必须要重赏，对无功的将士一定要重罚。可见，岳飞的“行令严”是以“仁”为核心的。

5. 祁阊西一舍①有庵，曰东松。绍兴初，岳鄂王提兵经吾郡西上②，士卒秋毫无犯，夜宿人门外，足不敢一越限内③。尝憩是庵④，留题⑤。（《新安文献志》卷五四，吕午《和岳王庙壁上韵》诗注）

［注］

①祁阊：今安徽祁门县古称。合县城东北祁山、西南阊门而得名。一舍：古代以三十里为一舍。②岳鄂王提兵经吾郡西上：指绍兴元年（1131）二月，岳飞讨李成，自江阴军至江西鄱阳的途中，经过祁门县。岳飞《东松寺题记》：“余自江阴军起发，前赴饶郡，与张招讨会合。崎岖山路，殆及千里。过祁门西约一舍余，当途有庵一所，问其僧，曰‘东松’。”③足不敢一越限内：脚不敢跨进门槛内。限，门槛。④尝憩是庵：曾经在这个寺内休息。庵，庙宇。⑤留题：题字留念。指题写《东松寺题记》。

吕午《和岳王庙壁上韵》诗："当年唯说岳家军，纪律森严孰与邻。师过村村皆按堵，功成处处可镌珉。威名千古更无敌，词翰数行俱绝尘。拟取中原报明主，亦劳余刃到黄巾。"诗注又追述"士卒秋毫无犯，夜宿人门外，足不敢一越限内"，说明岳飞军队"纪律森严"，已在当地留下极深的震撼和广泛的赞誉。

6. 有百姓诉其舅姚某①搔扰，飞白其母②，责之曰③："舅所为如此，有累于飞④，飞能容，恐军情⑤与军法不能容。"母亦善劝而止⑥。他日⑦，飞与兵官押马⑧，舅亦同行。舅出飞马前而驰，约数十步，引弓满⑨，回身射飞，中其鞍桥⑩。飞驰马逐舅，擒下马。令王贵、张宪捉其手，自取佩刀破其心，然后碎割之⑪。归白其母，母曰："我钟爱⑫此弟，何遽如此⑬？"飞曰："若一箭或上或下⑭，则飞死矣。飞为舅所杀，母虽欲一日安，不可得也。所以中鞍桥者，乃天相飞也⑮。今日不杀舅，他日必为舅所害，故不如杀之。"母意亦解⑯。（〔宋〕徐梦莘《三朝北盟会编》卷一四四）

[注]

①诉其舅姚某：控告岳飞的舅舅姚某人。诉，控诉，控告。②白其母：告诉他的母亲。白，下对上告诉。③责之曰：岳飞责备其舅说。④有累于飞：对岳飞有连累。⑤军情：犹军心。指军中人员的情绪。⑥善劝而止：好好规劝岳飞的舅舅而平息了此事。⑦他日：过些天，日后。指过后的某一天或某一时期。⑧押马：押送马匹。⑨引弓满：把弓弦拉满。引，拉。满，足。⑩中其鞍桥：射中岳飞的马鞍。鞍桥，马鞍拱起处形似桥，故称。⑪碎割之：把心割碎。⑫钟爱：特别疼爱，非常喜爱。⑬何遽如此：怎么竟然这样？⑭或上或下：指射中头部或心脏。⑮乃天相飞也：是上天佑助我岳飞。相（xiàng），辅佐，扶助。⑯母

意亦解：母亲的心意也明白了。解，晓悟，明白。

绍兴元年（1131），岳飞讨伐李成，途经徽州，有百姓控告他舅父姚某骚扰百姓。岳飞当着母亲姚氏的面，责备并警告舅父。作为一军主将和晚辈，可谓义兼公私，情深辞切。不料姚某却怀恨在心，对岳飞进行偷袭，想射死岳飞。岳飞怒杀舅父，回来告诉母亲，母亲开始不能谅解儿子。岳飞向母亲讲了一番不得不杀他的道理，母亲是个深明大义的人，也就理解了岳飞。岳飞杀舅割心，不是因为私怨，而是出于军法。姚某本有前科，而怙恶不悛，心肠歹毒，竟企图射杀亲外甥。姚某虽为长辈，但在军中却是岳飞的下属，下属暗杀主将，罪不容赦。在严肃的军法军纪面前，岳飞确实做到了赏不遗疏，严不避亲。

7. 绍兴三年，群盗充斥虔、吉间①，多至三百余火②。江西安抚大使李回以闻③。时岳武穆公飞为神武副军都统制，授钺专征④，道出庐陵⑤。士卒托宿廛市⑥，黎明，为主人汛扫门宇⑦，洗涤釜盎⑧而去。太守供张郊饯⑨，师行将绝⑩，谒未及通⑪，问殿后者⑫：“大将军何在?”笑曰：“已杂偏裨去矣⑬。”其严肃⑭如此。（〔宋〕周必大《周益国文忠公集·平园续稿》卷三七《龙洲居士严君（致尧）墓碣》）

［注］

①充斥：充满，布满。虔、吉间：虔州（今江西赣州市）和吉州（今江西吉安市）之间。②火：通“伙”。一群的人。③李回：绍兴元年（1131）十一月，参知政事李回出任江西安抚大使兼知洪州。以闻：把（上述情况）报告给皇帝知道。④授钺：古代大将出征，君主授以斧钺，表示授以兵权。钺，斧钺，兵器。钺的式样与斧相同，唯较斧为大。专征：受命自主征伐。

⑤庐陵：郡名。治庐陵县（今江西吉安市吉州区）。⑥托宿：寄宿，借住。廛市：指店铺集中的市区。⑦汛扫：洒扫。门宇：大门口的建筑整体（包括门屋、门楼、门墙等）。⑧釜盎：古代的两种器物。釜是圆口圆底而无足的锅，盎是腹大口小的盆。此处泛指炊具。⑨太守：指庐陵郡的长官。供张：陈设供宴会用的帷帐、用具、饮食等物。亦谓举行宴会。郊饯：在郊外饯行。⑩师行将绝：部队行军将尽。⑪谒未及通：谒见没能得到通报。⑫殿后者：位于最后的部队。⑬已杂偏裨去矣：已经混杂在将佐中离开了。⑭严肃：谓作风、态度等严格。

宋周密《齐东野语》卷二〇《岳武穆御军》记述略同："岳鹏举征群盗，过庐陵。托宿廛市，质明，为主人汛埽门宇，洗涤盆盎而去。郡守供帐，饯别于郊，师行将绝，谒未得通，问：'大将军何在?'殿者曰：'已杂偏裨去矣。'其严肃如此，真可谓中兴诸将第一。"都记述了岳飞治军的凛严。第一，士兵借宿在市区的老百姓家，天明后为主人洒扫门庭，洗涤器物，一切恢复原貌。这是岳家军一贯的传统，故能赢得老百姓的拥戴。第二，地方长官准备在郊外为岳飞饯行，军队将要走完也没能得到通报，问殿后的部队，得到的回答是：已经混杂在将佐中离开了。这表现了岳飞严于自律，低调行事，不给地方政府和官员增加负担的行事风格。

8. 癸未[①]，左朝请大夫知江州陈子卿报岳飞已复邓州[②]。上曰："朕素闻飞行军极有纪律，未知能破敌如此。"胡松年[③]曰："惟其有纪律，所以能破贼。若号令不明，士卒不整，方自治不暇，缓急[④]岂能成功邪?"

（〔宋〕李心传《建炎以来系年要录》卷七九绍兴四年八月癸未）

[注]

①癸未：绍兴四年（1134）八月初六日。是月戊寅朔。②朝请大夫：文散官名。隋始置，宋从五品，第十三阶。朝请大夫又分左、右。陈子卿：时任江州知州。本年十二月，因岳飞奏请，改任湖北制置使司参议官。邓州：治穰县（今河南邓州市）。岳家军克复邓州在绍兴四年七月十七日。③胡松年：字茂老，海州怀仁（今江苏省连云港市赣榆区）人。宋高宗年间，历官至签书枢密院事，权参知政事（副宰相）。又进礼部尚书、参知政事。积极抗金，直言敢谏。其《中兴四将图卷》传世至今，堪称珍品。④缓急：偏义复词，偏义从"急"。指危急之事或发生变故之时。

绍兴四年，岳飞进行第一次北伐，连续大败金、齐联军，收复襄汉地区大片失地，第一次赢得了南宋立国八年以来局部反攻的大胜利。当宋高宗听到岳飞克复邓州的喜讯后，惊叹道："朕素闻飞行军极有纪律，未知能破敌如此。"胡松年给他讲了纪律与成功之间的关系。胡松年的话，真实道出了岳家军战无不胜、攻无不克的根本，在于有严格的军纪作保障。

9. 先是[①]，湖北制置使岳飞令统制官王万、辛太[②]驻清水河，以掩敌[③]。太不听命，擅归荆南[④]。而镇抚使解潜不即遣太[⑤]，反妄申[⑥]太先复襄阳，皆为飞所劾[⑦]。丙申[⑧]，诏太特贷命[⑨]，除名[⑩]，令自效[⑪]。（〔宋〕熊克《中兴小纪》卷一六）

[注]

①先是：在此以前。指绍兴四年（1134）八月以前。②王万：岳飞部将，相州汤阴县人。原为刘经部将，建炎四年（1130）五月，岳飞复建康后，向岳飞报告刘经图谋杀害岳飞母

妻，并吞岳飞所部。岳飞杀刘经后，王万即改隶岳飞。辛太：荆南镇抚司统制。③掩敌：以兵力诱敌。掩，遮蔽，蒙蔽。④荆南：指荆南镇抚使司所在地，今湖北荆州市。⑤不即遣太：不立即发送辛太。⑥反妄申：反而虚妄不实地申报。⑦劾：弹劾，检举官吏的罪状。⑧丙申：绍兴四年八月初九日。是月戊寅朔。⑨诏太特贷命：皇帝诏命辛太特别免于死罪。贷命，谓免于死罪。⑩除名：除去名籍，取消原有的身份。⑪自效：自我效命。愿为别人或集团贡献自己的力量或生命。

岳飞收复襄阳、郢州时，宋高宗命令荆南镇抚使解潜派兵援助岳飞。岳飞命部将王万和荆南镇抚使司派来的辛太同驻清水河作为饵兵，诱敌深入。辛太不听命令，擅归荆南镇抚使司。解潜不立即让辛太返回前线，反而虚妄不实地向朝廷申报辛太率先收复襄阳。岳飞大怒，上章将解潜和辛太一并弹劾。辛太得到相应的处分，解潜也因此降为横行一官。辛太自认为不属岳飞军，竟敢从前线逃回，却不知即使临时拨归岳飞指挥，也必须服从岳飞的军令。从中也可看出同时的其他军队军纪败坏。解潜冒功而隐恶，更是岳飞所不能容忍的。不过，王曾瑜先生指出熊克所记在时间、地点上均有误。

10. 飞移军潭州①，所过不扰，乡民私遗②士卒酒食，即时偿直③。（〔宋〕李心传《建炎以来系年要录》卷八十八绍兴五年夏四月庚申）

［注］

①潭州：治长沙（今湖南长沙市）。②私遗：暗地送给。私，秘密的，不公开的。③偿直：赔偿价值。

绍兴五年（1135）四月初，岳家军自池州转移至潭州，所过之处绝不扰民。老百姓感于岳家军秋毫无犯，也知道岳家军有铁的纪律，就偷偷地送给战士们酒与饭菜，以表达他们感激和拥护的情谊。战士们接受乡民的盛情，当即自觉地偿还酒饭的价值。

11. 先是①，湖南统制任士安、王俊、郝晸等领兵二万余②，慢王瓔③，不禀其令④，是致于败⑤。侯⑥始至，鞭⑦士安及俊、晸，以折其气⑧，使其饵贼⑨，曰："限三日，不平贼，皆斩汝辈!"初，扬言岳太尉兵二十万至矣，至是不见一人，止见⑩士安等军，故贼并兵⑪攻士安，三日两困之⑫。侯伏大兵四合⑬，一战杀贼略尽⑭。乘其备仗无心⑮，是夜，舟师径掩其营⑯，捣其巢穴⑰，遂俘杨钦⑱等。（〔宋〕岳珂《鄂国金佗续编》卷二八《吴拯编鄂王事》）

［注］

①先是：此前。指岳飞率军讨伐杨么之前。②任士安：原为范琼部将。范琼因曾助金军为虐被处死，任士安所部改隶御营司。绍兴五年（1135）参加镇压杨么叛军，因功转一官，其部属并入岳家军。③慢王瓔：对王瓔不尊重。慢，轻慢，傲慢而不尊重。④不禀其令：不听主帅王瓔的命令。禀，承受。禀令，承受命令，服从命令。⑤是致于败：因此导致失败。⑥侯：尊称岳飞。⑦鞭：鞭打。⑧以折其气：用以挫折他们的傲气。⑨使其饵贼：让他们去引诱贼寇。⑩止见：只见。⑪并兵：聚合兵力。⑫三日两困之：三天两头将他们围困起来。⑬四合：从四面围拢。⑭略尽：将尽。⑮备仗无心：没有心思准备作战。⑯舟师径掩其营：水军径直袭击敌军的营寨。⑰捣其巢穴：捣毁他们的老窝。⑱杨钦：杨么部将。岳飞平杨么时，投降岳家军，岳飞申请张浚给予官职，还把高宗赵构赐予自己的金带、战袍送给了杨钦，因而多得熟悉水寨的杨钦为其出谋划策。

荆湖南路安抚司统制任士安、王俊、郝晸等领兵二万余，却对主帅王𤩽傲慢而不听命令，所以，王𤩽在对杨么军用兵时，总是战败。岳飞奉命讨伐杨么军，任士安等归岳飞统一指挥。岳飞为儆效尤，首先对不听命的任士安等三位统制施以军法，以挫折他们的傲气，并使其诱敌，且限三日平贼。这体现了岳飞治军凛严，尤其对不听命的将士，毫不宽贷。岳飞使任士安等充当饵兵，正是利用杨么军对其轻视，而岳飞已暗置伏兵，故能一战大胜。

12. 臣云尝以重铠习注坡①，马踬而踣②，先臣以其不素习③，怒曰："前驱大敌④，亦如此耶?"遽⑤命斩之，诸将叩头祈免⑥，犹杖之百，乃释之⑦。（〔宋〕岳珂《鄂国金佗稡编》卷九《经进鄂王行实编年》卷六《遗事》）

[注]

①臣云：岳珂向皇帝称其伯父岳云。尝以重铠习注坡：曾经身着多重铠甲训练注坡。注坡，谓从斜坡上急驰而下。②马踬而踣：马被东西绊住向前栽倒。踬（zhì），被东西绊倒。踣（bó），向前仆倒。③以其不素习：因为岳云平素不熟悉。④前驱大敌：向前追赶强大的敌军。⑤遽（jù）：急，仓促。⑥祈免：请求赦免（岳云）。⑦犹杖之百：还打了他一百军杖。杖，名词用作动词。乃释之：才放过他。

岳家军之所以战无不胜，重要的因素之一，就是平时按照实战要求，进行严格的军事训练。岳飞长子岳云在一次注坡训练中，坐骑绊倒，岳飞认为他平素不熟悉骑马作战，予以严厉训斥，立即命令将岳云斩掉。众位大将连忙叩头，为岳云请求免死，岳飞责罚其一百军杖后才将他放掉。岳云十二岁就被父亲送到张宪部下当一名普通士兵，因为身材瘦小，军中称为“羸官人”。岳飞对岳云要求极严，生活起居，行军打仗，不但不许有特殊照顾，还要他先于别人冲锋陷阵。郾城大战时，岳飞派岳云直贯敌阵，对他说：“必胜而后返，如不用命，吾先斩汝！”正是由于这种严格要求和训练，才使岳云屡立战功。

13. 行师用众①，秋毫不犯，有践民稼②，伤农功③，市物售直不如民欲④之类，其死不贷⑤。卒有取民麻一缕以束刍者⑥，诘其所自得⑦，立斩之。（〔宋〕岳珂《鄂国金佗稡编》卷九《经进鄂王行实编年》卷六《遗事》）

［注］

①行师用众：行军用兵。众，兵，军队。②践民稼：踩踏农民的庄稼。③伤农功：妨害农事活动。④市物售直不如民欲：买东西售价不按照卖者的要求。直，通“值”。⑤不贷：不饶恕，不宽免。⑥卒有取民麻一缕以束刍者：有一个拿了老百姓的一缕麻用来捆草成束的士兵。刍，喂牲畜的草。⑦诘其所自得：查究他从哪里得来。诘，查究，究办。

岳飞胸怀抗敌复国的大志，明确实现这一目标是为了让人民安居乐业，他很清楚军队要打胜仗离不开人民群众的支持，他更熟知百姓深受军队欺压的苦难，对腐败的军政和军风深恶痛绝。他不惜用铁的手段，以维护军队和老百姓的关系。岳飞以严格的军法军纪约束其官兵，“有践民稼，伤农功，市物售直不如民欲之类，其死不贷”。有一个士兵，拿了群众的一缕麻，用来捆草束，岳飞查清楚他从哪里得来后，立即将这个士兵杀死。可谓令行禁止，违必严惩。

14. 夜宿民户外，民开门纳之①，莫②敢先入。晨起去，草苇[③]无乱者。所过民不知有兵，市井粥贩[④]如平时。湖口人项氏家粥薪自给[⑤]，有卒市薪[⑥]，项爱其不扰，欲自损其直二钱以售之[⑦]，卒曰："吾可以二钱易吾首领耶[⑧]？"竟不敢从，尽偿其直而去[⑨]。（〔宋〕岳珂《鄂国金佗稡编》卷九《经进鄂王行实编年》卷六《遗事》）

［注］

①纳之：使他们进入。纳，接纳，容纳。②莫：没有人。③草苇：草和芦苇。④市井：街头，街市。粥贩：经商，买卖。粥（yù），同"鬻"，卖。⑤粥薪自给：靠卖薪柴供给自己。⑥市薪：买柴草。市，买卖。⑦欲自损其直二钱以售之：想自愿减价二文钱卖给他。直，通"值"。⑧吾可以二钱易吾首领耶：我怎么能用二文钱换掉我的性命呢？首领，头和脖子，代指生命。⑨尽偿其直而去：付足其价格离开。偿，偿付，付出。

岳飞为了保护老百姓不受打扰，行军夜宿，无论是在城镇还是乡村，一般都露宿在民户门外，即使有人家开门接纳，兵士谁也不敢进屋。早晨启程时，民家屋外堆放的草苇依然如旧。岳家军所过之处，居民竟然不知道有兵经过，街市买卖一如平时。湖口县人项某靠卖薪柴为生，一个兵士向他购买薪柴，项某因感激岳家军不骚扰百姓，自愿少收二文钱卖给他，这个兵士坚持不肯，说："我哪敢用二文钱换我的性命呢？"付足其价格才离开。可见，森严的纪律已不需要监督而变成士卒的自觉行为。

15. 侯御士[①]尤严，每屯[②]数万众，而市不见一卒，惟阅试振旅[③]，则人始幸观之[④]。（〔宋〕岳珂《鄂国金佗续编》卷二八《吴拯编鄂王事》）

[注]

①侯：岳侯。对岳飞的尊称。御士：统率军队。②屯：军队驻扎。亦指军营。③阅试振旅：考核和操练士兵。阅试，审查考核。振旅，整顿部队，操练士兵。④始幸观之：才有幸观看。

岳家军纪律严格，为了杜绝军队扰民，岳飞严禁兵士外出，使他们没有机会和条件骚扰百姓。岳家军往往驻扎数万的军队，而市面上看不到一兵一卒。只有检阅部队的考核和操练，老百姓才能有机会见到士兵。

16. 傅庆[①]，卫州窑户[②]也，有勇力，善战，屡立功。岳飞宠惜[③]之，以为前军统制。庆恃[④]其才，视飞为平交[⑤]，尝曰："岳丈所主张[⑥]此一军者，皆我出战有功之力。"每有需索于飞[⑦]，则曰："岳丈，傅庆没钱使，可觅金若干[⑧]，或钱若干。"飞亦屡与之，无忤色[⑨]。及飞为镇抚使，持法严肃，尤不可犯，而庆不改其常。飞待之异[⑩]，庆颇觉之，不喜[⑪]。会刘光世遣王德[⑫]来高邮，以当金人在高邮、楚州者[⑬]。飞遣庆以前军将士应援，德与庆交马，而庆言："欲复事刘相公[⑭]。"德许之。统领张宪闻其言，告于飞，飞衔之[⑮]，戒宪勿泄[⑯]。至是飞令诸统制射远箭，庆箭三筹[⑰]皆及一百七十步，诸统制不过一百五十步。飞三赏庆，酒醉。飞取宣赐[⑱]战袍、金带与王贵，庆曰："赏有功者！"飞问："有功者为谁？"庆曰："傅庆在清水亭有功，当赏傅庆。"飞大怒，叱庆下阶[⑲]，取战袍焚之，槌[⑳]毁其金带，乃曰："不斩傅庆，何以示众！"遂命斩之。（〔宋〕徐梦莘《三朝北盟

会编》卷一四三）

［注］

①傅庆：卫州（治汲县，今河南卫辉市）人，原是刘光世部将，在马家渡之战后追随岳飞。②窑户：陶瓷工匠。也指矿工。③宠惜：宠爱，爱怜。④恃：仗恃，倚仗。⑤平交：平等之交，平辈之交。⑥岳丈：对岳飞的尊称。丈，古代对老年男子的尊称。主张：主宰，主管。⑦每有需索于飞：每次对岳飞有所求取。⑧觅金若干：求得一些金子。⑨忤色：怨怒的脸色。⑩待之异：对待他与从前不同。⑪庆颇觉之，不喜：傅庆稍微觉察到，很不高兴。颇，稍，略微。⑫刘光世：见“五、抗直”第④则注①。王德：见“五、抗直”第④则注④。⑬当：抵挡，抵御。高邮：县名，今江苏高邮市。当时为承州州治。楚州：治山阳（今江苏淮安市淮安区）。⑭欲复事刘相公：想要重新服侍刘光世。相公，宋时对高级官员的敬称。⑮飞衔之：岳飞在心中怀恨傅庆。⑯戒宪勿泄：告诫张宪不要泄露消息。⑰三筹：三箭。筹，古代投壶用的签子，形如箭笴。⑱宣赐：皇帝赏赐。⑲叱庆下阶：呵斥傅庆退下台阶。⑳椎：古同“捶”，捶打，砸。

岳飞宠爱傅庆，是爱其才，褒其功。而傅庆恃才不自量，视岳飞为平等之交，大言不惭地说岳飞主管岳家军，全是他的功劳，并且向岳飞求取无度。岳飞出任通、泰州镇抚使后，治军更加严肃，对傅庆不能像以往那样宽纵了。傅庆有所觉察，因此心怀不满，打仗不肯出力，承州之战也没有军功，还向刘光世的部将王德表示，愿重新隶属旧日的长官刘光世。岳飞得知后非常生气，但隐忍未发。及至岳飞命众将比赛射艺，傅庆三箭都超过其他将领，岳飞还赏他三杯酒。稍后，岳飞命令取宋高宗“宣赐”的战袍和金带，交付王贵，以赏承州城下的战功。傅庆不服，岳飞再也不能容忍，立命把傅庆斩首。

17. 又因民居火，贵帐下卒盗取民芦筏[①]，以蔽其家[②]，先臣偶见之，即斩以徇[③]，杖贵一百。桧、俊意贵必憾[④]先臣父子，使人诱之。贵不欲[⑤]，曰："相公[⑥]为大将，宁免以赏罚用人[⑦]，苟以为怨，将不胜其怨矣[⑧]！"（〔宋〕岳珂《鄂国金佗稡编》卷八《经进鄂王行实编年》卷五）

［注］

①贵：指王贵。芦筏：以簏竹编排的筏子。芦，繁体为"蘆"，疑应为"簏"，古书上说的一种竹子。筏，用竹或木编排而成的水上交通工具。芦苇编排为筏则不可用。②以蔽其家：用来遮蔽他的家。③即斩以徇：立即斩首示众。徇，巡行示众。④意：料想。憾：恨。⑤贵不欲：意思是王贵不想顺从秦桧和张俊。⑥相公：尊称岳飞。⑦宁免以赏罚用人：怎能避免靠奖赏和责罚用人。⑧苟以为怨，将不胜其怨矣：如果受罚就怨恨，那怨恨就多得不能承受了。

岳飞对军中的违法者向来毫不留情。而且部下违法，其上官必受连带责任。有一次民居失火，王贵军中的部卒乘机窃取民家的竹筏，用来遮蔽自己的家。岳飞偶然发现后，立即斩首示众，并且责打王贵一百军棍。后来，秦桧和张俊为了罗织岳飞的罪名，打算在岳家军中寻找自己的代理人，他们以为王贵一定怨恨岳飞父子，可以引诱上钩。然而王贵毕竟是岳飞信用的膀臂，他说，岳飞身为大将，难免靠奖赏和责罚用人，如果将受罚就怨恨，那怨恨多得就不能承受了。从王贵的回答可看出，由于岳飞赏罚必公，将士们即使受到处罚，也并不怨恨。

18. 提辖官有杖[①]士卒者，公曰："且教训之，勿轻笞辱也[②]。"然取人一钱者，必斩。故士卒乐于用命[③]。尝谓先父[④]曰："某[⑤]之士卒真可用矣!"颍昌之战，人

为血人，马为血马，无一人肯回顾[6]者，复中原有日矣。（〔宋〕岳珂《鄂国金佗续编》卷二七《黄元振编岳飞事迹》）

［注］

①提辖官：官名。宋代州郡多设置提辖，或由守臣兼任，专管统辖军队，训练教阅、督捕盗贼。杖：用棍子打。②勿轻笞辱也：不要轻易拷打而使受辱。笞，用鞭杖或竹板打。③用命：效忠，听命。④先父：黄元振称其已故的父亲。⑤某：岳飞自称。⑥回顾：回头看。有退缩意。

岳飞治军虽严，却是严而不酷，绝不滥用刑罚。他对部属，对百姓，甚至对降敌，都贯穿着儒家倡导的“仁心爱物”的理念。有一回，他看到提辖官鞭打军士，就立即制止，说姑且教训一下他，不要轻易责打而让他蒙受耻辱。在宋时的军队中，长官“笞辱”军士，本是屡见不鲜的事，而岳飞却采取慎重的态度。但对于取人钱财者，哪怕是一文钱，也必斩不赦。由于岳飞仁严兼济，赏罚公平，所以将士们乐于听命。颍昌之战，人为血人，马为血马，却无一人退缩。

19. 绍兴六帅[1]，皆果毅忠勇[2]，视[3]古名将。岳公飞独后出，而一时名声，几冠诸公[4]。身死之日，武昌之屯至十万九百人，皆一可以当百。余尝访其士卒，以为勤惰必分，功过有别，故能得人心。异时尝见其提兵征赣之固石洞[5]，军行之地，秋毫无扰，至今父老语其名，辄感泣焉[6]。盖其每驻军，必自从十数骑周遭巡历[7]，惟恐有一不如纪律者。（〔宋〕曾敏行《独醒杂志》卷七）

［注］

①绍兴六帅：当指张俊、韩世忠、刘光世、吴玠、岳飞、刘锜。②果毅忠勇：果敢坚毅，忠诚勇敢。③视：比照，比得

上。④几冠诸公：几乎居于诸帅之首。⑤异时：往时，从前。提兵：率领军队。赣之固石洞：虔州（治赣县，今江西赣州市）的固石洞。固石洞在虔州雩都县（今江西于都县）东北。⑥辄感泣焉：总是感动得流泪。⑦从十数骑：率领十余名骑兵。周遭巡历：到周围巡行视察。

在绍兴初年的所谓“六帅”中，岳飞年纪最轻，却后来居上。作者说岳飞“一时名声，几冠诸公”，主要从三方面来证明。一是岳飞的军队在当时人数最多，战斗力最强。岳飞被杀的绍兴十一年（1141），其鄂州军多至十万九百人，都可以以一当百。二是岳飞“勤惰必分，功过有别”，最得人心。所以军队向心力强，士气高涨。三是军队纪律严明，对老百姓秋毫无犯，深得民众的拥护和支持。岳飞为维护军纪，每到一地，“必自从十数骑周遭巡历”，检查军纪的执行情况，唯恐有一人违犯纪律。这三个方面，都是和岳飞严格治军分不开的。

20. 一日，行军至一店，见其屋新盖茅而有少缺处，公呼店主人问之：“此必①我军士取汝茅乎？”店主曰：“宣抚②之军未尝一毫扰人，此自偶缺茅耳。”公曰：“岂有汝新盖店屋，而缺此一束茅。”立命刷③之。须臾④，刷到一马军⑤，即欲斩之，军曰：“非入取其茅也⑥，下店饮食⑦，系马于檐⑧，忽闻宣抚来，急上马来，不觉误掣下⑨。”店主举家泣告⑩，实不曾扰，犹杖之百⑪而后行。（〔宋〕岳珂《鄂国金佗续编》卷二七《黄元振编岳飞事迹》）

［注］

①必：一定是。②宣抚：对岳飞的官称。岳飞曾任宣抚使。③刷：查，查究。④须臾：片刻，不大一会儿。⑤马军：骑兵。

⑥非入取其茅也：不是进入店中取他的茅草。⑦下店饮食：到店中吃饭。⑧系马于檐：把马拴系在屋檐下。⑨不觉误掣下：想不到失误拽下。不觉，想不到，无意之间。掣（chè），拉，拽。⑩举家泣告：全家人哭泣求情。⑪犹杖之百：依然责打骑兵一百军棍。杖，施杖刑所用的棍棒。此用作动词。

这是岳飞从严治军、秋毫无犯的又一个典型事例。有一次行军到一旅店，岳飞发现新盖的店屋上缺少一片茅草，便立即传问店主，问：是不是我的军士拿了你的茅草？店主说，军队并未打扰百姓，屋顶上本来就缺一片茅草。岳飞不信，立即下令追查，终于查到是一个骑兵干的，便要立即将他斩首。骑兵说，我不是故意入店取他的茅草，而是正在店中饮食，听说宣抚您将到，急于上马，不慎扯下一束茅草。店主全家为之哭泣求情，这个骑兵才免于处斩，但仍受到一百军棍的惩处。

21. 御众得其死力①，杨再兴殁于虏②，焚其尸，得矢镞③二升，盖不偾不止也④。在合肥日，遣骑驰奏⑤，至扬子江⑥，风暴禁渡⑦，典者力止之⑧，骑曰："宁为水溺死，不敢违相公令。"自整小舟绝江⑨，望者以为神。（〔宋〕岳珂《鄂国金佗稡编》卷九《经进鄂王行实编年》卷六《遗事》）

［注］

①御众：同"驭众"，统治军队。死力：拼死的力量，最大的力量。②殁于虏：被金寇杀死。殁，死。③矢镞：箭头。④不偾不止：不战死不停止。偾（fèn），死，僵毙。⑤遣骑驰奏：派遣侍从奔驰奏报。骑，侍从。《韩非子·说林下》："公孙弘断发而为越王骑。"⑥扬子江：长江从南京以下至入海口的下游河段的旧称。⑦风暴禁渡：因风暴禁止渡江。⑧典者力止之：主管

的人极力阻止他。典，主持，主管。⑨绝江：横渡扬子江。绝，横渡，穿越。

由于岳飞治军仁严兼济，且主帅以身作则，表率三军，故在岳家军中，岳飞能得将士拼死效力。例如绍兴十年（1140）郾城大战时，杨再兴与其他将领抵达临颍县南的小商桥，与金军猝然相遇。金军进行包抄围掩。尽管众寡悬殊，但杨再兴毫无惧色，率三百骑士奋不顾身地进行殊死战斗，杀敌二千余人。最后，杨再兴和三百将士全部牺牲。事后焚化杨再兴的尸体，得到箭镞二升。又如，绍兴四年庐州之战时，岳飞派遣部下侍从奔驰奏报，恰遇大江因风暴而禁渡，主管渡口的人制止这名骑士渡江，这名骑士却说：我宁肯被水溺死，也不敢违犯岳相公的命令。便自驾一叶轻舟，穿越狂风巨浪而去。

十、声威

1. 诸将溃为群盗[①]，纵兵大略[②]。飞独顿兵广德[③]境中，资粮于官[④]，身与下卒同食；而持军[⑤]严甚，民间无秋毫[⑥]之扰。虏人、签军经涉[⑦]其地者，或闻其威名，各相谓曰："岳爷爷军也!"争来降附[⑧]，前后几万余人。（〔宋〕岳珂《鄂国金佗续编》卷二八《孙逌编鄂王事》引邵缉建炎四年荐书）

［注］

①诸将溃为群盗：指建炎三年（1129）十一月金人陷建康（今南京市）后，许多将领溃散成为盗匪。②纵兵大略：放纵兵士大肆抢掠。略，通"掠"。抢劫，夺取。③顿兵：驻屯军队。广德：军名。治广德（今安徽广德市）。④资粮于官：靠地方官府供给粮食。资，取，取用。⑤持军：管辖军队。⑥秋毫：鸟兽在秋天新长的细毛，比喻微小的事物。⑦经涉：经过，通过。⑧降附：投降归附。

建炎三年十一月，宋军在建康马家渡与金军战败后，建康失守。岳飞率军南下至广德军，与金军六战皆捷，遂驻军广德军的钟村。此时军粮匮乏，很多将士转而为盗匪，靠掳掠为生。唯有岳飞严厉约束部属，在供给困难之时，尤其严明军纪，绝不许侵扰老百姓。岳飞和士卒同甘共苦，总是与下等士兵共享粗粝之食。由于岳飞"持军严甚"，当地民间未受"秋毫之扰"，故岳飞一军声名远播，不但深受老百姓的爱戴，就连金军及其签军也敬畏其威名，各相称说："岳爷爷军也!"前后有几万签军争来降附。

2. 郭吉在宜兴[①]，掠吏民[②]。令、佐[③]闻飞名，奉书邀飞[④]，且谓邑之糗粮，可给万军十岁[⑤]。飞得书，遂赴宜兴。及境[⑥]，吉已载百余舟，逃入湖矣[⑦]。（〔宋〕岳珂《鄂国金佗续编》卷一七《章尚书颖经进鄂王传》）

［注］

①郭吉：原为江、淮宣抚司水军统制，转而为匪。宜兴：今江苏宜兴市。②掠吏民：抢劫官吏和老百姓。③令、佐：知县及其辅佐的官吏。令，县令，宋代以前一县长官。宋代县令只存虚名，以京朝官任其职，称知某县事，因而有知县的名称。佐，指处于辅助地位的官员、僚属，如县丞、主簿、县尉等。④奉书邀飞：写信邀请岳飞（到宜兴来）。奉书，犹言致书，给人写信。⑤且谓邑之糗粮，可给万军十岁：并且说县里的粮食可供一万军人吃十年。糗粮，干粮，也泛指粮食。糗（qiǔ），炒熟的米麦等谷物。给，供给。⑥及境：到达宜兴县地界。⑦吉已载百余舟，逃入湖矣：郭吉已经乘一百多艘船，逃往太湖去了。载舟，乘舟。《史记·河渠书》："陆行载车，水行载舟。"湖，指太湖。宜兴县东临太湖。

马家渡战败后，原为江、淮宣抚司水军统制郭吉，转为盗匪，盘踞在宜兴县，抢劫官吏和老百姓，为害一方。建炎四年（1130）春，宜兴知县钱湛及其僚属闻知岳飞的威名，特地移书岳飞，欢迎他率军保护宜兴，并说县里的粮食可供一万军人吃十年。岳飞一军正因军粮匮乏，难以为继，便决定从广德移军宜兴县。岳飞率军刚入宜兴县境，郭吉听到消息，慑于岳飞的军威，急忙把人马、财物装了一百多艘船只，逃到太湖去了。

3. 相州人张用勇力绝群①，号张莽荡。其妻勇在用右②，带甲③上马，敌千人，自号一丈青。以兵五万寇江西，俊召先臣，语曰："非公无可遣者④。"问用兵几何？先臣曰："以飞自行，此贼可徒手擒。"俊固以步兵三千益之⑤。先臣至金牛⑥，顿兵⑦，遣一卒持书谕之曰⑧："吾与汝同里人，忠以告汝⑨，南熏门、铁路步之战⑩，皆汝所悉也⑪。今吾自将⑫在此，汝欲战则出战，不欲战则降。降则国家录用，各受宠荣⑬；不降则身陨锋镝⑭，或系累⑮归朝廷，虽悔不可及矣。"用与其妻得书，拜使者曰："果吾父也，敢不降⑯！"遂俱解甲，先臣受之以归⑰。俊谓诸僚佐⑱曰："岳观察之勇略⑲，吾与汝曹俱不及也。"（〔宋〕岳珂《鄂国金佗稡编》卷五《鄂王行实编年》卷二）

[注]

①勇力绝群：勇气和力量超出同辈。②勇在用右：勇气在张用之上。古以右为上。③带甲：身着甲胄。④非公无可遣者：除了您没有可派遣的人了。⑤固以步兵三千益之：坚持用步兵三千人使他人马增加。⑥金牛：镇名。今安徽庐江县金牛镇。⑦顿兵：驻屯军队。⑧谕之曰：晓谕他说。⑨忠以告汝：我诚恳地告诉你。⑩铁路步之战：铁路步一作铁炉步。地名。在今湖南省永州市城北。柳宗元《永州铁炉步志》："江之浒，凡舟可縻而上下者曰步（埠）。永州北郭有步曰铁炉步。"《鄂王行实编年》卷一载：建炎三年，"师次铁路步，与贼首张用战，败之。"⑪皆汝所悉也：都是你所熟知的。⑫自将：亲自率领军队。⑬宠荣：尊荣。尊贵与荣耀。⑭身陨锋镝：身死于兵器之下。陨，死。锋，刀口；镝，箭头。泛指兵器。⑮系累：捆绑，拘囚。⑯果吾父也，敢不降：果然是我们的好长官，岂敢不投降？父，上古对官长的称呼。宋时，羌、西夏等少数民族对汉

族官长亦尊称“父”。⑰受之以归：接受张用的投降而回去。⑱诸僚佐：众位属官。⑲岳观察：对岳飞的官称。岳飞曾任建州观察使。勇略：勇敢和谋略。

相州人张用以勇力闻名，外号“张莽荡”。其妻号“一丈青”，勇锐更在张用之上。张俊乘战胜李成的兵威，决定征服叛服无常的张用。他认为岳飞是唯一可以派遣的人。张俊问岳飞需要多少兵，岳飞说，我自己去，空手就能将张用擒来。张俊坚持要给岳飞增加三千兵士，他并不知道岳飞已有成算。岳飞只派一名士兵给张用送了一封信，信中动以乡情，明以教训，晓以利害，劝其弃战归降。张用夫妇素服岳飞的威望，又见来信言辞恳切，遂决定率部投降。一支五万人的部队，在兵不血刃的情况下，便被收编了。无怪张俊感叹：“岳观察之勇略，吾与汝曹俱不及也！”

4. 进走筠州①，飞屯军城东。十一日②，贼复引兵出，布列横亘③十五里。飞以红罗为帜④，刺“岳”字其上，白之⑤。平明⑥，选马军二百人，建旗鼓而前⑦。贼易其少，薄之⑧，伏发⑨，大败走。飞使人呼曰：“不从贼者坐，当不汝杀⑩！”应声坐者八万人，死者不可计。（〔宋〕岳珂《鄂国金佗续编》卷一七《章尚书颖经进鄂王传》）

［注］

①进：马进。李成的部将。筠州：治高安（今江西高安市）。②十一日：指绍兴元年（1131）三月十一日。③布列：分布陈列。横亘：横跨。④红罗：红色轻软的丝织品。为帜：制成旗帜。⑤白之：使“岳”字为白色。白，形容词作使动用法。之，代“岳”字。⑥平明：指天刚亮的时候。⑦建旗鼓而前：树旗立鼓进军。古时军队作战，以旗、鼓指挥进退，谓之建旗

鼓。⑧贼易其少，薄之：敌人轻视他的人少，迫近他。易，轻视。薄，逼近。⑨伏发：伏兵发起。⑩当不汝杀：会不杀你们。不汝杀，即不杀汝。否定句宾语前置。

马进在生米渡被岳飞打败后，逃到筠州。岳飞率军追到筠州，屯驻在城东。马进集结兵力，企图大举反攻。马进率军出城，军阵横跨十五宋里。岳飞用红罗作旗帜，上面绣白色的"岳"字，亲率二百名骑兵诱敌。马进见岳飞兵少，不以为意，便轻率地挥军迫近。没料到宋军先已设下的伏兵突然发起攻击，马进军又一次大败。岳飞使人大声呼喊："不愿跟随马进的人请坐下，坐下就不会杀你们！"马进的部众屡次被岳飞打败，大为岳飞的军威所震慑，应声坐下的八万人，不顺从而被杀死的不可计数。

5. 王①以红罗为帜，刺白"岳"字于上。建寇范汝为陷邵武②，王分兵保建昌及抚州③，以"岳"字帜植城门④，且榜于境⑤曰："贼入此者死！"游骑抄掠⑥者望见，皆相戒以勿犯⑦。村氓樵苏⑧犹故，不知有盗。（〔宋〕岳珂《鄂国金佗续编》卷二三《阁学刘光祖襄阳石刻事迹》之二）

［注］

①王：称岳飞。岳飞死后追封为鄂王。②建寇：福建路（治福州，今福建福州市）的盗匪。范汝为：建州（治今福建建瓯市）人。初为走私盐贩，建炎末起事，众至数万。连败官军，旋受招安。绍兴元年（1131），再占建州，众至十余万。韩世忠率军镇压。次年春，建州被攻陷，自焚死。陷：攻陷。邵武：军名。治邵武县（今福建邵武市）。③建昌：军名。治南城（今江西南城县）。抚州：治临川（今江西抚州市）。④植城门：树立于城门。植，立，树立。⑤榜于境：在境域之内张贴告示。

⑥游骑抄掠者：流动抢劫的骑兵。游骑，流动突袭的骑兵。抄掠，抢劫掠夺。⑦相戒以勿犯：意即相互告诫不要侵犯。戒，通“诫”。⑧村氓：亦作“村甿”。泛指乡民，农人。樵苏：砍柴刈草。

绍兴元年七月，宋廷将岳家军的军号定名为神武右副军，任命岳飞为统制，屯驻洪州。十月，又将岳飞的武官虚衔超擢为亲卫大夫、建州观察使。时值福建路发生范汝为叛乱，江南西路安抚大使、兼洪州知州李回命岳飞分兵三千保卫建昌军，分兵二千保卫抚州。岳飞把红罗白字的“岳”字大旗高高竖立在两地的城门上，并在各自境内张榜告示：“贼入此者死！”那些流窜抢掠的盗匪望见，都害怕岳飞的军威，互相告诫千万不能侵犯。故两地的村民砍柴割草，一如平时，不知有盗。岳家军有效地维护了两地良好的治安。

6. 曹成拥众十余万，由江西历湖湘，执安抚使向子諲①，据道州、贺州②。二月③，命飞以本职权知潭州④、兼权荆湖东路安抚、都总管，且以韩京、吴锡及广东、西峒丁，刀弩手，将兵，土军，弓手，民兵，与飞会⑤，以捕成。又付之牌以金书并黄旗十，招降群盗。十七日，飞发洪州⑥。成闻飞来，谓其人曰：“岳家军来矣！”乃预令其军分路逃去。（〔宋〕岳珂《鄂国金佗续编》卷一八《章尚书经进鄂王传》之二）

［注］

①向子諲（1085—1152），字伯恭，号芗林居士，临江清江县（今江西樟树市）人。哲宗元符三年（1100）以荫补官。时任湖东安抚使兼潭州知州。②道州：治营道（今湖南道县）。贺州：治临贺（今广西省贺州市东南）。③二月：绍兴二年（1132）

二月。④以本职权知潭州：以原来的职务（神武副军都统制）暂代潭州知州。权，暂时代理某职。⑤韩京：衡阳郡安仁县（今湖南安仁县）人，时任鄂州知州。吴锡：南宋将领，时为岳州守将。峒丁：宋乡兵之一，以峒人壮丁编组而成。峒（dòng），旧时对南方少数民族的泛称。将兵：宋禁军之一。《宋史·兵志一》："是时（按指熙宁更制），京东增置武卫军，分隶河北四路，后又以三千人戍扬、杭州、江宁府，其后又团结军士置将分领，则谓之将兵云。"土军：宋时对本地军队之称。⑥洪州：治南昌、新建（今江西南昌市）。

曹成部下号称十余万人，"所至以人为粮，靡有噍类"。这一伙杀人不眨眼的巨盗，曾俘虏了湖东安抚使向子諲，盘踞道州与贺州。绍兴二年二月，宋廷决定首先解决曹成匪军，命岳飞会合其他小部队，前去讨捕曹成。二月十七日，岳飞从洪州出发。曹成听说岳飞领兵前来，慑于岳家军的声威，对部下说："岳家军来矣！"遂预先令其部队分路逃走。

7. 汉上①报虏骑大至。公移檄本路②，备五万人军资，所遣③止二百人耳。虏素慑④公之威名，望风而遁⑤。先父言于公曰："宣抚威名已震，虏那敢犯我，特大张其势以动我，实不敢深入。我复以虚声应之，正得其情⑥矣。"（〔宋〕岳珂《鄂国金佗续编》卷二七黄元振编岳飞事迹）

［注］

①汉上：常指汉江流域的荆襄（今湖北、湖南一带）地区。②本路：指荆湖北路。③所遣：所派遣的。④慑：恐惧，害怕。⑤遁：逃跑，逃走。⑥正得其情：正合于敌情（而获胜）。得，适，合。

岳飞得知金军骑兵大批到达荆襄地区，就发布文告晓示本路，要备办五万人的军需物资，其实只派遣了二百人。金人听说岳飞派五万大军前来，平素本就害怕岳飞的威名，所以望风而逃。金人本不敢深入，只不过虚张声势以动摇岳家军，岳飞即以其道反制其谋。此则记载既反映金人久畏岳飞威名，又显示岳飞的用兵之妙。

8. 兀术、刘豫寇庐州①，王②奉诏出师，先遣牛皋渡江，自提其军与皋会③。皋以所从骑④，遥谓虏曰："牛皋在此！"虏众已愕然相视⑤，及展"岳"字帜与"精忠"旗⑥示之，虏众不战而溃。（〔宋〕岳珂《鄂国金佗续编》卷二三《阁学刘光祖襄阳石刻事迹》之二）

［注］

①寇：入侵，侵犯。庐州：治合肥（今安徽合肥市）。②王：称岳飞。③自提其军与皋会：亲自率领军队与牛皋会师。④以所从骑：用所率领的骑兵。⑤虏众：指完颜兀术（宗弼）的部众。愕然相视：惊讶地互相看着对方。⑥"岳"字帜：指红罗上绣有"岳"字的旗帜。"精忠"旗：绣有"精忠岳飞"的旗帜。绍兴三年（1133），宋高宗曾亲书"精忠岳飞"，令人制成旗帜赏赐岳飞。

绍兴四年，金齐联军大举进犯两淮地区。庐州知州兼淮南西路安抚使仇悆率守军百人和乡兵二千，数次打败来犯之敌。十二月，刘豫之子刘麟又增兵攻打庐州，完颜兀术（宗弼）亲自为后继，形势危急。仇悆遂求救于湖北制置使岳飞。岳飞先派牛皋和徐庆快速渡江，自己随后亲率大军来会。牛皋先到后，以所率骑兵远远地对敌军喊道："牛皋在此！"敌人没料到岳家军突然出现在这里，惊讶地面面相觑。及至展开红罗"岳"字旗和绣有“精忠岳飞”的旗帜，敌军相信确实是岳家军到来，先声夺人，吓得不战而溃。

9. 朝廷命先臣与韩世忠、张俊分地任责，虏畏先臣威名，独不敢窥荆襄①，常出淮西侵寇。先臣守己地之外，又屡为应援②。（〔宋〕岳珂《鄂国金佗稡编》卷九，《经进鄂王行实编年》卷六《遗事》）

［注］

①荆襄：泛指古荆州及襄阳郡地区。②应援：接应援助。

宋廷命岳飞和韩世忠、张俊三大将分区驻防，各任其责。金军畏惧岳飞的威名，不但不敢窥视岳飞负责的荆襄地区，而且在南侵其他地区时，刻意避开岳飞的防区。张俊贪婪好财，军无纪律，往往避敌自保，未战先遁，所以金军常常侵犯其负责的淮西地区。岳飞除严守自己的防区并先后四次主动北伐外，曾三次增援淮西。

10. 且飞之将略①，亦尝闻其大略乎？……帅襄阳而克复襄阳②，镇湖北而坐制湖湘③，焚蔡州之积④，夺虢州之粮⑤。而又倡率三军⑥，指示方略⑦，自李宝曹州之战⑧，以至张宪临颍之战⑨，凡十五战，每战必捷。虏酋相告，谓“撼山易，撼岳飞兵难⑩”。（〔宋〕佚名《皇宋中兴两朝圣政》卷二七引何俌《中兴龟鉴》）

［注］

①将略：用兵的谋略。②帅襄阳：为襄阳统帅。克复襄阳：绍兴四年（1134）五月十七日岳家军克复襄阳府。③镇湖北：镇守湖北。坐制湖湘：轻易制服湖湘的盗匪。坐制，谓轻易制敌。湖湘，湖南省洞庭湖和湘江地带。常用来代指湖南。④焚

蔡州之积：焚烧蔡州积累聚集起来的物资。《建炎以来系年要录》卷一〇四绍兴六年八月甲辰："先是，三大帅既移屯，而湖北京西宣抚副使岳飞亦遣兵入伪地。伪知镇汝军薛亨素号骁勇，飞命统制官牛皋击之，擒亨以献。引兵至蔡州焚其积聚。"⑤夺虢州之粮：《建炎以来系年要录》卷一〇五绍兴六年九月丙寅朔载，"上发临安府，先诣上天竺寺焚香。道遇执黄旗报捷者，乃湖北京西宣抚副使岳飞所遣武翼郎李遇。先是飞遣统制官王贵、郝政、董先引兵攻虢州卢氏县，下之，获粮十五万斛"。⑥倡率三军：以身表率于军队。倡率，率先从事，引导。三军，春秋时期大国对军队的合称。有上、中、下三军或左、中、右三军。后为军队的通称。⑦指示方略：为将士指点方针与策略。方略，方针与策略，方法与谋略。⑧李宝曹州之战：金人叛盟复侵，绍兴十年六月，李宝与金军战于曹州。《金佗稡编》卷八载，"李宝捷于曹州，又捷于宛亭县荆堽，杀其千户三人并大将鹘旋郎君，又捷于渤海庙。"⑨张宪临颍之战：《金佗稡编》卷八载，"（绍兴十年）闰六月，张宪败虏于颍昌府，二十日，复颍昌府"。⑩撼山易，撼岳飞兵难：《金佗稡编》卷九《遗事》，《金佗续编》卷三〇《郢州忠烈行祠记》皆作"猝遇敌，不为摇动，敌以为'撼山易，撼岳家军难'"。

岳飞用兵能身先士卒，表率全军，且能以方略指授部下，故每战必捷。敌人在一次次的失败中，总结出"撼山易，撼岳飞兵难"的经验教训。"撼山易，撼岳飞兵难"，出自敌人之口，是通过一次次实践，对岳家军的纪律、精神、战斗力等多方位的总结和畏服，所以能在当时和后世成为名言。岳家军的兵威，使敌人闻风丧胆，已在心理上战胜了敌方，这又成为战无不胜的决定因素之一。

11. 虽甚饥寒，不变节①，每相与自诧②曰："冻杀不拆屋，饿杀不打虏[3]，是我军中人也。”民见他将兵[4]，遁亡灭影[5]，闻为岳家军过，则相帅[6]共观，举手加额[7]，感慕至泣[8]。（〔宋〕岳珂《鄂国金佗稡编》卷九《经进鄂王行实编年》卷六《遗事》）

［注］

①变节：改变原来的志节。②每相与自诧：常常相互自我夸耀。诧，夸耀。③打虏：义同“虏掠”。抢劫，掠夺。虏，通“掳”。《金佗续编》卷二一《章尚书颖经进鄂王传之五》：“独飞军号为‘冻杀不拆屋，饿杀不虏掠’。”④他将兵：其他大将的军队。⑤遁亡灭影：逃跑得无影无踪。⑥相帅：相继，一个接一个。⑦举手加额：拱手与额相齐，是古人表示欢庆的意思，亦用以表示敬意。⑧感慕至泣：感念仰慕甚至于流泪。

岳飞经常对军队进行爱国主义教育，加之铁的纪律，故将士一体，充满正气，虽然有时饥寒交迫，也不改变志节。将士们非但不以饥寒为苦，反而以“冻杀不拆屋，饿杀不打虏”互相夸耀，自豪地认为这才是我们岳家军中的人。这样的军队，不但敌人望而生畏，在老百姓的心目中也树立了极高的威望。老百姓望见其他部队，避之唯恐不及；而听说岳家军要经过，则相互转告，相约共同前来观看，举手加额，深表敬慕和欢迎，有的甚至流出眼泪来。岳家军深得人民群众的爱戴和拥护，是其战无不胜的基础。

12. 是时[1]，虏酋动息[2]及其山川险要，飞尽得其实[3]。自磁、相、开德、泽、潞、晋、绛、汾、隰[4]，豪杰期日兴兵[5]，众所揭旗[6]，皆以“岳”为号，闻风响应。及是朱仙镇之捷，飞欲乘胜深入。两河忠义百万，闻飞将渡河，奔走惟恐后，各赍[7]兵粮，以馈义军。

戴盆焚香[⑧]，迎拜而候之者，充满道路。虏所置守、令熟视[⑨]，莫敢谁何[⑩]，自燕以南，虏之号令不复行矣。

（〔宋〕岳珂《鄂国金佗续编》卷二〇《章尚书经进鄂王传》之四）

［注］

①是时：指绍兴十年（1140）七月，岳家军前锋进抵朱仙镇时。②动息：犹动静。情况，消息。③尽得其实：全都得到其真实情况。④磁：磁州（治滏阳，今河北磁县）。相：相州（治安阳，今河南安阳市）。开德：开德府（治濮阳，今河南濮阳市）。泽：泽州（治晋城，今山西晋城市）。潞：潞州（治上党，今山西长治市）。晋：晋州（治绛县，今山西绛县南）。绛：绛州（治正平，今山西新绛县）。汾：汾州（治西河，今山西汾阳市）。隰：隰州（治隰川，今山西隰县）。⑤豪杰：指两河忠义民兵。期日兴兵：约定日期出兵。⑥揭旗：树立旗帜。⑦赍(jī)：携带。⑧戴盆焚香：头顶焚香之盆。旧时百姓顶此盆焚香迎劳王师。⑨虏所置守、令熟视：金人所设置的地方官已经看惯了。守、令，郡守和县令。熟视，经常看到，看惯了。⑩莫敢谁何：没有谁敢怎么样。谁何，盘诘查问。是谁，哪个。汉贾谊《过秦论》："信臣精卒，陈利兵而谁何。"

绍兴十年七月，郾城、颍昌大捷后，岳家军军威大震，前锋乘胜直抵朱仙镇。黄河以北、太行山东西两侧的广大地区，抗金的忠义民兵大受鼓舞，或"敛兵固堡，以待王师之至"，或"皆全所部至麾下"。以至许多金将"亦密受飞旗、榜，率其众自北方来降"，或"密遣使，愿以其众五万降"。所以岳飞能对金人的动静和敌占区的山川险要了如指掌。河北抗金义军与岳飞约期起兵，甚至公开打出岳家军的旗号。他们听说岳飞将渡过黄河北伐，争先恐后，各自携带军粮，准备馈送岳家军。顶香盆迎候岳家军的老百姓，充满道路。金人设置的地方官吏也不敢对他们怎么样。自燕京以南的地区，金朝的号令再没人服从了。

13. 先臣死，洪皓时在虏中①，驰蜡书还奏②，以为虏所大畏服③，不敢以名呼者唯先臣④，号之为岳爷爷。诸酋闻其死⑤，皆酌酒相贺⑥曰："和议自此坚矣⑦！"他日⑧，皓还朝，论及先臣死，不觉为恸。上亦素爱先臣之忠，闻皓奏，益痛悔焉⑨。死之日，天下知与不知⑩，皆为流涕，下至三尺童子，亦怨秦桧云。（〔宋〕岳珂《鄂国金佗稡编》卷四《经进鄂王行实编年》卷五）

[注]

①洪皓（1088—1155）：饶州乐平（今江西省乐平市）人。徽宗政和五年（1115）进士。高宗建炎三年（1129），以徽猷阁待制假（代理）礼部尚书使金被留，绍兴十三年（1143）始归。被扣留在荒漠十五年，坚贞不屈，艰苦备尝，全节而归，被誉为苏武第二。迁徽猷阁直学士，提举万寿观，兼权直学士院。寻因忤秦桧，出知饶州。十七年，责授濠州团练副使，英州安置。二十五年，提举台州崇道观，卒谥忠宣。时在虏中：当时被拘留在金朝。②驰蜡书还奏：（让人）快速送蜡丸密信回宋朝奏报。驰，疾行。③大畏服：特别敬服。大，副词。非常，特别。④不敢以名呼者唯先臣：不敢直呼其名的人只有岳飞一个人。⑤诸酋闻其死：金朝众位首领听说岳飞被杀死。⑥皆酌酒相贺：都饮酒共同祝贺。相，共同。⑦和议自此坚矣：和议从此牢固了。完颜兀术（宗弼）给秦桧的信中曾说："尔朝夕以和议请，而岳飞方为河北图，且杀吾婿，不可以不报。必杀岳飞，而后和成也。"⑧他日：日后，将来的某一天或某一时期。⑨益痛悔焉：对此更加深切地悔恨。⑩知与不知：认识与不认识岳飞的人。

宋使洪皓被扣留在金朝，曾使人用蜡丸密信飞报宋廷，说女真贵族平日最畏服岳飞，往往不敢直呼其名，而称为“岳爷爷”。这在南宋将领中，只有岳飞一人。当金酋得知岳飞死耗，个个欢天喜地，酌酒相庆，可见岳飞威名远震敌国。后来，洪皓回到宋朝，谈到岳飞的死，不觉为他悲伤，天下人不论与岳飞认识与不认识的，也都为他流泪。下至三尺儿童，无不怨恨秦桧。又可见岳飞在全国人民心目中的威望。至于“上亦素爱先臣之忠，闻皓奏，益痛悔焉”，完全是岳珂曲意为宋高宗这个杀害岳飞的元凶涂脂抹粉，这在当时也是不得已的回护之词。

14. 绍兴中，金人遣其秘书监刘祹来聘[①]，因问：“岳飞以何罪而死?”馆伴者无以对[②]，但曰：“意欲谋叛，为部将所告，以此抵诛[③]。”祹笑曰：“江南[④]忠臣善用兵者，止有岳飞，所至纪律甚严，秋毫无所犯。所谓项羽有一范增[⑤]而不能用，所以为我擒。如飞者，无亦江南之范增乎[⑥]！”馆伴者不敢发一语而止。秦桧约束勿以奏[⑦]，即以不职贬其人[⑧]。（《说郛》卷一八，〔宋〕叶寘《坦斋笔衡·岳飞》）

［注］

①秘书监：官名。为官署秘书监长官。刘祹：此则亦载宋赵葵《行营杂录》，“刘祹”作“刘陶”。来聘：前来聘问。国与国或各个方面之间遣使访问，称聘问。②馆伴者：古代陪同外族宾客人士的官员。无以对：没有什么话来回答。③以此抵诛：因此抵罪处死。④江南：为金对南宋的称谓。⑤范增：居鄛（今安徽巢湖西南）人，秦末农民战争中为项羽主要谋士，被项羽尊为“亚父”。多次劝项羽杀掉刘邦和消灭刘邦势力，项羽不听。后被项羽猜忌，范增辞官归里，途中病死。⑥无亦：同“不亦”。表示委婉的反问，可译为“不是”“岂是”。⑦约束勿

以奏：限制馆伴者，令其不要将此事报告给宋高宗。约束，限制，管束。⑧即以不职贬其人：立即用不称职为理由将馆伴者贬黜。不职，不称职。

绍兴十二年（1142），金使刘祹等送宋高宗的生母韦氏和宋徽宗梓宫南归，刘祹因问："岳飞以何罪而死？"接伴官无法回答，只能用"意欲谋叛"之类似是而非的话来搪塞。刘祹听后报之以冷笑，他称道"江南"善于用兵的忠臣兼良将，只有岳飞一人而已。他引用刘邦的话说："项羽有一范增而不能用，所以为我擒"，并毫不客气地奚落道："如飞者，无亦江南之范增乎！"接伴官被噎得一句话也说不出来。秦桧为了不让宋高宗知道金人对岳飞的畏服，严格管束此事不准上奏，还借口将接伴官贬职。岳飞死后二十年，金海陵王大举南侵时，金军中还流传一句话："岳飞不死，大金灭矣！"可见金人认为岳飞是他们最可畏的敌手。

15. 宋高宗之母韦后①，今仁和学生员②韦朝恩，乃其裔也③。有谱像④于家，方面丰颐⑤，凤目龙颡⑥，衣冠乃道人者也⑦。上有国忌⑧二行。韦闻之祖先云：后北归至临平⑨，因问何不见大小眼将军⑩，人曰："岳飞死狱矣。"遂怒帝⑪。欲出家⑫。故终身于宫道服也⑬。

（〔明〕郎瑛《七修类稿》卷四七《宋后道服》）

［注］

①韦后：宋高宗的生母韦氏，原是宋徽宗的贵妃，称韦贤妃。南返后被封为"显仁皇太后"，故此文称"韦后"。②仁和：杭州旧县名，与钱塘县同为杭州首县，今浙江杭州市部分城区。仁和学生员：仁和县学学生。唐国学及州、县学规定学生员额，因称生员。③乃其裔也：是韦家的后代。④谱像：家谱上的画

像。⑤方面丰颐：方形颜面，丰满的下巴。旧时视为有威容。颐，面颊，腮。⑥凤目：凤眼。指小眼角向上的眼睛。亦用作对女子眼睛的美称。龙颡：高高的额头。⑦衣冠乃道人者也：衣着是道人的服装。衣冠，衣和冠。泛指衣着，穿戴。⑧国忌：旧指帝、后的忌日。⑨后北归至临平：韦后从北方金国回来行到临平。临平，镇名。原为余杭县治所，今为浙江省杭州市余杭区临平街道。⑩大小眼将军：指岳飞。然史料未有岳飞一眼大一眼小的记载。⑪遂怒帝：于是对皇帝（宋高宗）很生气。⑫出家：离开家庭，到寺庙道观里去做僧尼或道士修行。此指皈依道教。⑬故终身于宫道服也：所以终身在宫中穿道士的服装。女道士别称“女冠”。

韦氏在靖康之难中被金军掳去，绍兴十二年（1142）得以回归，在金朝生活十五六年，或许知道金人最畏服的宋朝大将是岳飞。所以她在将到行都之前，想亲眼见一下这位金人传扬的将军。当前来迎接的官员告诉她岳飞已经被杀死在狱中，她便很生自己做皇帝的儿子的气。大概是想若不是岳飞屡次打败金军，金朝也不会讲和，那么自己也就不可能回来。从此，她在宫中终身穿道服修行。记载虽近于荒诞，但足以说明岳飞在金人和韦氏心中的威望。

十一、冤狱

1. 查钥尝谓人曰[①]，虏自叛河南之盟[②]，先臣深入不已，桧私于[③]金人，劝上班师。兀术遗[④]桧书曰："尔朝夕以和请[⑤]，而岳飞方为河北图[⑥]，且杀吾婿[⑦]，不可以不报。必杀岳飞，而后和成也。"桧于是杀先臣以为信[⑧]。(〔宋〕岳珂《鄂国金佗稡编》卷二〇《吁天辨诬通叙》)

[注]

①查钥：字符章，祖籍海陵（今江苏泰州市），绍兴二十一年（1151）进士。历官至太府少卿兼国史院编修兼实录院检讨官、建康总领等职。尝谓人曰：曾经对别人说。②虏自叛河南之盟：金寇自从背叛归还中原地区的盟约。③私于：与……秘密交结。④遗：送交，送给。⑤朝夕：犹言从早到晚，整天。形容长时间。以和请：以讲和为请求。⑥方为河北图：正在为收复黄河以北地区图谋。⑦且杀吾婿：岳家军在绍兴十年七月十四日颍昌大战中，杀完颜兀术（宗弼）女婿——夏姓金吾卫上将军。⑧以为信：作为诚信的证明。

秦桧被金军掳往北方，竟能"全家厚载逃归"，当时就有人指出"必大金使来阴坏朝廷""秦相公是细作"。由于他与投降派总头领宋高宗沆瀣一气，故能两度为相，力主和议。当"锐意败盟，举兵南征"的完颜兀术（宗弼）经历几次大战的失败，特别是与岳家军在郾城和颍昌两次大战一挫再挫，终于使他清醒地看到金军不能以武力亡宋的现实，乃决意以和议佐军事，于是他想到被豢养而放归的秦桧。绍兴十年秋，兀术正式写信给秦桧，提出“必杀岳飞，而后和成也”。宋高宗和秦桧于是动了杀岳飞以为信的念头。

2. 有探骑报曰：夜来三更，兀术并韩常将军等人马起寨退走，前去汴京。侯欲乘势追赶，遂申奏朝廷曰：臣闻汉有韩信，项羽授首[①]；蜀有诸葛，先主复兴。臣虽不才，窃望比此。乞与陛下深入虏境，复取旧疆，报前日之耻。伏望陛下察臣肝胆，表臣精忠，竭力以报，臣之愿也。表到，秦桧大怒，忌侯功高，常用间谮于上[②]。又与张俊、杨沂中[③]谋，乃遣台官罗振奏[④]：“兵微将少，民困国乏，岳某若深入，岂不危也！愿陛下降诏，且令班师[⑤]。将来兵强将众，粮食得济[⑥]，兴师北征，一举可定，雪耻未晚，此万全之计。”忽一日，诏书一十二道，令班师，赴阙奏事[⑦]，令诸路军马并回师。……侯将诸军人马依次调发归江夏[⑧]，自将二千骑取顺昌[⑨]，入淮赴诏[⑩]。加侯枢密副使，侯曰：“所得诸郡，一旦都休[⑪]！社稷江山，难以中兴！乾坤世界，无由再复[⑫]！”有人密报秦桧，桧转恶之[⑬]。（〔宋〕徐梦莘《三朝北盟会编》卷二〇七《岳侯传》）

［注］

①授首：投降或被杀。②常用间谮于上：常常利用机会在皇上面前说岳飞的坏话。间（jiàn），缝隙，空隙。谮（zèn），诬陷，中伤。③张俊：参见“四、廉俭”第①则注⑧。杨沂中：参见“四、廉俭”第 14 则注④。④台官：御史台长官的统称。主要负责弹劾百官，推鞫刑狱。⑤且令班师：将要命令他撤军。班师，调回在外打仗的军队，也指出征军队胜利归来。⑥得济：得到增加。⑦赴阙：入朝见皇帝。阙，指帝王所居住的宫殿，

因宫门外有双阙，故称宫阙。奏事：向皇帝陈述事情。⑧江夏：鄂州县名，今武汉市江夏区。岳家军的大本营在鄂州。⑨取顺昌：取道顺昌。顺昌，府名。治汝阴（今安徽省阜阳市）。⑩入淮赴诏：渡过淮河前去应皇帝诏命。⑪一旦都休：很快就全完了。一旦，一天之间，形容时间短。⑫无由再复：无法重新恢复。无由，没有门径，没有办法。⑬转恶之：更加憎恶岳飞。转，副词，更加。

绍兴十年七月，颍昌大捷后，岳飞听说金军完颜兀术（宗弼）和韩常将军败逃到开封，上奏请求乘胜追击。秦桧看到奏章后，大为震怒，他忌恨岳飞功高，常利用机会在宋高宗面前说岳飞的坏话。还串通张俊、杨沂中，并唆使殿中侍御史罗汝楫向宋高宗上奏，制造各种理由，让宋高宗下诏，迫使岳飞班师。岳飞接到诏书，一面上了一道言辞激切的《乞止班师诏奏略》，一面挥师向朱仙镇进军。几乎与此同时，宋高宗亲自签发的十二道金字牌，接连下发到岳飞军中，催促岳飞紧急班师。岳飞眼看大功将成，却又功亏一篑，不得已只好让大军回鄂州，自己赴阙奏事。虽然加官为枢密副使，岳飞却愤愤不平。有人密报秦桧，秦桧更加憎恶岳飞。命令岳飞班师，是宋高宗和秦桧阴谋杀害岳飞的伏笔。

3. 王伯庠撰《王次翁叙纪》曰[①]：绍兴辛酉[②]，金人有饮马大江[③]之谋，大将张俊、韩世忠皆欲先事深入[④]，惟岳飞驻军淮西，不肯动。上以亲札促其行者，凡十有七，飞偃蹇[⑤]如故，最后又降亲札曰："社稷存亡，在卿此举！"飞奉诏移军三十里而止，上始有诛飞意。（〔宋〕熊克《中兴小纪》卷二九）

［注］

①王伯庠：王次翁之子。王次翁（1079—1149）：南宋齐州历城（今山东济南）人，字庆曾，号两河先生，崇宁进士。北宋末，累迁知道州。绍兴中党附秦桧，论罢赵鼎。金人毁盟南地，他向高宗建议仍用桧为相。绍兴十年（1140），为参知政事，参与罢岳飞等三大将兵权的阴谋活动。《王次翁叙纪》是其子王伯庠所撰。②绍兴辛酉：宋高宗绍兴十一年。③饮马大江：在长江边给战马喝水。谓渡江南下进行侵伐。语出《南史·檀道济传》："道济见收，愤怒气盛，目光如炬，俄尔间引饮一斛。乃脱帻投地，曰：'乃坏汝万里长城！'魏人闻之，皆曰'道济已死，吴子辈不足复惮。'自是频岁南伐，有饮马长江之志。"④先事深入：事前进入到战场。⑤偃蹇：骄横，傲慢。

王伯庠的记述通篇造谣污蔑岳飞。事实真相是：岳飞得知金军进攻淮西，三次上奏，主动要求出兵，并建议乘虚直捣开封和洛阳。但宋高宗不准，只令他增援淮西。岳飞二月九日接第一份手诏，即决定十一日出兵。他身患重感冒，依然亲率背嵬军为前驱。宋高宗给岳飞的"亲札"仅十五份，现全部保存在《鄂国金佗稡编》卷三，而非十七份。其中褒美之词溢于言表，并无"社稷存亡，在卿此举"之语。此段记载在造谣毁谤之余，尚有一点价值，它提供了一个确切的时间，即在绍兴十一年二、三月间，也就是完颜兀术（宗弼）写信给宋廷，要求"必杀岳飞，而后和成也"的半年之后，宋高宗和秦桧开始密谋杀害岳飞。作为秦桧党羽的王次翁，显然也参与了密谋，或者表明了意图。

4. 右谏议大夫万俟卨既劾飞罪，未报[①]，御史中丞何铸[②]、殿中侍御史罗汝楫，复交疏论之[③]。大略谓飞被旨起兵[4]，则略至龙舒[5]而不进。衔命出使[6]，则欲弃山阳[7]而不守。以飞平日不应至是，岂非忠衰于君邪。自登枢筦[8]，郁郁不乐，日谋引去[9]，尝对人言，此官职数年前执政欲除某[10]，而某不愿为者。妄自尊大，略无忌惮。近尝倡言山阳之不可守，军民摇惑[11]。使飞言遂行，则几失山阳。后虽斩飞何益？伏祈速赐处分，俾就闲祠[12]，以为不忠之戒。卨章四上[13]，又录其副示之[14]，飞乃丐免[15]。（〔宋〕李心传《建炎以来系年要录》卷一四一，绍兴十一年八月甲戌）

［注］

①未报：（宋高宗）没有答复。②何铸：字伯寿，余杭（今浙江杭州市）人。登政和五年（1115）进士第，历官至监察御史，寻迁殿中侍御史。主持审讯岳飞冤案，时任御史中丞。③复交疏论之：又交相上疏控告岳飞。④被旨起兵：承奉圣旨发兵。指绍兴十一年（1141）二月奉命援淮西。⑤龙舒：舒州（治怀宁，今安徽潜山）的古称。⑥衔命：接受使命。衔命出使指绍兴十一年五月上旬，宋廷命张俊和岳飞前往淮南东路“措置战守”。⑦山阳：楚州州治（今江苏淮安市淮安区）。⑧枢筦：亦作“枢管”。指枢密院。⑨日谋引去：每天思谋辞职。⑩欲除某：想要让我任此官。除，指去旧职以任新职。⑪摇惑：迷惑动摇。⑫俾就闲祠：使他就任闲散的祠禄官。宋制，大臣罢职，令管理道教宫观，以示优礼，无职事，但借名食俸，谓之“祠禄官”或“奉祠官”。⑬卨章四上：万俟卨的奏章四次上奏皇帝。⑭又录其副示之：又抄录奏章的副本给岳飞看。⑮丐免：请求免除职务。

绍兴十一年七月，岳飞从楚州归来，秦桧令万俟卨论其罪，宋高宗尚未答复，又令何铸和罗汝楫交疏论之。所诬主要罪状是奉旨援淮西，至舒州而不进；出使楚州，欲弃山阳而不守；自任枢密副使，闷闷不乐，每天思谋辞职。且对人说，数年前执政大臣就想要我任此职，我不愿意接受。这是“妄自尊大，略无忌惮”，要求对岳飞速降处分。岳飞本不愿任枢密副使，又看到政敌必欲置之死地，所以多次请求罢职。八月九日，终罢枢密副使，充万寿观使。从“后虽斩飞何益”即可看出，秦桧及其党羽已预伏杀机。

5. 明清壬子岁仕宁国①，得王俊所首岳侯②状于其家，云：

左武大夫果州防御使差充京东东路兵马钤辖御前前军副统制王俊右③。俊于八月二十二日夜二更以来，张太尉④使奴厮儿庆童来请俊去说话。俊到张太尉衙，令虞候报覆⑤，请俊入宅，在莲花池东面一亭子上。张太尉先与一和尚何泽，点着烛，对面坐地说话。俊到时，何泽更不与俊相揖，便起向灯影黑处潜去。俊于张太尉面前唱喏⑥。坐间，张太尉不作声。良久问道：“你早睡也，那你睡得着！”俊道：“太尉有甚事睡不着？”张太尉道：“你不知自家相公⑦得出也！”俊道：“相公得出，那里去？”张太尉道：“得衢、婺州。”俊道：“既得衢州，则无事也。有甚烦恼？”张太尉道：“恐有后命⑧。”俊道：“有后命如何？”张太尉道：“你理会不得？我与相公从微相随，朝廷必疑我也。朝廷交更翻⑨朝见，我去则不必来也！”俊道：“向日范将军被罪⑩，朝廷赐死。俊与范将军从微相随，俊元是雄威副都头，转至正使，皆是范将军。兼系右军统制，同提举一行事务。心怀忠义，到今朝廷何曾赐罪？太尉不须别生疑虑。”张太尉道："更说与你。我相公处有人来，交我救他。"俊道："如何救他？"张太尉道："我遮里[11]人马动，则便是救他也。"俊道："动后甚意似[12]？"张太尉道："这里将人马老小，尽底移去襄阳府不动，只在那驻扎。朝廷知，必使岳相公来弹压抚喻[13]。"俊道："太尉不得动。人道太尉动人马，朝廷必疑，岳相公越被罪也。"张太尉道："你理会不得。若朝廷使岳相公来时，便是我救他也。若朝廷不肯交相公来时，我将人马分布，自据襄阳府。"俊道："诸军人马，如何起发得？"张太尉道："我虏劫舟船，尽装载步人老小，令马军便陆路前去。"俊道："且看国家患难之际，且更消停[14]。"张太尉道："我待做，你安排着。待我交你下手做时，你便听我言语。"俊道："恐军中不伏者多。"张太尉道："谁敢不伏？傅选[15]道伏我不伏？"俊道："傅统制慷慨之人，丈夫刚气，必不肯伏。"张太尉道："待有不伏者剿杀。"俊道："这军马做甚名目起发？"张太尉道："你问得我是。我假做一件朝廷文字教发。我须交人不疑。"俊道："太尉去襄阳府，后面张相公[16]遣人马来追袭如何？"张太尉道："必不敢来赶我。投他人马来这里时，我已到襄阳府了也。"俊道："且如到襄阳府，张相公必不肯休，继续前来收捕，如何？"张太尉道："我又何惧！"俊道："若番人探得知，必来夹攻。太尉南面有张相公人马，北面有番人，太尉如何处置？"张太尉冷笑："我别有道理。待我遮里兵才动，先使人将文字去与番人。万一支吾[17]不前，交番人发人马助我。"俊道："诸军人马老小数十万，襄阳府粮如何？"张太尉道："这里粮尽数著船装载前去。郢州也有粮，襄阳府也有粮，可吃得一年。”俊道：“如何这里数路应副，钱粮尚有不前？那里些小粮，一年已后无粮，如何？”张太尉道：“我那里一年已外不别做转动？我那里不一年，交番人必退。我迟则迟动，疾则疾动，你安排着。”张太尉又道：“我如今动后，背嵬、游奕伏我不伏？”俊道：“不伏底多。”张太尉道：“姚观察⑱背嵬王刚、张应、李璋伏不伏？”俊道：“不知如何。”“明日来，我这里聚厅时，你请姚观察、王刚、张应、李璋，云你衙里吃饭，说与我这言语。说道张太尉一夜不曾得睡，知得相公得出，恐有后命。今自家懑⑲都出岳相公门下，若诸军人马有语言，交我怎生置御⑳？我东则东㉑，随他人。我又不是都统制，朝廷又不曾有文字交我管。他懑有事，都不能管得。”至三更后，俊归来本家。

［注］

①明清：作者王明清自称。壬子岁：宋光宗绍熙三年(1192)。仕宁国：王明清曾官签书宁国军节度判官。②首：告发。岳侯：尊称岳飞。③右：署名于右。古代竖行书写，自右至左。此先写告首人官职姓名于右，下写告首内容于左，故云。④张太尉：称张宪。太尉一般常用作武官的尊称，与职务无关。⑤虞候：宋时官僚雇用的侍从，南宋时在临安可向“行老”雇用。参阅宋吴自牧《梦粱录·雇觅人力》。报覆：禀报，报知。⑥唱喏（rě）：古代汉族的一种交际礼俗。指男子揖，并口道颂词。用于下属对上级、晚辈对长辈，即给人作揖同时扬声致敬。⑦自家相公：咱们自己的相公。指岳飞。⑧后命：指续发的命令。⑨交：通“教”。使。下同。更翻：轮番。轮流更替。⑩向日：往日，从前。范将军：范琼（？—1129），字宝臣，开封

(今河南开封市)人。自卒伍补官。建炎三年(1129),受封为庆远军节度、湖北制置使。苗傅、刘正彦发动兵变,因与苗傅交通,被杀。被罪:因罪而受惩治。⑪遮里:同“这里”。⑫意似:意向,打算。⑬弹压:制服,镇压。抚喻:安抚晓喻。⑭且更消停:姑且更应该安定。消停,安静,安稳。⑮傅选:原为太行山忠义民兵首领,参加王彦的八字军。绍兴元年(1131)为统制,绍兴三年拨属岳飞。⑯张相公:指张俊。⑰支吾:犹豫,踌躇。⑱姚观察:姚政,相州汤阴人,任岳家军中游奕军统制,遥郡观察使。后因附会王俊对岳飞之诬告,升正任团练使。⑲自家懑:自家们,我们自己。下文“他懑”即他们。⑳置御:抵御。㉑我东则东:我说向东就向东。

次日天晓二十三日早,众统制官到张太尉衙前,张太尉未坐衙,俊叫起姚观察,于教场内亭子西边坐地。姚观察道:“有甚事,大哥!”俊道:“张太尉一夜不曾睡,得知相公得出,大段烦恼[①]。道破言语,交俊来问观察如何?”姚观察道:“既相公不来时,张太尉管军事。节都在张太尉也[②]。”俊问观察道:“将来诸军乱后如何?”姚观察道:“与他弹压,不可交乱。恐坏了这军人马。你做我覆知太尉[③]:缓缓地,且看国家患难面。”道罢,各散去,更不曾说张太尉所言事节。俊去见张太尉,唱喏。张太尉道:“夜来所言事如何?”俊道:“不曾去请王刚等,只与姚观察说话。来覆太尉道:恐兵乱后,不可不弹压。我游奕一军,钤束得整齐[④],必不到得生事[⑤]。”张太尉道:“既姚观察卖弄道他人马整齐,我做得尤稳也。你安排着。”俊便唱喏出来。自后不曾说话。

［注］

①大段烦恼：十分烦恼。大段，犹言十分、非常。②节都在张太尉也：指挥管辖都归张太尉（张宪）。节，节制，指挥管辖。③你做我覆知太尉：你替我回复（张）太尉。④钤束：管束，约束。⑤不到得：不至于。生事：制造麻烦，惹是非。

九月初一日，张太尉起发赴枢密院行府，俊去辞，张太尉道："王统制，你后面粗重物事转换[①]了著。我去后，将来必共这懑[②]一处。你收拾，等我来叫你。"重念俊元系东平府雄威第八长[③]。行日本府阙粮[④]，诸营军兵呼千等结连[⑤]俊，欲劫东平府作过[⑥]，当时俊食禄[⑦]本营，不敢负于国家，又不忍弃老母，遂经安抚司告首[⑧]，奉圣旨补本营副都头[⑨]。后来继而金人侵犯中原，俊自靖康元年首从军旅于京城下，与金人相敌斩首，及俊口内中箭，射落二齿，奉圣旨特换授成忠郎[⑩]。后来并系立战功，转至今来官资[⑪]。俊尽节仰报朝廷。今来张太尉连结俊起事，俊不敢负于国家，欲伺候将来赴枢密行府日[⑫]，面诣张相公前告首。又恐都统王太尉[⑬]别有出入，张太尉后面别起事背叛，临时力所不及，使俊陷于不义。俊已于初七日面覆都统王太尉讫。今月初八日纳状告首[⑭]，如有一事一件分毫不实，乞依军法施行。乃俊自出官已来，立到战功，所至今来官资，即不曾有分毫过犯。所有俊应干告敕宣札在家收附外[⑮]，有告首呼千等补副尉都头宣缴申外[⑯]，庶晓俊忠义[⑰]，不曾作过不敢负于国家。谨具状披告[⑱]，伏候指挥[⑲]。（〔宋〕王明清《挥麈余话》卷二）

［注］

①粗重物事：粗大笨拙而不值钱的东西。转换：改换，更换。②这懑：这么。③重（zhòng）念：再度思考。表示慎重的意思。雄威第八长：雄威禁兵营第八队队长。④行日：出行的日数。⑤呼千：人名。结连：联结。⑥作过：做坏事。⑦食禄：享受俸禄，指供职。⑧告首：告发。⑨副都头：宋代于禁军中设都头、副都头，其职位低于指挥使。“都”是一个军事单位。⑩成忠郎：宋阶官名。武臣官阶五十三阶，其第四十九阶为成忠郎。⑪官资：官吏的资历职位。⑫伺候：等待，等候。枢密行府：枢密院的临时官署。宋朝皇帝出征，则于所至处置“行府”。⑬都统王太尉：称王贵。绍兴十一年（1141）四月，岳飞被解除兵权，王贵继任鄂州驻扎御前诸军都统制。太尉为尊称。⑭纳状告首：缴纳状子告发。⑮所有俊应干告敕宣札在家收附外：所有一切有关我王俊的告身、御札在家中收藏外。应干，一切有关的。告敕，即告身。朝廷授官的文凭。宣札，同御札，帝王的诏书。收附，收藏。⑯有告首呼千等补副尉都头宣缴申外：有因告发呼千等人而补副尉都头的御札上缴申述外。宣，帝王的诏书。⑰庶晓俊忠义：希望明白我王俊的忠义之心。⑱具状：备办词状，写状子。披告：陈述。⑲伏候：俯伏等候。下对上的敬辞。指挥：犹指示。

秦桧和张俊为了陷害岳飞，一直在原岳家军中寻找代理人。张宪的前军副统制王俊，绰号“王雕儿”，自绍兴五年编入岳家军后，寸功未立，一官不升，却屡次因奸贪而受张宪制裁，因而怀恨在心。秦桧的党羽林大声到鄂州就任湖广总领后，终于物色到了王俊这个害群之马。邓广铭先生在他的《岳飞传》中一字不遗地抄录了王明清记载的这篇王俊《告首状》全文，“为的是，要使每个读者都可就此《告首状》细加推敲和思考：其中究竟有没有哪怕是一星半点的值得相信之处。”邓先生指出：

王俊既是一个以常常出卖同僚而落得“王雕儿”恶名的人，他与张宪又素无交谊，何以张宪在有意造反之时先去与他透露私情而无所顾忌呢？从两人的全部对话来看，在张宪与王俊密谈此事之前，张宪还不曾与任何人进行过联系，连原为岳飞亲卫军（背嵬军）和游奕军的首脑们都还毫无所知，却都要由王俊代他进行联系，久征惯战的张宪是断不会如此愚蠢的。张俊既已加入了赵构、秦桧的卖国集团，他当然有可能去勾结金军来与他一同夹击岳家军；张宪刚在临颍、颍昌等地与金军多次拼杀，怎么竟在“万一枝梧不前时”能教金方“发人马相助”呢？张宪既已向王俊说明“朝廷教更番朝见，我去则必不来也”，何以到九月初一日，张宪又到镇江的枢密行府去见张俊，而且还依旧要王俊听候他的呼唤呢？更何况，在张宪与王俊对话的全部过程当中，王俊对张宪的造反谋划始终未肯同意，未加附和，而张宪对此竟也不以为意，最后竟还要王俊听候他的呼唤。除非张宪是一个头号傻瓜，否则这就实在令人难以理解了。邓先生的分析可谓鞭辟入里，针针见血。用王明清的话说，“的见诬罔”。

6. 荣茂世嶷为湖北漕[①]，置司鄂州[②]。有都统司[③]统制官王俊，以其旧主帅岳飞父子不轨状诣茂世陈首[④]，茂云：“我职掌漕计，它无所预[⑤]。”却之[⑥]。俊遂从总领汪叔詹陈其事[⑦]，汪即日上闻[⑧]。秦会之得之[⑨]，借以兴罗织之狱[⑩]，杀岳父子。知茂世不受理，深怨之。而高宗于茂世有霸府之旧[⑪]，秦屡加害而不从[⑫]。秦死，荣竟登从班[⑬]。汪讦[⑭]岳之后，狱方竟而殂[⑮]，岂非命欤。（荣次新云）（〔宋〕王明清《挥麈后录》卷一一）

［注］

①荣茂世嶷：荣嶷，字茂世。为湖北漕：任湖北漕运司长

官。②置司：设置漕运司官署。鄂州：治江夏（今湖北武汉市武昌区）。③都统司：指都统制司，长官为都统制。北宋出兵作战时，常于诸将中选拔一人为都统制总管诸军，系临时派遣，并非官名，兵罢即省。高宗建炎元年（1127）置御营司，以大臣为都统制管辖诸将，方为常设官名。后设置渐多，绍兴十一年（1141）收诸大将兵权，以其部将为御前统领官，官品高者为御前诸军都统制，仍驻原地，军额上加以屯驻州名，权任在安抚使之上。见《宋史·职官志八》。④其旧主帅：岳飞原为岳家军主帅，绍兴十一年四月，岳飞除枢密副使，解除兵柄，由王贵继任鄂州驻扎御前诸军都统制。故岳飞为王俊的"旧主帅"。不轨：不守法的事。轨，车辙，引申为法度。状：诉状。诣茂世陈首：到荣茂世那里陈述告发。⑤我职掌漕计，它无所预：我掌管漕运总量，其他的事不参与。预，通"与"。⑥却之：推却了它（指王俊所告）。⑦总领：南宋官名。绍兴十一年收诸将兵，改为御前军，分屯诸处，置淮东、淮西、湖广总领，掌所在地诸军钱粮并参与军政。汪叔詹：徽州人，朝请大夫，司农。陈其事：陈述这件事。⑧上闻：向朝廷呈报。⑨秦会之：秦桧字会之。⑩借以兴罗织之狱：借这件事制造诬陷的冤案。罗织，虚构种种罪名，对无辜者加以诬陷。⑪霸府之旧：在康王府的旧交情。霸府，指晋、南北朝和五代时势力强大，终成王业的藩王或藩臣的府署。借指藩王或藩臣。⑫不从：宋高宗不听从秦桧。⑬从班：列于朝班。朝臣上朝，各依班次就位。借指朝臣。⑭讦（jié）：攻讦，把别人的过失或隐私揭露出来并加以攻击。⑮狱方竟而殂：岳飞冤案刚结束就死了。

王俊赴镇江枢密行府通过王贵向张俊投呈《告首状》之前，最初将诬告岳飞的状子投送荆湖北路转运判官荣嶷。荣嶷是个有正义感的人，或者也知道外号"王雕儿"的王俊的人品，就以"我职掌漕计，它无所预"为理由拒绝受理。王俊又找到时任湖广总领汪叔詹投状，汪叔詹"即日上闻"。秦桧正要找碴儿治罪岳飞，如获至宝，借此罗织岳飞的罪状，杀害岳飞父子。秦桧知道荣嶷对王俊的诬告不予受理，深深怨恨荣嶷，但由于荣嶷与宋高宗有"霸府之旧"，屡次加害而不得逞。秦桧的爪牙汪叔詹在岳飞冤案结案后就死去，也算老天有眼。

7. 近有士夫①，得杨武恭王之孙伯岩者言曰②："武恭一日蒙首相呼召③，至则不出见④，但直省官持一堂牒⑤来，云委逮岳飞赴大理⑥。又传旨⑦：要活底岳飞来。武恭袖牒往见公⑧，公呵呵大声而出，曰：'十哥，汝来何为?'武恭曰：'无事，叫哥哥。'盖时诸将结为兄弟行⑨，自一至杨，十也⑩。公曰：'我看汝今日来，意思不好。'即抽身⑪入。武恭亦以牒传进。顷之⑫，有小环⑬出，捧杯酒劝。武恭意公必于内引决⑭，要我同死，遂饮。饮竟⑮，公出，笑而言曰：'此酒无药，我今日方见汝是真兄弟，我为汝往。'遂肩舆赴对⑯。"（〔宋〕岳珂《鄂国金佗续编》卷二八《鄂武穆王岳公真赞》）

［注］

①士夫：士大夫，读书人。也通称男子。②杨武恭王：指杨沂中。杨沂中死后追封和王，谥武恭。③蒙首相呼召：承宰相秦桧召唤。首相，谓宰相中居首位者。④至则不出见：杨沂中来到后秦桧不出来接见。⑤直省官：指直属皇帝的尚书省官署中的官员。堂牒：宰相签押下达的文书。⑥云：堂牒的内容说。委逮：委派逮捕。大理：大理寺，官署名。掌刑狱案件审理，相当于现代的最高法院。⑦传旨：传达秦桧的旨意。⑧袖牒：把堂牒藏在衣袖中。往见公：前去见岳飞。公，尊称岳飞。⑨行：行辈，辈分。⑩自一至杨，十也：意思是从老大排到杨沂中，刚好排行老十。⑪抽身：指脱身离开。⑫顷之：不久。

⑬小环：小丫鬟。⑭意：料想。引决：自杀。⑮饮竟：把酒饮完后。⑯遂肩舆赴对：于是乘坐轿子前去应对。肩舆，轿子。作动词，指抬着轿子。此谓乘坐轿子。

杨沂中的孙子伯岩虽然有意为其祖开脱罪责，但也透露出岳飞被诱骗到大理寺的一些细节。绍兴十一年（1141）十月间，秦桧和张俊捏造了张宪和岳云谋反的罪名，并上奏宋高宗要逮捕岳飞归案。当时岳飞已解官归庐山，秦桧派杨沂中去把岳飞招来，也表明杨是他们可以信赖的人。杨接到秦桧的召唤前去尚书省，阴险而又狡猾的秦桧却不露面，只是让值班官员交给他一封“堂牒”，要他拘捕岳飞到大理寺，并“要活底岳飞来”。杨对正在进行的空前大阴谋自然心领神会，他对岳飞采用的完全是诱骗手段。岳飞明知杨来“意思不好”，但觉得自己坦坦荡荡，无可畏惧，便随他去了杭州。

8. 飞初对吏①，立身不正而撒其手②。旁有卒执杖子③，击④杖子，作声而叱曰⑤：“叉手正立⑥！”飞竦然声喏⑦，而叉手矣，既而⑧曰：“吾尝统十万军，今日乃知狱吏之贵⑨也！”（〔宋〕徐梦莘《三朝北盟会编》卷二〇六）

［注］

①飞初对吏：岳飞初次面对狱吏受审。吏，指狱吏。旧时管理监狱的小吏。②撒其手：随便地放松他的手。③执杖子：手拿着刑杖。杖子，棍棒。此指刑杖。④击：敲击。⑤作声而叱曰：发出声响且呵斥道。作声，也可理解为开口发声。⑥叉手：两手在胸前交叉，表示恭敬。正立：端正地站立。⑦竦然：恭敬貌。声喏（rě）：唱喏。指古代下属进见上级，一面拱手作揖，一面出声致敬。⑧既而：不久，一会儿，副词。指上件事情发生后不久。⑨狱吏之贵：狱吏尊贵。汉文帝时，人告周勃

反，下狱。后周勃得出，叹曰："吾尝将百万军，然安知狱吏之贵乎?"事见《史记·绛侯周勃世家》。

岳飞被杨沂中骗到杭州后，直接进入大理寺。稍后，宋廷还特别将岳飞"逮系诏狱"的事公开"榜示"朝野。特命御史中丞何铸和大理卿周三畏为正、副主审官，"奉圣旨，就大理寺置司根勘"。当岳飞被带到两名主审官面前时，他再也不能控制愤怒的情绪，以致身体也站立不稳。旁边站立的一个狱卒，以刑杖击地发出重重的声响，呵斥道："叉手正立!"岳飞这才意识到自己身陷罗网，只能无奈地任人摆布，叉手端正地站立。但他想想自己曾是十万雄师的统帅，令出如山，将士听命，金人闻风丧胆，今天却受到狱吏如此无礼的对待，不禁满腔愤怒地说："吾尝统十万军，今日乃知狱吏之贵也!"

9. 有狱子①，事飞甚谨②，至是③狱子倚门斜立，无恭谨之状，飞异之④。狱子忽然而言曰："我平生以岳飞为忠臣，故伏侍甚谨，不敢少慢⑤，今乃逆臣耳⑥！"飞闻之，请问其故，狱子曰："君臣不可疑，疑则为乱，故君疑臣则诛，臣疑君则反。若臣疑于君⑦而不反，复为君疑而诛之；若君疑于臣而不诛，则复疑于君而必反。君今疑臣矣，故送下棘寺⑧，岂有复出之理！死固无疑矣。少保若不死，出狱，则复疑于君，安得不反！反既明甚，此所以为逆臣也。"飞感动，仰天移时⑨，索笔著押⑩。狱子复事之恭谨如初。(《〔宋〕徐梦莘《三朝北盟会编》卷二〇七《岳侯传》)

[注]

①狱子：狱卒。旧时在监狱里看管囚犯的差役。②事飞甚谨：服侍岳飞很恭敬。③至是：至此。指岳飞刚强地拒不认罪。

④异之：对此（指狱子“无恭谨之状”）感到诧异。⑤少慢：稍微怠慢。⑥今乃逆臣耳：今天知道不过是一个叛逆之臣罢了。⑦臣疑于君：臣子对君主猜忌。⑧棘寺：大理寺别称。⑨移时：经历一段时间。⑩索笔著押：求笔画押。著，画图。旧时在公文、契约或供状上画花押或写“押”字、“十”字，表示认可，俗称“画押”。

岳飞入狱后，面对种种不实的罪名和残酷的刑罚，以顽强的意志，进行不屈不挠的抗争，包括绝食，但就是不肯自诬。有一个狱卒，平时对岳飞服侍很恭敬，看到岳飞性格这样倔强，对岳飞变得不再恭敬了。岳飞感到很诧异，还没等岳飞问他，狱卒忽然对岳飞说出他所以不再恭敬的原因，并给岳飞讲了一番“君疑臣则诛”“臣疑君则反”的道理，劝岳飞不要再抱什么幻想了。岳飞入狱后，当然不可能再对宋高宗有何幻想，但狱子的高论说得如此透彻，也使他悲慨万端。岳飞仰望天空，久久不说话，最后，他要求给予笔墨，愿意画押。据说岳飞提笔在狱案上写了八个大字：“天日昭昭！天日昭昭！”狱卒大概也不识字，看岳飞已经画押，就重新恢复了对岳飞的恭敬。

10. 侯初下大理狱①，吏执笔请辞②，大书其纸尾③，而胁之④曰：“汝观今世乌有大臣系狱而生者⑤？趣具成案⑥，吾为汝书⑦！”（〔宋〕薛季宣《浪语集》卷七《周将军庙观岳侯石像二首》诗注）

[注]

①侯：对岳飞的尊称。大理狱：大理寺监狱。②吏：狱吏。请辞：要求口供。③大书其纸尾：在供状纸的最下面用大字书写。④胁之：胁迫岳飞。⑤乌有：怎么有，哪里有。系狱：囚禁于牢狱。⑥趣具成案：上面催促赶快定案。趣（cù），古通

"促"。具，备办。成案，定案，使案件成立。⑦吾为汝书：我已替你书写好。

此为岳飞被胁迫招供的又一种记载。有一名胥吏带纸墨笔砚前来，用一种威胁的口吻说：你看如今世上哪有大臣被囚禁而能活下来的？上面催促备办定案，我已替你写好了口供。看来迫使岳飞自诬的口供已早有准备，岳飞对他怒目而视，不答一语。

11. 会岁暮[①]，竟不成[②]，桧一日自都堂[③]出，径入小阁[④]，危坐终日[⑤]。已而[⑥]食柑，以爪画其皮几尽[⑦]。良久，手书小纸[⑧]，令老吏付狱中，遂报先臣死矣。盖十二月二十九日也，年三十有九。(〔宋〕岳珂《鄂国金佗稡编》卷八《经进鄂王行实编年》卷五)

[注]

①会岁暮：时值年末。②竟不成：岳飞的案件终究没有炮制成功。③都堂：尚书省长官处理全省政务的厅堂。④径入小阁：径直进入小楼阁。⑤危坐终日：端坐一整天。⑥已而：后来。⑦爪：指甲。几尽：几乎画完。句意是说秦桧通过画柑皮深入思考。⑧手书小纸：亲自书写小纸条。

岳飞的冤案，到了绍兴十一年（1141）年底，终究还没有炮制成功。秦桧一天从都堂出来，径直进入一个小阁楼，闷闷不乐地端坐一整天，也没有想出什么高招。后来，又吃柑子，用指甲画柑皮，几乎将柑皮全画完，还是没有想出怎么给岳飞定罪。过了很长时间，秦桧亲自写了一张小纸条，让一个老胥吏送到监狱里，很快就报告岳飞死了。可知，那张小纸条就是杀害岳飞的指令。《金佗稡编》卷二四《张宪辨》："按《野史》，方狱之未成也，秦桧自都堂退入小阁，食柑，以手书柑皮者竟日。俄以小纸付老兵，持至寺，而先臣遂报死。初未有旨也。呜呼！桧其欺君哉！”这则记述在于说明秦桧背着宋高宗杀害岳飞，是替宋高宗开脱罪责，与史实不合。

12. 秦桧妻王氏素阴险，出其夫上。方岳飞狱具①，一日，桧独居书室，食柑，玩皮以爪划之，若有思者②。王氏窥见，笑曰：“老汉何一无决耶③？捉虎易，放虎难也。”桧掣然当心④，致片纸付入狱⑤。是日，岳王薨于棘寺⑥。（〔宋〕佚名《朝野遗记》）

［注］

①方：表示时间，刚刚，刚才。狱具：谓罪案已定。②若有思者：像有所思考的样子。③何一无决耶：怎么完全没有决断啊？④掣然：心有所动貌。当心：符合心意。⑤致片纸付入狱：将一小片纸送交监狱中。⑥薨（hōng）：古代称诸侯或有爵位的大官死去。棘寺：大理寺的别称。

此则与前则所述大意略同而文字稍异。因《朝野遗记》此则标题为《秦桧妻》，主要是说王氏阴险，向秦桧献言：“捉虎易，放虎难也。”秦桧听了王氏的话，才下决断杀害岳飞。可见在秦桧犹豫不决的时刻，其妻王氏起了关键性的帮凶作用。前则岳珂所记，为了突出秦桧是杀害岳飞的元凶，故将王氏的话略去。

13. 癸巳①，岳飞赐死②于大理寺。飞既属吏③，何铸以中执法④，与大理卿周三畏同鞫之⑤。飞久不伏，因不食求死，命其子阁门祗候雷视之。至是万俟卨入台⑥月余，狱遂上⑦。及聚断⑧，大理寺丞李若朴、何彦猷[9]言飞不应死，众不从。于是飞以众证[10]，坐尝自言己与太祖俱以三十岁除[11]节度使，为指斥乘舆[12]，情理切害[13]。及虏犯淮西，前后亲受札十（五）次，不即策应[14]，为拥兵逗遛[15]，当斩。阆州观察使御前前军统制权副都统张宪坐收飞、云书[16]，谋以襄阳叛[17]，当绞。飞长子左武大夫忠州防御使提举醴泉观云坐与宪书，称[18]可与得心腹兵官商议，为传报朝廷机密事，当追一官[19]，罚金。诏飞赐死，命领殿前都指挥使职事杨沂中莅其刑[20]，诛宪、云于都市。（〔宋〕李心传《建炎以来系年要录》卷一四三，绍兴十一年十二月癸巳）

［注］

①癸巳：绍兴十一年（1141）十二月二十九日。是月乙丑朔。②赐死：君主命令臣下自杀。③属吏：谓交给执法官吏处理。④以中执法：以公正的态度执行法律。何铸曾参与弹劾岳飞，当他看到“尽忠报国”四个大字深嵌于岳飞后背的肌肤，又没有确实证据证明岳飞有罪，便去见秦桧，力辩岳飞的无辜。并说：“铸岂区区为一岳飞者，强敌未灭，无故戮一大将，失士卒心，非社稷之长计。”秦桧遂上奏宋高宗，改命万俟卨为御史中丞，任制勘院的主审官。⑤周三畏：开封（今河南开封市）人，任大理寺卿，阿附万俟卨等置岳飞于冤狱。岳飞被害之后，晋升为吏部尚书。鞫（jū）：审问。⑥入台：进入御史台。御史台是监察机构。⑦狱遂上：罪案于是上报。⑧聚断：会同定罪。⑨李若朴：洺州曲周县（今河北曲周县）人。李若虚弟。何彦猷：字叔远，京口（今江苏镇江）人。⑩众证：旁证。此“众证”为虚言，实际上是没有证据的谎言。⑪坐：定罪，由……而获罪。太祖：宋太祖赵匡胤。除：任官。⑫指斥：指责，斥责。乘舆：旧指皇帝或诸侯所用的车舆。借指帝王。⑬切害：特别严重，极其厉害。⑭不即策应：不立即增援配合。策应，

战斗中互相配合应敌。⑮拥兵逗遛：掌握军队却耽误军机。逗遛，延误，耽误。⑯收飞、云书：接收岳飞和岳云的书信。⑰谋以襄阳叛：图谋凭据襄阳叛变。⑱称：信中说。按以上罪名完全是捏造诬陷。⑲当追一官：应当追缴一阶官秩。⑳莅其刑：亲临刑场监督行刑。

何铸主持审讯岳飞冤案，力辨岳飞无辜，秦桧遂上奏宋高宗，改命万俟卨任制勘院的主审官。万俟卨阿附秦桧，对岳飞深文周纳，残酷迫害，岳飞以绝食进行抗争，于是秦桧和万俟卨便将与案情毫无牵连的岳雷，也以“入侍看觑”为名，而投入囹圄。万俟卨任主审官一个多月便草草结案。参加会同定案的大理寺丞李若朴、何彦猷力辨岳飞不应死，但意见不被采纳。万俟卨“以众证”给岳飞定的罪是：其一，岳飞曾说“我三十二岁上建节，自古少有”，此语被引申和篡改为“自言与太祖俱以三十岁为节度使”，而被定为“指斥乘舆”的弥天大罪。其二，淮西之役，岳飞前后亲受札十五次，不即策应，“为拥兵逗遛”，当斩。结果，宋高宗下诏，岳飞赐死，张宪、岳云被诛于市。就这样，我国历史上伟大的抗金英雄，没有战死在枪林箭雨中，却被投降派诬陷杀害。

14. 其毙于狱也①，实请具浴②，拉胁而殂③。狱卒隗顺负其尸出④，逾城⑤，至九曲丛祠⑥中。故至今九曲五显庙尚灵（旧在大理寺墙下）。顺葬之北山之湄⑦，身素有⑧一玉环，顺亦殉之腰下⑨，树双橘于上识焉⑩。及其死也⑪，谓其子曰：“异时⑫朝廷求而不获，必悬官赏⑬。汝告言⑭，曰棺上一铅筒⑮，有棘寺勒字⑯，吾埋殡之符也。”后果购其瘗不得⑰，以一班职为赏⑱，其子始上告官。悉如所言，而尸色如生⑲，尚可更敛礼服

也[20]。(〔宋〕佚名《朝野遗记》)

[注]

①其毙于狱也：岳飞死在监狱中（这件事）。②实请具浴：实际情况是请求让其洗澡。③拉胁而殂：重击胸肋致死。拉，击，打。胁，肋骨。殂（cú），死亡。关于岳飞的死，说法不一。“拉胁而殂”是其中之一。《建炎以来系年要录》卷一四三说“诏飞赐死”，即宋高宗命令岳飞自杀而死。《三朝北盟会编》卷二〇七说“飞死于狱中，枭其首”，又同书同卷《岳侯传》说：“侯中毒而卒，葬于临安菜园内。”④负其尸出：将岳飞的尸体从大理寺背出来。⑤逾城：穿越城郭。⑥九曲丛祠：《西湖游览志》载，“钱塘门沿城而北，旧有九曲城”。可能因此段城垣曲折，故名。丛祠指乡野林间的神祠。可见九曲丛祠应指钱塘门外的林间神祠。⑦北山之漘：北山的水边。漘（chún），水边。⑧身素有：身上平素佩有。⑨殉之腰下：随同埋葬在岳飞的腰下。殉，古代用人或物随葬。⑩树双橘于上识焉：在坟上栽种两棵橘树作为标志。⑪及其死也：等到隗顺死的时候。⑫异时：日后。⑬必悬官赏：一定会公布授官和赏赐的赏格。⑭汝告言：你可以揭发此事。告言，揭露，告发。⑮铅筒：铅制的圆筒。⑯有棘寺勒字：铅筒上有大理寺的刻字。棘寺，大理寺的别称。勒，雕刻。⑰后果购其瘗不得：后来果然寻求不到岳飞的葬处。购，悬赏征求。⑱以一班职为赏：以一官阶实职作为悬赏。⑲尸色如生：尸体的颜色像活着的一样。⑳尚可更敛礼服也：还可以更换入殓的礼服。礼服，庄重而且正式的服装。

岳飞被杀害于大理寺监狱后，富有正义感的狱卒隗顺出于对岳飞的敬重和同情，冒险背负岳飞的尸身，偷偷埋葬于钱塘门外九曲丛祠附近。岳飞随身尚有一个玉环，隗顺也随同埋葬在岳飞的腰下。在坟前种上两棵橘树，以作标记，假称“贾宜人坟”。隗顺死前，才告诉他的儿子岳飞埋葬的地点和记号，并告诉他，日后朝廷征求岳飞的尸体，如果找不到，一定会悬赏官职，到时候你再告诉他们。后来岳飞得以平反，朝廷果然征求不到岳飞的尸体，就用一个职官悬赏，隗顺的儿子才将实情上告官府。打开坟墓，一切全与隗顺所说相符。岳飞尸体的面色就像活着时一样，尸体还可以更换入殓的礼服。隗顺的行为也得到后人的敬重。

15. 及勘证得前少保、武胜、定国军节度使、充万寿观使岳飞所犯[①]。内岳飞为因探报得金人侵犯淮南[②]，前后一十五次受亲札指挥，令策应措置[③]战事，而坐观胜负，逗遛不进。及因董先、张宪问张俊军马怎生的?言道都败了回去也，便乃指斥乘舆。及向张宪、董先道，张家、韩家人马[④]，你只将一万人，已蹉踏了[⑤]。及因罢兵权后，又令孙革[⑥]写书与张宪，令措置别作擘画[⑦]，又令看讫焚之[⑧]。及令张宪虚申[⑨]，探得四太子大兵前来侵犯上流[⑩]。自是之后，张宪商议待反背[⑪]，而据守襄阳，及把截江岸两头[⑫]，尽劫官、私舟船。又累次令孙革奏报不实，及制勘虚妄[⑬]等罪。除罪轻外，法寺[⑭]称：“律有临军征讨，稽期三日者[⑮]，斩；及指斥乘舆，情理切害者，斩，系罪重。其岳飞合依斩刑私罪上定断[⑯]，合决重杖[⑰]处死。”

看详[⑱]岳飞坐拥重兵于两军未解之间，十五次被受御笔[⑲]，并遣中使督兵[⑳]，逗遛不进。及于此时辄对张宪、董先指斥乘舆，情理切害者。又说与张宪、董先，要蹉踏张俊、韩世忠人马。及移书与张宪，令措置别作擘画，致张宪意待谋反，据守襄阳等处作过[㉑]。委是情理深重[22]，敕[23]："罪人情重法轻[24]，奏裁[25]。"（〔宋〕李心传《建炎以来朝野杂记》乙集卷一二《岳少保诬证断案》）

［注］

①勘证：亦作"勘正"，审问核实。所犯：所犯下的罪行。②内：指岳飞所犯的罪行中。淮南：指淮西地区。③措置：安排，料理。④张家、韩家人马：指张俊和韩世忠的军队。⑤蹉踏：搓揉，踩踏。⑥孙革：原为岳家军将领，后换文资左朝散郎，任岳家军干办公事。绍兴十一年（1141）宣抚司罢，奉祠居行在，后出为兴化军通判，被诬为岳飞书写咨目通书张宪谋反，除名勒停，送浔州编管。⑦擘画：筹划，安排。⑧看讫焚之：看罢将书信焚烧掉。讫，完结，终了。⑨虚申：虚假报告。⑩四太子：指完颜兀术（宗弼）。上流：指长江上游地区。⑪反背：亦作"反北"。背叛。⑫把截：把守堵截。⑬制勘：考察并裁决，巡查并断决。虚妄：不合事实，荒诞无稽。⑭法寺：大理寺的别称。⑮稽期：迟延时间。⑯私罪：个人所犯的罪行。定断：定案，做出判断和决定。⑰合：应该。决重杖：处以加重的杖刑。⑱看详：审阅研究。⑲被受御笔：接受皇帝亲笔书写的诏命。⑳中使：宫中派出的使者。多指宦官。督兵：监督军队。㉑作过：做坏事。特指叛乱、闹事等。㉒委是：确实。情理深重：案情和事理重大。㉓敕：帝王的诏书、命令。㉔情重法轻：情节严重而刑罚较轻。㉕奏裁：奏请裁决。

这是"刑部、大理寺状"中关于岳飞本人的罪状和判决的节录，是岳飞一案的原始档案材料。这一份事后补上的判决书，皆为凭空捏造。而判决结果，则与岳飞对证王俊的首告状并无关系。可见必欲杀之，何患无辞。作者李心传说他曾经得以看到当时中书省处置的各种文件，与判决书加给岳飞的罪名比较，"皆一时锻炼文致之词"。即使判决书所列罪状，"犹不过如此"，岳飞也罪不至死，"则飞之冤可见矣"。但宋高宗知道朝野肯定会有不服，竟下旨：“仍出榜晓谕，应缘上件公事干涉之人，一切不问，亦不许人陈告，官司不得受理。”

16. 岳武穆狱案[①]，今在莆阳陈鲁公[②]家。始者无狱辞[③]也，但大书“天日昭昭！天日昭昭[④]”八字。是罪案乃是细书[⑤]，与前笔迹不同，不知后来如何黏[⑥]成一卷也。郑棐之侄亲见之。(《说郛》卷一九，〔宋〕曾三异《因话录》)

［注］

①狱案：案件的文本。②莆阳：县名。今福建莆田市。陈鲁公：指陈康伯，宋高宗和宋孝宗两朝宰相，江南西路弋阳(今江西弋阳县)人，其后裔或居莆田，故称“莆阳陈鲁公家”。③狱辞：亦作“狱词”。犹供词。④天日昭昭：天空的太阳光明亮堂。意思是天理长存，善恶分明。⑤罪案：供状。细书：小字。⑥黏(nián)：黏合连接。

郑棐之侄曾在莆阳陈康伯的后裔处亲眼看到岳飞狱案的原件，起初，并没有岳飞的供词，只有岳飞亲笔书写的“天日昭昭！天日昭昭”八个大字。但关于岳飞的认罪供词，却是小楷细书，与岳飞的笔迹不同。所以曾三异怀疑是后来有人粘贴到一起的，但又不知道是如何粘贴的。这说明岳飞在狱中始终没有自诬。岳珂在《鄂王行实编年》中说：“其具狱但称以众证结案，而先臣竟无服辞云。”李心传也在《建炎以来系年要录》卷一四三中说，“飞久不伏”，可知是事实。此则材料也证明岳飞刑案的炮制完全是弄虚作假。

十二、辨诬

1. 初[①]，先臣之狱[②]，桧以忌怨成隙[③]，待先臣以必死[④]。何铸[⑤]既明先臣无辜，失桧意[⑥]，迁铸执政[⑦]，而俾使虏[⑧]，实夺其位。卨自请任其责[⑨]，乃擢之为中丞[⑩]，专主锻炼[⑪]。狱之未成也，大理丞[⑫]李若朴、何彦猷以为无罪，固与卨争[⑬]。卨即日弹[⑭]若朴，谓其党庇[⑮]先臣，与彦猷俱罢[⑯]。大理卿薛仁辅亦言其冤状，卒以罪去[⑰]。知宗士㒟请以百口保先臣[⑱]，卨劾之，窜死于建州[⑲]。布衣刘允升上疏讼其冤[⑳]，下棘寺以死[㉑]。（〔宋〕岳珂《鄂国金佗稡编》卷八《鄂王行实编年》卷五）

［注］

①初：往昔，当初。②先臣之狱：指岳飞冤案。③桧以忌怨成隙：秦桧因为妒忌怨恨产生嫌隙。④待先臣以必死：以必须杀死来对待岳飞。⑤何铸：见“十一、冤狱”第4则注②。⑥失桧意：不合秦桧的心意。⑦迁铸执政：升迁何铸为执政官。宋称参知政事、门下侍郎、中书侍郎、尚书左右丞、枢密使、枢密副使、知枢密院事、同知枢密院事为执政官。何铸改官为端明殿学士、签书枢密院事为报谢使。⑧而俾使虏：派他出使到金国去。俾，使。虏，对金国的蔑称。⑨卨自请任其责：万俟卨自愿请求担任审讯岳飞一案的差使。⑩乃擢之为中丞：于是提拔他为御史中丞。御史中丞是中央监察机构御史台的长官。⑪专主锻炼：专注罗织罪名，造成罪案。⑫大理丞：即大理寺丞，大理寺属官。大理寺的主官为大理寺卿，即下文大理卿，掌握全国刑狱的最高长官。其次才是大理寺少卿、大理寺寺正、

大理寺丞。大理寺丞之职在正刑之轻重。⑬固与卨争：坚决地与万俟卨争执。⑭弹：弹劾。⑮党庇：结党庇护。⑯俱罢：一起罢去官职。⑰卒以罪去：最终因为获罪离开。⑱知宗：官名。知大宗正事的简称。以百口保先臣：用全家百口人的性命保全岳飞。⑲窜死：贬逐而死。建州：治建安县（今福建省建瓯市）。⑳布衣：平民。上疏讼其冤：上奏疏申辩岳飞的冤屈。㉑下棘寺以死：投放到大理寺而死。

秦桧因岳飞坚决反对和议且坚持北伐，必欲杀之而后快。所以凡附和秦桧意见的人，就可升迁；凡认为岳飞无辜的人，即遭弹劾罢官甚至被害。御史中丞何铸原为岳飞一案的主审官，因为力辨岳飞无罪，而罢其原官，遣之使金。万俟卨衔恨岳飞，投靠秦桧，便由地方官擢升为御史中丞，代何铸成为岳飞一案的主审官。大理丞李若朴、何彦猷，大理寺卿薛仁辅皆认为岳飞无罪，三人俱被罢官。知大宗正事赵士㒟，请求用全家百口人的性命保岳飞无罪，遭贬逐而死于建州。布衣刘允升上疏讼岳飞之冤，被下于大理寺而死。这一方面说明岳飞之冤，当时的朝野尽不平；另一方面也可知秦桧、万俟卨的背后，还有更大的凶手宋高宗。

2. 其后飞得罪下狱，㒟极辩其无辜，且以百口保之，非惟感恩①，盖亲见其用兵神速故耳。朝臣并论㒟身为宗室，不应交结②将帅，因指为飞党，遂罢宗司③，与祠云④。（〔宋〕周密《齐东野语》卷一三《岳武穆逸事》）

［注］

①非惟感恩：不只是感谢岳飞的救命之恩。②交结：指勾结。③宗司：宗正司。宋朝中央政府管理皇族的机构。赵士㒟为判大宗正事。④与祠云：给予奉祠官。云，句末助词，无实

在意义。

绍兴九年（1139）正月，宋高宗派赵士㒟一行人等前往祭扫八陵。赵士㒟对岳飞尽忠于国的事迹早有耳闻，此行亲见岳飞用兵神速，料敌如神，保护了他们一行人的安全，对岳飞更加钦佩。及至岳飞得罪下狱，赵士㒟极力辨其无辜，他向宋高宗说："中原未靖，祸及忠义，是忘二圣，不欲复中原也。臣以百口保岳飞无他。"秦桧在朝中的党羽竟诬陷赵士㒟身为宗室重臣，"交结将帅"，是岳飞的同党，罢其宗正司判大宗正事的官职，给予奉祠官谪居建州。

3. 岳飞之狱，王①不平，以问桧，桧曰："飞子云与张宪书虽不明，其事体莫须有②。"王艴然变色③曰："相公！莫须有三字，何以服天下④！"（〔宋〕杜大珪《琬琰集删存》卷一《韩忠武王世忠中兴佐命定国元勋之碑》）

［注］

①王：称韩世忠。宋孝宗时，追封韩世忠为蕲王。②事体：事情。莫须有：此语历来存有很大的争议。诸如"或许有""必须有（一定有）""莫（表迟疑），须有（表肯定）""莫须，有（等等看，会有的）""岂不须有（难道没有）""不须有（不需要有理由）""嘛需有（江南方言，不需有）"等不同说法。一般解释为恐怕有，也许有。含糊其词，形容无中生有，罗织罪名。③艴然变色：气愤地改变脸色。④何以服天下：怎么能让天下人信服。服，使动词。

韩世忠与岳飞同是抗战派大将，且知道绍兴十一年（1141）五月，秦桧和张俊曾以措置淮南东路战守为名，罗织自己的罪状，所使用的手段，与岳飞冤案如出一辙。那次若非岳飞暗中与自己报信，自己今天也会与岳飞一样深陷牢狱。于是愤愤不平地质问秦桧，岳飞何罪而被逮？秦桧冷冰冰地回答：岳飞之子岳云给张宪的信虽然不清楚，但其事难道不许有？连秦桧自己也承认其事并“不明”，却用“莫须有”来作理由，难怪韩世忠气得“艴然变色”，反问道：“莫须有三字，何以服天下!”“莫须有”自此成为凭空诬陷人的典源。

4. 智浃字巨源，汾州①人，知书②，通《春秋左氏传》，有识③，性不喜阿随④，好直言。岳飞以宾客待之。飞死，浃上书辩飞之冤，事下中书⑤。秦桧怒，送袁州编管⑥。袁州官吏以浃取怒时相⑦，全不少假⑧，监系⑨甚严，浃不堪⑩，死。（〔宋〕徐梦莘《三朝北盟会编》卷二〇八）

［注］

①汾州：宋属河东路，治汾阳（今山西汾阳市）。②知书：懂得书中的知识和道理。谓读书多，有文化。③有识：有见识。④阿随：阿谀追随。⑤中书：中书省，宋代皇帝直属的中枢官署之名。为秉承君主意旨，掌管机要，发布皇帝诏书、中央政令。⑥袁州：治宜春县（今江西宜春市袁州区）。编管：宋代官吏得罪，谪放远方州郡，编入该地户籍，并由地方官吏加以管束，谓之“编管”。⑦取怒时相：得罪于当时的宰相秦桧。⑧全不少假：一点儿也不稍加宽容。假，宽容，宽饶。⑨监系：监守拘囚。⑩不堪：不能忍受。

智浃长期在岳家军中，深知岳飞的思想和行为，因而为岳飞的被害鸣冤叫屈。他的上书到达中书省，惹得秦桧大怒。据其他资料，秦桧等无中生有地诬陷智浃受岳云贿赂，带书信给张宪，“决臀杖二十”，流放袁州编管。袁州的官吏因为智浃得罪了时相秦桧，对他监守拘禁特别严苛，一点儿也不予以宽容。智浃忍受不了凌虐而死。从中可见秦桧的势焰在当时是何等炽盛，而敢于为岳飞鸣冤者无一能幸免于秦桧的毒手。此则记载也见于《建炎以来系年要录》卷一四四绍兴十二年正月戊申。李心传的注说："此以赵甡之《遗史》参修，但甡之称'飞死，浃上书讼飞之冤'，则恐误。盖浃与飞同结案也。今略修润，令不抵牾。浃降旨编管，在去年（绍兴十一年）十二月晦日，其行遣当在此时。"

5. 然昨睹榜示，遽以枢密行府见勘张宪，其谋有累于岳飞①，遂逮系诏狱，连及妻、子。天下之人不知岳飞之罪，又畏扇摇之诛②，莫不顾盼相视③，彷徨不能去④。如病瘖之人⑤，终日茹苦而不敢吐⑥。何者？事出于疑似之间，而圣人难知者也。……今陛下捕系岳飞，是飞有以取之⑦也，是飞自处于幽暗隐蔽之间⑧也，是非陛下不临而照之也⑨。夫以其自处于幽暗隐蔽之间，而其势不能自暴白⑩于陛下之前，而陛下孰得而临照之哉？况方当迅雷震霆之怒⑪，势不及于掩耳，而天下之民踈贱无知⑫，不敢为陛下言；百官有司各有攸职⑬，不肯为陛下言；宰辅之臣媚虏急和⑭，又决不为陛下言。是陛下卒不得而临照之，此臣布衣之士，所以不敢不为陛下言也。

［注］

①"遽以"二句：竟因为枢密行府现在审问张宪，张宪的谋划连累岳飞。遽，就，竟。《淮南子·人间训》："此何遽不能为福乎？"见，同"现"。勘，审问犯人。②扇摇之诛：因煽动之罪被诛杀。③顾盼相视：向左右或周围看来看去。形容害怕

有人看见或听见。④彷徨不能去：徘徊走动而不忍离开。⑤如病瘖之人：像患喑哑失音的病人。⑥终日茹苦而不敢吐：整天吃着苦东西而不敢说出来。茹，吃。吐，陈说。⑦有以取之：有得到祸难的原因。⑧幽暗隐蔽之间：指牢狱之中。⑨是非陛下不临而照之也：这除非皇上您的恩德不能照耀他。临而照，犹言临照，天日之照耀。多喻指君王的仪范或恩德。⑩暴（pù）白：剖白。分辩表白。⑪迅雷震霆之怒：形容愤怒之极。震怒，盛怒。⑫踈贱无知：疏陋卑贱而不明事理。踈，同“疏”。⑬百官有司各有攸职：众多主管某部门的官吏各有分内应做的事。攸，所。职，掌管。⑭宰辅之臣：辅政的大臣。一般指宰相。媚虏急和：向金人献媚急于求和。

……故得士卒之心者，必得罪于偏裨[①]；有睚眦之隙[②]者，必锻炼以成狱[③]。岳飞之治兵，严肃而尚威[④]，此疑其得罪于偏裨者也；张宪之文连主帅[⑤]，此疑其锻炼以成狱者也。锻炼之狱虽成，而万一有疑似之迹[⑥]，则臣不得而知，然亦在陛下广高明之见[⑦]，而以情察之可也[⑧]。……臣之与飞，素无半面之雅[⑨]，亦未尝漫刺其门[⑩]，而受一饭之德[⑪]，独为陛下重惜朝廷之体耳[⑫]。……伏望陛下重惜国体，不惮改为[⑬]，断自宸衷[⑭]，特垂赦宥[⑮]，使君臣之义，复全于今日[⑯]，而飞之余忠[⑰]，尚得效于后来[⑱]，天下幸甚[⑲]！幸甚！（〔宋〕岳珂《鄂国金佗续编》卷三〇，范澄之《南剑州布衣上皇帝书》）

［注］

①偏裨：偏将，裨将。将佐的通称。②睚眦之隙：瞪人一眼所产生的小小的不愉快，形容微不足道的小过节。③必锻炼以成狱：一定要罗织罪名而造成刑事案件。④严肃而尚威：严格而重视威信。⑤张宪之文连主帅：张宪被罗织之罪牵连主帅。

文，指文致，谓舞文弄法，致人于罪。⑥有疑似之迹：有是非不明的形迹。⑦广高明之见：扩大高明的见识。⑧而以情察之可也：而按实情明察其事就可以了。⑨素无半面之雅：向来没有见过半面的交情。雅，交情。《汉书·谷永传》："永斗筲之材，质薄学朽，无一日之雅。"⑩亦未尝漫刺其门：也不曾向他的门前投递名帖。《后汉书·祢衡传》："（祢衡）建安初来游许下，始达颍川乃阴怀一刺，既而无所之适，至于刺字漫灭。"后因以"漫刺"指名刺，即拜访时通姓名用的名片。⑪受一饭之德：接受他一餐饭的恩惠。⑫独为陛下重惜朝廷之体耳：只为陛下十分珍惜国家的体统罢了。⑬不惮改为：不怕改变所作所为。⑭断自宸衷：决断于陛下的心意。宸衷，帝王的心意。⑮特垂赦宥：特别颁降赦免的命令。赦宥，宽恕，赦免。⑯复全于今日：在今天得以恢复完整。⑰余忠：遗忠。遗留的忠诚。⑱尚得效于后来：还能够为后来的人效法。⑲幸甚：非常庆幸。书信中习用语，有表示殷切希望之意。

南剑州布衣范澄之闻岳飞之冤，上书宋高宗，请求宋高宗对岳飞"特垂赦宥"。原文较长，讲了许多大道理和古代的许多事例，此节录其中的部分内容。范澄之指出，岳飞和张宪之案"事出于疑似之间""此疑其锻炼以成狱者也"。但天下之人"畏煽摇之诛"不敢讲，"百官有司各有攸职"不肯言，"宰辅之臣媚虏急和，又决不为陛下言"，而他作为一介布衣，"不敢不为陛下言也"。他希望宋高宗能"以情察之""不惮改为""特垂赦宥"，使岳飞的余忠，还能够为后来的人效法，也就是用岳飞的爱国精神激励当时的人，同仇敌忾，抗击金寇。他特别强调说："臣之与飞，素无半面之雅，亦未尝漫刺其门，而受一饭之德，独为陛下重惜朝廷之体耳。"奏书言辞恳切，但丝毫不能打动宋高宗的铁石心肠。

6. 臣窃见往者秦桧擅权，力主和议，沮[①]天下忠臣义士之气，使不得伸。是以胡铨，直臣[②]也，以上书激切[③]，桧遂贬之远方，二十余年不用。岳飞，良将也，以决意用兵，桧文致极法[④]，家属尽徙岭表[⑤]。至今人言其冤，往往为之出涕[⑥]。臣愿陛下思咸感之义[⑦]，霈涣号之恩[⑧]，召还胡铨，亟赐擢用[⑨]，昭雪岳飞，录其子孙，以激天下忠臣义士之气；则在廷之臣必黾勉[⑩]而尽忠，沿边之将必踊跃而效命[⑪]。臣邻[⑫]尽忠于内，将士效命于外，以此破敌，何敌不摧，以此建功，何功不立，诚帝王鼓动天下之至权[⑬]也。（〔宋〕岳珂《鄂国金佗续编》卷三〇，杜莘老《乞昭雪奏札》）

［注］

①沮：破坏，败坏。②胡铨（1102—1180）：字邦衡，号澹庵，宋庐陵（今江西吉安市）人，建炎二年（1128）进士。充枢密院编修官。反对秦桧主和，上封事请斩桧等获罪，初议编管昭州，后多次迁改。孝宗即位，官至工部侍郎。谥忠简。《宋史》有传。直臣：直言谏诤之臣。③以上书激切：因为上奏章言辞激烈直率。④桧文致极法：秦桧舞文弄法，致岳飞于极刑。文致，谓舞文弄法，致人于罪。极法，犹极刑。死刑，重刑。⑤岭表：岭外。指五岭以南地区。⑥出涕：因伤心而流眼泪。⑦咸感之义：阴阳相感之义。《易·咸》："彖曰：咸，感也。柔上而刚下，二气感应以相与，止而说，男下女，是以'亨利贞，取女吉'也。"后以"咸感"谓阴阳相感，夫妇相和。此指君臣相和的大义。⑧霈涣号之恩：大施发布号令的恩泽。霈，雨、雪等盛大的样子。此作动词。涣号，"涣汗大号"之省。谓帝王号令，如人之汗，一出不复收。《易·涣》："九五，涣汗其大号。"孔颖达疏："人遇险阨惊怖而劳，则汗从体出，故以汗喻险阨也。九五处尊履正，在号令之中，能行号令以散险阨者

也。”朱熹本义：“九五巽体，有号令之象，汗谓如汗之出而不反也。”⑨亟赐擢用：紧急赐以提拔重用。⑩黾勉：努力，尽力。⑪效命：舍命报效，尽心尽力。⑫臣邻：本谓君臣应相亲近，后泛指臣庶。⑬至权：最好的谋略。权，谋略，计谋。

绍兴三十一年（1161），金海陵王大举南侵，南宋抗金情绪重新高涨。官员杜莘老上奏札，明确指出岳飞冤案的根由：岳飞是良将，因为决意用兵抗金，遭到秦桧舞文弄法，致使岳飞身受极刑，家属受到株连，全部流放到岭外。奏札又指出岳飞之冤，天下共惜。岳飞已死二十年，至今人们说到他的冤枉，仍为之流泪。他强烈请求宋高宗下诏，“召还胡铨，亟赐擢用，昭雪岳飞，录其子孙，以激天下忠臣义士之气”。杜莘老满以为，其时秦桧已死六年，宋高宗正当用人抗金之际，为岳飞平反昭雪，可以得到民心，激励全国抗金军民的情绪，却不料宋高宗仍无意于为岳飞平反。他只是下诏，给岳飞和张宪家属解除拘禁，以开“生还”之路，却须与蔡京、童贯等祸国巨奸并列，也足见这个独夫之用心。

7. 次岁，明清入朝[1]，始得诏狱[2]全案观之，岳侯之坐死[3]，乃以尝自言与太祖俱以三十岁为节度使，以为指斥乘舆，情理切害[4]；及握兵之日，受庚牌[5]不即出师者凡十三次，以为抗拒诏命。初不究“将在军，君命有所不受”之义[6]。又云：“岳云与张宪书，通谋为乱[7]。”所供虽尝移缄[8]，既不曾达，继复焚如，亦不知其词云何[9]，且与元首状了无干涉[10]。锻炼虽极[11]，而不得实情，的见诬罔[12]，孰所为据，而遽皆处极典[13]，览之拂膺[14]！傥非后来诏书湔洗追褒[15]，则没地[16]衔冤于无穷。所可恨者，使当时推鞫酷吏漏网，不正刑典耳[17]！

王俊者，初以小兵，徒中反告⑱，而转资⑲，晚以裨将而妄讦⑳主帅，遂饕富贵㉑。驵卒钤奴㉒，一时顷险㉓，不足比数㉔。考其终始之间，可谓怪矣。首状虽甚为鄙俚之言㉕，然不可更㉖一字也。（〔宋〕王明清《挥麈馀话》卷二）

［注］

①次岁：第二年。指“壬子岁”（宋光宗绍熙三年，1192）的第二年。因前文有“明清壬子岁仕宁国，得王俊所首岳侯状于其家”。明清，作者王明清自称。②诏狱：皇帝钦命办理的案件。③坐死：坐罪被处死。④以为指斥乘舆，情理切害：认为是斥责皇帝，案情和事理特别严重。情理，案情和事理，同时包含事实和法律两个维度。⑤庚牌：庚符。兵符，虎符。调兵遣将的凭证。⑥初不究……之义：全然不探求……的道理。将在军，君命有所不受：语出《史记·孙子吴起列传》：“臣既已受命为将，将在军，君命有所不受。”意思是将领远征在外可以相机作战，不必接受君主的命令。⑦通谋为乱：共同策划作乱。⑧缄：信件。移缄，致信。⑨其词云何：信件内容说的是什么。⑩且与元首状了无干涉：而且与原来的《告首状》一点关系也没有。元，通“原”。了，全，完全。干涉，关涉，关系。⑪锻炼虽极：罗织罪名虽然达到极致。⑫的见诬罔：确实可见纯属诬陷。诬罔，诬陷毁谤。⑬孰所为据，而遽皆处极典：以什么作依据，而匆促都处以极刑。极典，极刑，指死刑。⑭览之拂膺：阅读岳飞全案令人气逆胸臆。拂膺，气逆胸臆。极言愤怒。⑮傥非：如果不是。傥，同“倘”。湔洗追褒：洗雪冤屈，追封褒奖。⑯没地：人死埋葬于地下。⑰使当时推鞫酷吏漏网，不正刑典耳：让当时审问岳飞的酷吏漏网，没能将他们按刑法治罪。推鞫，意谓审问。酷吏，指滥用刑法残酷害人的官吏。刑典，刑法，法典。漏网，比喻侥幸逃脱法网。⑱徒中反告：在徒党中进行反告。徒，徒党，同一类或同一派别的人。反告，

恐被人告发，而先行上告。⑲转资：升迁官职。转，迁官转任。资，官资。官吏的资历职位。⑳裨将：偏将，副将。妄讦：虚妄不实地攻讦。㉑遂饕富贵：于是贪得富贵。饕（tāo），贪婪。㉒驵卒：马夫。钤奴：髡钳为奴者。㉓顷险：谓用心邪僻险恶。㉔不足比数：不足以相提并论。比数，相与并列，相提并论。㉕鄙俚之言：粗野庸俗的语言。㉖更（gēng）：更换，改变。

王明清说他在看到王俊《告首状》的第二年入朝，之后才得以看到岳飞“诏狱”的全部文件。岳飞被定罪处死，主要有三条：一是岳飞曾说自己与宋太祖同是三十岁建节，为“指斥乘舆”。对此，作者没有批驳，大概认为即使岳飞真的说过此话，也算不上“情理切害”。二是岳飞援淮西时，接受十三次军符而不立即出师，为“抗拒诏命”。作者认为“将在外，君命有所不受”，不能算是“抗拒诏命”。三是说“岳云与张宪书，通谋为乱”。作者认为，张宪供述虽然岳云曾与他通过书信，但不曾送达。既然不曾送达，接着又说张宪加以焚毁，分明自相矛盾。也不知道信中写了什么，况且这与王俊原来的《告首状》一点关系也没有。为罗织罪名虽然无所不用其极，却并没有得到实情，“的见诬罔”。只可恨当时负责审案的那些酷吏漏网而没有得到正法。而王俊“以裨将而妄讦主帅”，竟然冒得富贵。真是天理何在！

8. 先是，岳飞卒于狱，时廷臣畏祸[①]，莫敢有言者[②]。公方第[③]，即上疏言：“岳飞忠勇，天下共闻，一朝被谤，不旬日[④]而亡，则敌国庆幸，而将士解体[⑤]，非国家之福也。”又云：“今朝廷冤之[⑥]，天下冤之，陛下所不知也。当亟复其爵[⑦]，厚恤其家[⑧]，表[⑨]其忠义，播告中外[⑩]，俾忠魂瞑目于九原[⑪]，公道昭明[⑫]于天下。”

帝特优容之[13]。时公尚在期集所[14]，犹未官也[15]。秦相益忌之[16]。（〔宋〕张孝祥《于湖居士文集》附录《宣城张氏信谱传》）

［注］

①时廷臣畏祸：当时朝廷大臣害怕招来祸患。②莫敢有言者：没有敢于说话的人。③公：称张孝祥。方第：刚科举及第。④不旬日：不到十天，形容时间很短。⑤解体：比喻人心离散。⑥冤之：认为岳飞冤枉。⑦当亟复其爵：应当尽快恢复他的官爵。亟（jí），赶快，急切。⑧厚恤其家：优厚地抚恤他的家属。⑨表：表彰，显扬。⑩播告中外：遍告朝廷内外。⑪九原：九泉，黄泉。指地下，阴间。⑫昭明：显明，显著。⑬帝特优容之：皇帝赵构对他特别宽待。⑭期集所：新科进士聚会的地方。⑮犹未官：还没有任官。⑯秦相益忌之：宰相秦桧更加忌恨他。张孝祥科举及第于绍兴二十四年（1154）。次年秦桧病死，张孝祥上疏疑于秦桧死后。

《宣城张氏信谱传》是为张孝祥所作的传记。传中说，张孝祥刚刚科举及第，就向宋高宗上疏。奏疏首先正面指出，岳飞的忠勇，天下人都知道。接着直接指出，岳飞是被诬谤致死的。他的死所产生的严重后果，一方面是为敌人拔去眼中钉、心头刺，敌国极大庆幸；另一方面却使将士寒心，斗志涣散。“非国家之福”，实言是国家的灾难。“今朝廷冤之，天下冤之，陛下所不知也”，与其说是对宋高宗的提醒，不如说是对宋高宗的批评。他请求紧急为岳飞平反，恢复其官爵，厚恤其家属，表彰其忠义，遍告于朝野，孰使忠魂瞑目，公道昭明。宋高宗对这个状元算是特别“优容”，未予治罪。不论张孝祥上疏在秦桧生前还是死后，他的敢言和正义都是值得称道的。

9. 太学生程宏图上书[1]：“然诏不可徒下也。首当正秦桧之罪[②]，复无辜之冤[③]，以舒天下不平之心[④]，而振其敢为之气。……自岳飞以决意用兵，而诬致大逆[⑤]，身戮而族诛，则三军将士忠愤之气沮[⑥]矣。……今者要当令有司正秦桧之罪[⑦]，追夺[⑧]官爵，而籍[⑨]其家财，追赠宇文之爵[⑩]，而为之立祠，雪赵鼎、岳飞之冤，而后诏书朝下而暮赴必矣[⑪]。”（〔宋〕徐梦莘《三朝北盟会编》卷二三七）

［注］

①太学生：太学学生。太学是中国古代的大学。始设于汉代。宋代太学仍为最高学府，隶国子监。②正秦桧之罪：治秦桧的罪。正罪，治罪，定罪。③复无辜之冤：免除无罪者的冤枉。复，免除。汉晁错《论贵粟疏》：“民有东骑马一匹者，复卒三人（免除三人的兵役）。”④以舒天下不平之心：用来使全国人民愤慨不平的心情得到宣泄。舒，抒发，宣泄积滞。⑤诬致大逆：受诬陷招致“大逆”的罪名。封建时代称危害君父、宗庙、宫阙等罪行为“大逆”。为“十恶”之一。⑥沮：丧气、颓丧或灰心失望。⑦今者：如今。有司：主管某部门的官吏。⑧追夺：追削剥夺。⑨籍：登记并没收。⑩追赠：或作追封、追晋，死后赠官。即加封死者的官职、勋位。宇文：宇文虚中（1079—1146），初名宇文黄中，字叔通，别号龙溪居士，广都（今四川省成都市双流区）人。大观三年（1109）进士。宋徽宗赐其名为“虚中”，官至资政殿大学士，历仕徽宗、钦宗、高宗三朝，迁为黄门侍郎。南宋建炎二年（1128），出使金国被扣押。金熙宗继位，加授礼部尚书、翰林学士承旨，封河内郡开国公，加特进，后因图谋南奔而被杀。⑪诏书朝下而暮赴：诏书早上颁下傍晚就去受命应召。必矣：一定的。

绍兴三十一年（1161），金海陵王大举南侵，宋廷急需全国军民一致抗金。太学生程宏图上书宋高宗，分析了当时的形势，提出了宝贵的建议。全文较长，此为节录关于秦桧的部分。程宏图建议宋高宗下诏首当定秦桧的罪行，免除无辜者的冤屈，这样可以让全国人民愤慨不平的情绪得到宣泄，振奋其勇敢抗金的斗志。接着谈到秦桧对赵鼎、岳飞和宇文虚中的构陷迫害。他指出岳飞是因为“决意用兵”而受诬陷，进而招致“大逆”的罪名，最终被杀且株连全族，导致军队将士的忠愤之气丧失。因此一定要令有关部门对秦桧治罪，剥夺他的官爵，没收他的财产，为赵鼎、岳飞、宇文虚中平反昭雪，那么诏书早上颁下军民傍晚就必然会去受命应召，奔赴抗敌前线。然而，宋高宗却置若罔闻。

10. 臣闻故将岳飞，忠义无比，志清宇宙①，一旦为权臣所害，天下痛其冤，至今大小犹云云也②。夫孝妇之冤不伸③，犹历年为之不雨，况忠臣义士，勋烈炳天地④，精忠贯日月，无尺寸之封⑤，而反受大戮⑥，其怨怒之气，岂不充积于天地之间哉！是宜历二十余年，阴阳谬戾而灾变不息也⑦。……臣愿复故将岳飞之封爵，录⑧其子孙，以伸其冤抑⑨之气。（〔宋〕倪朴《倪石陵书·拟上高宗皇帝书》）

［注］

①志清宇宙：立志使天下清明。②大小：指尊卑或长幼。云云：犹纭纭。纷纭，纷纷（多用于形容言语、议论多而杂）。③孝妇之冤：据《列女传》记载：汉时，东海孝妇养姑甚谨。姑虑“久累年少”，遂自缢死。其女以“妇杀我母”告官，官收系之，拷掠毒治。孝妇不堪苦楚，自诬服之。时于公（定国）为狱吏，以为“此妇养姑十余年，以孝闻彻，必不杀也”。太守不听。自后郡中枯旱，三年不雨。后太守至，于公告以故，太

守亲祭孝妇冢，表其墓。天立雨，岁大熟。不伸：得不到洗雪。④勋烈炳天地：功勋光耀人间。⑤无尺寸之封：没有些微封赏。尺寸，形容数量小。⑥大戮：谓杀而陈尸示众。⑦阴阳谬戾而灾变不息也：阴阳位序颠倒而灾祸变故不停。谬戾，悖谬乖戾。⑧录：录用。⑨冤抑：冤屈。

倪朴《拟上高宗皇帝书》是《倪石陵书》中的第一篇。当作于绍兴三十一年（1161），从文题看，此奏书或未上达宋高宗。原文较长，此为节录部分。倪朴首先肯定岳飞“忠义无比，志清宇宙”，而一旦为权臣所害，全国人民痛惜其被诬含冤，至今还在谈论。然后发表议论：东海孝妇的冤屈不得洗雪，老天尚且因之多年不下雨，何况岳飞作为忠臣义士，功勋光耀人间，精忠贯穿日月，不但没有些微封赏，反而受到“大戮”，他的怨恨愤怒之气，怎能不郁积于天地之间呢！他指出，二十多年来，国家灾祸变故不停，正是上天为岳飞的冤屈不平所降下的。所以，他强烈要求为岳飞平反，恢复其封爵，录用其子孙，使岳飞的冤屈之气得到洗雪，那么，国家的灾祸和变故就会消除。

11. 淳熙五年五月五日①，臣霖以知钦州②召见，赐对便殿③，上宣谕④曰：“卿家纪律、用兵之法，张、韩⑤远不及。卿家冤枉，朕悉知之，天下共知其冤。”臣霖对曰：“仰蒙圣察⑥，抚念故家⑦，臣不胜感激。”（〔宋〕岳珂《鄂国金佗稡编》卷九《昭雪庙谥》）

[注]

①淳熙五年：公元1178年。淳熙，是南宋孝宗赵昚的第三个也是最后一个年号。②臣霖：岳珂向皇帝称其父岳霖。知钦州：即任钦州知州。钦州，南宋时治安远县（今广西钦州市）。③赐对：帝王召见臣子对答问题。便殿：正殿以外的别殿，古

时帝王休息之处。④宣谕：晓谕。明白地告诉，告知。⑤张、韩：指张俊和韩世忠。⑥仰蒙圣察：敬承皇上圣明地监察。⑦抚念：犹爱怜。故家：指旧臣的家庭。

宋孝宗赵昚倾向抗金，深知岳飞立志抗金复国而被诬杀。绍兴三十二年（1162）他即位伊始，立即宣布给岳飞平反昭雪，追复原官，以礼改葬栖霞岭下。当时宋高宗退位被尊为太上皇，他为了给太上皇保留体面，对岳飞的昭雪是有限度的。他在位后期，方按当时礼制，给岳飞定谥。淳熙五年五月五日，宋孝宗在便殿召见时任钦州知州的岳霖，才敢于讲真话。宋孝宗仅在孩童时代见过岳飞一面，知道岳飞"尝上疏请建储"，他对岳霖的谈话，不仅是出于对这位忠于自己的故将有感激图报之意，而且是对历史负责的客观公正的评价。

12. 臣重惟[①]先臣得罪于绍兴十一年之十二月，而秦桧死于绍兴二十五年之十月，其间相距凡十四载。而桧是时凶焰烜赫[②]，威制上下[③]，盖专元宰之位[④]，而董笔削之柄[⑤]。当时日历之官[⑥]言于人曰："自八年[⑦]冬，桧既监修国史[⑧]，岳飞每有捷奏，桧辄欲没其实[⑨]，至形于色[⑩]。其间如阔略[⑪]其姓名，隐匿其功状[⑫]者，殆不可一、二数[⑬]。"大率欲薄先臣之功[⑭]，以欺后世，使后世以为不足多恨[⑮]。天下莫不哀先臣之不幸，且惜[⑯]千载之后，何以传信[⑰]。（〔宋〕岳珂《鄂国金佗稡编》卷二〇《吁天辨诬通叙》）

［注］

①重惟：深入考虑，深刻思考。重（zhòng），极，甚。②是时：当时。凶焰烜赫：凶恶的气焰非常炽盛。烜（xuǎn）赫，声势很盛的意思。③威制上下：用威权压制上下臣僚。威制，

用威力压服或用暴力制服。上下，指职位高低。④专元宰之位：独揽宰相的权位。元宰，宰相。⑤董笔削之柄：把持对国史著作的权柄。董，主持，主管。《史记·孔子世家》："至于为春秋，笔者笔，削者削，夏之徒未能赞一词。"笔，书写；削，删改。⑥日历之官：指负责撰写《高宗日历》的史官。日历，史官按日记录朝政事务的册子，是史官纂修国史的依据。⑦八年：指绍兴八年（1138）。⑧监修国史：主管官方修史机构和修史活动。⑨辄欲没其实：总是想隐没其事实。⑩至形于色：甚至表现在脸色上。⑪阔略：简省，缺略。⑫功状：报告立功情况的文书。⑬殆不可一、二数：大概不可用一、二来计数。意为很多。⑭大率：大抵，大致。欲薄先臣之功：意思是想削减岳飞的功绩。薄，形容词用作使动词。⑮以为不足多恨：认为不值得产生很多的愤恨。⑯且惜：并且哀伤。⑰传信：谓把确信的事实传告于人。

秦桧不但在岳飞生前处心积虑地罗织罪名，陷害岳飞，而且在岳飞被杀之后还要篡改历史，抹杀岳飞的功勋。从岳飞被害到秦桧去世的十四年间，秦桧"凶焰烜赫，威制上下"，独揽宰相的权位，把持对国史删改的权柄，命其子秦熺主编《高宗日历》。秦熺等人秉承秦桧的旨意，肆无忌惮地篡改历史，百般诋毁岳飞，抹杀岳飞的功绩。当时参修《日历》的官员曾对人说，自从绍兴八年冬，秦桧开始监修国史，岳飞每有捷报上奏，秦桧总是想隐没其事实，甚至怒形于色。于是或者省略岳飞的姓名，或者隐瞒岳飞报告立功的文书，其例不可胜数。以此欺骗后世，致使后人对岳飞的许多真实情况无法了解。岳珂揭示出这一事实，对辩白岳飞的冤屈非常重要。

13. 岳忠武王之死，孰杀之[①]？金人不能杀王于战，能杀王于狱。盖自遣桧来相，而金人之命行乎江南矣。

其所欲杀，岂独一岳王，桧方次第扫除以报[②]，而艺祖[③]在天，丕降罪疾[④]，殛之[⑤]，然后三、四忠贤幸免，中国再有生气。王不幸，最先死，死且孥[⑥]，哀哉！

（〔宋〕欧阳守道《巽斋文集》卷二一《书崇岳集》）

［注］

①孰杀之：是谁杀害了他？②桧方次第扫除以报：秦桧正在一个接一个地扫除他所要杀的大臣以报答金国之主。次第，依次。③艺祖：指有才艺文德的祖先，太祖或高祖的通称。此指宋太祖赵匡胤。④丕降罪疾：大降灾祸。指秦桧得病。⑤殛之：将秦桧诛死。殛（jí），杀死，诛杀。⑥死且孥：自身被杀并且连累妻子儿女。孥，子女，亦指妻子和儿女。

此段史论，核心观点是：金人不能将岳飞杀死于战场，却能将岳飞杀死于监狱。这是因为自从金朝派遣秦桧回到宋朝来当宰相，实际上是让秦桧来执行金朝的命令。金人正是利用秦桧杀死了岳飞。秦桧所要杀的，哪里只是一个岳飞？还有更多的金朝想杀死的“忠贤”。秦桧正当要一个接一个地将他们扫除，来回报金人，宋太祖在天之灵突然对秦桧大降灾祸惩罚他，让他病死，然后使秦桧未来得及杀死的忠正贤良的大臣得以幸免，使宋朝再现生机。所痛惜的是，岳飞不幸，最先被杀死，而且还牵累他的妻子儿女。真是悲哀啊！议论曲曲折折，层层深入，令人信服，又令人愤慨。

14. 汪澈宣谕荆、襄[①]，周行旧垒[②]，见其万灶鳞比[③]，寂无欢哗[④]，三军云屯[⑤]，动有纪律，乃竦然[⑥]叹曰：“良将之遗烈盖如此[⑦]！”继而列校造前[⑧]，捧牍讼先臣之冤[⑨]，澈遂喻之以当以奏知之意[⑩]。此语一出，哭声如雷，咸愿各效死力[⑪]，至有“为岳公争气”之语，澈慰谕久之[12]，而啜泣者犹未止也[13]。故先臣复官之旨，亦略叙其归功之意[14]。（〔宋〕岳珂《鄂国金佗稡编》卷二〇《吁天辨诬通叙》）

［注］

①汪澈（1109—1171）：字明远，自新安（治今安徽歙县）徙居饶州浮梁（今江西浮梁县）。宋高宗绍兴八年（1138）第进士，教授衡州。累官参知政事，与宰相陈康伯同赞内禅。孝宗即位，除资政殿学士，提举洞霄官。累为福州福建安抚使，寻致仕。宣谕：宣布命令。荆、襄：泛指古荆州及襄阳郡地区。②周行旧垒：巡行岳家军旧时的营垒。③万灶鳞比：极言军队之多。灶，生火做饭的设备。军中炊饭，数人一灶。故以灶计军队的数量。《史记·孙庞列传》："使齐军入魏地为十万灶，明日为五万灶，又明日为三万灶。"鳞比，像鱼鳞一样排列。形容多而密。④欢哗：喧哗，大声说笑或叫喊。⑤云屯：如云之聚集。形容盛多。庾信《哀江南赋》："冀马云屯。"⑥竦然：恭敬貌。⑦遗烈：前人所遗留的业绩。盖如此：何以竟然这样。盖，何。⑧继而列校造前：接着众位将校走到前面。⑨捧牍：手捧文案。讼：为人辩冤。⑩喻之以当以奏知之意：把应当奏明皇帝的意思告诉他们。⑪咸愿各效死力：大家都愿意各自竭尽最大的力量。⑫慰谕久之：宽慰晓喻很长时间。⑬啜泣：抽噎，抽抽搭搭地哭。犹未止也：依然没有停止。⑭略叙其归功之意：大略叙述他们归功于岳飞的意思。

绍兴三十一年，金军毁约南侵。七月，御史中丞、荆襄湖北路宣谕使兼节制两路军马汪澈，前往荆襄地区进行抗战动员。当他巡行鄂州岳家军旧时的营垒时，看到岳飞旧部纪律严整，对岳飞昔日治军大为叹服。接着众位将校走到汪澈前面，手捧文书替岳飞鸣冤。汪澈告诉他们会向朝廷奏报，说罢，将士们哭声如雷，都表示愿意各自竭尽死力报效国家，"为岳公争气"。

汪澈安慰很长时间，而哭泣之声仍然不止。此则亦见《金佗稡编》卷九《昭雪庙谥》，文字略有差异。

15. 山阳[①]祝理者，为县大族[②]。壮岁试举子不捷[③]，遂放意林泉[④]，以诗酒为务[⑤]。凡郡之佳山胜水，废陵古庙，游览将遍。所作诗文，长篇短句，稿积盈架。骚人诗客日相娱乐。然理之为人性尚忠正，恶偏私[⑥]，每见人之不忠不孝者，疾如深仇[⑦]。一日，于一友处，遇有《岳鄂王传》，取而读之。将毕，勃然震怒曰："当是之时[⑧]，天不在上耶？地不在下耶？举国之人皆昏醉而不知耶？何容奸邪如此妄为！"手碎其传[⑨]，仰天呼叹，抚膺顿足[⑩]，归而不食者累日方已[⑪]。忽日作诗一章[⑫]，邀诸同侪[⑬]，具牲酒设香灯以诗诉于天[⑭]。复作文以祭之。（〔明〕陶辅《花影集》卷一《潦倒子传》）

［注］

①山阳：淮安县（今江苏省淮安市淮安区）的旧称。②大族：多指古代人口多、分支繁的豪门家族。③壮岁试举子不捷：壮年参加科举考试而未考中。举子，科举时代被推荐参加考试的读书人。④放意林泉：纵情于山林与泉石。指过着隐居生活。⑤以诗酒为务：以作诗饮酒为事。⑥尚忠正，恶偏私：崇尚忠诚正直，厌恶偏袒徇私。⑦疾如深仇：（对不忠不孝的人）如同有深仇大恨一般憎恨。⑧当是之时：指岳飞被杀的时候。⑨手碎其传：亲手将《岳鄂王传》撕碎。形容极其愤怒。⑩抚膺顿足：捶胸跺脚。形容哀痛之极。抚，通"拊"，捶拍。⑪累日：数日。方已：才停止（不食）。⑫忽日作诗一章：忽然有一天作诗一首。⑬同侪：同辈，辈分相同的人。⑭具牲酒设香灯：备办牺牲和酒，并陈设香烛进行祭祀。

祝理为一读书人，虽“放意林泉，以诗酒为务”，却“尚忠正，恶偏私”，尤其憎恨不忠不孝之人。他读《岳鄂王传》而勃然震怒，正是因为纯忠大孝之人受到天大的冤诬，天理人心何在？所以他愤愤不平地“仰天呼叹，抚膺顿足”，“当是之时，天不在上耶？地不在下耶？举国之人皆昏醉而不知耶？何容奸邪如此妄为！”真是喊出了千古正直之士的心声。于是他作诗文向上天祭告，申诉岳飞之冤。此为节录开头部分。后写祝理变卖家产，前去“纠集义人，发掘秦奸之冢，以伸古今之冤”。至高邮遇二哲人向他讲论了一番历史的辩证关系，使他明白了“非秦奸则岳侯精忠不彰，非秦奸则岳侯功名不著，非秦奸则岳侯始终不美。天设秦奸以成岳侯万世不磨之忠”的道理。

十三、昭雪

1.（绍兴三十一年十月五日甲辰）诏修故少保[①]岳飞庙。先是，岳飞被秦桧陷害，死于狱中，军民痛，为立庙。至是金人犯边，连年大举[②]，上思曰："岳飞如在，金人岂敢至此。"下令即修庙宇。（〔宋〕徐梦莘《三朝北盟会编》卷二三二）

［注］

①诏修：宋高宗下诏修建。故少保：原先的少保。②大举：大规模起兵。

绍兴三十一年（1161），金主海陵王完颜亮撕毁和议，兴兵南侵，欲一举灭宋。危急存亡之秋，朝野震动，朝中大臣和布衣平民纷纷上书，要求为岳飞平反昭雪。宋高宗虽受到各方的压力，却无意为岳飞平反。直到金兵进击长江北岸，赵构为了顺应舆情，才下诏对军民早已兴建的岳飞庙宇加以整修。这根本算不上平反昭雪，只不过作秀而已。至于"上思曰：'岳飞如在，金人岂敢至此'"的记载，只应是急迫之际的无可奈何，而不是良心发现的追悔。

2. 丁卯[①]……诏蔡京、童贯[②]、岳飞、张宪子孙家属，令见拘管州军并放令逐便[③]，用中书、门下省请也[④]。于是飞妻（李）氏与其子霖等皆得生还。（〔宋〕李心传《建炎以来系年要录》卷一九三，绍兴三十一年十月丁卯）

[注]

①丁卯：绍兴三十一年（1161）十月二十八日。是月庚子朔。②蔡京（1047—1126）：字符长，仙游（今福建仙游）人。熙宁三年（1070）进士及第。先后四次任相，共达十七年之久，官至太师。兴花石纲之役，改盐法和茶法，铸当十大钱。是历史上有名的权奸，为“六贼之首”。宋钦宗即位后，蔡京被贬岭南，途中死于潭州（今湖南长沙）。《宋史》入《奸臣传》。童贯（1054—1126）：字道夫（一作道辅），开封人。北宋宦官，性巧媚，初任供奉官，为徽宗搜括书画奇巧。助蔡京为相。京荐其为西北监军，领枢密院事，掌兵权二十年，权倾内外，外号“童大王”。时称蔡京为“公相”，称童为“媪相”，为“六贼”之一。宣和四年（1122），攻辽失败，乞金兵代取燕京，以百万贯赎燕京等空城而回，侈言恢复之功。七年，金兵南下，他由太原逃至开封，随徽宗南逃。钦宗即位，被处死。《宋史》入《奸臣传》。③见拘管州军：指以上四人家属被拘禁管制的地方政权。州、军皆是宋代地方政区。并放令逐便：一并释放令他们各自顺便安置。④用中书、门下省请也：因为中书省和门下省奏请的缘故。西汉以后长期发展形成的三省六部制，至唐朝进一步完善，以后历代沿袭。三省指中书省、门下省、尚书省；六部指尚书省下属的吏部、户部、礼部、兵部、刑部、工部。三省为中央最高中枢政务机构，一般为中书省决策，门下省审核，尚书省执行。

绍兴三十一年，继“诏修故少保岳飞庙”二十多天后，宋高宗才又下诏：“蔡京、童贯、岳飞、张宪子孙家属，令见拘管州军并放令逐便。”已被流放岭南的岳飞家眷，终于结束了颠沛流离的“拘管”生活。这一举措，与平反昭雪毫无关系，仅仅是对其遗属略示“仁政”而已。令人不能容忍的是，宋高宗竟将岳飞与蔡京、童贯等“宣和六贼”相提并论。事实上，正是这个独夫民贼制造了岳飞的冤案并杀害了岳飞，自己制造的冤案，绝不可能由其本人平反。

3. 孝宗绍兴三十二年，未改元①，七月十三日，诏岳飞特追复②少保、武胜、定国军节度使。先是有诏："飞起自行伍，不逾数年③，位至将相，而能事上以忠，御众有法④，屡立功效⑤，不自矜夸⑥，余烈遗风⑦，至今不泯⑧。去冬出戍⑨，鄂渚之众⑩师行不扰，动有纪律，道路之人归功于飞。虽坐事已殁⑪，而太上皇帝⑫念之不忘。今可仰承圣意⑬，追复元官⑭，以礼改葬，访求其后，特与录用。"故有是命⑮。（《宋会要辑稿》职官七六之七〇）

［注］

①未改元：宋高宗绍兴三十二年（1162）六月禅位于皇太子赵昚（即孝宗），而宋孝宗即位后，当年未建年号，故称"未改元"。②追复：指为已故遭贬的大臣复官。③不逾数年：不过数年。逾，超过，越过。④御众有法：统率军队有法度。众，指兵众、军队。⑤功效：功劳，功绩。⑥矜夸：骄傲自夸。⑦余烈遗风：前人留传的事迹和风教。⑧泯：消灭，丧失。⑨出戍：到边地戍守。⑩鄂渚之众：鄂州的军队。世称鄂州为鄂渚。⑪坐事已殁：因事获罪已死。⑫太上皇帝：称宋高宗。宋高宗禅位后，被尊为"太上皇帝"。⑬圣意：指太上皇帝的旨意。⑭元官：原来的官爵。元，通"原"。⑮是命：指"诏岳飞特追复少保、武胜、定国军节度使"。

绍兴三十二年五月，赵构退位，传位于养子赵昚。六月赵昚登上皇位，是为宋孝宗。与赵构不同，赵昚是一位胸怀抗金复国志向的有为之君。宋孝宗为了鼓舞士气，兴师北伐，登基的第二个月，即宣布对岳飞平反昭雪，“追复岳飞原官，以礼改葬，访求其后，特与录用”。但在追复诏中，仍给太上皇留足了体面，违背事实地说对岳飞“太上皇帝念之不忘”，说为岳飞平反乃是“仰承”宋高宗的“圣意”。需要指出的是，诏书虽对岳飞多有表扬，但对岳飞冤案的性质并未明确，只是说“坐事已殁”，含糊其词，仍未还岳飞以清白。

4. 丙辰①，临安访求岳飞坟，在钱塘门外②，当时私号贾宜人坟③，今将以一品礼④葬之。（〔宋〕周必大《周益国文忠公集·杂著述》卷二《龙飞录》）

［注］

①丙辰：指绍兴三十二年（1162）七月二十一日。是月丙申朔。②钱塘门：为杭州西城门之一。九曲丛祠在钱塘门外。③私号贾宜人坟：私下称为贾宜人坟。岳飞死后。狱卒隗顺负其遗体逾城至西湖北山九曲丛祠旁暗葬，树双橘树作标记，墓前树碑“贾宜人之墓”以伪装。宜人，封建时代妇女因丈夫或子孙而得的一种封号。宋代政和年间始有此制。④一品礼：一品官员的礼仪。

绍兴三十二年七月十三日，宋孝宗下诏“追复”岳飞“元官”，“依礼改葬”，宋廷访求岳飞坟墓不得，便以一“班秩”悬赏，隗顺之子按照其父的遗嘱，以实情相告。七月二十一日，得知岳飞坟墓在钱塘门外的九曲丛祠旁，“将以一品礼葬之”。后改葬于栖霞岭下。

5. 十一月三日①，诏故追复少保、武胜、定国军节度使岳飞妻、前楚国夫人李氏特与复楚国夫人，男前左武大夫、忠州防御使云追复旧官，前忠训郎、閤门祗候

雷追复旧官职。（《宋会要辑稿》职官七六之七〇）

[注]

①十一月三日：指绍兴三十二年（1162）十一月三日。

继宋孝宗追复岳飞原官、依礼改葬栖霞岭后，同年十一月三日，又下诏追复岳飞妻李氏“楚国夫人”称号，并追复岳飞子岳云、岳雷的旧官秩。看来宋孝宗大有为岳飞冤案彻底平反的气势与举措。

6. 吏部申[①]：“准承信案关承[②]绍兴三十二年十月十八日敕，中书、门下省、尚书省送到潭州状[③]，据故枢密岳飞男云妻巩氏状：‘伏睹七月十三日同奉圣旨指挥[④]，故岳飞与追复元官，以礼改葬，访求其后，特与录用。氏故夫[⑤]云见有男二人，甫二十五岁，申二十二岁，女大娘二十四岁，故夫弟雷见有男四人，经二十一岁，纬二十岁，纲十四岁，纪十二岁，女二娘二十三岁，女三娘十七岁，见在[⑥]潭州同居，并系阿翁[⑦]枢密亲孙。乞备申[⑧]朝廷，乞赐指挥施行。’……本部所准承信案关备承前项指挥，故枢密岳飞孙岳甫等六人，并特与补承信郎[⑨]，故岳云女大娘、岳雷女二娘、三娘候出嫁日，夫各与补进武校尉[⑩]。本部除将岳甫等六人各合补承信郎，已申朝廷，命词[⑪]，给降告命[⑫]外，所有岳云、岳雷女三人，候出嫁日，夫各与补进武校尉，合给降尚书恩泽照札[⑬]，伏候指挥。”（〔宋〕岳珂《鄂国金佗续编》卷一三《先兄甫等复官省札》）

[注]

①申：下级向上级呈文。②准承信案关承：公文中套语。

③潭州状：潭州衙门向三省呈递的公文。潭州，治长沙（今湖南长沙市)。④伏睹：俯伏看到。指挥：唐、宋诏敕和命令的统称。圣旨指挥，指前所颁布的诏敕。⑤氏故夫：我已故的丈夫。氏，巩氏自称。⑥见在：现在。⑦阿翁：此意谓丈夫的父亲，公爹。⑧乞备申：请求完全申报。⑨承信郎：宋阶官名。徽宗政和（1111—1118）中，定武臣官阶五十三阶，第五十二阶为承信郎，以代旧官三班借职。⑩进武校尉：南宋武散官名。列六十阶之第五十三阶。⑪命词：指草诏，为皇帝起草诏书。⑫告命：特指告身，授官之符。⑬合给降尚书恩泽照札：应该颁给尚书省恩惠赏赐的凭证。

绍兴三十一年（1161）十月二十八日，宋高宗下诏“蔡京、童贯、岳飞、张宪子孙家属，令见拘管州军并放令逐便”，岳飞前妻刘氏所生岳云和岳雷两房家属于绍兴三十二年四月三日迁居潭州。同年七月十三日，宋孝宗下诏“追复岳飞原官，以礼改葬，访求其后，特与录用”。十月十八日，又下诏恢复岳飞妻李氏，男岳云、岳雷原有官爵。岳云妻巩氏向潭州官府申报家中现有人员，“乞备申朝廷”。其时岳雷已含恨而死，其妻温氏可能也已辞世，两门子女并在潭州同居，由巩氏照看。潭州上报朝廷，三省“寻行下兵马司勘会”，兵马司审核如实，再上报朝廷，绍兴三十二年十一月十四日，吏部所以有此公文。可以看出，宋廷虽对岳飞诸孙（女）补官或日后补官，其官阶却是很低微的。

7. 隆兴元年①四月二十三日三省同奉圣旨，岳飞孙琛并女安娘②夫特与补承信郎。寻差人取索到本家供状③，称女安娘夫系高祚，令依前项指挥④，并补承信郎。（〔宋〕岳珂《鄂国金佗续编》卷一三《先兄琛等补官告》）

［注］

①隆兴元年：公元 1163 年。②岳琛：岳飞三子岳霖的次子。安娘：岳飞孙女。③供状：指自陈事实的文字。④前项：谓前面的项目、条款。前项指挥，即“岳飞孙琛并女安娘夫特与补承信郎”。

在先一年给岳飞的长子岳云、次子岳雷二人的六个儿子补官后，第二年又给岳飞第三子岳霖的次子岳琛和岳飞的孙女婿高祚补官。

8. 制词有云[①]：“事上以忠，至无嫌于辰告[②]；行师有律，几不犯于秋毫。外摧孔炽之强胡[③]，内剪方张之剧盗[④]，名之难掩[⑤]，众所共闻。会中原方议于櫜弓[⑥]，而当路力成于投杼[⑦]，坐急绛侯之系[⑧]，莫然内史之灰[⑨]。逮更化之云初[⑩]，示褒忠之有渐[⑪]。思其姓氏，既仍节钺于岳阳[⑫]；念尔子孙，又复孤茕于岭表[⑬]。欲尽还其宠数[⑭]，乃下属于眇躬[⑮]。是用峻升孤棘之班[⑯]，迭畀斋坛之组[⑰]。近畿礼葬，少酬魏阙之心[⑱]；故邑追封，更慰辕门之望[⑲]。岂独发幽光于既往[⑳]，庶几鼓义气于方来[㉑]。”末云：“闻李牧之为人，殆将拊髀[㉒]；阙西平而未录，敢缓旌贤[㉓]。”其“辰告”之语，盖指先臣建储之议也。臣云复左武大夫、忠州防御使，以礼祔葬[㉔]。子孙襁褓以上，皆官之[㉕]，女俟嫁，则官其夫[㉖]。张宪复龙、神卫四厢都指挥使、阆州观察使，官宪子孙。赐先臣家钱万缗[㉗]。建庙于鄂州，赐其号曰“忠烈”。诏三省[㉘]曰：“秦桧诬岳飞，举世莫敢言，李若朴为狱官[㉙]，独白其非罪。”令访问甄录[㉚]。……淳熙四年[31]，前太常少卿颜度奏请定谥[32]。太常议以“宗社再安，远迩率服[33]，猛虎在山，藜藿不采[34]”为“折冲御侮[35]”；“定乱安民，秋毫无犯，危身奉上，确然不移[36]”为“布德执义[37]”，请谥曰“武穆”，诏依[38]。（〔宋〕岳珂《鄂国金佗稡编》卷九《昭雪庙谥》）

［注］

①制词有云：诏书中有这样的话。制词，诏书，诏书上的文辞。此“制词”中的话可见绍兴三十二年（1162）十月十六日的《追复少保两镇告》。②至无嫌于辰告：甚至不避忌以时相告。辰告，谓以时告诫。《诗经·大雅·抑》：“吁谟定命，远犹辰告。”郑玄笺：“为天下远图庶事，而以岁时告施之。”此“辰告”指岳飞“尝上疏建储”。③外摧孔炽之强胡：对外摧折特别嚣张的金寇。孔炽，很猖獗，很嚣张。《诗经·小雅·六月》：“猃狁孔炽，我是用急。”孔，副词。甚，很。强胡，指强盛的金寇。④内剪方张之剧盗：在国内消灭正在扩展、增强的剧贼。⑤难掩：难以遮蔽。⑥会中原方议于櫜弓：适逢正在讨论中原地区的停战。櫜弓，语出《诗经·周颂·时迈》：“载戢干戈，载櫜弓矢。”谓收藏干戈弓矢。意谓战事平息。⑦而当路力成于投杼：而执政者极力造成皇帝对岳飞的猜忌。当路，掌握政权的人。投杼，《战国策·秦策二》：“昔者曾子处费，费人有曾参者，与曾子同名族，杀人。人告曾子之母曰：‘曾参杀人。’曾子之母曰：‘吾子不杀人也。’织自若。有顷，人又曰：‘曾参杀人。’其母尚织自若。顷之，一人又告之曰：‘曾参杀人。’其母惧，投杼逾墙而走。夫以曾子之贤，与母之信，而三人疑之，虽慈母不能信也。”后以“投杼”比喻谣言众多，动摇了对最亲近者的信心。⑧坐急绛侯之系：仓促定罪像周勃那样囚禁于牢狱。绛侯，汉周勃以布衣从高祖定天下，赐爵列侯，剖符世世勿绝。食绛八千一百八十户，号绛侯。高祖崩，因被诬告谋反

而被捕入狱。系，系狱，囚禁于牢狱。⑨莫然内史之灰：不让岳飞像韩安国那样“死灰复燃”出狱再做官。汉御史大夫韩安国因犯法被判罪，蒙县的狱吏田甲侮辱韩安国。韩安国说：“死灰独不复然（燃）乎?”田甲说：“燃即溺之（要是再燃烧就浇灭它）!”过了不久，梁国内史的职位空缺，汉朝廷派使者任命韩安国为梁国内史，从囚徒中起家担任二千石级的官员。⑩逮更化之云初：等到新皇帝（孝宗）即位之初。更化，改制。此指宋高宗逊位，孝宗即位。云初：初始。云为助词，无义。⑪示褒忠之有渐：显示有表彰忠臣的迹象。渐，征兆，迹象。⑫既仍节钺于岳阳：既已恢复岳飞在岳阳秉持节钺的原官。节钺，符节与斧。古代授予官员或将帅，作为加重权力的标志。此作动词。⑬又复孤惸于岭表：又让流放在岭南的岳飞遗孤回来。孤茕（qióng），指孤独的人。⑭欲尽还其宠数：想要完全归还曾经给予岳飞的礼数。宠数，帝王给予的礼数。⑮乃下属于眇躬：于是此事下归于我寡人。眇躬，是旧时帝后自称之词。⑯是用：因此。峻升孤棘之班：高升朝廷孤卿的品级。孤棘，指朝廷高官之位。《周礼·秋官》：“朝士掌建邦外朝之法，左九棘，孤卿大夫位焉，群士在其后。”孤卿，谓少师、少傅、少保。泛指朝廷高官。班，班秩，官员的品级。⑰迭畀斋坛之组：连续给予祭告天地后的印绶。斋坛，古代皇帝祭天地的场所。组，具有文采的宽丝带。古代多用作佩印或佩玉的绶。印绶，借指官位。⑱近畿礼葬，少酬魏阙之心：在国都近郊依礼改葬，多少报偿皇帝的心意。此指岳飞改葬于杭州栖霞岭。魏阙，指宫门上巍然高出的观楼。其下常悬挂法令，后用作朝廷的代称。魏，通“巍”。⑲故邑追封，更慰辕门之望：追复岳飞“少保、武胜定国军节度使、武昌郡开国公”之官，更能抚慰军中将士的愿望。故邑，指原来的封邑。追封，为死者追加封号。此应理解为追复。⑳岂独发幽光于既往：岂止是让岳飞过去潜隐的光辉照耀。幽光，潜隐的光辉。常用以指人的品德。㉑庶几鼓义气于方来：

更希望鼓舞将来的正义之气。㉒闻李牧之为人，殆将拊髀：听说岳飞如李牧的为人行事，将要拊髀称赞。李牧（？—前229），战国时期赵国柏人（在今河北隆尧县）人，杰出的军事家、统帅。功显赫，生平未尝一败仗。与白起、王翦、廉颇并称“战国四大名将”。官至国相，受封武安君。后秦攻赵，不胜。秦用重金收买赵王近臣郭开，散布流言，说李牧勾结秦军，准备背叛赵国。李牧遂被杀。三个月后，赵为秦灭。拊髀，以手拍股。表示激动、赞赏等心情。㉓阙西平而未录，敢缓旌贤：岳飞如李晟卓著的战功缺而未录，岂敢迟缓表彰贤臣。西平，西平郡王李晟（727—793），字良器，洮州临潭（今甘肃甘南藏族自治州临潭县）人，唐朝宰相、军事家。讨伐反叛的河朔三镇，平定朱泚之乱，收复京师长安，战功卓著，官至凤翔、陇右、泾原三镇节度使、行营副元帅，改封西平郡王。㉔祔葬：谓葬于岳飞坟墓之旁。㉕子孙襁褓以上，皆官之：岳飞未满周岁以上的子孙，都赐以官职。襁褓，襁指婴儿的带子，褓指小儿的被子。以此借指未满周岁的婴儿。官，名词用作动词，赐官。㉖女俟嫁，则官其夫：女儿、孙女等到出嫁，则赐予其丈夫官职。女，指子孙中的女性，而非单指女儿。㉗钱万缗：钱一万串。缗，古代穿铜钱用的绳子。也作为计量单位，一缗即一串，一般每串一千文。㉘三省：即中书省、门下省和尚书省，分别负责起草诏书、审核诏书和执行政令。《金佗续编》卷一三《访问李若朴等指挥》“诏三省”的时间为绍兴三十二年十月十八日，《建炎以来系年要录》卷二〇〇将此段记事系于绍兴三十二年十二月十九日辛巳。㉙狱官：主持刑狱的官吏。李若朴为大理寺丞。㉚甄录：甄别录用，选择采用。㉛淳熙四年：公元1177年。㉜太常少卿：为太常寺副长官。太常寺属于五寺（包括大理寺、太常寺、光禄寺、太仆寺、鸿胪寺）之一。《隋书·百官志》：“太常，掌陵庙群祀，礼乐仪制，天文术数衣冠之属。”历代大体相同。颜度：字鲁子，昆山（今江苏昆山市）人。定谥：

确定谥号。谥号是古代皇帝、贵族、大臣、杰出官员或其他有地位的人死后所加的带有褒贬意义的称号。㉝宗社再安，远迩率服：国家再得安定，远近相率顺服。宗社，宗庙和社稷，泛指国家。㉞猛虎在山，藜藿不采：意谓山上有猛兽，人们不敢去采野菜；国家有忠臣，奸邪便不敢猖狂。㉟折冲御侮：摧毁敌军，抗击外来欺侮。冲，战车的一种。折冲，摧毁敌军。㊱危身奉上，确然不移：危及自身而侍奉君主，坚守志操而决不改变。确然，刚强，坚定。㊲布德执义：能够广施仁德，坚持道义。㊳诏依：皇帝下诏依从。

《昭雪庙谥》是岳珂叙述宋孝宗为其祖平反昭雪、建庙、定谥之事。依次是：继绍兴三十二年七月十三日宋孝宗下诏“追复岳飞原官，以礼改葬，访求其后，特与录用”后，十月十二日，又颁发正式文告，宣布追复岳飞“少保、武胜定国军节度使、武昌郡开国公、食邑六千一百户、食实封二千六百户”之待遇。同年十一月三日，追复岳云左武大夫、忠州防御使，以礼祔葬。乾道六年（1170）七月六日，敕建武昌军岳飞庙，赐额“忠烈”。淳熙五年（1178）十二月十二日，定谥号“武穆”。虽然宋孝宗对岳飞冤案进行了平反，对岳飞及其家属进行了一系列优礼，但碍于宋高宗的颜面，这个冤案的平反仍不到位、不彻底。

9. 恭惟皇上即位之始，首雪岳飞之冤，天下知与不知，无不称庆①。逮今②数月，宜人人有报效之心，求诸军情，乃反有纷纷之论，此议者过也③。日者樊建④以晋武帝知邓艾之冤，而不能直，知其得诸葛亮而不能臣⑤。推恩于飞，宁不类是⑥。使飞果反，朝廷不当昭雪，为之昭雪，是非真反。苟非真反，则亚保之礼[7]不当有废。国家纵不能归其赗赠[8]，追加封爵，犹当反其田宅，畀之恩数[9]，亲降黼座[10]，临奠其丧[11]，会其子孙，以礼归葬。使人知为子孙之利，则为善者，犹有所劝[12]。今独不然，惟复其封而已[13]。改葬之礼，非复典彝[14]，官其诸孙，仅同卒伍。今夫庶官[15]之死，延赏犹世其家[16]，而独于飞偏有所靳[17]，以求人心之感，不亦难哉！德寿[18]中兴之成，不过张俊、韩世忠、刘光世、秦桧四人而已。四人之终，礼有异数[19]，今其子孙或位孤卿[20]。飞之功勤[21]，不已加于四子[22]，毙于非命，自乎既往。追之来者，乃至于斯。人之多言[23]，亦可畏也。（〔宋〕薛季宣《浪语集》卷二二《与汪参政明远论岳侯恩数》）

［注］

①称庆：道贺，表示祝贺。②逮今：至今。逮，及，到。③此议者过也：这是朝廷大臣议定对岳飞平反昭雪不当造成的错误。④日者：往日，从前。樊建：字长元，义阳（治今河南桐柏东）人，三国时蜀汉大臣，官至尚书令。蜀汉灭亡后和董厥一同降魏，官至相国参军、散骑常侍。樊建曾对晋武帝说："臣窃闻天下之论，皆谓邓艾见枉，陛下知而不理，此岂冯唐之所谓'虽得颇、牧而不能用'者乎！"帝笑曰："吾方欲明之，卿言起我意。"于是司马炎发诏，平反邓艾。⑤其：指晋武帝。晋武帝尝问诸葛亮之治国，樊建对曰："闻恶必改，而不矜过，赏罚之信，足感神明。"帝曰："善哉！使我得此人以自辅，岂有今日之劳乎！"以上三句意思是说：从前樊建因为晋武帝知道邓艾冤枉，而不能为之申雪，因而知道他即使得到诸葛亮，也不能使他作为辅佐之臣。⑥推恩于飞，宁不类是：施恩惠于岳飞，岂不与此相似？推恩，广施仁爱、恩惠于他人。⑦亚保之礼：享受少保的礼数。岳飞曾官少保。亚，次，次于。少保次于太保，故称。⑧归其赗赠：赠送助办丧事的财物。归，通

“馈”。饷，赠送。赗（fèng），用财物帮助人办丧事。⑨畀之恩数：畀（bì），给予。恩数，指朝廷赐予的封号等级。⑩亲降黼座：亲自从皇帝宝座上下来。黼座，帝座。天子座后设黼扆（屏风），故名。⑪临奠其丧：亲临祭奠其丧事。⑫犹有所劝：还有所勉励。⑬惟复其封而已：只是追复他的封爵罢了。⑭非复典彝：不像是惯常的法度。典彝，常典，法度。⑮庶官：百官。多指一般官员。⑯延赏犹世其家：延及他人的赏赐还让其家世代继承。⑰靳：吝惜。⑱德寿：宋高宗禅位后居德寿宫，因以德寿称宋高宗。⑲异数：特殊的礼遇。⑳孤卿：谓少师、少傅、少保。泛指朝廷高官。㉑功勤：犹功劳。㉒不已加于四子：不是已经在张俊、韩世忠、刘光世、秦桧四人之上吗？㉓多言：指议论纷纷。

从文中“逮今数月”看，此文应作于绍兴三十二年（1162）七月十三日宋孝宗下诏为岳飞平反后的几个月内。文章毫不留情地批评宋孝宗为岳飞平反追复不到位、不彻底。宋孝宗即位伊始，就首先洗雪岳飞之冤，按说应该“人人有报效之心”，而军情反而有许多议论，说明人们对为岳飞平反的事并不满意。文中引用晋武帝的典故，说如果宋孝宗明知岳飞冤枉而不能彻底申雪，即使有更高明的大臣，也不能用来辅佐自己。既然知道岳飞不是真反，既然要为他昭雪，就应该彻底。岳飞的功劳本在张俊、韩世忠、刘光世、秦桧四人之上，对这四人尚有特殊的礼遇，“今其子孙或位孤卿”，为什么对岳飞偏偏有所吝惜？所谓平反，只是追复其封爵而已；改葬之礼，也不像是常典的礼数；赐给他子孙的官职，仅同士兵一样，简直还不如一般官员死后的待遇。难怪人们纷纷议论，难怪不得“人心之感”。这种批评，真是一针见血，入木三分！

10. 孝宗初立，命有司为岳飞作谥[①]。太常[②]议，危身奉上曰“忠”，使民悲伤曰“愍”。孝宗以为用“愍”字，则于上皇为失政[3]，却之[4]，乃改为“武穆”。（〔宋〕李心传《建炎以来朝野杂记》甲集卷九《渡江后改谥》）

［注］

①作谥：定谥号。②太常：太常寺。③失政：执政混乱。④却之：拒绝接受。

定谥是朝廷大事，代表朝廷对官员历史功过的正式评价。一字之差，褒贬、高低立判。因此，必须由太常寺先拟定谥号并说明理由，三省审议后，最后由皇帝审查定夺。淳熙五年（1178）岁末，即孝宗即位并为岳飞“昭雪”之后的第十七年，宋廷议论对岳飞追赠谥号。太常寺拟定的谥号为“忠愍”，宋孝宗根据《谥法》中“使民悲伤曰愍”，认为如果用“愍”字，则显示岳飞的死使民悲伤。因为岳飞是宋高宗执政时被杀死的（实际是宋高宗下令杀死的），就显得太上皇执政混乱，于是拒绝用“忠愍”，“令别拟定”。复议的结果是：“兹按谥法，折冲御侮曰武，布德执义曰穆。”孝宗同意了这个意见，于是正式宣布岳飞谥号为“武穆”。从“忠愍”改为“武穆”，是宋孝宗对岳飞评价的降格。

11. 勘会已降指挥[1]，岳飞忠义徇国[2]，风烈[3]如存，虽已追复元官，未尽褒嘉之典[4]，可特与追封王爵。五月二十一日[5]，三省同奉圣旨，追封鄂王。（〔宋〕岳珂《鄂国金佗稡编》卷二七《鄂王信札》）

［注］

①勘会：审核议定。指挥：唐宋诏敕和命令的统称。②忠义循国：忠贞义烈地为国家利益而献出生命。徇，通“殉”。③风烈：风操，风范。④褒嘉之典：褒奖的常道。⑤五月二十一日：

指嘉泰四年（1204）五月二十一日。

嘉泰四年，韩侂胄渐掌大权，力主抗金，宋宁宗赵扩对南宋的屈辱地位不满，也支持韩侂胄的抗金政策。要鼓舞和坚定全国军民恢复中原的决心，就要发扬岳飞尽忠报国的抗金精神。宋宁宗采纳韩侂胄的建议，将岳珂为岳飞所作的辩白文书宣付史馆，追封岳飞为鄂王。其时，岳飞已被害六十多年，宋高宗和宋孝宗也相继去世，赵扩此举，是对宋孝宗平反岳飞案件的一次重大突破，弥补了宋孝宗平反的不彻底性。

12. 先王初被宝庆乙酉①诏书，实先赐谥忠穆。时程公以刑部尚书与今吏部侍郎王公塈对掌纶掖②，始聆昕庭之旨③，跃然④喜曰："此圣上初政大庆赏⑤，足以慰天下公议矣！"退即拟制⑥，以俟录黄之下⑦。继而宸衷未惬⑧，犹曰："穆不如武，当以诸葛亮、郭子仪二谥之美者，以旌异之⑨。"于是复改"忠武"。（〔宋〕岳珂《鄂国金佗续编》卷一六《附录》）

［注］

①先王：称已故的鄂王岳飞。宝庆乙酉：宝庆元年（1225）。宝庆是南宋皇帝宋理宗赵昀的年号，共计三年（1225—1227）。②程公：程珌（1164—1242），字怀古，号洺水遗民，休宁（今安徽休宁县）人。绍熙四年（1193）进士。对掌纶掖：共同掌管中书省。纶掖，犹纶阁。中书省的别称。中书省为草拟诏令之所，唐时称为右掖。③始聆昕庭之旨：起初听到内庭传出的圣旨。昕庭，天庭。指帝后宫庭。④跃然：犹欣然。非常高兴的样子。⑤圣上：封建时代臣民对在位皇帝的尊称。此指宋理宗。初政：谓开始执政。大庆赏：大的赏赐。⑥退即拟制：下朝后即刻草拟圣旨。退，指退值。当值完毕。

制，指帝王的命令，也指法令。⑦以俟录黄之下：而等待“录黄”发下来。录黄，宋时中书省承旨起草的一种文件。《宋史·职官志一》：“（中书省）承制画旨以授门下省。令宣之，侍郎奉之，舍人行之，留其所得旨为底；大事奏禀得旨者为‘画黄’，小事拟进得旨者为‘录黄’。”⑧继而宸衷未惬：接下来没能合乎宋理宗的心意。宸衷，帝王的心意。惬，恰当，合乎。⑨当以诸葛亮、郭子仪二谥之美者，以旌异之：应当用诸葛亮、郭子仪二人美好的谥号，来旌表岳飞。诸葛亮和郭子仪的谥号都是“忠武”。旌异，旌表，褒奖。

宋理宗赵昀是南宋末年一位试图有所作为的皇帝。他不满于宋孝宗对岳飞定谥“武穆”，要为岳飞改谥。理宗宝庆元年，廷臣起初拟定的谥号为“忠穆”，并不合理宗的心意，他认为“穆不如武，当以诸葛亮、郭子仪二谥之美者，以旌异之”，而改为“忠武”。最后由王塈执笔写成《赐谥告词》，昭告天下。告词第一次指出当年的和议政策是导致岳飞冤案的重要因素，“夫何权臣，力主和议，未究凌烟之伟绩，先罹偃月之阴谋”。这份告词，是南宋官方对岳飞的最高评价，也是有宋一代对岳飞的最后结论。

13. 先父臣霖盖尝搜访旧闻①，参稽同异②，或得于故吏之所录③，或传于遗藁④之所存，或备于堂札之文移⑤，或纪于稗官之直笔⑥，掇拾未备⑦，尝以命臣，俾终其志⑧。臣谨汇次⑨，凡三万六千一百七十四言⑩，厘⑪为十卷，阙其卷尾，以竢附益⑫。曰表，曰跋，曰奏议，曰公牍，曰檄，曰律诗，曰词，曰题记，其目⑬有八，而奏议、公牍复皆析而三⑭。（〔宋〕岳珂《鄂国金佗稡编》卷一〇《家集序》）

［注］

①先父臣霖：岳珂向皇帝称其已故的父亲岳霖。搜访：寻访，访求。旧闻：指过去发生的事情，特指掌故、逸闻、琐事等。②参稽同异：对照查考旧闻的相同或不同。③故吏：指岳飞原来的属吏。所录：所记录的文字。④遗藁：亦作“遗稿”。指前人遗留下的手稿。此指岳飞遗留的手稿。藁，同“稿”。⑤备于堂札之文移：收藏在堂札中的公文。备，备藏，收藏。堂札，亦称“堂帖”。唐时宰相签押下达的文书。文移，文书，公文。⑥稗官：指野史小说。直笔：据事直书，无所避忌。⑦掇拾未备：搜集没能完备。⑧尝以命臣，俾终其志：曾经将此事命令于我，使他的志向最终得以完成。⑨汇次：犹汇编。⑩言：字。⑪厘：整理。⑫阙其卷尾，以竢附益：使卷末空缺，用以等待增加（新内容）。竢，同“俟”。⑬目：类别。⑭复皆析而三：又都分为三部分。

从岳飞遇害到平反，已长达二十一年。宋孝宗为岳飞平反后，岳飞第三子岳霖才开始搜求岳飞的事迹和文字资料，但由于大量的文字资料佚失和销毁，再加上岳飞的儿子岳云、岳雷及岳飞的部属等知情人先后去世，虽“考于见闻，访于遗卒”，却遇到很大困难。但他还是请后来官至国子博士的顾杞，整理出一个岳飞传记的草稿，临死前托付给儿子岳珂。岳飞的诗词和文章（包括各种公文）是岳飞一生所历重大事件的真实记录，也是岳飞心路历程的真实反映。岳珂继承父志，将其父和自己搜集到的岳飞遗文整理为十卷，分为八类，名曰“鄂王家集”，使岳飞的诗文部分或大部分地被保存下来。但限于条件，还有不少未能搜集到。这些资料，还历史以真实，为岳飞辨诬和昭雪起到重要作用。

14. 逮臣束发游京师①，出入故相京镗②门，始得大访遗轶[③]之文，博观建炎、绍兴以来纪述之事。下及野老所传[④]，故吏所录[⑤]，一语涉其事，则笔之于册。积日累月，博取而精核之[⑥]，因其已成，益其未备[⑦]，其所据依，皆条列于篇首[⑧]，而事之大者，则附其所出于下[⑨]。盖五年而仅成一书，上欲以明君父报功之谊[⑩]，中欲以洗先臣致毁之疑[⑪]，下欲以信后世无穷之传[⑫]，其敢忽诸[⑬]。谨昧死[⑭]上。（〔宋〕岳珂《鄂国金佗稡编》卷九《昭雪庙谥》）

［注］

①逮：到，及。臣：岳珂自称。京师：帝王的都城。此指南宋行都临安（今杭州市）。②故相京镗：过去的宰相京镗。京镗（1138—1200），字仲远，晚号松坡居士，豫章（今江西南昌）人。高宗绍兴二十七年（1157）进士。光宗绍熙年间官至签书枢密院事、参知政事。庆元二年（1196）拜右丞相，六年进左丞相，封翼国公。卒赠太保，谥文忠，后改谥庄定。③遗轶：亦作“遗佚”。散失。④野老所传：乡野老人的传说。野老，村野老人。⑤故吏所录：过去下属官吏的记录。故吏，原来的属吏。⑥博取而精核之：广泛地搜取，详细地考核。⑦因其已成，益其未备：承袭其已经成就的文字，增添其不完备的资料。⑧其所据依，皆条列于篇首：其中所依据的资料，都在每篇开头分条列举。⑨而事之大者，则附其所出于下：而对于较大的事件，就将其出处附在下面。⑩明君父报功之谊：使天子酬报有功者的高谊彰显。明，作使动词。⑪洗先臣致毁之疑：洗雪我祖父被诬陷的嫌疑。⑫信后世无穷之传：使后世流传真实无误。⑬其敢忽诸：哪里敢疏忽呢？其，表示诘问，通“岂”。⑭昧死：冒死。犹言冒昧而犯死罪。古时臣下上书帝王习用此语，表示敬畏之意。

岳珂秉受父亲岳霖临终之命，继续搜集和整理祖父的历史。后来依靠宰相京镗的帮助，又获得许多其父不曾见到的资料，对顾杞的草稿补充修改，加工整理，定稿为《鄂王行实编年》。他“涉笔五年”，于宋宁宗嘉泰三年（1203），将《鄂王行实编年》及其他文件、资料等一并向宋廷“缴进”。这就是今存《鄂国金佗稡编》前二十五卷。之后，岳珂又将祖父的其他文件和记载汇编为《鄂国金佗续编》。尽管《鄂国金佗稡编、续编》保存的资料残缺不全，并有这样那样的缺陷，但它恢复了岳飞事迹的部分真相，补充和匡正了此前许多史料的缺略和错误，推翻了对岳飞污蔑的不实之词。

十四、追怀

1. 建炎庚戌仲春①，岳公观察总熊罴之师②，以捍国保民为志，爰自桐川，次于阳羡③。时方夷狄、盗贼交寇四境④，举邑生灵几死而复生者屡矣⑤，皆公之造也⑥，其德孰加焉⑦。人莫不谓“父母生我也易，公之保我也难”。无以见其报称不忘之意⑧，乃立生祠，绘英雄卓绝之姿⑨，修况水芬馨之奉⑩。子子孙孙，瞻事无斁⑪，可使血食万古，当无愧于前人。……然察人之情，犹以为未至⑫，皆欲图像于家，与其稚老晨昏钦仰⑬，如奉省定而后已⑭。（〔宋〕岳珂《鄂国金佗续编》卷三〇钱谌《宜兴县生祠叙》）

［注］

①建炎庚戌：宋高宗建炎四年（1130）。仲春：二月。②岳公观察：称岳飞。岳飞绍兴元年（1131）任建州观察使（虚衔）。总：统率。熊罴之师：雄师劲旅。熊罴，熊和罴。皆为猛兽，喻勇士或雄师劲旅。③爰：于是。桐川：广德县（今安徽广德县）的别称。次于阳羡：驻军在宜兴。阳羡，宜兴县（今江苏宜兴市）古称。④时：当时。方：正值。夷狄：指金侵略军。盗贼：指国内诸盗。交寇四境：交互侵扰四方地界。⑤举邑生灵：全县的百姓。生灵，指有生命的人。屡：多次。⑥皆公之造也：都是岳公的成就。⑦其德孰加焉：他的恩惠谁能超过。⑧无以见其报称不忘之意：没有什么可以用来表达他们不忘报恩的心意。报称，犹报答。⑨卓绝之姿：无与伦比的风姿。卓绝，达到极限，高出一切。⑩修况水芬馨之奉：设置寒水黍

稷的供奉。况水，寒冷的水。芬馨，芳香。指用作祭品的黍稷。⑪瞻事：瞻仰供奉。无斁：不懈怠。斁（yì），厌倦，懈怠。⑫犹以为未至：仍认为这还不够。⑬稚老：老幼，孩子与老人。晨昏钦仰：早晚景仰。⑭如奉省定而后已：像侍奉亲长定省之礼才算罢。省定，亦作“定省”。子女早晚向亲长问安。《礼记·曲礼上》：“凡为人子之礼，冬温而夏凊，昏定而晨省。”省（xǐng），探望，问候。定，安，问安。

建炎年间，宜兴人民饱受兵匪滋扰，苦不堪言。应宜兴知县钱湛等人邀请，建炎四年二月，岳飞统兵进驻宜兴县张渚镇。窜入宜兴县境内的一些叛匪和散兵游勇，或闻风而逃，或被降服，或被岳飞用武力平定。宜兴县境便出现了比较安定的局势。岳家军纪律严明，秋毫无犯，极大地保护了老百姓的生命和财产安全，使他们得以安居乐业。甚至很多邻境的人也争先恐后地移居宜兴避难。一些诚朴的居民，为报答岳飞的恩德，便在古老的周处庙内，为岳飞建造生祠，把精心雕刻的岳飞石像，像敬神一般供奉着。知县钱湛为之写了《宜兴县生祠叙》。为活人修建生祠，这在古代史上是少见其例的。

2. 公绍兴改元[①]，授职讨贼[②]，提兵经此[③]，号令严整，士卒畏服[④]，静肃无哗[⑤]，行旅[⑥]居民，初不知[⑦]此有兵也。害除利建，欢声洋溢。民怀其惠[⑧]，乃书公名氏官称，祠祀于东松兰若[⑨]。吴门黄维适尉是邑[⑩]，以不获瞻拜公之仪型[⑪]为歉，乃作诗纪实，以昭揭其所祠之宇[⑫]，命书吏绘事[⑬]，克肖公像[⑭]，以极夫邑人钦慕之意[⑮]。……乃为之歌曰：山峻巍巍兮，可平而泽也[⑯]；谷深渊渊兮，可高而陵也[⑰]；惟公功烈天长地久兮，盖不可得而泯也[⑱]。（《同治祁门县志》卷九《岳武穆王生祠记》）

［注］

①绍兴改元：绍兴元年（1131）。改换年号称改元。宋高宗第一个年号是“建炎”（1127—1130），第二个年号是“绍兴”（1131—1162）。②授职：授予官职。讨贼：讨伐李成。绍兴元年正月初十日，诏岳飞权听张俊节制，以讨李成。③提兵：率兵。此：指祁门县（今安徽祁门县）。④畏服：因畏惧而服从。⑤静肃无哗：安静而不喧闹。⑥行旅：出行的人。⑦初不知：全不知道。⑧民怀其惠：老百姓感念岳飞的恩惠。⑨祠祀：立祠祭祀。东松兰若：东松寺。兰若，佛寺，即梵语阿兰若的省称。⑩吴门：指苏州或苏州一带。历史上作为苏州的别称之一，为春秋吴国故地，故称。适尉是邑：正好任这个县的县尉。尉，名词作动词，任县尉。县尉，官名，县令的佐官，主管治安。⑪仪型：仪容。⑫昭揭：显扬。所祠之宇：所供奉的庙宇。⑬书吏：承办文书的吏员。绘事：绘画。《论语·八佾》：“子曰：‘绘事后素。’”指绘出岳飞的仪容。⑭克肖公像：与岳飞的相貌相似。⑮以极夫邑人钦慕之意：用以使本县人民敬仰岳飞的心意达到极致。极，形容词用作使动词。⑯山峻巍巍兮，可平而泽也：巍巍高山可以变平甚至成为沼泽。峻，山高而陡。泽，水积聚的地方。⑰谷深渊渊兮，可高而陵也：深深的山谷可以变高甚至成为丘陵。渊渊，深广、深邃。⑱功烈：功勋业绩。盖不可得而泯也：却永远不会消失。盖，却、则。泯，消灭、消失。

建炎四年（1130）末，宋廷命张俊为江淮招讨使，讨伐盘踞江州的叛匪李成军。绍兴元年（1131）正月，岳飞接到朝廷令其暂隶张俊节制以讨李成的命令，将军队眷属自宜兴县携往徽州安置，然后向江州进发。途经祁门县的东松寺，岳飞写下了著名的《东松寺题记》。祁门县的百姓素仰岳飞的威望，此次亲见岳飞的军队号令严整，不但不扰民，还兴利除害，于是在东松寺为岳飞建立生祠，书其姓名官称而祀之。绍兴九年，祁门县尉黄维命书吏绘岳飞画像，并亲作《生祠记》勒之于石。

3. 宋绍兴三年，虔吉盗彭友连兵寇掠循、梅、广、惠、英、韶、南、建、邵、汀诸州①，岳武穆王飞衔命②讨平之，被戮者惟渠魁③彭友，余党皆获宥④。初，高宗以隆祐太后震惊之故，密令飞屠虔城⑤，飞请诛首恶而赦协从，高宗许焉。于是虔人感其德，绘像祠之。（《同治赣州府志》卷一一《祠庙》，汪鋐《精忠祠记》）

[注]

①连兵：集结军队。寇掠：侵犯劫掠。循：循州（治龙川，今广东龙川县）。梅：梅州（治程乡，今广东梅州市梅县区）。广：广州（治南海、番禺，今广东广州市）。惠：惠州（治归善，今广东惠州市惠阳区）。英：英州（治浈阳，今广东英德市）。韶：韶州（治曲江，今广东韶关市曲江区）。南：南雄州（治浈昌，今广东南雄市）。建：建州（治建瓯，今福建建瓯市）。邵：邵武军（治邵武，今福建邵武市）。汀：汀州（治长汀，今福建长汀县）。②衔命：遵奉命令。③渠魁：头领，大头目。④获宥：获得宽大处理。宥（yòu），宽恕。⑤虔城：赣州城。

绍兴三年（1133），岳飞奉命平定吉州和虔州叛军，被俘的人数众多，光是两州的叛军首领即有五百多人。因建炎四年（1130）隆祐皇太后在虔州受到乡兵叛乱的惊吓，宋高宗下密旨，“令屠虔城”。由于岳飞“连请不已，上乃为之曲宥”。岳家军入城后，只处死少数叛军首领，其余勇壮者分隶各军，老弱者放归田里。虔州人为感岳飞活命之恩，家家绘像事之，设祠奉若神明。《同治赣州府志》卷一一《祠庙》记载：“精忠祠在府城南景德寺右，宋时州人祀都统制岳武王飞。岁久祠废，明嘉靖七年，知府王世芳白都御史汪鋐请于朝，即其故址重建，额曰‘精忠’，鋐为记。”

4. 先是，王薨一年前后年此日①，诸将复之武昌骑戏②，又一下卒③忠义所激，自题一诗云：“自古忠臣帝主④疑，全忠全义不全尸⑤。武昌门外千株柳，不见杨花扑面飞⑥。”闻者为之悲泣，罢游⑦。（〔宋〕谢起岩《忠文王纪事实录》卷四）

［注］

①王薨一年前后年此日：指鄂王岳飞被杀的第二年的这一天。②骑戏：骑马游乐。③下卒：等级低的士卒。④帝主：皇帝，君主。⑤不全尸：不能使尸体完整。形容惨死。⑥不见杨花扑面飞：字面意思是看不到柳絮迎面飞来，实写春天气候寒冷反常，隐喻宋高宗和秦桧统治下的白色恐怖，且痛惜再也见不到岳飞。杨花，柳絮。⑦罢游：停止游乐。

岳飞死后一年，鄂州军中很多将领前往武昌县走马游乐，他们想到一年前的今天，正是他们敬爱的统帅岳飞被杀的日子，心中是何等的悲伤！有一个军士为岳飞的忠义精神所激，吟诗一首。诗的前两句是说，自古以来忠臣往往遭到皇帝的猜疑，他们竭尽全部的忠义，最终却连一个完整的尸体都不能保全。二句似在叹古，实为伤今。似是泛指，实有所指。最后两句“武昌门外千株柳，不见杨花扑面飞”，表面是写气候严寒、杨花不飞的自然之景，实际是在写白色恐怖的严酷。最后一字“飞”，双关岳飞。寄寓了将士们不见岳飞的哀痛。将士们听后，都“为之悲泣”而“罢游”。

5. 李安期，字泰伯，淹贯经史①，援笔成文，尤以诗名遨游江、湖②。四川宣抚使雅重之③。岳飞死，作《表忠诗》百二十首吊之④。（《嘉靖邵武府志》卷一四《隐士》）

［注］

①淹贯：深通广晓。经史：儒家典籍经与史的统称。②遨游：指漫游，游历。江、湖：指长江与洞庭湖一带。③四川宣抚使：指吴玠。吴玠因功官至四川宣抚使。雅重之：特别器重他。④吊之：悼念岳飞。

岳飞死后，有不少人作诗歌咏、悼念他，但像李安期这样作诗一百二十首之多，不但在当时，即使在后代，也没有人能比得上。从诗题《表忠诗》可看出，作者哀悼岳飞是忠而被杀。可惜原诗佚，一首也未能留下。

6. 岳忠武破金人归，驻军齐山翠微亭①，既殒②，韩蕲王③怀念不置，常匹骑过飞来峰顶，怅望④久之，因建亭亦曰翠微。（〔明〕陶元藻《泊鸥山房集》卷二五）

［注］

①齐山翠微亭：建在安徽池州市南边的齐山上，唐代大诗人杜牧在武宗会昌年间任池州刺史时所建。②既殒：岳飞死后。③韩蕲王：指韩世忠。④怅望：惆怅地看。

据郭光先生《岳飞集辑注》引清冯培《岳庙志略》卷一〇《轶事》：韩世忠忤秦桧，解兵柄，逍遥湖上，最爱灵隐山，（绍兴十三年，1143）建翠微亭（于灵隐山飞来峰半），时独游焉。其时岳侯已死。先是岳有《池州翠微亭》诗云："经年尘土满征衣，特地寻芳上翠微。好水好山看不足，马蹄催趁月明归。"韩盖忆岳此诗，故以名亭，而亦隐痛也。

7. 伏睹故少保岳飞顷提十万之众[1]，留屯沔、鄂[2]，纪律严明，秋毫无犯，捐躯徇国，有百战百胜之勋。至今鄂州一军士卒整肃[3]可用者，皆飞之力也。又去此已三十年，遗风余烈[4]，邦人[5]不忘，绘其像而祀者，十室而九[6]，可见忠义能感人心如此。虽蒙朝廷复其官爵，录其子孙，而庙貌缺如[7]，何以鼓忠义英豪之气。今鄂州军民见请[8]为飞建立祠宇，欲望朝廷下湖北转运司及鄂州[9]，许从众欲[10]，不唯少慰飞忠烈不泯之魂[11]，亦可为方今将帅建功立事者之劝[12]。（〔宋〕岳珂《鄂国金佗续编》卷一四《湖北转运司立庙牒》）

[注]

①伏：俯伏。敬词。睹：看到。顷：往昔，当时。提十万之众：率十万之兵。②沔、鄂：沔州（治沔阳，今湖北仙桃市）和鄂州（治江夏，今湖北武汉市江夏区），古诗文中多并称。③鄂州一军：指大本营驻在鄂州的岳家军。整肃：指整饬、肃清，形容纪律整齐严肃。④遗风余烈：一作“余烈遗风”，前人留传的事迹和风教。⑤邦人：乡里之人，本地之人。⑥十室而九：十家就有九家。⑦庙貌：《诗经·周颂·清庙序》郑玄笺，“庙之言貌也，死者精神不可得而见，但以生时之居，立宫室象貌为之耳”。因称庙宇及神像为庙貌。缺如：欠缺。⑧见请：进见请求。⑨转运司：宋代主要负责国家财赋征收及运转的机构，是联系中央财政与地方财政的中介。鄂州：此指鄂州地方政府。⑩许从众欲：允许顺从众人的意愿。⑪不泯之魂：不灭的魂魄。⑫方今：当今。建功立事：同“建功立业”。《管子·版法》：“凡将立事，正彼天植。”尹知章注：“立经国之事。”劝：勉励。

岳家军一度驻军于鄂州，鄂州百姓亲见岳飞统师严整，秋毫无扰，有功于一方，远近之人，绘岳飞画像而礼祀者“十室而九”。他们认为，朝廷既已追复岳飞原官，并录用其后嗣，“而庙貌缺如”，不足以鼓舞“忠义英豪之气”，请求朝廷在鄂州为岳飞建庙。鄂州军民推举“本州居民父老张子立”向湖北转运司具状呈请，乾道六年（1170）二月，湖北转运司判官赵彦博写奏札向朝廷申报，在鄂州为岳飞立庙。此为呈文的部分节录。

8. 余浮江①，逾大别②，循汉水而上③，父老往往能道岳公事，至有垂涕④者，曰：“微岳公，吾属久为虏矣⑤。”……圣上嗣服⑥，首旌其功，立庙赐谥，录用其后昆⑦之贤，赐庙号曰“忠烈”。江、湖之民⑧，至今绘其像，家家奉祀之⑨。（〔宋〕岳珂《鄂国金佗续编》卷三〇王自中《郢州忠烈行祠记》）

［注］

①余：《郢州忠烈行祠记》的作者王自中自称。浮江：乘船渡江。②逾大别：越过大别山。大别山，位于安徽省、湖北省、河南省交界处。③循汉水而上：沿着汉水向上游行进。④垂涕：落泪或流涕。指哭泣。⑤微岳公，吾属久为虏矣：如果不是岳公，我辈早就被女真人奴役了。微，副词。要没有，要不是。⑥嗣服：谓继承先人的事业。⑦后昆：后嗣，子孙。⑧江、湖之民：长江和洞庭湖一带的老百姓。⑨奉祀之：供奉祭祀岳飞。

宋孝宗淳熙十四年（1187）三月，王自中赴光化军（治乾德县，在今湖北老河口市西北）知军事任。他从杭州“浮九江，逾大别，循汉水”，一路西行。到达郢州时，作了短暂的停留，从知州事张侯（张孝曾）口中得知当地正在为岳飞修建祠堂。王自中到任不久，张孝曾就寄书来请王自中为刚竣工的岳祠撰写碑记。王自中对岳飞十分仰慕，在淳熙十五年秋写成了《鄂州忠烈行祠记》一文。文中不仅写出了“江、湖之民，至今绘其像，家家奉祀之”的事实，而且分八个条目总结了岳飞的治军才能：一曰忠，二曰虚心，三曰整，四曰廉，五曰公，六曰定，七曰选能，八曰不贪功，各举简要例证，对岳飞做了高度评价。

9. 顷为儿时①，侍臣霖游宦四方②，帅广州日③，道出章贡④，见父老帅其子弟来迎，皆涕洟⑤曰：“不图今日复见相公之子⑥。”时臣在侍侧⑦，感泣曰：“先公遗德犹在此⑧。”臣霖亦泣曰：“岂特此地为然⑨，昔将漕湖北⑩，武昌之军士、百姓设香案⑪，具酒牢⑫，哭而迎。有一妪哭尤哀⑬，曰：‘相公今不复此来矣！’家人念之者⑭，呼而遗之食⑮，问其夫何在？妪舍食⑯，哭曰：‘不善为人⑰，为相公所斩矣。’问其子若婿皆然⑱。”当时特以为老妪之哭与章贡父老之情，等⑲为怀旧念恩耳。曾未知匹夫匹妇之心⑳，轻怨易怒㉑，至于杀其夫、子若婿，而犹念之，非有大服其心者，畴克尔㉒。（〔宋〕岳珂《鄂国金佗稡编》卷九《经进鄂王行实编年》卷六《遗事》）

［注］

①顷为儿时：往昔年幼的时候。②侍臣霖游宦四方：意思是随侍在外地做官的父亲岳霖。游宦，远离家乡在官府任职。③帅广州日：任广州帅司长官的时候。岳霖曾任广东经略安抚使。④章贡：章水和贡水的并称。亦泛指赣江及其流域。⑤涕洟（tìyí）：眼泪和鼻涕。⑥不图：没有想到。相公之子：指岳飞的儿子。⑦时臣在侍侧：当时我（岳珂）侍奉在父亲的旁边。⑧先公遗德犹在此：已故祖父留下的德泽还保存在这里。⑨岂

特此地为然：哪里只是这里如此。⑩昔将漕湖北：往日将负责漕运到湖北。岳霖曾任转运判官。⑪设香案：陈设放置香炉烛台的条桌。⑫具酒牢：备办酒和牢牲。牢牲，祭祀用的供品。⑬妪（yù）：年老的女人。哭尤哀：哭泣尤其悲伤。⑭家人念之者：哀怜她的岳霖的家人。⑮呼而遗之食：呼唤并送给她饭吃。遗（wèi），给予。⑯舍食：舍弃饭食。意思是停止吃饭。⑰不善为人，为相公所斩矣：不好好做人，被岳相公斩了。⑱问其子若婿皆然：问她的儿子和女婿也都是这样。若，与，和。然，指“不善为人，为相公所斩矣”。⑲等：同样。⑳曾（zēng）：竟，竟然。匹夫匹妇：平民男女。泛指平民。㉑轻怨易怒：很轻易地怨恨愤怒。㉒畴克尔：谁能这样。畴，谁。克，能够。尔，代词。如此，这样。

岳珂年幼时曾跟随父亲岳霖途经赣州，即有“父老帅其子弟来迎”，个个泪流满面，说：“没想到今天能再见到岳相公之子。”看到岳珂感动地哭泣，岳霖也哭泣着讲了他在湖北亲历的事。岳霖到荆湖北路任转运判官，鄂州军民闻讯后，“设香案，具酒牢，哭而迎”，以表示他们对岳飞的缅怀。其中有一个老妇哭得尤其哀伤，经询问才知道，她的丈夫和儿子、女婿都因“不善为人”，被岳飞所斩。但她仍对这位正直严明的故帅致以深切的悼念。难怪岳珂感叹道：平民男女的心，本来极容易怨恨愤怒，竟至有将她的丈夫和儿子、女婿都杀掉还怀念杀他们的人，不是有使她的心特别信服者，谁能这样！

10. 若夫智略足以料敌[①]，鉴裁[②]足以用人，纪律严而下不忍怨[③]，粮运竭[④]而众不忍叛，身死八十年，闻风者犹且悦之[⑤]，其惟多岳飞乎[⑥]！古之所谓大将，不过于此[⑦]。（〔宋〕曹彦约《昌谷集》卷一七《中兴四将赞》）

［注］

①若夫：句首语气词，用在句首或段落的开始，表示另提一事。智略：才智与谋略。料敌：判断敌情。②鉴裁：审察识别人、物优劣的才能。③下不忍怨：部下不忍、不怨。不忍，不愿割舍。不怨，不怨恨。④粮运竭：粮食的运送断绝。⑤闻风者：听到传闻的人。犹且悦之：尚且喜爱他。⑥其惟多岳飞乎：大概只有赞许岳飞吧。多，赞许，推崇。⑦于此：如此。

作者首先从四个方面高度评价岳飞治军的才能：才智谋略足以判断敌情，精鉴明察足以善用人才，纪律严明而部下不离不弃、不怨恨，粮食断绝而将士不忍心背叛。接着说岳飞的影响深远：身死八十年，听到岳飞事迹传闻的人还在怀念他，喜爱他，“中兴四将”中只有岳飞才能这样。说明人们对他的追念，其他大将很少有人能比得上。

11. 张德远诛范琼于建康狱中①，都人皆鼓舞；秦会之杀岳飞于临安狱中，都人皆涕泣：是非之公如此！（〔宋〕陆游《老学庵笔记》卷一）

［注］

①张德远诛范琼于建康狱中：张德远，张浚字德远。范琼，字宝臣，北宋开封人。靖康间为京城四壁都巡检使，持剑为金军驱逼徽宗及后妃出城。建炎初，为御营司都统制，后为平寇前将军。金军迫扬州，他避至寿春（今安徽寿县），寿春民讥其不战而走，因纵兵入城杀掠。苗傅、刘正彦发动兵变，因与苗傅交通，不肯进兵讨伐。召他不来，来了又不肯解散军队。知枢密院事张浚上表，抗疏范琼“大逆不道”，宋高宗赵构命将范琼收捕。张浚和心腹好友刘子羽商量之后，就命大将张俊率几千人埋伏于路旁，将范琼送到建康监狱。后范琼被击杀。

著名爱国诗人陆游毕生主张抗金，收复失地。他对坚决抗金的宗泽、岳飞、韩世忠等人充满敬意和怀念。他曾作诗哀叹抗金大将不被重用，反遭迫害；批评南宋朝廷甘心偏安一隅。在他的《老学庵笔记》中，许多记述也都表现了他的上述思想。这则笔记指出了秦桧杀害岳飞，国都临安的人民都哭泣哀伤岳飞的事实，运用对比的手法，说明公道自在人心，感染力更强。

12. 岁己巳八月①，皇帝初即大位②，以统幕师熸上皇未复③，寇方内逼④，乃命侍讲臣珵⑤等十有五人，分镇要地遏乱，略纠义旅⑥，以为京师声援。而臣珵实来彰德。彰德，古相州也，汤阴为其属邑，邑之周流社，王之生地也，间因行县至焉⑦。既临祭王之父祖墓而封守之⑧，乃集郡县僚吏⑨、师生、父老于庭，而谕之忠义及王之祠事⑩，皆喜跃，愿效力。其明年春，珵以召还，乃具列王之功于礼当祀者以闻⑪，诏可⑫。祠既成。敕赐榜⑬曰：“精忠庙”，而俾有司春秋祭享如制⑭。（〔明〕徐有贞《敕建精忠庙碑记》）

［注］

①岁己巳八月：明英宗朱祁镇正统十四年（1449）八月。②皇帝初即大位：明代宗朱祁钰刚登上皇帝的大位。③以统幕师熸上皇未复：因为统率随从军队而溃败的太上皇没有回来。明英宗时为蒙古族也先所俘未回，明代宗即位，遥尊英宗为太上皇。幕，军队的营帐。熸（jiān），溃败。④寇方内逼：敌寇（指蒙古族军队）正在向内地逼近。⑤臣珵：徐珵自称。徐珵（1407—1472），字符玉，号天全，明吴县（今江苏苏州市吴中区）人。宣德八年（1433）进士。英宗被掳，倡议南迁。景泰帝即位，更名有贞。以行监察御史到彰德府，因请建岳飞庙。后与石亨等主谋夺门之变，助英宗复辟，以副都御史入内阁，

寻加兵部尚书衔，封武功伯，华盖殿大学士。后与石亨内讧，被徙为民。⑥略纠义旅：巡视招募为正义而战的军队。略，巡视，巡行。纠，纠集，集结。旅，军旅，军队。⑦间因行县至焉：其间因为考察县的工作到那里。行，考察。⑧临祭：亲临祭祀。封守之：为坟墓封土且派人看管。⑨郡县僚吏：指府和县属下的官吏。⑩谕之忠义及王之祠事：晓谕他们忠义的道理和为岳王建庙的事。⑪乃具列王之功于礼当祀者以闻：就一一列举岳王按照规定符合祭祀的功绩用以上报皇帝。具列，备述，一一列举。⑫诏可：皇帝批准。⑬敕赐榜：皇帝命令赐予匾额。榜，匾额。⑭而俾有司春秋祭享如制：而使负有专责的官员遵照祭祀的制度办事。

正统十四年，明英宗在权臣王振的挟持下，率五十万人西征来犯的蒙古首领也先的军队，结果土木堡一战，全军覆没，英宗被俘。朝野震动，都以为“土木之变”与“靖康之变”有相似之处，所以更加怀念岳飞尽忠报国的志节。仓促即位的代宗皇帝派钦差大员到全国进行抗战动员。翰林院侍讲徐珵奉命到彰德府，巡行至其属县汤阴。汤阴是岳飞的故乡，然而只在南关外有一座规模不大的岳飞庙。徐珵题请在汤阴县城为岳飞营建新庙，来激励天下之人的忠义之心。明代宗亟须凝聚全国士气，用岳飞精神构筑一道心灵的万里长城，于是“诏可”。新庙建成后，代宗赐以“精忠庙”的匾额，并令“春秋祭享”。徐珵时已改名徐有贞，撰《敕建精忠庙碑记》。

13. 宋岳武穆王祠，天下有五。在鄂者，乃王开国①之地。在杭者，王墓之地。在汤阴者，父母之乡②。赣③者，立功之地。而朱仙镇者，功之极而愤之所不能忘④。皆著祀典⑤，报王亦宜⑥。（〔明〕郎瑛《七修类稿》卷三

六《岳庙》）

［注］

①开国：建立封国。古代封王必有封国，岳飞追封鄂王，鄂州即其封国。②父母之乡：犹言祖乡。指故乡。③赣：指赣州（今江西赣州市）。④功之极而愤之所不能忘：战功达到顶点而不能忘记愤恨的地方。指即将成功而被迫班师。⑤皆著祀典：这些都明确记载于祀典。祀典，记载祭祀仪礼的典籍。⑥报王亦宜：报答岳王也很合适。

所谓“宋岳武穆王祠，天下有五”，并不是说全国只有这五座，而是说规模较大且最著名的是这五座。作者指出这五座岳飞庙所以著名，各有其历史原因和意义，这五地的人民对岳飞的尊崇和追念自然也深于他处。

14. 蜀汉关壮缪侯[①]，本朝所最崇奉。至今上[②]，累加至大帝天尊之号而极矣[③]。或云上梦有异感[④]，遂进此衔名[⑤]，未知果否。然又加南宋岳鄂王谥号，见之诰词[⑥]，不下壮缪，则海内或未及闻[⑦]也。其最后加岳谥云：“诛邪辅正[⑧]大将、精忠武穆帝君、主治洞天福地[⑨]、统领禋祀蒸尝[⑩]、协理三十六雷律令[⑪]、赞七十二候天罡[⑫]、受命上清[⑬]、永扬帝化[⑭]、神霄右监门[⑮]、靖魔[⑯]忠勇岳鄂王、荡卤[⑰]大元帅”。其崇奉亦至矣。今西湖鄂王祠，修饰甚丽，禾郡[⑱]有称其子孙立祠宇者，何不以此颜其庙[⑲]，而犹仍宋故称耶[⑳]。（〔明〕沈德符《万历野获编》卷一四《加前代忠臣谥号》）

［注］

①蜀汉：三国之一，为汉皇室后裔刘备所建立。关壮缪侯：关羽，追谥“壮缪侯”。②今上：当今的皇上，指明神宗朱翊

钧。③累加至：多次加封到。大帝天尊之号：明神宗万历四十二年（1614）加封关羽为“单刀伏魔、神威远镇天尊关圣帝君”。极矣：已达极点了。④或云上梦有异感：有人说皇上做梦有神奇的感通。⑤遂进此衔名：于是晋封这个官衔的名称。⑥诰词：君王所颁文告。⑦或未及闻：有的人还没有听说。⑧诛邪辅正：诛伐邪佞，辅佐正义。⑨主治：掌管。洞天福地：指道教仙境的名山大川。“洞天”意谓山中有洞室通达上天，贯通诸山。⑩统领：统率领导。禋祀蒸尝：泛指各种祭祀。禋祀，古代祭天的一种礼仪。泛指祭祀。蒸尝，本指秋冬二祭，后泛指祭祀。⑪协理：协助办理。三十六雷律令：三十六雷神的法令。道教谓雷部有三十六神。⑫赞：辅助。七十二候天罡：道教神名。我国古历法以五日为候，三候为气，六气为时，四时为岁，一年二十四节气共七十二候。道教称北斗丛星中三十六星之神为天罡。⑬受命上清：奉命于上清仙境。上清，道家所称的三清境之一。⑭永扬帝化：永远宣扬上帝的教化。⑮神霄右监门：天庭的右监门官。神霄，道教谓九天中之最高者。监门，禁卫宫门之官。⑯靖魔：平定妖魔。⑰荡卤：扫荡虏寇。卤，通“虏”。⑱禾郡：嘉禾郡的简称，今浙江嘉兴市。岳飞之孙岳珂居嘉禾金佗坊，嘉禾建有岳飞家庙。⑲何不以此颜其庙：为什么不用此谥号题写庙宇门上的匾额。颜，本义为额头。此作动词。⑳而犹仍宋故称耶：却还延续宋朝原来的称号呢。

有明一代，对关羽最为崇奉，至明神宗累加至“单刀伏魔、神威远镇天尊关圣帝君”，已达到了极点。而明神宗对岳飞的加谥层层叠叠，竟有六十四字之多。这说明在当时统治者和人民的心目中，对岳飞历史功绩和地位的认识，大有超过关羽的趋势。作者认为这是岳飞的荣耀，也是岳飞后裔的荣耀。但他提出要把这个谥号作为西湖岳飞庙和嘉兴岳飞庙的庙额，则未免不切实际。

十五、象贤

1. 徐应镳，字巨翁，衢州[①]人。德祐乙亥[②]，两宫赴北[③]，瀛国公[④]暨太学生百余人皆从行，应镳乃与其子琦崧、女元娘誓共焚[⑤]，子女喜从之。太学，故岳飞第[⑥]，有飞祠，应镳具酒肉祀飞曰：天不祚宋，社稷为墟[⑦]，应镳誓不与诸生俱北，愿死祠下，与王英灵永永无斁[⑧]。祭毕，以酒肉饷[⑨]诸仆，俟其醉卧[⑩]，乃与子女入梯云楼，纵火自焚，一小仆未寝，闻火声，穴牖[⑪]视之，见其父子俨然[⑫]坐立如塑像，走报诸仆，得不死，怏怏[⑬]出户。翌日[⑭]，得其尸祠前井中[⑮]，与其子女皆僵立瞠目[⑯]，面色如生。（〔宋〕无名氏《昭忠录·徐应镳（太学生）》）

［注］

①衢州：治衢县（今浙江衢州市衢江区）。②德祐乙亥：德祐元年（1275）。德祐是宋恭帝赵㬎的年号。③两宫赴北：宋恭帝的祖母谢太后、母亲全太后被掳往北方金国。按，宋廷降元，“两宫赴北”，应为德祐二年。④瀛国公：宋恭帝被俘以后，被元朝封为瀛国公。⑤誓共焚：立誓一同自焚。⑥太学，故岳飞第：太学原是岳飞的宅第。⑦天不祚宋，社稷为墟：上天不福佑宋朝，国家成为废墟。⑧永永无斁：永远没有尽头。斁（yì），终止。⑨饷：用酒食招待客人，泛指请人受用。⑩俟其醉卧：等他们喝醉睡下。⑪穴牖：凿窗为洞。⑫俨然：形容庄重、严肃。⑬怏怏：形容闷闷不乐的神情。⑭翌日：第二天。⑮得其尸祠前井中：从祠前的水井中得到徐应镳的尸体。⑯僵立瞠目：

直立不动瞪着眼睛。

岳飞死后，其在杭州的故宅被没收改为太学，后来，又有人在太学内建了岳飞祠。德祐二年正月，伯颜率元军兵临临安（今杭州），生俘五岁的小皇帝宋恭帝及其祖母谢太皇太后和母亲全太后前往北方，还要一百多名太学生随行。太学生徐应镳受岳飞精神的影响，不肯随宋恭帝被掳往北方，立誓与其一子一女自焚守节，就备办酒肉到岳飞祠前祭祀，愿意死在祠下，与岳飞的英灵永远在一起。他们将家中的仆人灌醉，非常从容地纵火自焚，不料被一个小仆人发现，自焚没能成功。但是，他们以死守节的决心并没有改变，乘人不备一同投井自尽。第二天人们发现了他们的尸体，三人“皆僵立瞠目，面色如生”。

2. 古来忠孝至性[①]，事有可一不可再者。如岳武穆涅[②]“尽忠报国”于背上，岂非真忠。至嘉靖[③]间，黄久庵尚书[④]（绾）亦背刺此四字，因被言[⑤]，乃疏以自明[⑥]，遂堕士林笑海[⑦]。（〔明〕沈德符《万历野获编》卷二六《王上舍刻木》）

[注]

①至性：多指天赋卓绝的品性。②涅：可做黑色染料的矾石。此作动词，染黑。特指在人身上刺字或刺成图案，再涂以墨。③嘉靖：明世宗朱厚熜的年号，共 45 年（1522—1566）。④黄久庵尚书：黄绾（1480—1554），字宗贤、叔贤，号久庵、石龙，黄岩（今浙江台州市黄岩区）人。嘉靖十八年（1539）任南京礼部尚书兼翰林学士。安南（越南）内乱，帝命黄绾为正使安抚，黄恐此行不测，称病不赴。次年，因奏请为父母赠谥，受帝怒责，降为礼部侍郎。嘉靖二十年，以年老辞官归家。⑤因被言：因而被弹劾。⑥疏以自明：上疏条陈自我表白。⑦遂

堕士林笑海：于是落入文人士大夫们的笑谈。士林，指文人士大夫阶层。笑海，指笑话汇集的所在。

黄绾向岳飞学习，也背刺“尽忠报国”四字，此事本无可厚非，说明他确曾为岳飞的精神所感动，并立志效仿。比如，何渊要嘉靖帝父母入太庙，被黄绾斥为荒谬；王守仁殁而遭首辅杨一清、桂萼诬陷，黄绾两次上疏辩冤，皆能主持正义。山西大同兵变，黄绾力主安抚，受命急赴大同，逮首恶数十人而赦余众，使民心安定，也有岳飞的遗风。他之所以“遂堕士林笑海”，是因为他向岳飞学习不能坚持始终。安南内乱，嘉靖皇帝命他为正使安抚，他却害怕此行不测，称病不赴。晚年威重而骄倨，纵容子弟、家奴横行乡里。这些都与“尽忠报国”的精神相违背，不是“真忠”，所以贻笑士林。

3. 嘉靖末年，用故将杨照为辽东总兵官[①]。照感上知遇[②]，涅[③]“尽忠报国”四字于背。其与巡抚侯汝谅、户部管饷郎中何东序互讦回卫[④]。久之复起[⑤]，感愤[⑥]不平，誓死与虏角[⑦]，因之战殁。无子，有母，贫不免饥寒。巡抚王之诰以闻[⑧]，上命月给米三石，复其家[⑨]。此累朝旷典[⑩]，然以励各边壮士不为过也。按刺背一事，始于宋岳少保飞。元顺帝[⑪]末年，杭州巡检胡仲彬举兵，其徒皆文背[⑫]曰“赤心报国，誓杀红巾”。至我明正德间，锦衣卫匠余[⑬]刁宣，自言背刺“尽忠报国”四字。上怒，命本卫杖而戍之岭南[⑭]。至嘉靖初，南礼部侍郎黄绾为白简[⑮]所攻，亦自疏言背有“尽忠报国”字可验。上虽不罪[⑯]，而天下至今嗤笑，盖至照而五矣[⑰]。割股剖肝[⑱]，固尽孝美事，然效颦不已[⑲]，亦成故套[⑳]。胡仲

彬、刁宣不足言，惜黄、杨之见不及此[21]。（〔明〕沈德符《万历野获编补遗》卷三《武臣刺背》）

［注］

①故将：旧将。杨照：字明远，辽东前屯卫（今绥中县前卫镇）籍。辽东总兵杨镇之孙。嘉靖中积功至辽东总兵官，被劾罢。以荐复起为辽东总兵官。嘉靖四十二年（1563）率兵深入蒙古地区，遇伏战死。总兵官：官名。明初属临时差遣，无品级，无定员，多由公、侯、伯、都督充任。正统以后，边境战事时起，总兵官逐渐成为常设武职官员。②照感上知遇：杨照感念皇上的知遇之恩。③涅：刺字并涂墨。④互讦：谓互相指责、揭发。回卫：回到其驻地。卫，明代驻兵的地点。⑤久之复起：很长时间后重被起用。⑥感愤：愤慨。⑦与虏角：与敌人较量武力。⑧以闻：把事情上报使皇帝知道。⑨复其家：免除他家的赋税。复，免除（赋税徭役）。⑩此累朝旷典：这是历朝前所未有的典制。⑪元顺帝：孛儿只斤·妥懽帖睦尔(1320—1370)，元朝第十一位皇帝。⑫其徒：他的兵士。文背：在背上刺刻文字。⑬锦衣卫：明朝著名的特务机构。匠余：世业的工匠。⑭杖而戍之岭南：施以杖刑并将其谪戍到岭南。⑮南礼部：南京礼部。明成祖迁都北京后，仍然保留了南京的都城地位，并保留了一套中央机构。南京和京师一样，设六部、都察院、通政司、五军都督府、翰林院、国子监等机构，官员的级别也和京师相同。但北京六部是帝国的统治中心，而南京六部基本上属于养老院和发配降官的地方，属于闲职。白简：古时弹劾官员的奏章。⑯上虽不罪：皇帝虽然没有怪罪。⑰盖至照而五矣：到了杨照（背上刺字）已是第五个人了。指岳飞、杨照、黄绾、胡仲彬、刁宣。⑱割股：旧指孝子割取自己腿上的肉作为药物治疗父母或亲人的疾病。股，大腿。剖肝：将肝破开。此指竭诚事亲。⑲效颦：相传春秋时美女西施有心痛病，经常捧心而颦（皱着眉头），邻居有丑女认为西施这个姿态很

美，也学着捧心皱眉，反而显得更丑，大家见了都避开她。典出《庄子集释》卷五下《外篇·天运》。后以“效颦”指不善模仿，弄巧成拙。⑳故套：陈规，俗套。㉑惜黄、杨之见不及此：可惜黄绾和杨照的见识达不到。

此则虽讥讽后人“效颦”岳飞，却折射出后代确实有不少人自觉以岳飞为榜样的事实。效法岳飞背刺“尽忠报国”，可以激励自己，时刻提醒自己不忘誓言，虽不必提倡，但也不可疵议。特别是杨照，性忠勇负气，抚士有恩，以敢战知名，屡战皆捷，直至最后战死，他的一生努力实践且无负于“尽忠报国”四字，更应该大力称扬。那些只注重形式的效仿，或表里不一，或有始无终，则可视为末流。所以，对沈德符的一概而论，也应该有区分地正确看待。

4. 汤阴王东皋（伯勉）官文选郎中①，清介有执持②，为本朝吏部第一。尝语同官尹澜柱（源进）③曰：“宋岳忠武王，吾汤阴人也。王之言曰：‘文官不要钱，武官不怕死。’吾生平服膺④斯言，惟求无愧耳。”又曰：“作吏部无他才能，只须守定‘不愆不忘，率由旧章’⑤八字。”（〔清〕王士禛《池北偶谈》卷八《王东皋》）

[注]

①王东皋：王伯勉（1618—1677），字子健，号东皋，明末清初汤阴（今河南汤阴县）人。顺治三年（1646）进士，累任吏部郎中，补监察御史。做事公正廉明。著有《东皋公文集》。文选郎中：即吏部文选司郎中。吏部文选司主管选拔文官，文选司郎中是文选司的长官。②清介有执持：清正耿直而有操守。③尹澜柱：尹源进（1628—1686），字振民，号澜柱，广东东莞人。顺治十二年进士，曾授兵部督捕主事，改吏部文选主事。

康熙二年（1663）曾辞归，康熙十七年后进太常寺卿。著名画家。④服膺：铭记在心，衷心信奉。⑤不愆不忘，率由旧章：语出《诗经·大雅·假乐》。意思是：不犯过错，不丧失心志，一切遵循先王的典章法制。

汤阴人王伯勉，平生最服膺同乡前辈岳飞的名言："文官不要钱，武官不怕死。"他自觉以岳飞为榜样，言行一致。久于铨曹，一介不取。据《清稗类钞》载，同年范印心，以平阳监司入觐，念其贫，怀金将遗之，约同年馆卿钱綖同往，语久之，卒不敢言而退。寒冬唯一羊裘，数年不易，毛尽脱，同官醵金制裘一帽一遗之，东皋曰："伯勉生平未尝受人一钱，何敢烦公等！"

5. 如皋县[①]有许元博者，于顺治二年避兵居乡[②]，因授徒[③]于吴心田家。偶阅岳武穆传，欣然有感，遂于胸前刺"不愧本朝"四字，左臂刺"生为明人"，右臂刺"死为明鬼"。忽一日脱衣洗澡，为人所觇[④]，语泄[⑤]，本县捕之，按臣具疏[⑥]，即于本处正法。（〔清〕佚名《研堂见闻杂录》）

［注］

①如皋县：今江苏如皋市。②顺治二年：公元1645年。避兵居乡：躲避兵祸居住在乡间。③授徒：教授生徒。指教书。④觇（chān）：看，偷偷地察看。⑤语泄：（看到的人）在言谈中泄漏出去。⑥按臣：巡按大臣。具疏：备文分条陈述。

许元博是明末遗民，不愿归顺清朝的统治。因读《岳飞传》，为岳飞的爱国精神所感动，更加坚定了他"生为明人""死为明鬼"的志向，于是效仿岳飞背刺"尽忠报国"的做法，也在自己的身上刺字以明志。他不是只刺一处，而是刺在胸前和两臂三处，可见其誓愿多么坚定！不料一天脱衣洗澡，被人看到，结果被处决。其气节足堪嘉尚。诚如作者所赞：“嗟乎！元博不过广陵一男子耳，未食朝廷升斗禄，而镂形刻骨，誓以死报，岂其为身后名哉？血性发愤，不可禁制，所谓山河之气，日月之精，造物千锤百炼而有此一男子也；为先朝开一代生面，岂可作等闲看乎？”

6. 陈纪①，以人材授闻喜县典史②，居官清慎③。九载三考④称职。三承赐宴⑤，同宴者一方伯⑥，一太守⑦。宴间方伯问曰：“君官卑，何德政至此？”曰：“纪，汤阴人，先贤忠武有言，‘文官不爱钱，武将不惜死’二语，其终身佩之⑧不敢忘。”蒙旨超升京县县丞⑨。（《乾隆汤阴县志》卷七《人物志·明》）

[注]

①陈纪：明汤阴（今河南汤阴县）人。②人材：荐举科目。闻喜：县名。今山西闻喜县。典史：官名。为县令的佐杂官，掌管缉捕、监狱。典史不入品阶，但在县丞、主簿等职位裁并时，其职责由典史兼任。因此典史职务均由吏部铨选、皇帝签批任命，属于“朝廷命官”。③清慎：清廉谨慎。④九载三考：明制，官吏每三年考绩一次，九年三次，根据考绩决定升转。⑤三承赐宴：三次受到皇帝赏赐共宴。赐宴，君命臣下共宴。⑥方伯：殷周时代一方诸侯之长，后泛称地方长官。汉以来之刺史，唐之采访使、观察使，明清之布政使均称“方伯”。⑦太守：秦汉时一郡的最高行政长官，明清则专指知府。⑧其终身佩之：我终生牢记在心。佩，本义为佩戴在身，此义为铭记在心。⑨蒙旨超升：承蒙皇帝旨意越级提拔。京县：京师所辖的县。非京师所辖的县称“外县”。县丞：官名，为县令之佐官。

典文书及仓狱，历代所置略同。

陈纪作为一个低级官员，终身铭记同乡先贤岳飞的名言“文官不爱钱，武将不惜死”，居官清廉谨慎，治绩卓著，故能三次受到皇帝赐宴，“蒙旨超升”，实为典型。像陈纪这样效法岳飞的汤阴籍官员还有不少。据《汤阴县志》载，明代郑滂，崇祯戊辰进士，授鱼台令，左迁浙鹾司知事，将赴崇德县知县任时，誓于杭州岳鄂王祠，有《视崇篆出杭誓岳王祠》诗：“汤阴王崛起，千载重汤阴。幸籍精忠里，敢忘仰止心？非希标美誉，只恐玷芳音。有悖爱钱诫，身名永灭沉。”

7. 马金，乾隆时人。身长八尺，双目有棱①，富膂力②，性戆直③，善书能文，由翰林擢御史④，以敢言闻⑤。……其在官时，署畜⑥飞枪手五十人，饮食居处，悉与己等⑦，号曰小岳军。工飞剑袭击，善矛槊，尝率之出东郭，演技于大校场，而自乘肥马，舞长矛，独立高冈。小岳军俱衣黑衣⑧，披红缨，左持盾，右手或枪或剑，呼啸成群。众槊并进，或飞舞云雾中，摩盘⑨于上；或跳跃马前后，冲击于下。烟尘蔽天，不可辨识，军笛一声，截然各止，其整肃如此。（〔清〕徐珂《清稗类钞·技勇类·啸马善射》）

[注]

①双目有棱：两眼棱骨突出。②富膂力：富有气力。③性戆直：生性憨厚而刚直。④由翰林擢御史：由翰林学士提升为监察御史。⑤以敢言闻：因为敢于仗义执言而闻名。⑥署畜：在官署中蓄养。⑦悉与己等：全与自己相同。⑧衣黑衣：穿着黑色的衣服。前一衣作动词，音 yì。⑨摩盘：摩擦盘旋。

马金是一个“善书能文”的文官，却有着武将的体格和治军素质，是一个文武全才的人。他钦慕岳飞的治军才能，在官署中蓄养一支五十人的队伍，号曰“小岳军”，意即小型的岳家军。他对待士卒，“饮食居处，悉与己等”，他自己能“乘白马，舞长矛”以为表率，他对小岳军从严训练，使之勇敢善战，军纪整肃。这些都可看出，马金在努力继承岳飞的治军思想和成功经验。可惜，他的小实验未能用于实战，也未能得到推广。

8. 公行师虽仓卒遄征①，涉水登山，部伍不少紊②，其进如潮涌，其退如山峙。观者以为南宋岳家军，撼山易，撼军难，其坚整亦无以过③。（〔清〕赵增禹《书鲍忠壮公轶事》）

［注］

①公：指鲍超。鲍超（1828—1886），初字春亭，后改春霆，夔州（今重庆奉节）人，清朝晚期湘军著名将领。一生参加过500多场战斗，身被伤108处。光绪十二年（1886）逝世，谥忠壮。仓卒：同“仓猝”。遄征：急行军。遄（chuán），迅速。②部伍不少紊：部队一点也不乱。紊，乱。③坚整：强劲整肃。无以过：没有谁能超过。

此则言鲍超治军效法岳飞，号称“霆军”，是湘军中最凶悍的一支。《清史稿》称“超治军信赏必罚，不事苛细，得士卒死力”，故能“攻战无敌”。

9. 长庚既以善皮黄①名于京师，三庆班乃延之主班事②。班人呼主者为老班，长庚名德才艺，并时无两③，无论何班，皆呼之为大老班。京师伶界④，设机关⑤于岳忠武庙，谓之精忠庙会，有公守条件，违者议罚⑥，

例以老成人[7]掌之。长庚为众所仰，掌之终身，人皆呼以大老班，亦以此故。（〔清〕徐珂《清稗类钞·优伶类》）

[注]

①长庚：程长庚（1811—1880），名椿，谱名程闻檄，清朝同治、光绪时期技艺非凡、声名赫赫的京剧表演艺术家，工文武老生，是徽班进京后由演唱徽调、昆腔衍变为京剧的奠基人之一。被称为徽班领袖、京剧鼻祖。皮黄：京剧由“西皮”和“二黄”两种基本腔调组成它的音乐素材，也兼唱一些地方小曲调，故京剧又称“皮黄”。②三庆班：是我国清朝中后期活跃于北京的徽班之一，与四喜班、春台班、和春班并称为“四大徽班”。延：延请。主班事：主持戏班之事。③并时无两：同时没有第二人可与之相比。④伶界：旧称戏曲界。⑤机关：此指专门管理戏剧事务的机构。⑥议罚：谓议定其罪给予处罚。⑦老成人：指年老敦厚者或练达持重的人。

著名的京剧表演艺术家程长庚生活的年代，正是帝国主义列强用大炮轰开中国大门、清朝日益失去主权的时代，是以爱国主义为核心的民族精神空前高涨的时代。所以徽班进京后，“四大徽班”的共同管理机构就设在岳飞庙内，他们的行业总会，就称为“精忠庙会”。可见戏剧界对岳飞的尊奉以及岳飞的爱国主义精神和气节对他们的影响。程长庚以其“名德才艺，并时无两”为大家所敬仰，终身任精忠庙会会首。他深受岳飞的影响，一生多演出忠义节烈爱国内容的戏，尤喜饰演伍子胥、鲁肃、祢衡、岳飞等有气节的人物。

10. 凡进我们这个协会[1]的规矩，最好是在岳庙里。若无岳庙，或有在不便的地方，就在家里择一个干净的地方也可以的。行规矩的时候，设立公案，写少保忠武王岳爷爷的神位一个，位置中央，左首列一个杨将军再兴之神位，右首列一个牛将军皋之神位。杨将军下列一王将军佐[②]之神位，牛将军下列一施义士全[③]之神位。……然后盟证人[④]（即香堂）进跪神前，四跪四拜。立起来，炷香于神位之前，宣读进会祭文（用黄纸写）。文云："千载有公，继武羲、轩[⑤]，气吞胡虏，威被八埏[⑥]。觉罗不灭，公目不眠[⑦]。黄、农遗胄，都四亿千[⑧]，凭借公灵，逐彼腥膻[⑨]。国命可复，配公配天[⑩]。尚飨[⑪]！"……誓毕，执法行刑者左手持鸡，右手握刀，叫曰："岳爷爷英灵鉴者[⑫]，过往神祇鉴者，同事人的祖宗鉴者。我等协力同心，誓杀鞑子[⑬]，报我们祖宗的大仇，有福同享，有祸同当。若有不照这句话的，难逃天殛[⑭]，如若不信，请看此鸡！"（〔清〕徐珂《清稗类钞·会党类·（龙华会）入会礼式》）

［注］

①这个协会：指龙华会。清末反清的民间会党组织。②王将军佐：清钱彩《说岳全传》中虚构的人物。小说中有"王佐断臂"的故事。历史上真实的王佐，字翼顺，今甘肃天水人，是南宋理宗时将军。③施义士全：义士施全，《老学庵笔记》卷二："秦桧之当国，有殿前司军人施全者，伺其入朝，持斩马刀邀于望仙桥下，斫之，断轿子一柱而不能伤，诛死。"④盟证人：为立誓订盟做证的人。⑤千载有公，继武羲、轩：千年有岳公，继续轩辕、伏羲的事业。武，足迹。继武，谓足迹相接。比喻继续前人的事业。羲、轩，亦作"轩牺"。轩辕、伏羲的并称。⑥气吞胡虏，威被八埏：壮气吞灭北方敌寇，武威遍及四面八方。胡虏，秦汉时称匈奴为胡虏，后世用为与中原敌对的北方部族之通称。八埏，八方边远之地。埏（yán），地的边际。

⑦觉罗不灭，公目不眠：觉罗氏不消灭，岳公死不瞑目。觉罗，爱新觉罗的省称。清朝皇帝为满族，姓爱新觉罗。⑧黄、农遗胄，都四亿千：黄帝和神农氏的后代，总共四亿零几千万。⑨凭借公灵，逐彼腥膻：凭借岳公的英灵，驱逐那些有腥膻味的异族人。⑩国命可复，配公配天：国家的命运如果可以恢复，配享岳公于祭天之礼。配天，古帝王祭天时以先祖配祭。⑪尚飨：旧时用作祭文的结语，表示希望死者来享用祭品的意思。⑫鉴者：意思是请明察。者，用在句末，表示祈使的语气词。⑬鞑子：历史上汉人对北方的少数民族如蒙古族、满族等的蔑称。清末特指清朝统治者。清末同盟会的纲领是“驱除鞑虏，恢复中华”。⑭天殛：上天的诛罚。

清末，面对帝国主义列强的肆意欺凌，清政府彻底沦为“洋人的朝廷”，中国面临亡国灭种的危机。于是汉人有思想者，均有“驱除鞑虏，恢复中华”的思想。龙华会是其中最为活跃的会党，是光复会和同盟会的外围组织。从节录内容看，这个协会始终以岳飞抗金复国的精神相号召，“入会礼式”要在岳飞庙举行，或者要求必须供奉岳飞及其主要部将的神位。入会者要面对岳飞的神像或神位跪拜并聆听宣读的入会祭文，然后对岳飞宣誓。“执法行刑者”还要首先呼请“岳爷爷英灵鉴者”，口念盟誓。龙华会后来接受民主革命思想的宣传，成为资产阶级民族民主革命阵营的重要力量。

十六、痛奸

1. 窃见故相秦桧，归自金庭[①]，久专国柄[②]。内忍事仇之耻[③]，外张震主之威[④]。以恣睢戮善良[⑤]，销沮[⑥]人心忠义刚直之气；以喜怒为进退[⑦]，崇奖天下佞谀偷惰之风[⑧]。究其设心[⑨]，何止误国！岳侯既死于棘寺[⑩]，魏公复窜于岭隅[⑪]。连逮赵汾之狱[⑫]，盖将掩众正而尽诛[⑬]，徘徊汉鼎之旁[⑭]，已闻图九锡而来献[⑮]。天不诛桧，谁其弱秦[⑯]？今中外之有识[⑰]，犹皆愤惋[⑱]而不平；而朝廷于其家，亦且摈绝[⑲]而不用。况永嘉号礼义之地，学校实风化[⑳]之源。尚使有祠，无乃未讲[㉑]。虽捐田以示濡沫[㉒]，恐出市恩[㉓]；然设像以厕英贤[㉔]，何以为训[㉕]？（〔宋〕朱熹《晦庵集》卷九九《除秦桧祠移文》）

［注］

①金庭：金国朝廷。归自金庭，谓被金国朝廷放回。②国柄：国家权柄。久专国柄，谓长久专擅国家政权。③内忍事仇之耻：内心忍受侍奉仇敌的耻辱。④外张震主之威：对外张大震动君主的威势。⑤以恣睢戮善良：凭恃放纵暴戾诛杀善良的人。恣睢，放纵暴戾。⑥销沮：削弱，败坏。⑦以喜怒为进退：根据自己的喜怒来任免官吏。进退，升降，任免。⑧崇奖天下佞谀偷惰之风：推崇奖励天下奉迎阿谀、偷安怠惰的风气。佞谀，以美言奉承讨好。⑨究其设心：探求他的用心。设心，用心，居心。⑩棘寺：大理寺的别称。⑪魏公：指张浚。张浚曾封魏国公。复窜于岭隅：又贬逐到岭外偏远的地方。绍兴十六

年（1146）张浚因上疏得罪秦桧，被贬往连州（今广东连州市）居住。岭，五岭的简称。隅，边远的地方。⑫连逮赵汾之狱：连续逮捕赵汾一案所牵连的大臣。赵汾，赵鼎之子。秦桧将赵鼎排挤出朝，赵鼎遭一贬再贬，最后流放海南岛，自料难逃桧手，遂绝食自尽。赵鼎死后，秦桧仍不甘心，欲加害其子赵汾，于是罗织罪名，又将赵汾逮捕入狱，逼赵汾承认与张浚、李光等谋反，前后牵涉53人，最后因秦桧病重垂死才幸免于难。⑬盖将掩众正而尽诛：是要将众正直官吏抹杀而尽行诛死。众正，众人表率。⑭徘徊汉鼎之旁：留恋在朝廷重器旁边。徘徊，流连，留恋。汉鼎，汉代的鼎，为国之重器，比喻国家政权。⑮已闻图九锡而来献：已经听说有人画九锡前来奉献。指镇江守王循友乞加秦桧九锡，为图以献。九锡，是中国古代皇帝赐给诸侯、大臣有殊勋者的九种礼器，是最高礼遇的表示。锡，通“赐”。⑯弱秦：使秦桧的气焰削弱。⑰有识：指有见识的人。⑱愤惋：怅恨，愤恨。⑲摈绝：排斥弃绝。⑳风化：犹风教，风气。㉑无乃未讲：岂不是等于没有宣讲（风化）吗？㉒虽捐田以示濡沫：秦桧虽然曾捐学田来表示救助困难。濡沫，用唾沫来湿润。比喻同处困境，相互救助。㉓恐出市恩：恐怕是出于故意买好。市恩，谓以私惠取悦于人。犹言买好，讨好。㉔然设像以厕英贤：然而设立秦桧的肖像混杂在英贤行列中。厕，混杂于其中。㉕何以为训：用什么作为典范？

绍兴五年，被罢相的秦桧复出，六月，拜为观文殿学士、知温州，曾对地方儒学捐田资助，以收买人心。秦桧死后，作为温州州治的永嘉县儒学中尚建有秦桧祠庙。朱熹“淳熙中提举浙东常平，因以公文移郡，屏去之”。（《晦庵除秦桧祠移文后题》）观其所作《除秦桧祠移文》，历数秦桧滔天的罪行，慷慨激愤；揭露秦桧的险恶用心，鞭辟入里；要求废除秦桧祠的理由，义正词严。虽曰移文，直如讨秦檄文。

2. 施全刺秦桧，或谓岳侯旧卒，非是。盖举世无忠义，这些正义忽然自他身上发出来。秦桧引问之[①]，曰："你莫是心风否[②]？"曰："我不是心风，举天下都要去杀番人[③]，你独不肯杀番人，我便要杀你。"（〔宋〕黎靖德编《朱子语类》卷一三一）

［注］

①秦桧引问之：秦桧把施全招到面前而问他。②你莫是心风否：你莫非是得了心风病吗？心风，中医病名，指癫症。西医称精神分裂症。③番人：中国古代对周边少数民族和外国的称呼。此指金人。

岳飞被害后的第九年即绍兴二十年（1150）正月，殿前司小校施全挟刃藏于众安桥下，待秦桧乘轿赴朝路过时，直前行刺，未中被捕。秦桧把他招来，问他是不是得了心风病，施全正气凛然，破口大骂：全天下皆欲杀金人，你独不肯，所以我要杀你！施全被处以极残酷的磔刑。有人说施全是岳飞旧日的士兵，朱熹听到后予以否定。他认为，在秦桧制造的白色恐怖下，全社会已没有忠义正气，天地间的正气长时间被压抑，必然爆发出来。施全的义举，就是"这些正义忽然自他身上发出来"。

3. 秦尝封松为五大夫[①]。至宋季[②]，有永嘉处士胡褎[③]者，愤秦桧之奸，题其堂曰"六桧"，盖以"六"隐"戮"字也[④]。（〔明〕程敏政《篁墩文集》卷六三）

［注］

①秦尝封松为五大夫：《史记·秦始皇本纪》载，"乃遂上泰山，立石，封，祠祀。下，风雨暴至，休于树下，因封其树为五大夫。禅梁父"。②宋季：宋朝末年。③永嘉：县名，今浙

江永嘉县。处士：本指有才德而隐居不仕的人，后亦泛指未做过官的士人。褎（xiù）：袖的古字。④盖以“六”隐“戮”字也：“六”与“戮”古音同，故“六桧”谐音“戮桧”，隐含戮杀秦桧之意。

秦始皇登泰山，避雨松树下，因封为五大夫松。后人误以为是五株松树，故称为“五松”。宋末士人胡褎“愤秦桧之奸”，由“五松”仿造出一个“六桧”与之相对，并作为他的堂名，实是利用谐音，隐含秦桧应被戮杀之意。明黄淮《题六桧堂卷》云：“今观胡褎之六桧堂，其亦忿之徵于辞者欤？褎，温之永嘉人，当宋运中微，屏处华盖山中，读书自娱。忿秦桧之误国，痛入骨髓，然而未能伸其志也。遂于堂阶之下手植桧六本，揭其扁曰六桧，盖以‘六’之音与‘戮’同，于以识夫桧之罪当致显戮，冀他日得以酬其素愿云。”

4. 秦桧墓在建康①，墓上丰碑屹立②，不镌③一字，盖当时士大夫鄙其为人④，兼畏物议⑤，故不敢作神道碑⑥。及孟珙⑦灭金回，屯军于桧墓所⑧，令军士粪溺墓上⑨，人谓之“秽冢”。（〔明〕姜南《风月堂杂识》）

［注］

①建康：今江苏南京市。②丰碑：高大的碑石。屹立：高耸挺立。③镌：雕刻。④鄙其为人：鄙视他做人的品行。⑤物议：众人的议论，多指非议。⑥神道碑：旧时立于墓道前记载死者生平事迹的石碑。⑦孟珙（1195—1246）：字璞玉，号无庵居士，绛州（今山西新绛县）人。南宋灭金抗蒙名将。其曾祖孟安曾服役于岳飞军中，有战功。珙自宋宁宗嘉定十年（1217）随父孟宗政出入行阵，屡败金军。父死，统其所属忠顺军，累官京西兵马钤辖。官至京湖安抚制置使。坐镇荆襄，以恢复中

原为己任。卒于江陵治所，谥忠襄。《宋史》有传。⑧屯军：驻扎军队。墓所：墓地，坟地。⑨粪溺：大便和小便。

秦桧世居建康，并被宋高宗封为“建康郡王”，死后埋葬在南京西南郊的牧龙镇牧牛亭。秦桧生前权倾一时，作威作福，死后墓碑上却不镌一字，因为“当时士大夫鄙其为人，兼畏物议，故不敢作神道碑”。这当然是后人的想象，因为秦桧死时，其余威犹在。孟珙是南宋灭金抗蒙的名将，对秦桧十分鄙弃，端平元年（1234）正月，他灭金回师途经建康，大军屯驻在秦桧墓地，让军士们在秦桧墓上大小便，以泄胸中的愤恨，大快三军之心。从此，秦桧墓便有了“秽冢”的恶名。

5. 是时，绿衣吏又引胡生[①]至观溟泠之狱，见夜叉以长矛贯[②]桧等沉于寒水中，霜刃乱斫[③]，骨肉皆碎。良久，以铁钩挽而出之，仍驱于旧所，以钉钉手足于铜柱，用沸油淋之。饿则食以铁丸，渴则饮以铜汁。吏曰：“此曹[④]凡三日则遍历诸狱，受诸苦楚。三年之后，变为牛羊犬豕，生于凡世，使人烹剥[⑤]而食其肉。其妻亦为牝豕[⑥]，与人育雏[⑦]，食人不洁[⑧]，亦不免刀烹之苦[⑨]。”（〔明〕熊大木《大宋中兴通俗演义》第七十五回《冥司中报应秦桧》）

[注]

①胡生：小说中人物，名迪，锦城士人。②夜叉：佛经中一种形象丑恶的鬼，勇健暴恶，能食人。贯：穿透，贯通。③霜刃乱斫：明亮锐利的刀锋乱砍。霜刃，形容刀锋明亮如霜。④此曹：此辈，这等人。⑤烹剥：烹煮割裂。⑥牝豕：母猪。⑦与人育雏：为人类生养猪崽。⑧食人不洁：吃人类污秽不干净的东西。⑨刀烹之苦：被屠宰烹煮的痛苦。

小说写胡生亲眼看到秦桧等人在地狱中所受种种残酷的罪罚，令人毛骨悚然。绿衣吏还告诉胡生，此辈人等不仅三天内要“遍历诸狱，受诸苦楚”，而且三年后要变为牛羊犬豕等畜类，人类烹煮割裂吃他们的肉。秦桧的妻子也要转生为母猪，为人生育猪崽，吃人肮脏的东西，也不能免去屠宰烹煮的痛苦。小说极写阴司对秦桧等人的严惩，表现了人们对作恶多端的秦桧及其帮凶的切齿痛恨。

6. 先正蔡虚斋①有《岳飞班师》一论，至今读之，犹令人发指冠②，目裂眦③，欲代岳侯杀秦桧、灭金虏而后快也，何可无此议论也？（〔明〕李贽《焚书》卷五）

［注］

①先正：前代的贤臣。泛指前代的贤人。蔡虚斋：蔡清（1453—1508），字介夫，号虚斋，明晋江（今福建晋江市）人。成化十六年（1480）进士，累官至南京文选郎中、江西提学副使。著名理学家。②发指冠：头发上竖顶起帽子。③目裂眦：眼眶破裂。怒恨貌。

蔡清的《岳飞班师论》主要是可惜岳飞不知权变，如果岳飞当时能不受班师之命，继续北伐，等到功成之后，再率领将士向朝廷请罪，仍不失一个忠臣的本分。文章末尾感叹道：“呜呼！使公当日雪耻之志既酬，而后为桧所害，愚亦为公甘之矣。”李贽读后，虽然也赞同蔡清的观点，却有另外的感慨，“欲代岳侯杀秦桧、灭金虏而后快也”，对秦桧杀害岳飞极为愤恨。

7. 岳王墓，木皆南向。同知马伟取桧析干为二①，植墓前，名“分尸桧”。正德八年，都指挥李隆范铜[②]为桧、桧妻王氏、万俟卨三像，反接[③]跪墓前。万历[④]中，兵使者范涞[⑤]增张俊像。抚臣王汝训[⑥]沉张俊、王氏两像于湖，移秦、万二像跪祠前。（〔明〕朱国桢《涌幢小品》卷二〇《岳武穆》）

［注］

①同知：明清时期官名。同知为知府的副职，正五品，因事而设，每府设一二人，无定员。另有知州的副职称为州同知，从六品，无定员，分掌本州内诸事务。马伟：祖籍大都，先世为避战乱于明初徙故城（今河北故城县）。著名文学家马中锡之父。曾任唐王府长史。景泰五年（1454）官浙江杭州府同知。天顺元年（1457）九月，奏请在杭州为岳飞建庙，圣旨允准。天顺三年，马伟将“褒忠衍福禅寺”改建为“岳王庙”。取桧析干为二：取桧树将其树干中分为两半。②都指挥：都指挥使的省称。官名，五代始用作统兵将领之称。明置卫所于各地，以都指挥使司为常设统率机构，简称都司。长官都指挥使为地方最高军事长官，属朝廷五军都督府。李隆：字彦平，和州（今安徽和县）人。襄城伯李浚子，年十五嗣封，雄伟有将略，数从北征，出奇料敌，成祖器之。即迁都，命隆留守南京。仁宗即位，镇山海关。未几，复守南京。在南京十八年，及召还，南都民流涕送之江上。范铜：用模子浇铸铜。③反接：把双手在背后捆绑起来。④万历：是明神宗朱翊钧的年号，共48年（1573—1620）。⑤兵使者：军使，官名。掌军中的赏功罚罪。范涞（约1560—1610）：字原易、号晞阳，明屯溪（今安徽黄山市屯溪区）人，万历二年（1574）进士。官至浙江布政使。⑥抚臣：称巡抚。王汝训（1551—1610），字师古，号泓阳，明东昌府（今山东聊城市东昌府区）人。隆庆五年（1571）进士。官至南京刑部右侍郎，改工部右侍郎，署部事。卒赠工部尚书。

秦桧生前势焰煊赫，没能受到应有的惩罚，后人敬仰岳飞，纪念岳飞，对杀害岳飞的秦桧及其奸党采用不同的羞辱和惩罚方式，以泄历史之愤。自马伟在岳飞墓前置“分尸桧”后，相继又有秦桧、秦桧妻王氏、万俟卨、张俊等人的铜铸跪像出现，以示对岳飞的酬报和对秦桧及其奸党的永世唾骂。

8. 又闻之金陵人云：鹏举治圃于白门[①]郊外，见一丘隆起[②]。立命夷为平地[③]。左右以形家[④]言力止之，不听。比发之[⑤]，乃大冢。或谏弗启[⑥]，又大怒。划之[⑦]，则宋相秦忠献墓也[⑧]，阅之大喜，剖其棺，弃骸水中[⑨]。人谓真武穆报冤云。然成化乙巳[⑩]，盗发秦墓于江宁镇[⑪]，已有人记之矣。容再询之金陵故老。（〔明〕沈德符《万历野获编》卷五《魏公徐鹏举》）

［注］

①鹏举：徐鹏举，祖籍安徽濠州钟离县（今安徽凤阳东北），中山武宁王徐达的七世孙。正德十三年（1518）从祖父徐俌那里继承魏国公爵位，正德十六年守备南京兼掌中军都督府事。嘉靖四年（1525）八月加太子太保，统领中军都督府。治圃：整治园圃。白门：是南朝宋都城建康（今南京市）正南门宣阳门的俗称，也是南京的别称。②一丘隆起：一个小土包高出地面。③立命夷为平地：立即命令铲平使成一块平地。夷，平。此作使动词。④形家：旧时以相度地形吉凶，为人选择宅基、墓地为业的人。⑤比发之：等到要发掘它。⑥或谏弗启：有的人劝说不要打开。⑦划之：破开它。划，用利器从中间剖开。⑧则宋相秦忠献墓也：即是宋朝宰相秦桧的坟墓。秦桧死，赠申王，谥忠献。⑨弃骸水中：将尸骸丢弃在水中。⑩成化乙巳：明成化二十一年（1485）。⑪江宁镇：属江宁县（今江苏南京市江宁区），位于今南京市西南部。

沈德符在其《万历野获编》记载徐鹏举乃是岳飞的后身，所以徐鹏举无意中发现并挖掘秦桧墓，“剖其棺，弃骸水中”，人们说真是岳飞报冤了。不外是因果报应之说。历史上多次出现秦桧墓出土传说，都在墓穴挖掘完毕后不攻自破。沈德符记载徐鹏举发掘秦桧墓，大概得之于传闻，他虽然也并不完全相信，因为前人著述中已记载了秦桧墓早就被盗掘一空，他表示“容再询之金陵故老”，但他还是将其事记载下来，以表达对秦桧遭到报应的快慰。

9.《异识资谐》载：万历丙子①，京口②邬汝壁游于杭，见屠猪者，去毛尽，猪腹有五字曰：“秦桧十世身。”又万历戊戌③，凤阳④城三十里外朱家村，雷震死一白牛，火燎毛尽，背有“秦桧”二字，深入皮中。又康熙中，震泽某同友游武陵⑤，适屠家宰一猪，蹄上有“秦桧”字，并肺管上亦有其名。众竞往观，无敢买者。某毅然买之，同行者皆窥笑。彼乃令仆煮蹄及肺熟，携至岳王庙，率众罗拜⑥，对神祷祝。祝毕，恣啖⑦。闻者大快。夫桧，误国陷忠⑧，六七百年，犹受豕戮雷诛⑨，阳罪止于一时，阴罪乃至千百载，可不畏哉！（〔清〕褚人获《坚瓠续集》卷一《秦桧猪牛》）

[注]

①万历丙子：万历四年（1576）。②京口：镇江的古称。今江苏省镇江市京口区。③万历戊戌：万历二十六年。④凤阳：府名，治凤阳县（今安徽凤阳县）。⑤震泽：镇名。今江苏苏州吴江区。某同友：某人与朋友。武陵：县名，治今湖南省常德市武陵区。⑥率众罗拜：率领众人罗列而拜。⑦恣啖：尽情地吃。啖（dàn），意为吃或给人吃。⑧误国：贻误国事，损害国

家。陷忠：陷害忠良。⑨豕戮：做猪被杀。雷诛：遭雷击杀。

此则笔记记述了秦桧后身为猪为牛的三个故事，每个故事都有时间，有地点，有当事人，言之凿凿，似乎不容置疑。无非是利用"善有善报，恶有恶报"的因果报应说，表达对秦桧万劫不复的唾弃和对秦桧遭受恶报的庆幸。关于秦桧转世为畜生的记载，人们津津乐道，文士传抄不疲，而每有添加和创新。如蒲松龄所记猪肉上的字为"秦桧七世身"，而此则为"秦桧十世身"；不仅"猪腹"有字，"蹄上""肺管上"皆有"秦桧"其名；蒲松龄所记"其肉臭恶，因投诸犬"，而此则更增加了许多细节："众竞往观，无敢买者。某毅然买之，同行者皆窥笑。彼乃令仆煮蹄及肺熟，携至岳王庙，率众罗拜，对神祷祝。祝毕，恣啖。闻者大快。"

10.《翰山日记》：辛元龙尉京邑时[①]，万俟卨之孙与岳武穆家争田，岁久不决[②]。府委元龙断[③]，积案如山[④]，元龙并不省视[⑤]，即判云：岳武穆一代忠臣，万俟卨助桧逆贼，虽藉其家[⑥]，不足以谢天下，尚敢与岳氏争田乎？田归于岳，券畀于火[⑦]。合邑[⑧]称快。（〔清〕褚人获《坚瓠广集》卷二《断田归岳》）

［注］

①辛元龙：《宋人轶事汇编》卷一五《岳飞》作"华元龙"，且是"为湘阴簿"。尉京邑时：做京城尉的时候。尉，官名，职掌治安。此作动词。②岁久：久经岁月。指时间长久。不决：没有判决。③府委元龙断：府官委托辛元龙断案。④积案如山：堆积的案卷像山一样高。形容案件积压很多。⑤省视：仔细地查看。⑥藉其家：查抄并登记他的家产。藉，通"籍"。⑦券畀于火：田契付与火烧掉。⑧合邑：全城的人。

辛元龙断“万俟卨之孙与岳武穆家争田”一案，“并不省视，即判”归岳家，似乎有失公道，但他的判词却讲出了这样判决的理由。从判决结果所产生的社会效应“合邑称快”来看，不但是还岳家以公道，也是还历史以公道，还社会以公道。民心是历史最公道的裁判者。

11. 岳王墓，在西陵桥①之右，墓上松栢，枝皆南向。墓前有分尸桧，自根以上，劈分为两，至稍全其生②，中格以木③，以示支解奸桧也。正统间，郡倅④马伟为之。指挥李隆冶铁为桧及妻王氏、万俟卨，三形皆赤身反接跪墓前。万历中巡道范涞又益铸张俊像，其四焉。游人拜墓后，必以瓦砾敲掷⑤之，咸溺其头⑥，而抚摩王氏两乳，至精光可鉴⑦。忠奸昧于一时⑧，荣辱分于千载如此。李卓吾⑨曰：宜铸施全在旁，作持刀杀桧状，更快⑩。（〔清〕褚人获《坚瓠四集》卷三）

[注]

①西陵桥：桥名。在杭州孤山西北尽头处，是由孤山入北山的必经之路。②至稍全其生：（劈分）到稍微使其生命保全（能够存活的程度）。③中格以木：两半中间放置横木隔开。格，阻止，搁置。④郡倅：郡佐。郡守的副职。此指府同知。⑤瓦砾：指破碎的砖瓦。敲掷：击打抛掷。⑥咸溺其头：都在他的头上撒尿。⑦精光可鉴：光亮可以照见人。鉴，这里是照的意思。⑧昧于一时：在当时昏昧不明。昧，模糊，昏暗。⑨李卓吾：李贽（1527—1602），字宏甫，号卓吾，明泉州（今福建泉州市）人。嘉靖三十一年（1552）举人。万历中为姚安知府，旋弃官，寄寓黄安、湖北麻城芝佛院。晚年往来南北两京等地，被诬，下狱，自刎死。明代著名思想家、文学家，泰州学派的一代宗师。⑩更快：更令人心情畅快。

此则记述是在明朱国桢《涌幢小品》卷二〇《岳武穆》记载的基础上加以发挥和补充。褚人获详细说明了“分尸桧”的具体情况：自根以上，劈分为两半，劈分到稍微使其能够存活的程度，中间放置横木隔开，并点明这样做“以示支解奸桧也”。对于秦桧等四个奸像，又增加了“游人拜墓后，必以瓦砾敲掷之，咸溺其头，而抚摸王氏两乳，至精光可鉴”，反映了人们对杀害岳飞的奸臣的痛恨和唾弃。就此发表议论：“忠奸昧于一时，荣辱分于千载如此！”最后借李贽的话说：“宜铸施全在旁，作持刀杀桧状，更快。”

12. 万历中武林一士[①]，梦冥王判秦桧为龟，云：“刳剔以偿夙孽[②]，钻灼以罄余智[③]。”后江上渔翁网得大龟，腹有“秦桧”字。（〔清〕褚人获《坚瓠秘集》卷六《冥报》）

［注］

①武林：杭州的别称，以武林山得名。士：读书人。②刳剔以偿夙孽：受剖杀来偿还前世的冤孽。刳剔（kūtī），剖杀，割剥。③钻灼以罄余智：被钻刺、灼烤未竭尽而剩余的智慧。古卜法，钻龟里甲使薄，然后灼烤所钻处，使坼兆现于表面，借以定吉凶。

此为冥司对秦桧惩处的又一说法。龟之为物，除了作为人的美食，古人则多用于占卜。无论美食或占卜，皆必先受宰割。秦桧恶贯满盈，孽债累累，宜应受之。故判云“刳剔以偿夙孽”；秦桧性多诡智，而龟占则须钻刺、炙烤，故有“钻灼以罄馀智”之词。借冥王之判，表达阳世人们对秦桧的咒罚和揶揄。

13. 青州冯中堂[1]家，杀一豕，焊去毛鬣[2]，肉内有字云："秦桧七世身[3]。"烹而啖之[4]，其肉臭恶，因投诸犬。呜呼！桧之肉，恐犬亦不当食之矣！闻益都说[5]：中堂之祖，前身在宋朝为桧所害，故生平最敬岳武穆。于青州城北通衢[6]旁建岳王殿，秦桧、万俟卨伏跪地下。往来行人瞻礼岳王，则投石桧、卨，香火不绝。后大兵征于七之年[7]，冯氏子孙毁岳王像。数里外，有俗祠"子孙娘娘"，因舁[8]桧、卨其中，使朝跪焉[9]。百世下，必有杜十姨、伍髭须[10]之误，甚可笑也。（〔清〕蒲松龄《聊斋志异·秦桧》）

［注］

①青州：府名，治益都（今山东青州市益都镇）。冯中堂：冯溥，字孔博，临朐（今山东省临朐县，当时属青州府）人。顺治四年（1647）进士，官至文华殿大学士。中堂。宰相的别称，明清时以之称呼内阁大学士。②焊去毛鬣：用火烧烫，拔脱其毛。焊（xún），禽畜杀后用开水去毛。鬣（liè），动物颈上的长毛。③七世身：转生七世的肉体。④烹而啖之：把它煮熟吃。啖，吃。⑤闻益都说：听益都人传说。⑥通衢：四通八达的道路。⑦大兵征于七之年：大兵，指清兵。于七，清初抗清义军首领，山东栖霞人。顺治十八年秋，于七第二次领导农民在锯齿牙山起义抗清，登、莱二府人民纷起响应，反清烈火燃遍胶东。清廷派万余名"八旗兵"和九省两万多名"绿旗兵"围攻锯齿牙山。于七率众英勇抵抗，但寡不敌众，大批起义官兵及家属被杀害。康熙元年（1662）春，于七从锯齿牙山突围，转移至崂山东麓，后为避难到华严庵出家当和尚。⑧舁（yú）：抬。⑨使朝跪焉：让他们朝着"子孙娘娘"而跪。⑩杜十姨、伍髭须：比喻传说讹误。宋俞琰《席上腐谈》卷上："温州有土地杜十姨无夫，五撮须相公无妇。州人迎杜十姨以配五撮须，

合为一庙。杜十姨为谁？乃杜拾遗也。五撮须为谁？乃伍子胥也。”

此则笔记以冯博为线索分为三层。前两层皆为神话传说。一是冯博家杀一猪，肉内有“秦桧七世身”的字，煮熟后吃，其肉恶臭，因而用来喂狗。作者认为秦桧的肉，恐怕狗也不会吃。表现了作者对秦桧的唾弃。二是说冯博的祖父前身在宋朝被秦桧所害，所以冯博对岳飞最为崇敬，建岳王殿并塑秦桧和万俟卨像使伏跪地下。三是说冯氏子孙为了避害而毁岳王像，因而把秦桧和万俟卨的塑像抬到“子孙娘娘”祠，使他们朝向“子孙娘娘”下跪，显得很滑稽。既奚落二奸贼永远难免下跪的耻辱，又嘲讽日后说不定会产生什么笑话。

14. 稗史谓桧妻与兀术狎①帐中，桧恒伫立②于外窃听之。桧而稍有羞恶之心③，归国后君父之仇，姑置不论，帏箔之辱④，亦应切齿；则借公愤以报私仇，正其时矣。乃不以为仇，反以为德；胡乃⑤同具人形，而别有肺肠如此耶反⑥？然则东窗擒虎之语⑦，在淫妇报其所私⑧，毋庸⑨深责；而桧匿于艳妻⑩，竟不知天下有羞耻事。精铁可销，遗秽莫洗，若桧者，狗彘当不食其余⑪！（〔清〕俞蛟《乡曲枝辞·岳忠武墓前重铸铁人记》）

［注］

①稗史：记载民间轶闻琐事的书。与正史有别。狎：淫秽，淫荡。②恒：经常。伫立：站立，久立。③羞恶之心：对自己或别人的坏处感到羞耻厌恶的心情。语出《孟子·公孙丑》：“无羞恶之心，非人也。”恶（wù），厌恶。④帏箔之辱：妻子与人淫乱的耻辱。帏箔（wéibó），帷幕和帘子。两者皆用以障隔内外，因以“帏箔不修”借指家门淫乱。⑤胡乃：何乃。何故，

为何。⑥而别有肺肠如此耶反：而有特殊的内心与常人如此相反。肺肠，比喻心思。⑦东窗擒虎之语：指秦桧妻王氏与秦桧在东窗下阴谋杀害岳飞，王氏献言“擒虎易，放虎难也”。⑧所私：所通奸的人。私，指通奸。⑨毋庸：无须。⑩匿于艳妻：对美妻宠爱。匿，通“嫟”，亲昵。⑪狗彘当不食其余：狗猪都不吃他剩下的东西。形容人极其卑鄙龌龊。《汉书·元后传》：“人如此者，狗猪不食其余，天下岂有而兄弟邪！”

野史中说秦桧妻与金将完颜兀术（宗弼）在营帐中淫荡，秦桧经常站立在帐外偷听，于史无考，颇如村夫村妇口中的故事。民间或因痛恨秦桧媚敌卖国，杀害岳飞诸劣迹，而想象其所以如此者。作者俞蛟借以痛斥秦桧不思报公私之仇，反以为德，“竟不知天下有羞耻事”“狗彘当不食其余”！

15. 千古奸邪无逾①秦桧，堕豕胎而雷殛②，掘狗葬而焚灰③，人心犹未快也。今岳坟铁像，明正德八年浙江都指挥使李隆始铸铜为之，仅秦桧、王氏、万俟卨三人反接跪墓前。久之，被游人击碎。万历中，按察副使范涞更铸以铁，而又添张俊一像。本朝乾隆中，熊公学鹏为浙江巡抚④，四铁像又已击坏，县官禀闻，拟请重铸。熊未批准，窃念岳王灵爽⑤在天，逆桧沉沦地狱⑥久矣，顽铁⑦无知，何烦重铸耶⑧！是夜熊梦四铁像来，叩谢⑨阶下，醒而异之⑩，仍饬⑪县官重铸，至今存焉。（〔清〕钱泳《履园丛话》卷二二《梦幻·秦桧铁像》）

［注］

①无逾：没有人能超过。②堕豕胎：意思是坠入猪胎而出生为猪。雷殛：遭雷劈打。传说安徽凤阳，雷劈死了一头牛，人杀牛的时候，发现牛背上有“秦桧”两个字，深入皮里。③掘

狗葬：指秦桧墓被盗掘。焚灰：将其尸骨焚烧成灰。④熊公学鹏：熊学鹏，字云亭，号廉村，清南昌（今江西南昌市）人。雍正八年（1730）进士。其任浙江巡抚在乾隆二十七年（1762）至乾隆三十三年。⑤窃念：私下心想。灵爽：指神灵，神明。⑥沉沦地狱：死后堕入地狱。沉沦，指死亡。⑦顽铁：坚硬的铁。⑧何烦重铸耶：何必烦劳重新铸造呢。⑨叩谢：拜谢，表示深切的谢意。⑩异之：认为此事很奇怪。⑪饬：命令，告诫。

此则前半段前已有抄录，重点在后半段。清乾隆年间，熊学鹏任浙江巡抚，岳坟前秦桧等的四个铁像又被击坏，钱塘县的县官请示重铸，熊学鹏心想：岳飞的神灵在天上，秦桧已沉沦在地狱很久了，顽铁又没有心性，何必烦劳将无辜的铁重被铸造为四个奸像呢。于是没有批准。当天夜里，熊学鹏梦见四个铁像前来阶下拜谢，他醒后幡然悔悟，不该为恶魔开脱，仍命令县官重铸四铁像。

16. 淮安太守赵公瑶[①]，尝因公赴徐州。途次[②]，见推小车者将客人行李抛掷路旁，怒形于色，不愿推送。客错愕无所措[③]。赵停车问之，车夫乃言曰："小人自徐州受雇，推送此客行三日矣，尚不知其姓。今日偶问及，知伊姓秦[④]，小人姓岳，安能为仇家仆御[⑤]耶？"赵大笑，乃谕之[⑥]曰："秦岳之仇，乃六百年前事。尔何憾于客耶[⑦]？"车夫乃悟。赵与之钱二千文，命仍送客往。此与皮匠杀秦桧事相类，真赤子之心也。此《熙朝新语》所纪也。

余幼时尝闻父老言，皮匠因观优至《扫秦》[⑧]一剧，不胜愤激，取皮刀直奔台上，将秦桧杀却，不禁失笑。

今读此纪，益喜此言之有征[⑨]，而忠义之动人，乃如是其深且远也。

周忠毅公蓼州[⑩]，尝为杭州司理[⑪]。到任后，同僚公宴。演剧至《秦桧东窗画计》，公奋起[⑫]，前殴秦桧几毙[⑬]，筵遂散。次日或问公[⑭]："是时主人有何开罪[⑮]致此忿怒？"公笑曰："无他，亦一时义愤所激耳。"盖至性之在人，固无分乎贤愚也。（〔清〕朱翊清《埋忧集》卷六《车夫》）

［注］

①淮安太守：淮安府知府。赵公瑶：其人待考。②途次：半路上，旅途中的住宿处。③错愕：仓促间感到惊愕。无所措：形容没有办法，不知如何是好。④知伊姓秦：知道他姓秦。⑤安能：怎么能够。仆御：驾车马者。⑥谕之：晓谕他，告诉他。⑦尔何憾于客耶：你为什么对客人愤恨呢。⑧观优：观看杂戏。《扫秦》：戏曲名。全名《疯僧扫秦》，又名《火烧秦桧》。主要内容是岳飞风波亭遇难后，忠魂惊动玉皇大帝，乃赐三把神火，将秦桧焚烧致疾。剧中的主人公疯僧是灵隐寺的烧饭和尚。⑨言之有征：说的话确凿而有证据。语出《左传·昭公八年》："君子之言，信而有征，故怨远于其身。"⑩周忠毅公蓼州：周顺昌（1584—1626），字景文，号蓼洲，南直隶苏州吴县（今江苏苏州市吴中区）人。万历四十一年（1613）进士。历官福州推官、文选员外郎。东林党人。为魏忠贤党迫害，死于狱中。崇祯元年得以昭雪，谥忠介。弘光帝在南京即位后追谥其为"忠毅"。⑪司理：官名。明时用为对推事的别称，后亦泛指法官、审判员。⑫奋起：奋然起立。⑬前殴秦桧几毙：上前殴打饰演秦桧的演员，差点打死。⑭或问公：有人问周顺昌。⑮开罪：指因冒犯而得罪。

此则笔记记述了三个故事。一是车夫痛恨秦桧杀害岳飞，中途得知客人姓秦，而自己姓岳，遂拒绝继续为其驾车。二是皮匠观《扫秦》一剧，对秦桧“不胜愤激”，竟上台将扮演秦桧的演员杀死。三是杭州司理周顺昌观演剧，至《秦桧东窗画计》，为“义愤所激”，竟将扮演秦桧的演员差点打死。这三个故事表现了后世不同阶层的人对秦桧相同的愤恨。车夫和皮匠属于下层平民，周顺昌属于上层官员，所以作者感慨道：“盖至性之在人，固无分乎贤愚也。”

17. 小说家无稽之语①，往往误人②。《岳传》③载：张浚陷害岳武穆，后为诸将咬死。于是吴俗遂有咬死人不偿命之说。（〔清〕陈其元《庸闲斋笔记》卷四《小说误人》）

［注］

①无稽之语：无从查考、没有根据的话。②误人：贻害于人。③《岳传》：从其首句“小说家”推测，可能是一部关于岳飞的小说。

阿附秦桧、陷害岳飞的是张俊，而不是张浚。不知小说《岳传》何以为据。即使是助纣为虐的张俊，也没有被诸将咬死的历史记载。而陈其元竟然以讹传讹。此则笔记从侧面反映了人民对陷害岳飞的人的深切痛恨，必欲将其“咬死”而后快的大众心理。

18. 京师精忠庙祀岳武穆，每岁正月，必塐作巨公状①，炙石炭②于腹中，名曰烧秦桧，亦铸铁像跪祠前意也。（《固安文献志》卷一八，李涤源《谒精忠庙观烧秦桧二首》诗序）

［注］

①塐：古同“塑”，用泥土等做成人和物的形态。巨公：指

王公大臣。状：形状，形态。②炙：在火上熏烤。此意指燃烧。石炭：即煤。

此则记述京师“烧秦桧”的民俗，每年正月在岳飞庙用泥土塑造成秦桧的像，在塑像的腹中放上煤炭燃烧。其意虽然与“铸铁像跪祠前”差不多，但更能发泄后人对秦桧的切齿痛恨。此种创意或者是受东汉董卓死后“燃脐为灯”的启示。李涤源的诗共二首：“武穆祠前像铸秦，千秋公愤总难伸。陶形更被焚如惨，一样脐灯灿烂陈。”“烂额焦头亦快哉，赫然火判漫相猜。看看社会人如海，惜少清凉居士来。”抒发了“千秋公愤总难伸”“烂额焦头亦快哉”的情绪。清戴璐《藤阴杂记》卷五有相同记载，且为七律四首。

19. 相传秦大士公车[①]至汤阴不谒岳王庙，骡夫[②]问曰：“君秦氏乎，余岳姓，余马不□送君矣。”秦呵斥之，乃自杀其马于路，秦不得已，别赁乘而行[③]。（〔清〕杨深秀《虚声堂诗钞》卷一《汤阴夜过未能瞻礼岳祠用店壁书意》诗注）

[注]

①秦大士（1715—1777）：字鲁一，又字鉴泉，号涧泉，又号秋田老人，清江宁（今江苏南京市）人。乾隆十七年（1752）文武双科状元，官至侍读学士。名儒硕德，名重一时，诗、书、画称三绝。公车：举人应试，汉代以公家车马递送应举的人，后因以“公车”为举人进京应试的代称。②骡夫：赶骡子的人。此处泛指租赁牲口接送行人的人。③别赁乘而行：另外租赁马匹行路。乘（shèng），古代称四匹马为乘，泛指马匹。

此则与前则车夫中途拒绝继续驾车送客人类同。不过此则点明所送客人为大名鼎鼎的秦大士，而且是赴京参加会试途中，以增强故事的真实性。骡夫甚至“杀马于路”，表现得更为决绝。下层人民疾恶如仇的朴素情感，于此可见。

20. 村民棍击王氏，铁头断折。雍正时李卫①督浙，奏请重铸，言凡铁不应为所污②，请用收贮叛逆盗兵秽铁③，铸四奸像。从之④。（〔清〕丁传靖辑《南宋轶事汇编》卷一五《岳飞》引《醒心集》）

［注］

①李卫（1688—1738）：字又玠，江南铜山（今江苏徐州丰县）人。康熙五十六年（1717）捐资员外郎，历经康熙、雍正、乾隆三朝。深受雍正皇帝赏识，历任浙江巡抚、浙江总督、兵部尚书、署理刑部尚书、直隶总督等职，为官清廉，不畏权贵，能体察民间疾苦，深受百姓爱戴。②言凡铁不应为所污：（奏疏中）说一般的铁不应该被秦桧等人玷污。③收贮叛逆盗兵秽铁：收藏的背叛者和盗匪的兵器，也就是污秽的铁。④从之：皇帝准许了他的上奏。

秦桧等人的铁铸跪像因长期遭众人击打，经常断裂或毁坏，所以常断常续，屡废屡铸，本不是新鲜事。本则内容的特别之处在于，浙江总督李卫认为不应用平常的铁重铸，而奏请“用收贮叛逆盗兵秽铁”铸四奸像，雍正皇帝准许了他的上奏。李卫的意见一则避免使“白铁无辜铸佞臣”，一则使污秽的奸臣还其污秽的本质，可谓别出心裁。

十七、遗存

1. 褒忠衍福寺，元系智果观音院[①]，嘉定十四年六月奉旨，充故少保、枢密副使、追封忠武鄂王岳飞功德院[②]。……长子节使[③]岳云故在其左，所用铁枪，尚存本寺。（〔清〕胡敬辑《淳祐临安志辑逸》卷三）

［注］

①智果观音院：佛寺名。原在杭州孤山南麓，绍兴年间分为二，一徙栖霞岭南（即现在的岳王庙），一徙葛岭。嘉定十四年（1221），宋宁宗将岳飞墓旁的“智果观音院”改名为“褒忠衍福禅寺”，以表彰岳飞的功德。②充：充当。功德院：皇室、贵戚、勋臣为宗祖做功德祈福而建立的寺院。③节使：持符节的使者。

《淳祐临安志》是南宋理宗赵昀淳祐年间编撰的临安府志，后逸，至清代复现残卷，清胡敬又从其他史料中辑出原书部分亡逸资料，成《辑逸》。此则记述说明至南宋末，岳云的兵器“铁枪”尚存本寺，证实岳云的兵器是椎形枪，而不是圆形椎。

2. 旧存画像二，王像[①]长五尺余，幅巾、束带、方袍[②]，坐而观书，气象儒雅[③]。王子继忠侯[④]像长不及半，兜鍪戎服[⑤]，手携两铜椎，英气勃勃。其椎形椭而锐首[⑥]，异于今之所谓铜椎者。无年代，亦不知何人所画。（〔清〕冯培《岳庙志略》卷一《画像》）

[注]

①王像：指鄂王岳飞像。②幅巾：又称巾帻，或称帕头。是指用整幅帛巾束首。多裁取一幅长度和宽度各1米的丝帛做成。从额往后包发，并将巾系紧，余幅使其自然垂后，垂长一般至肩，也有垂长至背。束带：腰带。方袍：类似僧人所穿的袈裟，因平摊为方形，故称。③气象：气概，气派。儒雅：谓风度温文尔雅，指博学的儒士或文人雅士。④王子继忠侯：指岳飞长子岳云。宋孝宗追封岳云为继忠侯。⑤兜鍪：古代战士戴的头盔。戎服：军服，战衣。⑥其椎形椭而锐首：铜椎的形状是长圆而尖头。实际上是一种椎形枪。

此则记述杭州岳飞庙至清代尚有“旧存画像二”，一为岳飞像，一为岳云像。二人画像生动逼真，记述也无作伪。特别是岳云的“两铁椎”，“其椎形椭而锐首，异于今之所谓铜椎者”，符合历史的真实，即岳云使用的是一种椎形枪，而不是后世戏剧舞台、影视剧和连环画中的圆形短柄椎。

3. 印大径寸[①]，白文[②]，刻“岳飞私印”四字。太湖渔人网得之。今为吴郡[③]孙氏所有。佩之可以已疟[④]。云间友人征予作歌[⑤]。（〔清〕阮元编《淮海英灵集》丙集卷四江昱《鄂王玉印歌》引）

[注]

①径寸：指正方形边长一寸。②白文：印章上面为阴文，字体凹下，盖印后文字为白色。与朱文相对。③吴郡：苏州府的别称。④佩之可以已疟：佩戴它可以治愈疟疾。已，使停止。⑤云间：松江府的别称，今上海市松江区一带。因西晋文学家陆云对客自称“云间陆士龙”而得名。征予作歌：征求我作歌。

流传下来的岳飞姓名玉印，见于清人赋咏者颇多，对其形制与收藏者的记述也多有不同，率多以伪作真。唯此记载说“佩之可以已疟”，大概相信岳飞的正气虽历千百年，尚可制服邪魅。

4. 武胜定国军节度使开府仪同三司荆湖南北襄阳路宣抚使兼营田大使岳飞之印，案本传①，王②以绍兴四年授清远军节度使湖北路荆襄潭州制置使，封武昌县子；五年，领镇宁、崇信两镇节度使，进侯；平杨么，加检校少保，进封公；六年，改武胜、定国军两节③；七年，除宣抚使、营田大使；九年，授开府仪同三司。（〔清〕沈钦韩《幼学堂诗稿》卷一〇《岳忠武王官衔姓名铜印歌》引）

［注］

①案：考查，研求。本传：指《宋史·岳飞传》。②王：称鄂王岳飞。③两节：指武胜军、定国军两军节度使。

5. 嘉庆戊寅①，山阴李宏信②以所藏岳忠武王铜印归于栖霞岭王祠，属王廿四世孙秀元世守之③。金坛段骧④作记，摹刊祠壁⑤。印准今尺寸六分有奇⑥，厚三分。其文曰“武胜定国军节度使开府仪同三司湖北京西路宣抚使兼营田大使岳飞印”。阴文⑦五行，行六字，凡三十字，盖古印字之最多者。（〔清〕陆以湉《冷庐杂识》卷三《岳忠武王铜印》）

［注］

①嘉庆戊寅：嘉庆二十三年（1818）。②李宏信（1737—1816）：字柯溪，清萧山（今浙江杭州市萧山区）人。贡生出身，曾和著名藏书家桂馥同在云南任职，后辞官经商，专职于书籍的收藏和买卖。③世守之：世代守护它。④段骧：清金坛

（今江苏常州市金坛区）人，著名文字训诂学大师段玉裁子。⑤摹刊祠壁：摹刻碑石在岳王庙的墙壁上。⑥准：测量，度量。寸六分有奇：一寸六分多点。奇（jī），余数，零头。⑦阴文：印章上所镌刻的凹下的文字或花纹，也称“白文”。

上二则所记岳飞铜印文字略有出入。宋史专家王曾瑜在《宋元明清咏岳飞广辑·序言》中曾对此辨伪：清代有“武胜、定国军节度使，开府仪同三司，荆湖南、北，襄阳府路宣抚使，兼营田大使岳飞之印”，这当然是伪造的岳飞遗物，其破绽显而易见。岳飞升虚衔为开府仪同三司，是在绍兴九年（1139），而当时襄阳府路早已改名京西南路，岳飞的实职差遣为荆湖北、京西南路宣抚使，荆湖南路已非岳家军的辖区。从今存文物看，官印无人名，而私印往往仅为某人之印，而无官称。

6. 乾隆六十年[①]岁次乙卯仲冬月，敬谒宋岳忠武墓，继拜祠下，获睹兹敕[②]。粤稽[③]张俊与万俟卨，党同秦缪丑[④]，曾以台章所指淮西逗留事为言[⑤]，簿录其家[⑥]，因所赐御札与往来道涂日月[⑦]皆可考，乃收御札送官，藏之以灭迹[⑧]。吁！奸计亦密[⑨]矣。是敕也，岂以无与于淮西事而得免奸劫邪[⑩]？忠孝发于至性，千古仰之。尺书珍如拱璧[⑪]，自绍兴丙辰[⑫]迄今六百六十载，残阙五六字，恐岁久磨灭更甚，爰选工上石[⑬]，谨识数语于后[⑭]。桐城汪志伊[⑮]。（〔清〕汪志伊《起复诏》碑记）

［注］

①乾隆六十年：公元1795年。干支纪年为乙卯。②获睹兹敕：得以看到这件诏敕（指《起复诏》）。③粤稽：考察历史。粤，助词，与“曰”通。稽，考。语出《尚书·尧典》：“曰若稽古帝尧。”④党同秦缪丑：与秦桧结为同党。秦桧改谥缪丑。

《宋史·秦桧传》："是夜（绍兴二十五年十月二十二日夜），桧卒，年六十六，后赠申王，谥忠献。""开禧二年四月，追夺王爵，改谥缪丑。"⑤台章：指御史台弹劾的奏章。淮西逗留事：指诬陷岳飞在援淮西行军途中逗留不进的事。以……为言：拿……作借口。⑥簿录其家：查抄没收岳飞的家产。⑦所赐御札：指宋高宗给岳飞的诏书。往来道涂日月：往来于道路上的时间。⑧藏之以灭迹：把"御札"藏起来以消灭痕迹。⑨密：周密。⑩岂以无与于淮西事而得免奸劫邪：难道因为与淮西事没有关系而得以逃过奸臣制造的劫难吗？⑪尺书：指诏书。拱璧：古代一种大型玉璧。用于祭祀。因其需双手拱执，故名。比喻珍贵的物品。⑫绍兴丙辰：宋高宗绍兴六年（1136）。⑬爰选工上石：于是选择工匠刻于碑石上。⑭谨识数语于后：恭敬地题写几句话在《起复诏》原文的后面。⑮汪志伊（1743—1818）：字稼门，清桐城（今安徽桐城市）人。乾隆三十六年（1771）举人。官至湖广、闽浙总督。嘉庆二十二年（1817）被革职永不叙用。《清史稿》有传。

乾隆六十年仲冬，浙江布政使汪志伊往西湖栖霞岭下敬谒岳飞墓并拜岳王祠，岳氏后裔向他出示了《起复诏》这件稀世之宝。其时《起复诏》已"残阙五六字"，汪志伊"恐岁久磨灭更甚"，于是指示"选工上石"，并且写下上面的碑记。对于《起复诏》，王曾瑜先生在《宋元明清咏岳飞广辑·序言》中已有考辨："另一份绍兴六年《起复诏》碑文，末尾虽有'皇帝书赐岳飞'，但字迹与真迹颇异，又无御押，在《鄂国金佗稡编、续编》中也得不到印证，无疑是赝品。""岳飞母姚氏死于当年三月二十六日，而此份伪诏的时间竟为当年五月二十八日，时鄂州紧急文件传送到行在临安，约需十日。宋高宗在四月上旬即可得知，而伪起复诏竟延迟了一个半月多，也是不合情理的事，可佐证其伪。"

7. 高宗赐岳忠武墨敕草书十四行，在朱色云龙笺[①]上，有“皇帝上用”“书诏之宝”两玺。此敕旧藏西湖岳庙，为奉祀孙世守[②]。乾隆六十年，汪稼门[③]先生为浙江布政使，始为装池[④]，题一诗一跋，刻诸石上，嵌于庙壁。时余在转运使署，因将拓本寄翁覃溪[⑤]先生，先生欣然赋诗见寄，余乃请方伯[⑥]并刻之。自此海内之士，题咏遂遍，近已满卷如牛腰[⑦]矣。（〔清〕钱泳《履园丛话》卷十《收藏·宋》）

［注］

①云龙笺：指以云龙为图饰的纸张。②世守：世世代代保存。③汪稼门：汪志伊，字稼门。④装池：装裱古籍或书画。⑤翁覃溪：翁方纲（1733—1818），字正三，一字忠叙，号覃溪、苏斋、彝斋，清直隶大兴（今北京市大兴区）人。乾隆十七年（1752）进士。官至内阁侍读学士。精鉴赏，富藏书，长于金石考证。⑥方伯：此称汪志伊。⑦牛腰：牛的腰部。喻诗文数量之大。唐李白《醉后赠王历阳》诗：“书秃千兔笔，诗裁两牛腰。”王琦注：“言其卷大如牛腰也。”

此“高宗赐岳忠武墨敕”即宋高宗赐岳飞的“起复诏”。钱泳所记，可补汪志伊碑记所略。如“草书十四行，在朱色云龙笺上，有‘皇帝上用’‘书诏之宝’两玺”。“汪稼门先生为浙江布政使，始为装池”。虽为赝品，而见之者宁信其真，“自此海内之士，题咏遂遍，近已满卷如牛腰矣”。今原件流落海外，不知所终。

8. 桐乡金少权德舆得铜爵一[①]，高五寸六分，深二寸七分，口径长四寸五分，阔二寸三分，腹容四合[②]，重五百十四铢③，中镌“精忠报国”四字，左侧有小印曰“岳珂建造”。按宋孝宗即位，首雪忠武之冤，复官赐谥④，其孙珂始得铸祭器⑤。宋亡，悉埋土中。明神宗时得自诸暨山⑥，归奉金陀坊第之家庙⑦，此爵盖其一也。旧藏汪明府垕家⑧，后归金⑨，主人作图并说⑩，遍征诗文。（〔清〕张云璈《简松草堂诗集》卷一一《岳祠铜爵歌》序）

［注］

①桐乡金少权德舆：金德舆（1750—1800），字鹤年，号云庄，又号鄂岩、少权、仲权。清桐乡（今浙江桐乡市）人。监生，官至刑部主事。善书法，又工诗，喜收藏。铜爵：古代饮酒用的酒器。器体较高，流尾间距离较长。束腰平底，裙边有四个圆形镂孔，下接外撇的三足。爵口半环形，两端有长方形镂孔。②合（gě）：中国市制容量单位，一升的十分之一。③铢：古代重量单位，二十四铢为一两。④复官赐谥：恢复原官，赏赐谥号。⑤祭器：祭祀时所陈设的器具。⑥明神宗：朱翊钧（1563—1620），明朝第十三位皇帝，年号万历，庙号神宗，在位48年（1573—1620）。诸暨山：诸暨县（今浙江诸暨市）的山。⑦归奉：归还供奉。金陀坊第之家庙：指岳飞之孙在嘉兴金陀坊所建家庙。⑧汪明府垕：汪垕，字石圃，清江宁（今江苏南京市）人。善山水、人物。明府，“明府君”的略称。汉代人用为对太守的尊称，唐以后多用以称县令。⑨后归金：后来归属金德舆。⑩主人：指金德舆。作图并说：作铜爵图及说明。

据说岳飞之孙岳珂曾造祭器，宋亡，全埋于土中。明神宗时，这批祭器在诸暨山中被发现。其中有一件铜爵，规制如文所记，送归岳珂在嘉兴金陀坊所建家庙。清钱泳《履园丛话·阅古·岳氏铜爵》所载略同。岳祠铜爵缘何会出现在诸暨山中是一个谜。不知为什么后来又藏于汪垕家，直至为桐乡金德舆所得。金德舆为铜爵作图及图说，并遍征诗文以纪之。一时作者云集，其中最著名的如赵翼、吴骞、谢启昆、祝德麟、秦瀛等，有记、有赋、有诗、有词，无不借铜爵以大力称颂岳飞。

9. 砚今尺横三寸八分，纵六寸四分，正面右刻“丹心贯日”四字，左刻“汤阴鹏举识”五字，皆篆书。池上鸜鹆眼一①，就刻作云日形②。明初入内府③，太祖以赐徐中山④。中山刻楷书四十七字于右旁，向藏藁城徐氏中山后人从成祖⑤至北平者，今为太原宋氏得之。

（〔清〕陆继辂《崇百药斋三集》卷七《岳忠武遗砚歌并序》）

［注］

①池上：指砚的低洼储墨处。鸜鹆眼：亦作“鸲鹆眼”。指端石上的圆形斑点。其大如五铢钱，小如芥子，形如八哥之眼，外有晕。以活而清朗、有黑精者为贵。鸜鹆（qúyù），雀形目椋鸟科，俗名八哥。②就刻作云日形：就势雕刻成云和太阳的形状。③内府：王室的仓库。④太祖：指明太祖朱元璋。徐中山：徐达（1332—1385），字天德，明濠州钟离（今安徽凤阳县临淮关）人。明朝开国军事统帅。死后追封为“中山王”，故称。⑤向藏：先前收藏于。藁城：县名，今河北省藁城市。从：跟随。成祖：指明成祖朱棣。

关于岳飞遗砚的形体、铭文及其流传，清代有不同的记载。作者将文物的来龙去脉，甚至细枝末节说得头头是道，无非是增强其可信性。然而，对于世所流传岳飞砚的真伪，在清代就有人将信将疑。黄钊咏岳忠武砚诗说：“是真是赝毋见疑，王工妙翰宜有之。”意思是说此砚是真是伪就不要管了，岳王工于书法应当是有的。刘大绅咏岳忠武砚诗说：“直将名之曰赝砚，正恐陈侯酣舌战。我辈重物先重人，见岳家字早欣羡。”可见只不过“重物先重人”，将岳飞砚作为真的岳飞遗物来看罢了。

10. 砚色紫，体方而长，背镌“持坚守白，不磷不缁[①]”八字，无款[②]。又镌曰：“枋得家藏岳忠武墨迹[③]，与铭字相若[④]，此盖忠武故物也。枋得记。”又曰：“岳忠武端州石砚[⑤]，向为君直同年[⑥]所藏，咸淳九年[⑦]十二月十有三日，寄赠天祥[⑧]，铭之曰：‘砚虽非铁磨难穿，心虽非石如其坚，守之弗失道自全。’”八字行书，谢真书，文草书，皆遒古[⑨]。呜呼！三公者后先死南宋，毅然克践所言矣。复有小方印，曰“宋氏珍藏”。朱竹垞题识曰[⑩]：“康熙壬子[⑪]二月四日，朱彝尊观于西陂主人斋中。”西陂者，宋牧仲中丞居也[⑫]。另一行云：“雍正八年[⑬]夏六月十有九日，良常王澍[⑭]拜观。”道光辛巳[⑮]，东阳令陈海楼履和于都门[⑯]市上得之。（〔清〕梁绍壬《两般秋雨盦随笔》卷五《岳忠武砚》）

［注］

①持坚守白，不磷不缁：保持坚固，严守洁白，不变薄，不染黑。磷，薄。淄，黑色。语用《论语·阳货》：“不曰坚乎？磨而不磷。不曰白乎？涅而不缁。”意思是：不是听说过吗？真正坚固的东西，磨也磨不薄；真正洁白的东西，染也染不黑。②无款：没有款识。款识，指在器物或书画上铭刻或书写姓名、称呼、年月等字样。③枋得：谢枋得自称。谢枋得（1226—1289），字君直，号叠山，信州弋阳（今江西弋阳县）人。宝祐四年（1256）与文天祥同科进士。以江东提刑、江西诏谕使知信州。元兵犯境，战败城陷，隐遁于建宁唐石山中，后流寓建阳，以卖卜教书度日。宋亡，寓居闽中。元朝屡召出仕，坚辞不应。福建参政魏天祐强之北行至大都（今北京），在大都悯忠寺（今北京法源寺）坚贞不屈，绝食而死。门人私谥文节。墨

迹：指某人手迹。④铭字：指岳忠武遗砚背面镌刻的文字。相若：相近，相仿。⑤端州石砚：石砚以端州所产为上品。唐李贺《杨生青花紫石砚歌》：“端州石工巧如神，踏天磨刀割紫云。”⑥同年：科举制度中称同科考中的人。⑦咸淳九年：公元1273年。咸淳是宋度宗赵禥的年号，共十年（1265—1274)。⑧天祥：文天祥自称。文天祥（1236—1283)，字履善，一字宋瑞，自号文山，南宋末吉州庐陵（今江西吉安市）人。理宗宝祐四年（1256）进士第一。历任湖南提刑，知赣州。德祐元年（1275）正月，闻元军东下，在赣州组织义军，开赴临安。次年被任为右丞相兼枢密使。景炎二年（1277)，进兵江西，收复州县多处。后兵败被俘，途中逃脱，乃退广东继续抗元。同年十二月在五坡岭（今广东海丰县）复被俘。次年，被押送元大都（今北京市)，囚禁四年，经历种种严酷考验，始终不屈，从容就义。⑨遒古：雄健古朴。⑩朱竹垞：朱彝尊（1629—1709)，字锡鬯，号竹垞，清秀水（今浙江嘉兴市）人。康熙十八年（1679）举博学鸿词科，除检讨。二十二年入直南书房。曾参加纂修《明史》。博通经史，精于金石，为清初著名藏书家之一。题识：犹题款，题写款识。⑪康熙壬子：康熙十一年。康熙是清朝入关后第二位皇帝爱新觉罗·玄烨的年号，共61年（1662—1722)。⑫宋牧仲：宋荦（1634—1713)，字牧仲，号漫堂等，清商丘（今河南商丘市）人。顺治间以荫子入官，康熙三年，授湖广黄州通判，累擢江苏巡抚，官至吏部尚书。被康熙帝誉为“清廉为天下巡抚第一”。中丞：明清时代对巡抚的称谓。中丞本是汉朝的官制，称御史丞或中丞。巡抚兼衔为兵部侍郎都察院右副都御史，右副都御史相当于古代的御史中丞，所以称之为“中丞”。居：住所。⑬雍正八年：公元1730年。⑭良常王澍：良常，山名。在今江苏省句容县。王澍（1668—1743)，字蒻林，号虚舟，江南金坛（今江苏常州市金坛区）人。官至吏部员外郎。康熙时以善书，特命充五经篆文馆总裁官。⑮道光辛巳：道光元年（1821）。⑯东阳令：东阳县（今浙江东阳市）知县。陈海楼履和：陈履和（1760—1825），字海楼，一字介存，石屏（今云南石屏县）人。先后官山西太谷、浙江东阳知县。工诗古文，精训诂、小学、金石考据之业。都门：指京城。

此则笔记详述了岳飞砚的色泽、形体及其流传过程。此砚原有岳飞自铭“持坚守白，不磷不缁”，一百年后，被宋末谢枋得收藏。谢找出家藏的岳飞墨迹与岳飞砚铭比对鉴定，证实是岳飞所书，于是又刻写了铭文。谢与文天祥为同科进士，在文起兵抗元的前两年，不惜割爱，把珍藏的岳飞砚赠予文天祥。文也在砚后刻写铭记和誓志。非常难得的是，这方砚的主人岳飞、谢枋得、文天祥“三公者后先死南宋，毅然克践所言矣”，都能践行砚铭的誓言，可谓正气一脉相传。至清代，此砚先后为宋荦、朱彝尊、王澍、陈履和等人所收藏。此砚下落不明，故真伪难考。宋史专家王曾瑜先生在《宋元明清咏岳飞广辑·序言》中指出：“后世出于人们对敬仰辉耀千古的岳飞的好心，也出现了愈来愈多、代代追加的传奇和遗物，并且以讹传讹，辨不胜辨，在许多中国人的心目中，反而弄假成真。”“清朝虽有乾嘉学派，讲究考证，但清人对此类后世作伪的墨迹和文物，也都信以为真。”明代，与岳飞有关的文物已初露端倪，而入清以后，此类文物面世日渐增多，确实“辨不胜辨”。

11. 浙江臬署于南宋时为西曹理刑廨[①]，圜土[②]间有枯柏一株，高二丈许[③]，外实中空，坚如铁石，叩之铿然有声[④]。相传为鄂王被陷同日枯死，阅[⑤]今六百余载，僵立不仆[⑥]。岁己卯[⑦]，石吴范君正庸司圜事[⑧]，刻石为精忠柏图。余惜其深贮理庭[⑨]，暗而弗章[⑩]，用补

斯图，勒之庙中[11]，作歌纪事。（岳墓碑刻何太青《精忠柏歌》序）

［注］

①臬署：提刑按察司官署。明清时期的提刑按察司，也称臬司，俗称臬台或廉访。西曹：刑部的别称。理刑廨：掌管刑法之官的办公处所。廨（xiè），旧时官吏办公处所的通称。②圜（yuán）土：夏、商、周的监狱通称为“圜土”。圜土是监牢的形象名称，在地下挖成圆形的土牢，或在地上围起圆形土墙，以监禁罪犯，防止其逃跑。后泛指监狱。③高二丈许：高约二丈左右。许，表示约略估计的词。④叩之铿然有声：敲击它就发出响亮的声音。铿然，形容敲击金石所发出的响亮的声音。⑤阅：经历。⑥僵立不仆：直立不倒。⑦岁己卯：岁次己卯年，此指清仁宗嘉庆二十四年（1819）。⑧司圜事：执掌监狱之事。时范正庸任浙江按察使司监狱司狱。⑨深贮理庭：深藏在司法官的厅堂。理，司法官。⑩暗而弗章：隐秘而不得彰显。⑪用补斯图，勒之庙中：因而补全此图，刻石于庙中。

南宋的刑部大理寺监狱，原有柏树一株，高二丈左右。相传岳飞被害的那一天，柏树也枯死。经六百余年，直立不倒，实已为硅化木化石。清代浙江提刑按察司官署正是南宋的刑部大理寺旧址。嘉庆二十四年，范正庸任浙江按察使司监狱司狱，画精忠柏图，把它刻在碑石上。时任仁和县令的何太青惋惜精忠柏深藏在提刑按察司官署，隐秘而不得彰显，因而又对精忠柏图进行补充，把它刻在岳飞庙中，并作《精忠柏歌》以纪其事。作者盛赞精忠柏与岳飞忠心相同，正气相通，岳飞一旦死去，此柏也誓不偷生，“臣心已灰木亦槁，慷慨不作偷生客。”

12. 武穆行军，夜宿武侯祠[1]，读壁间二表[2]，感而书之，有“聊舒抑郁③”之语。字多草体，旭素④固无此正气也。（〔清〕吴清鹏《笏庵诗》卷一二《武穆王书武侯出师二表》诗引）

[注]

①武侯祠：指南阳诸葛亮庙。诸葛亮谥忠武侯。②二表：指岳飞手书诸葛亮前、后《出师表》刻石。③聊舒抑郁：赖以抒发抑郁不得志之情。聊，依赖，寄托。岳飞《书诸葛亮前后〈出师表〉后》：“绍兴戊午（绍兴八年，1138）八月望前，过南阳，谒武侯祠，遇雨，遂宿于祠内。更深秉烛，细观壁间昔贤所赞先生文辞诗赋，及祠前石刻二表，不觉泪下如雨。是夜竟不成眠，坐以待旦。道士献茶毕，出纸索字，挥涕走笔，不计工拙，聊舒胸中抑郁耳。岳飞并识。”④旭素：唐代书法家张旭和怀素并称。二人皆以草书名。张旭，字伯高，一字季明，吴郡（今江苏苏州市）人。怀素（725—785，一作737—799），字藏真，释名怀素，本姓钱，零陵（今湖南永州）人。

传世的岳飞所书诸葛亮前、后《出师表》，从其跋得知，是“武穆行军，夜宿武侯祠，读壁间二表，感而书之”。王曾瑜先生考证，岳飞于绍兴八年八月十二日已奉命离开鄂州沿江东下，前往临安，而沿途经江州、池州一带，八月二十二日，又接到宋廷省札，令岳飞“前来行在奏事”。这与跋中所说“绍兴戊午（绍兴八年）八月望（十五日）前，过南阳，谒武侯祠”不合。从时间上看，岳飞显然并无自鄂州北上邓州南阳县之可能。且传世的岳飞《出师表》与今存的岳飞两份书简真迹对照，笔迹不同，包括“飞”字署名也不同，故“应为后人伪托无疑”。邓广铭先生更指出，其“出现乃在明代后期，前乎此之集录石刻者均未著录”。但由于人们对岳飞的敬爱，宁愿相信是岳飞的手书墨迹。

13. 是卷[①]为绍兴八年夏所书，凡十有三字，曰："城上草，植根非不高，所恨风霜早。"笔意苍劲[②]，墨色淋漓[③]，诚真迹也。近藏武林姚氏。（〔清〕凌祉媛《翠螺阁诗稿·画眉馀晷集》，《敬瞻岳忠武王遗翰谨书长古》诗序）

［注］

①是卷：指岳忠武王遗翰。②笔意：指书画或诗文所表现的意态情致。苍劲：本指树木苍老挺拔，多形容书画或诗文、歌声等老练刚劲。劲，强健，刚劲。③墨色：墨的色泽。淋漓：形容酣畅。

14. 存古阁在洛阳东关外，离城二里，藏古碑八十余种，方圆长扁不一。魏碑最多，秦汉砖亦有数十件，并有岳武穆行书碑数块，笔有龙马精神[①]。（〔清〕徐珂《清稗类钞·名胜类》）

［注］

①龙马精神：比喻老而弥健的精神。龙马在古代传说中是一种兼具龙和马形态的生物，被认为是吉祥的象征。龙马也被认为是精神健壮的象征。

岳飞传世的碑刻和手书墨迹颇多，而极少真品。据岳珂著录之《宝真斋法书赞·鄂国家传帖》，他所搜罗到的祖父遗墨，只有绍兴七年（1137）"手奏出师疏帖真迹""楷书四十三行"；又有书简十一帖，"内十帖行书，第三帖楷书"。岳珂千方百计搜罗到的尚如此之少，后世层出不穷的岳飞遗墨，不可轻信。以上二则所记岳飞手书"城上草，植根非不高，所恨风霜早"真迹及"岳武穆行书碑数块"，如系真品，今天当不致默默无闻。

15. 岳震[①]，父被祸[②]，变姓名匿大河民间，子孙遂家焉[③]。至今遗有故宋敕命及武穆征讨鸣金一面[④]，每值方隅有警[⑤]，则此金不敲自鸣。（〔清〕丁传靖辑《宋人轶事汇编》卷一五《岳飞》引《史阙》）

［注］

①岳震：字东卿，岳飞第四子。曾任朝奉大夫，后又加封缉忠侯。②父被祸：父亲遭到祸殃。指岳飞被杀。③遂家焉：于是在那里安家居住。④敕命：帝王的诏命。此大概指皇帝封赠官员的专用文书。鸣金：军中用以指挥进退、可敲击的乐器，如钲、铙、锣等，皆用铜制成。从所用数量词“一面”判断，此“鸣金”当是铜锣。⑤每值方隅有警：每逢边疆出现警报。方隅，四方和四隅。借指边疆。

此则记载岳震的后裔尚存有宋廷的“敕命”和岳飞征战的“鸣金”（铜锣）一面，而且铜锣可闻警“不敲自鸣”，可见人们对岳飞遗物的崇拜和迷信。然此记颇为荒诞。岳震于父兄蒙冤遇害时，方七岁，随母流放广南，怎么可能“匿大河民间”，故作者丁传靖也存疑：“此条不见何书，前云大河，后云黄梅（后文有岳霆‘知兄震在黄梅可依’，未录）。亦不详为何地。姑备一说可也。”

十八、文事

1. 常州宜兴县张渚镇，临溪，有山水之胜，乃过广德[①]大路。镇有张氏名大年，临涧为圃，号桃溪，尝倅黄[②]，藏书教子，一子登第[③]，一恩科[④]。岳侯尝馆[⑤]于其家，题其厅事之屏[⑥]云："近中原板荡[⑦]，金贼长驱，如入无人之境，将帅无能，不及长城之壮；余发愤河朔[⑧]，起自相台[⑨]，总发[⑩]从军，小大历二百余战，虽未及远涉夷荒[⑪]，讨荡巢穴[⑫]，亦且快国仇之万一。今又提一垒孤军[⑬]，振起宜兴，建康之城，一举而复，贼拥入江，仓皇宵遁，所恨不能匹马不回耳。今且休兵养卒，蓄锐待敌，如或朝廷见念，赐予器甲，使之完备，颁降功赏[⑭]，使人蒙恩，即当深入虏庭[⑮]，缚贼主，蹀血[⑯]马前，尽屠夷种，迎二圣复还京师，取故地再上版籍[⑰]，他时过此，勒功金石[⑱]，岂不快哉！此心一发，天地知之，知我者知之。建炎四年六月望日，河朔岳飞书。"后陷入罪，其家洗去之，今尚有遗迹隐然。（〔宋〕赵彦卫《云麓漫钞》卷一）

［注］

①广德：县名。今安徽广德县。②倅（cuì）黄：官黄州同知。倅，副，辅助的。此作动词。③登第：参加科举考试中进士。第，指科举考试录取列榜的甲乙次第。④恩科：宋时科举，承五代后晋之制，科举制度每三年举行乡、会试，是为正科。遇皇帝亲试时，可别立名册呈奏，特许附试，称为特奏名，一

般皆能得中，故称“恩科”。⑤馆：住，住宿。⑥厅事之屏：堂屋当门的小墙。厅事，指官署视事问案的厅堂，也指私人住宅的堂屋。⑦板荡：《板》《荡》都是《诗经·大雅》中讥刺周厉王无道而导致国家败坏、社会动乱的诗篇。后因以“板荡”指政局混乱或社会动荡。⑧河朔：黄河之北。岳飞故乡汤阴在黄河之北。⑨相台：相州（今河南省安阳市）的别名。州有铜雀台，故名。宋时汤阴属相州。⑩总发：束发。束发必加冠，男子二十而冠，因以总发代指初成年。⑪夷荒：指蛮夷荒远之地。⑫巢穴：喻盗匪等盘踞的地方。⑬提一垒孤军：率领一旅孤军。垒，军垒。一垒，驻一旅军队。⑭颁降功赏：颁布立功的奖赏。⑮虏庭：古时对少数民族所建政权的贬称。⑯蹀血：踏血而行。形容杀人之多，血流满地。⑰版籍：户口册。此指版图。⑱勒功金石：在钟鼎碑碣之上铭刻功绩。金石，指古代镌刻文字、颂功纪事的钟鼎碑碣之属。

本文记载了岳飞《题宜兴张大年家厅事屏记》，为岳珂《鄂王家集》所不载。岳飞的题记洋溢着慷慨激烈的情绪，立下“深入虏庭，缚贼主，蹀血马前，尽屠夷种，迎二圣复还京师，取故地再上版籍”的豪迈誓言，充满着必胜的自信。语言节奏铿锵激越，情感色彩浓烈奔放。作者特别记载了岳飞遭难后，张大年家为避祸而“洗去之，今尚有遗迹隐然”，反映了当时的“白色恐怖”已深入乡野民间。

2. 绍兴癸丑①，岳武穆提兵平虔、吉群盗②。道出新淦③，题诗青泥市萧寺④壁间云：“雄气堂堂贯斗牛⑤，誓将直节报君仇⑥。斩除顽恶还车驾⑦，不问登坛万户侯⑧。”淳熙间林令梓欲摹刻⑨于石，会罢去不果⑩。今寺废壁亡矣。其孙类家集⑪，惜未有告之者。（〔宋〕赵与时

《宾退录》卷一）

［注］

①绍兴癸丑：宋高宗绍兴三年（1133）。②提兵：率领军队。平虔、吉群盗：平定虔州和吉州诸盗匪。③新淦：县名。今江西新干县。④青泥市：地名。在新淦县境内。萧寺：唐李肇《唐国史补》卷中："梁武帝造寺，令萧子云飞白大书'萧'字，至今一'萧'字存焉。"后因称佛寺为萧寺。⑤雄气堂堂贯斗牛：堂堂的英雄气概贯穿斗牛二星。堂堂，形容志气宏大。⑥誓将直节报君仇：发誓用坚决抗金的正直节操报复徽、钦二帝被掳的仇耻。⑦斩除顽恶还车驾：杀掉入侵的金酋迎还徽、钦二帝。顽恶，无罪而凶恶者，指金军统帅。车驾，代称皇帝。⑧不问登坛万户侯：不求登坛拜将封为万户侯。不问，不管。登坛，古代拜将时设坛场，举行一种隆重的仪式。万户侯，食邑万户的侯爵。指高官。⑨林令梓：县令林梓。摹刻：指临摹并雕刻。⑩会罢去不果：适逢罢去官职而未能实行。⑪其孙类家集：岳飞的孙子岳珂分类编辑《鄂王家集》。

此文记载了岳飞平虔、吉之盗，道出新淦题萧寺之壁的诗作。后人据此名诗题为《题新淦萧寺壁》。诗中念念不忘"斩除顽恶还车驾"，而不言平虔、吉之盗事，足见岳飞志在恢复国土，誓报君仇，而不在平定群盗，更不是为了拜将封侯。此诗岳珂编辑《鄂王家集》时未曾搜集到，"惜未有告之者"。故此文对保存岳飞的遗作具有重要价值。

3. 毛国英，泽民之仲子也①，以诗自鸣②。尝经岳侯驻兵之地，江禁方严③，国英投诗云："锁铁沉沉截碧江④，风旗猎猎驻危樯⑤。禹门⑥纵使高千尺，放过蛟龙也不妨⑦。"侯曰："诗人也。"委舟以渡之⑧。（〔宋〕赵与虤

(yán)《娱书堂诗话》)

[注]

①泽民：毛滂（1056—约1124），字泽民，衢州江山（今浙江江山）人。北宋末任过小官。著名诗人，苏轼赏其“文词雅健，有超世之韵”。仲子：次子。②自鸣：自我标榜，自我显示。③江禁：谓江上封锁，禁止通行。方严：正严格。④锁铁：指封锁江行的铁索。沉沉：形容铁索沉重。截：拦截，阻断。碧江：水流澄碧的江。⑤风旗：风中飘动的旗帜。猎猎：形容风吹动旗帜的声音。驻：此意为停泊。危樯：高的桅杆。代指帆船。⑥禹门：地名，即龙门，在山西河津西北、陕西韩城东北。相传为夏禹所凿，故名。旧说鲤鱼跃过龙门即可化而为龙。《辛氏三秦记》：“河津一名龙门，禹凿山开门，阔一里余，黄河自中流下，而岸不通车马。每莫春之际，有黄鲤鱼逆流而上，得过者便化为龙。”又《后汉书·党锢传·李膺》：“膺独持风裁，以声名自高。士有被其容接者，名为登龙门。”后喻得到有名望者的接待和援引而提高身价为“登龙门”。⑦放过蛟龙也不妨：意思是不妨放我过去，让我这条鲤鱼跳过禹门化为蛟龙。同时含有称颂岳飞德望极高，自己以能得到岳飞援引而光荣之意。⑧委舟以渡之：委托船只送毛国英渡过江去。

绍兴二年（1132）七月至绍兴四年五月，岳飞一度驻军江州（今江西九江市），毛国英是一个“以诗自鸣”的放浪不羁之士，一次，他经过江州岳家军防区，长江防守正严，不得渡江。毛国英素闻岳飞严于治军，且好结交文士，就写了一首诗向岳飞投递。诗中称颂岳家军江防严密，也含蓄地求岳飞能格外开恩，放他过江。岳飞看了毛国英的诗，赞赏他是一个诗人，就委托船只送他渡过江去，也算是一段风雅之事。

4. 岳王在鄂州为宣抚使，纪律严明，路不拾遗，

秋毫无犯，军民皆乐，虽古名将无以加[①]。邵缉公序[②]上《满庭芳》云："落日旌旗[③]，清霜甲胄[④]，塞角声唤寒更[⑤]。论兵慷慨[⑥]，齿颊带风生[⑦]。坐拥貔貅十万[⑧]，衔枚勇[⑨]、云戟交横[⑩]。嘶笑羌戎授首[⑪]，千里静欃枪[⑫]。九州[⑬]人竞乐，提壶劝酒[⑭]，布谷催耕[⑮]。尽芝夫荛子，歌舞威名[⑯]。好是轻裘缓带[⑰]，驱营阵[⑱]、绝漠横行[⑲]。功谁纪[⑳]，风神宛转[㉑]，麟阁画清明[㉒]（一云青明）。"（〔宋〕岳珂《鄂国金佗续编》卷二八孙逌编《纪鄂王事》）

［注］

①无以加：没有人能超过。加，超过，战胜。②邵缉公序：邵缉，字公序，号荆溪，宋丹阳（今江苏丹阳市）人。神宗朝提举淮南常平事。一说徽宗宣和初随父宦寓宣州，四年（1122）返乡。高宗绍兴中曾献书朝廷，力荐岳飞。③落日旌旗：军旗与夕阳相映照。④清霜甲胄：兵器冒着寒霜。清霜，寒霜，白霜。甲胄，铠甲和头盔。⑤塞角声唤寒更：边塞的号角在寒夜中响起。塞角，边塞上所吹的号角。⑥论兵慷慨：慷慨激昂地谈论用兵作战。⑦齿颊带风生：形容谈论时兴致勃勃而有风趣。齿颊，牙齿与腮颊。引申为谈论、谈吐。⑧坐拥貔貅十万：言岳飞麾下拥有众多勇猛的将士。坐拥，安坐而拥有。貔貅（píxiū），古籍中的猛兽名。后多连用比喻勇猛的将士。十万，是岳家军的大约人数。⑨衔枚勇：勇敢地进军。衔枚，枚，形如筷子，两端有带，可系于颈上。行军时横衔枚于口中，以防喧哗或叫喊。⑩云戟交横：如云般的兵器纵横交错。形容兵士和武器众多。⑪嘶笑羌戎授首：谈笑间敌寇投降或被杀。羌戎，泛指我国古代西北部的少数民族。此指金人。⑫千里静欃枪：指平定国内寇盗和入侵的金寇。欃枪，彗星的别名。古人认为是凶星，主不吉。因喻邪恶势力。⑬九州：古代分中国为九州。说法不一。《尚书·禹贡》作冀、兖、青、徐、扬、荆、豫、

梁、雍；《尔雅·释地》有幽、营州而无青、梁州；《周礼·夏官·职方》有幽、并州而无徐、梁州。后以“九州”泛指天下，全中国。⑭提壶劝酒：言老百姓手提壶浆欢迎和犒劳岳家军。提壶，亦作“提壶芦”或“提胡芦”。⑮布谷催耕：指岳飞在荆襄地区实行营田和屯田。布谷，鸟名。以鸣声似“布谷”，又鸣于播种时，故相传为劝耕之鸟。⑯尽芝夫荛子，歌舞威名：所有乡野百姓都讴歌蹈舞，颂扬岳家军的威名。芝夫，种植灵芝的药农。荛子，樵夫。荛（ráo），柴草。作动词，谓割柴草。⑰好是：犹好在，妙在。表示赞美。轻裘缓带：轻暖的衣裘，宽缓的腰带。形容从容闲适。⑱驱营阵：率领军队结营布阵。驱，驱使，引申为率领。⑲绝漠横行：直度沙漠，纵横驰骋。⑳功谁纪：谓岳飞的功绩由谁来记。㉑风神宛转：形容神采奕奕，生动感人。风神，风采，神态。宛转，本义为美丽而依依动人，引申为生动逼真而可爱。㉒麟阁画清明：将岳飞神清气爽的神态图画在功臣阁上。麟阁，“麒麟阁”的省称，汉代阁名，在未央宫中。汉宣帝时曾图霍光等十一功臣像于阁上，以表扬其功绩。封建时代多以画像放于麒麟阁，表示卓越功勋和最高的荣誉。

明陈霆《渚山堂词话》卷一载：“岳武穆驻师鄂州，纪律严明，路不拾遗，秋毫无犯，军民胥乐，古名将莫能加也。有邵公序者，薄游江湘，道其管内，因作《满庭芳》赠之云。”词句稍有异同。此词上半阕称颂岳家军军容整壮，军威高扬，岳飞指挥得当，战功赫赫。下半阕写诗人亲闻亲见，岳家军驻地荆、襄地区的人民安居乐业，岳家军深受当地居民的拥护，期望岳飞指挥百万雄兵横绝大漠，北伐成功，恢复中原，记功图像于麒麟阁上。《鄂王遗事》云：“此词句句缘实，非寻常谀词也。”

5. 秦会之既主和议，大帅皆罢兵权，赐田宅。予为岳侯作谢表[①]，有云："功状蔑闻[②]，敢遂良田之请[③]；谤书狎至[④]，犹存息壤之盟[⑤]。"会之读，不乐。（〔宋〕沈作喆《寓简》卷八）

［注］

①谢表：旧时臣下感谢君主的奏章。②功状：报告立功情况的文书。蔑闻：无闻。没有名声。蔑，没有。③敢遂良田之请：冒昧地请求满足我回归农田的愿望。敢，谦词，自言冒昧。遂，称心如意，使得到满足。④谤书：诽谤和攻讦他人的书函。狎至：接连而来。狎，交替。⑤息壤之盟：息壤，战国时秦地名。《资治通鉴·周纪三》载：赧王七年（公元前308年），秦王使甘茂约魏以伐韩，而令向寿辅行。甘茂至魏，令向寿还，谓王曰："魏听臣矣，然愿王勿伐！"王迎甘茂于息壤而问其故。对曰："宜阳大县，其实郡也。今王倍数险，行千里，攻之难。鲁人有与曾参同姓名者杀人，人告其母，其母织自若也。及三人告之，其母投杼下机，逾墙而走。臣之贤不若曾参，王之信臣又不如其母，疑臣者非特三人，臣恐大王之投杼也。魏文侯令乐羊将而攻中山，三年而拔之。反而论功，文侯示之谤书一箧。乐羊再拜稽首曰：'此非臣之功，君之力也！'今臣，羁旅之臣也，樗里子、公孙挟韩而议之，王必听之，是王欺魏王而臣受公仲侈之怨也。"王曰："寡人弗听也，请与子盟！"乃盟于息壤。……甘茂攻宜阳，五月而不拔。樗里子、公孙果争之。秦王召甘茂，欲罢兵。甘茂曰："息壤在彼。"王曰："有之。"因大悉起兵以佐甘茂，斩首六万，遂拔宜阳。亦见《战国策·秦策二》。后遂以息壤之盟指信守盟约而不渝。

沈作喆为岳飞所作"谢表"不见于《鄂王家集》。"谢表"以岳飞的口气，自谦立功不多，请求解职回乡，并暗用典故，说我像乐羊拔中山，魏文侯却"示之谤书一箧"一样，但皇上也不要忘记当初曾像秦武王支持甘茂伐宜阳一样，与我订有

“息壤之盟”。实际上是指责秦桧等奸臣对岳飞的诽谤，不满宋高宗背弃了昔日支持岳飞北伐的主张。所以，秦桧读后“不乐”。

6. 飞回驻于镇江府①，知泗州刘纲诣行府禀议②，纲曰：“泗州在淮河之北，城郭不固，无兵无食，如有缓急，守乎？弃乎③？”飞徐徐④言曰：“此是润州，更有何名？”纲曰：“京口。”飞再问之，纲曰：“丹徒。”飞三问之，纲曰：“南徐。”飞曰：“只此是矣⑤。”纲退，大叹服曰：岳鹏举果有过人⑥。（〔宋〕徐梦莘《三朝北盟会编》卷二〇六）

［注］

①飞回驻于镇江府：岳飞回军驻扎在镇江府。绍兴十一年（1141）六月，张俊、岳飞至楚州，抚谕韩世忠兵。岳飞原驻在楚州城内，又回军驻扎在镇江府。镇江府，治丹徒县（今江苏镇江市），属两浙路。②知泗州：做泗州知州。宋时分命京官出守列郡，称为权知某府或某州或某县事，知事之名由此而起。诣：到。行府：官署名。宋朝皇帝出征，则于所至处置，设知行府事或权知行府事。禀议：报告商议。③如有缓急，守乎？弃乎：如果出现危急情况，是坚守，还是放弃？缓急，偏义复词，偏指“急”。④徐徐：迟缓，缓慢。⑤只此是矣：只有这样就是了。此，指“南徐”，意思是慢慢向南撤退。⑥果有过人：果真有超越一般人的地方。

绍兴十一年，张俊、岳飞至楚州，抚谕韩世忠兵。岳飞回驻于镇江府，泗州知州刘纲来行府报告商议。泗州地处淮河以北，又无粮无兵，紧急时是坚守还是放弃？谁知岳飞根本不正面回答他的问题，反而连续三次反问他，镇江在历史上除了叫润州之外还有什么名称？刘纲则逐次回答说：京口、丹徒和南徐。岳飞似乎最终也没有回答刘纲的问题，最后说“只此是矣”，但刘纲却很满意，还叹服岳飞有过人之处。其一，佩服岳飞一介武夫，却如此精通历史地理；其二，佩服岳飞能够从战略大局着眼，给他指出正确的措置方向；其三，佩服岳飞也精于文人的专长，利用“南徐”的字面别解暗示答案。还有人说岳飞是利用谐音设隐制谜，京口、丹徒、南徐谐音为“金狗歹毒，南去”。

7．岳侯死后，临安西溪寨军将子弟因请紫姑神①，而岳侯降之，大书其名。众皆惊愕，谓其花押则宛然②平日真迹也。复书一绝云：“经略中原二十秋③，功多过少未全酬④。丹心似石今谁诉⑤，空有游魂遍九州。”丞相秦公闻而恶之⑥，擒治其徒⑦，流窜⑧者数人，有死者。左司⑨周济美说。（〔宋〕郭彖《睽车志》卷一）

［注］

①军将子弟：军中将领和士兵。军将，北宋时期为无品武阶官。分为“正名军将”和“守阙军将”，位在“大将”下。政和以后改名“进义副尉”和“守阙进义副尉”。子弟：此处指从军者、兵丁。紫姑神：民间传说中的司厕之神，世人谓其能先知，多于上元节（元宵节）迎祀于家，占卜诸事。②花押：又称“押字”“画押”，即个人签名。宛然：仿佛，很像。③经略：筹划治理。二十秋：指岳飞从军到被害的时间。④未全酬：谓志向未能全部实现。酬，偿愿。⑤丹心似石：赤诚的忠心如磐石般坚定不移。今谁诉：如今向谁倾诉。⑥丞相秦公：指秦桧。闻而恶之：听说后很厌恶他们。⑦擒治：逮捕法办。其徒：指临安西溪寨军将子弟的同伙。徒，众，很多人。⑧流窜：流放，窜逐。⑨左司：官名。左司郎中或左司员外郎的省称。《宋史·

职官志一》记载设有“左司郎中、右司郎中、左司员外郎、右司员外郎各一人，掌受六曹之事，而举正文书之稽失，分治省事。左司治吏、户、礼奏抄班簿房，右司治兵、刑、工案抄房，而开折制，敕御史”。

扶乩一事，从今天科学的观点看，“亦或多由扶者自行造作而成者”（印光大师《复李慰农居士书一》）。此记岳飞死后不久，临安西溪寨军将子弟扶箕请紫姑神，岳飞游魂降临，大书其名并书一绝。其实，或扶乩者自为，或为有人作诗而假托扶乩得之而传播。绝句赞颂岳飞长期战斗在平内乱和抗金寇的战场，多著战功而少有过错，虽壮志未酬被杀，而情系故国赤心不移，化作游魂仍巡视全国各地，充盈着人们对岳飞的怀念和哀悼之情。秦桧最忌惮人们对岳飞被杀的不满情绪，必然要“擒治其徒”，严加治罪，以压制舆论。

8. 常州酒官郑思永为予言：岳飞死之明年①，因元夕会饮，有失器皿库数事②，相与请紫姑神卜之③。方焚香，箕已重不可举④，忽大书曰：“辛苦提兵十二秋，功多过少未为仇⑤。主恩未报遭谗谤⑥，幽壤⑦含悲暗点头。”其后乃书飞押字也⑧。库官辈识之⑨，初不知飞坐狱⑩，及死于除夜也⑪，泣而祷曰：“观押字乃是相公押字，相公别无可否⑫？”自是不复再书。又明年，军人有来临安请衣粮者，茶肆中偶与人言，遂为逻事者⑬所捕，以送棘寺⑭。穷究其狱⑮，库官并吏辈数人皆追逮流窜⑯焉。思永时为棘寺推官⑰。（〔宋〕赵叔问《肯綮录·紫姑伸狱》）

［注］

①岳飞之死明年：岳飞被害的第二年，即绍兴十二年（1142）。②有失器皿库数事：有器皿库丢失器皿等几件事。③相

与：共同，一道。卜之：占卜丢失器皿等事。④箕：用竹篾、柳条或铁皮等制成的扬去糠麸或清除垃圾的器具，也为扶乩时的道具之一。故扶乩也称扶箕。扶乩时，乩笔插在箕上，随着神明的降临，乩笔会在沙盘上写出一些字迹，以传达神明的意旨。⑤末为仇：最后阶段成为仇敌。⑥谗谤：谗毁诽谤。⑦幽壤：犹地下，九泉之下。⑧飞：岳飞。押字：犹今言签字。⑨库官辈：管理器皿库的官吏。识之：认识岳飞的签字。⑩初不知：全不知道。坐狱：入狱，坐监狱。⑪除夜：除夕。岳飞死于除夕。⑫别无可否：意思是没有别的什么好歹。可否，可以不可以，能不能。⑬逻事者：从事巡逻侦探工作的人员。⑭棘寺：大理寺的别称。⑮穷究其狱：彻底追究这一罪案。⑯追逮流窜：追捕并流放。⑰推官：官名。掌审判案件。

此南宋人记载的又一“箕诗”。器皿库因丢失器皿诸事，“相与请紫姑神卜之”，而得到有岳飞签名的箕诗一首，大概也是“扶箕者自行造作而成者”。诗拟岳飞口气而自诉其冤，表达了当时人们对岳飞被杀的强烈不平。库官为了增强其事的神秘色彩，完全否认有人为的因素，“初不知飞坐狱，及死于除夜也”，应该是欲盖弥彰，因为岳飞死后，宋廷“仍出榜晓谕”，天下人冤之，库官们怎能说完全不知道呢？从秦桧及其爪牙对传言的“军人”及“库官并吏辈”逮捕治罪，反映出当时的“白色恐怖”是多么厉害。

9. 金陵士友[①]某，一日召仙[②]，得诗云：“风露凄凉雨过天，窗疏有月到床前。夜深不作红尘[③]梦，注得《南华》[④]四十篇。”又云：“强胡扰扰我提兵[⑤]，血战中原恨未平。大厦已斜支一木[⑥]，岂期长脚误苍生[⑦]。”某请书名，则曰：“我二人，前陈抟[⑧]，后岳飞，一仙游[9]，一屈死。生死虽不同，然彼之清风[10]，我之精忠，今日同归于不死矣，偶同过此。”某又问：“今秦桧亦托生否?”又书诗云：“自古奸忠同一死，奸忠死后各留名。奸忠总在斯文断[11]，焉有来生与再生[12]。”据此，虽非陈、岳二公，观其诗文明爽气健[13]，且有理致[14]，是亦文名之士[15]欤。（〔明〕郎瑛《七修类稿》卷三七《陈岳箕诗》）

[注]

①金陵：今江苏南京的古称。士友：古代称在官僚知识阶层或普通读书人中的朋友。②召仙：招神仙降临。③红尘：纷纷攘攘的世俗生活。④《南华》：《南华经》，本名《庄子》，是道家经文，是战国早期庄子及其门徒所著，到了汉代道教出现以后，便尊之为《南华经》，且封庄子为南华真人。《庄子》一书，《汉书·艺文志》载其五十二篇，今存三十三篇。⑤强胡：指强盛的金人。扰扰：纷乱貌。提兵：率领军队。⑥大厦已斜支一木：比喻独立支撑宋朝将要倾覆的局面。⑦岂期：哪里料到。长脚：秦桧的外号。《山堂肆考》卷一〇六：“宋秦桧初为太学生，号‘秦长脚’。一日睡于窗下，有异人来诣桧语。其同舍郎曰：‘他日此人误国害民，天下同受其祸，诸君亦有死其手者。’”误苍生：祸害老百姓。⑧陈抟：陈抟（871—989），字图南，号扶摇子，赐号“白云先生”“希夷先生”，亳州真源（今河南鹿邑）人。唐末至北宋著名的道家学者。⑨仙游：指信奉道教的人远出求仙访道。⑩清风：高洁的品格。⑪斯文：指礼乐教化。《论语·子罕》：“天之将丧斯文也……”断：评判。⑫焉有：岂有，哪有。来生：指人死后再转生到世上的那一生，下辈子。再生：道教理想中的法术之一。再造，重生。⑬明爽：开朗直爽。气健：辞气健旺。⑭理致：义理情致。⑮文名之士：以写作见长的名士。

这是明代人记载的扶箕得诗事。所得诗共三首，后二首与岳飞事相关。第二首写岳飞血战中原，抗击强胡，独力支撑南宋将要倾倒的政权，不想却被秦桧杀害，贻误天下苍生，表达了对岳飞的赞颂和对秦桧的愤恨。第三首表达了对忠与奸的历史评论：虽然忠臣和奸臣同样死去，但二者死后的评价却完全不同。忠和奸要由文人公正地判定而写入历史，这就足以警诫世人了，哪里有什么托生转世的事呢？从文末“是亦文名之士欤”可知，作者也知道这三首诗大概是文人名士所作，而假借“召仙”所得罢了。

10. 丘文庄公吊岳武穆乐府①云：“臣飞死，臣俊②喜，臣浚无言世忠靡③，臣桧夜报四太子④，臣构⑤称臣自此始。”史笔⑥也。（〔明〕徐咸《徐襄阳西园杂记》卷上）

［注］

①丘文庄公：指丘濬。丘濬（1421—1495），字仲深，号琼山，别署赤玉峰道人，明琼山（今海南海口市琼山区）人。景泰五年（1454）进士。历官至户部尚书、武英殿大学士。卒谥文庄。乐府：诗体名。初指乐府官署所采制的诗歌，后将魏晋至唐可以入乐的诗歌以及仿乐府古题的作品统称乐府。②臣俊：指张俊。张俊嫉妒岳飞，是杀害岳飞的主要帮凶。③臣浚：指张浚。无言：责怪张浚不替岳飞说话。世忠：指韩世忠。靡：颓靡，萎靡不振。韩世忠罢兵权后，不言政事。常戴一字巾，骑驴携酒，优游湖上。④臣桧：指秦桧。四太子：指金帅完颜兀术（宗弼）。《宋史·岳飞传》说：“兀术遗桧书曰：‘汝朝夕以和请，而岳飞方为河北图，必杀飞，始可和。’桧亦以飞不死，终梗和议，己必及祸，故力谋杀之。”故秦桧会将杀死岳飞的消息连夜报告完颜兀术。⑤臣构：指宋高宗赵构。宋高宗与金国书，每自称“臣构”。⑥史笔：史家记叙史实的笔法。

此数句是截取丘濬《岳王坟》诗的最后部分。诗句围绕岳飞之死，根据相关人物所处的地位和作用，精准地反映了他们各自的心态和行为。剖析深刻，刻画形象，符合历史真实，故徐咸誉之为“史笔也”。加之言简意赅，韵律和谐，后世多为文士所称道。

11. 岳飞顿首顿首①！致书相国②足下：飞自领王师渡河，赖陛下之灵、相国之智，所当摧锋陷阵，大河以北无坚城。飞令诸军北比③，且大醉黄龙府。诸军听飞鼓音，无不踊跃起，介而驰者④，敌人无当⑤也。飞于是谓遂定中原，挈两宫而还之陛下⑥，直唾手⑦取之矣！然后角巾投老西河⑧之上，飞之愿也。乃今者一日奉陛下金牌十二，诏飞班师。天王⑨有命，臣惧陨越⑩于下，飞奈何敢不班师哉？然从东南来者，皆言非陛下意，谓谋出相国。相国实阴持之⑪。飞窃意相国为陛下辅弼之臣，陛下之遇相国厚矣⑫。语有之：“瓶之罄矣，维罍之耻⑬。”相国为天子大臣，如何令敌人猖獗，尽弃大河以北赤县神州⑭？二帝越在草莽⑮，而坐拥江南尺寸之土，以偷老⑯其间，则焉置相矣⑰？相国如天下何⑱？内折中原之气，而外长仇雠⑲，相国必不然。故敢以书奏。飞日者渡河来，顾瞻帝京，徘徊宫阙，咏宋箕子《麦秀》之歌⑳，吟周大夫《黍离》之篇㉑，扼腕㉒而起，仰天长号，盖不知其泪之淫淫㉓下也。二帝远在沙漠之乡，望救于相国，一夕百年耳，愿相国念之。且相国尝从胡中回，烟沙之地，不惨于中原乎？毡裘之人，不陋于冠裳乎？金人之遇相国诚厚，孰与大国之相乎㉔？奈何令二帝久辱边疆也？君父阽在危亡㉕，此臣子枕戈泣血[26]之时，誓不俱生之日。申包胥[27]何如人哉？飞一日班师赴阙下，相国且握手劳飞[28]，赐飞卮酒[29]，飞宁能下咽耶[30]？相国即不念二帝，如陛下何？今中原取于掌上[31]，二帝旋于目前[32]，功业垂成而弃之，令飞十年经营废于一旦，能不痛心？诏书到军中，父老拥飞马首哭者万数，相国不闻也。相国何亲于敌，陛下何负于相国哉？是役也，即出陛下意，相国何不强谏[33]？陛下必听相国，相国之言行，则功在社稷，名留天壤，此万世一时也。愿相国图之[34]。飞为陛下取中原，还二帝，非以己也。陛下今召臣，臣业已还师，即归死司寇[35]，身首异处，臣请受而甘心焉，于飞何有哉[36]！第[37]弃垂成之图，而失万世之利，俯首丧气，为天下笑，飞甚惜之。相国一旦不戒，行且获戾[38]，万代无已时。飞为相国谋忠，相国其熟计之毋忽[39]。（〔明〕贺复徵辑《文章辨体汇选》卷七八〇，屠隆《拟岳武穆从军中遗秦相国书》）

［注］

①顿首：磕头。古代礼节之一。常作书简表奏用语。表示致敬。②相国：中国古代官职名。后代常称宰相为相国。此称秦桧。③北比：向北并列而进。④介而驰者：披着铠甲而迅速进兵的将士。介，铠甲。此作动词。驰，疾行。⑤无当：不可阻挡。当，阻挡，以武力抵敌。⑥挈：挈持，扶持。两宫：指徽、钦二帝。陛下：对帝王的尊称。此指宋高宗。⑦直：简直。唾手：比喻极易。⑧角巾：方巾，有棱角的头巾。为古代隐士冠饰。因指归隐。投老：告老。西河：古地区名，战国时魏地。汤阴有西河，相传子夏居西河教授，为魏文侯师。《礼记·檀弓上》："（子夏）退而老于西河之上。"⑨天王：称帝王。此称宋高宗。⑩陨越：犹颠坠，丧失。《左传·僖公九年》："恐陨越于

下，以遗天子羞。”杨伯峻注：“陨越，同义连緜词，犹颠坠也。”此谓犯上而表示死罪之意。⑪阴持之：暗中操控它。⑫遇相国厚矣：对待相国你够深厚的了。遇，对待，相待。⑬瓶之罄矣，维罍之耻：罍、瓶皆盛水器，罍大而瓶小。罍有水而瓶已空，谓不能分多予寡。后多用以指因未能尽职而心怀愧疚。⑭赤县神州：对中国、汉地、中土的美称。《史记·孟子荀卿列传》：“中国名曰赤县神州。赤县神州内自有九州。”⑮越在草莽：流落在荒草野林。越，散失。草莽，草丛。⑯偷老：苟且偷生到老死。⑰则焉置相矣：那干什么设置宰相啊？意思是宰相未能尽到应有的职分，设置宰相有什么用？⑱如天下何：要把国家怎么样？⑲内折中原之气，而外长仇雠：在国内摧折中原的气势，在国外滋长仇敌的力量。仇雠，仇敌，冤家对头。⑳《麦秀》之歌：《麦秀》歌是商纣王叔父箕子朝周时作的诗篇，抒发了作者对纣王不听劝谏反而加害忠良的痛苦、愤懑心情。其诗曰：“麦秀渐渐兮，禾黍油油。彼狡童兮，不与我好兮。”㉑《黍离》之篇：《黍离》是《诗经·国风·王风》中的一篇。《诗序》谓：“黍离，闵宗周也。周大夫行役，至于宗周，过故宗庙宫室，尽为禾黍。闵周室之颠覆，彷徨不忍去，而作是诗也。”后人常以《麦秀》与《黍离》并举，来表示亡国之痛。㉒扼腕：握住手腕。表示激动、振奋、悲愤、惋惜等的动作。㉓淫淫：（雨水、泪水等）流落不止貌。㉔孰与大国之相乎：与做大国的宰相相比怎么样？孰与，比对方怎么样，表示疑问语气。用于比照。㉕君父阽在危亡：徽、钦二帝濒临死亡。阽（diàn），临近（危险）。㉖枕戈：枕着武器。戈，泛指武器。谓为父母报仇情殷志切。泣血：无声痛哭，泪如血涌。一说，泪尽血出。形容极度悲伤。㉗申包胥：春秋时期楚国大夫。其友伍员因家族被楚王诛灭而奔吴，谓申包胥曰：“我必复楚国!”包胥曰：“子能复之，我必能兴之。”后伍率吴兵破楚，申包胥乞师于秦。秦王不许。申“立依于庭墙而哭，日夜不绝声，勺饮不入口七日”，秦为所感，遂救楚。事见《左传·定公四年》。㉘劳飞：慰劳我岳飞。㉙赐飞卮酒：赏给我岳飞一杯酒。卮酒，犹言杯酒。㉚飞宁能下咽耶：我岳飞难道能咽下去吗？宁，岂，难道。㉛中原取于掌上：收复中原就像从手掌上取物。比喻极易。㉜二帝旋于目前：徽、钦二帝回归就在眼前。形容时间极短。㉝强谏：极力诤谏。㉞图之：对它反复考虑。㉟归死司寇：接受刑部的死刑。《左传·襄公三年》：“请归死于司寇。”杜预注：“致尸于司寇，使戮之。”司寇，古官名，掌刑狱、纠察等事。明清称刑部尚书为大司寇。㊱于飞何有哉：在我岳飞有什么顾虑呢？何有，用反问的语气表示不顾虑、不在乎。《左传·昭公元年》：“吉若获戾，子将行之，何有于诸游？”杨伯峻注：“言不必顾虑游氏诸人。”㊲第：但。㊳行且获戾：行将获罪。戾（lì），罪行，过恶。㊴熟计：周密地谋划。毋忽：不要不重视。

本篇模拟岳飞口气致书秦桧，紧紧围绕“诏飞班师”展开，作者的基本观点是金牌诏飞班师，不是宋高宗之意，而是出于秦桧之谋，是秦桧“实阴持之”。指出其后果是“尽弃大河以北赤县神州”，“令二帝久辱边疆”，“内折中原之气，而外长仇雠”，“令飞十年经营废于一旦，能不痛心?”最后表明心迹，“飞为陛下取中原，还二帝，非以己也”。虽奉命班师，“第弃垂成之图，而失万世之利”，“飞甚惜之”。且正告秦桧，“相国一旦不戒，行且获戾，万代无已时”。通篇多用问句，责以大义，晓以人情，而语气温厚委婉，言辞绵里藏针，不露锋芒，不失礼节，显示了岳飞的忠心正气，揭露了秦桧的罪恶用心和鄙劣行径。

12. 岳武穆《满江红》词云：“怒发冲冠[①]，凭栏处、潇潇[②]雨歇。抬望眼。仰天长啸[③]，壮怀激烈。三十功名尘与土[④]，八千里外云和月[⑤]。莫等闲[⑥]、白了少年头，空悲切。靖康耻[⑦]，犹未雪。臣子恨，何时灭？驾长车踏破，贺兰山[⑧]缺。壮志饥食狼虎肉，笑谈渴饮匈奴血。待从前收拾旧山河，朝金阙[⑨]。”后人以“朝金”为语忌，改“天阙”云。（〔明〕蒋一葵《尧山堂外记》卷五七《岳飞》）

［注］

①怒发冲冠：发怒的头发竖起，以至于将帽子顶起。形容愤怒至极。②潇潇：形容雨势急骤。③长啸：大声呼叫，发出高而长的声音。④三十功名尘与土：形容战争的艰苦卓绝。⑤八千里路云和月：形容南征北战、路途遥远、披星戴月。⑥等闲：轻易，随便。⑦靖康耻：靖康年间的国耻。宋钦宗靖康二年(1127)，金兵攻陷汴京，虏走徽、钦二帝。⑧贺兰山：贺兰山脉位于宁夏回族自治区与内蒙古自治区交界处。一说是位于邯郸市磁县境内的贺兰山。⑨朝金阙：觐见皇帝。金阙，金饰的宫阙。指天子所居的宫阙，借指天子。

此则记载的价值，在于它保持了岳飞《满江红》词的原貌，指出今天所通行的版本“朝天阙”，原为“朝金阙”。汤阴岳飞庙内至今存有明代王熙书《满江红》词碑作“朝金阙”可证。因为“金阙”又可解为金朝的宫阙，而指金国的皇帝，所以后人认为是语言上的忌讳，而改为“天阙”。

13. 癸未[①]春三月，自平湖归至武林[②]，梦一丈夫甚伟[③]，对予大唱[④]曰：“吾得一好句：‘野莺渐叫岳坟青。’”予应之以“吾有‘山色渐青来越地，梅花连白到吴门[⑤]’”，盖平湖舟中作也。客复曰：“好，好。”醒欲续其语，三月不能得。聊尔[⑥]成篇，因以记事云耳："野莺渐叫岳坟青，桃柳无情媚晓汀[⑦]。往事伤怀流不尽，满天寒色[⑧]落南屏。""野莺渐叫岳坟青，响句千年破晓扃[⑨]。游女何知幽愤事[⑩]，年年车马柳边经。"吾意为此句[⑪]者，岳先生乎。（〔明〕林垐《居易堂诗集·绝句二首并引》）

［注］

①癸未：明崇祯十六年（1643）。②平湖：县名。今浙江平湖市。武林：杭州的别称，以武林山得名。③甚伟：身材特别高大。④大唱：高呼，大声叫。⑤吴门：苏州的别称，为春秋吴国故地，故称。⑥聊尔：姑且，暂且。⑦媚晓汀：使晓汀媚。使清晨的小洲显得美丽可爱。汀，水边平地。⑧寒色：给人以寒冷感觉的颜色。南屏：杭州山名。因地处杭城之南，有石壁如屏障，故名。⑨响句：指诗词中读音响亮、形象鲜明的句子，即警句。破晓扃：打开早晨的门。⑩游女：出游的女子。幽愤：郁结在心里的怨愤。幽愤事，指岳飞功高而被杀之事。⑪此句：指"野莺渐叫岳坟青"。

作者梦中见一伟丈夫对其高唱新得好句："野莺渐叫岳坟青。"此句描写岳坟春天的景色。作者以昔日所作得意之联相对。虽写春天景色，且对仗工稳，但与梦中人诗意并无关联。醒来想要以"野莺渐叫岳坟青"为题旨续成诗篇，苦于三月未成。后成二绝，因记其事。作者所谓"吾意为此句者，岳先生乎"，可能平日早想写歌咏岳飞的诗，而得不到满意的开头，梦中得之，正是长期构思，潜意识在梦中得到灵感的启示。

14. 昔晋文之拔郄縠[①]，孙权之勖吕蒙[②]，盖欲其武而能文也。岳飞本以勇敢进[③]，而旁通儒业[④]，其

《谢讲和》一表[⑤]，蔼然有孔明之风[⑥]，《高宗良马对》，则渊渊乎有道之言[⑦]也。又尝题诗鄱阳龙居寺，有“潭水寒生月，松风夜带秋”[⑧]之句，直逼唐人佳境矣[⑨]。余屈指上下数千载间，盖唐有张睢阳，合之武穆而二[⑩]，当亦间气所钟[⑪]也。（〔明〕张燧《千百年眼》卷十《岳飞文章》）

［注］

①晋文之拔郄縠：郄同“郤”。郤縠，春秋时晋国将领。《左传·僖公二十七年》：“（晋文公）作三军，谋元帅。赵衰曰：‘郤縠可。臣亟闻其言矣，说礼乐而敦《诗》《书》。《诗》《书》，义之府也。礼乐，德之则也。德义，利之本也。《夏书》曰：赋纳以言，明试以功，车服以庸。君其试之。’（晋文公）乃使郤縠将中军，郤溱佐之。”②孙权之勖吕蒙：吕蒙，字子明，三国时东吴名将。勖，勉励。《资治通鉴》卷六六：“初，权谓吕蒙曰：‘卿今当涂掌事，不可不学！’蒙辞以军中多务。权曰：‘孤岂欲卿治经为博士邪！但当涉猎，见往事耳。卿言多务，孰若孤？孤常读书，自以为大有所益。’蒙乃始就学。”③本以勇敢进：本来是以勇敢出仕做军中将领。勇敢，有勇气，有胆量。进，任官，出仕。④旁通：遍通，广泛通晓。《易·乾》：“六爻发挥，旁通情也。”孔颖达疏：“言六爻发越挥散，旁通万物之情也。”儒业：指儒学，儒家经学。⑤《谢讲和》一表：指《谢讲和赦表》。⑥蔼然：温和、和善貌。亦盛大貌。孔明之风：诸葛亮（《出师表》）的风范。⑦渊渊：深广，深邃。有道之言：有才艺或有道德的言论。⑧潭水寒生月，松风夜带秋：二句写林泉胜景。潭水中的月亮生出寒意，松风在夜里也带有凉意。绍兴元年（1131）二月，岳飞至鄱阳（今江西鄱阳），与张俊合兵，以讨李成。岳飞过鄱阳，游龙居寺，写了《题鄱阳龙居寺》诗。《大清一统志》卷三一二《江西·饶州府·寺观》：“龙居寺在鄱阳县东北巍石山。《名胜志》：‘宋岳飞过此题诗。’”⑨直

逼唐人佳境：简直接近唐代诗人美好的意境。⑩合之武穆而二：与岳飞相合并成为两个（武而能为文者）。《新唐书·张巡传》："读书不过三复，终身不忘。为文章不立稿。"⑪间气所钟：间气所聚集。旧谓英雄伟人，上应星象，禀天地特殊之气，间世而出，故称"间气"。

在宋代，武将被称为"粗人"，是受鄙视的。与岳飞同时的诸大将，率不通文墨。岳飞身为武将，"而旁通儒业"，故有"儒将"之称。此则笔记举出岳飞诗文三例，盛赞岳飞文章之绝妙。且谓屈指上下数千载间，只有张巡和岳飞堪称武而能文者，这应当是秉天地特殊之气的"间气"所聚集而成。于此亦见后世人们对岳飞的特殊尊敬，

15. 浦情田守戎①，常诵其寅友②某《岳王墓》句云："宰相若逢韩侂胄③，将军已作郭汾阳④。"立论新奇，得未曾有。（〔清〕梁绍壬《两般秋雨庵随笔》卷一《武弁能诗》）

[注]

①浦情田：浦承恩，号情田，清上元（今南京市）人，无锡籍。由世袭云骑尉官至三山营参将。工四体书，亦能诗。守戎：在军中执行守备任务。②寅友：同僚中交好者。③韩侂胄(1152—1207)：字节夫，祖籍河南安阳，北宋名臣韩琦之孙。曾任宋宁宗宰相，任内追封岳飞为鄂王，追夺秦桧官爵，力主北伐抗金，因将帅乏人而功亏一篑。后在金国示意下，被杨皇后和史弥远设计斩杀，函首于金。④郭汾阳：郭子仪（697—781)，唐华州郑县人。祖籍山西汾阳。安史之乱时任朔方节度使，在河北打败史思明。后率军收复洛阳、长安，功居平乱之首，晋为中书令，封汾阳郡王。郭子仪戎马一生，屡建奇功。

诗句的意思是：岳飞如果生逢锐意北伐的韩侂胄做宰相，必定能像郭子仪那样建立收复两京失地的功勋。言外之意是哀叹岳飞生不逢时，偏遇到媚金卖国、残害忠良的秦桧做宰相，所以不但难以实现抗敌复国的抱负，而且难于保全性命。诗句对仗工整，立论新奇而含蓄蕴藉，难怪浦情田常常吟诵，梁绍壬大为赞赏了。

16. 岳王祠联云："百战妙一心运用①，两言决千古太平②。"又云："子孝臣忠，决战早成三字狱；君猜相忌，偏安还赖十年功。"又钱伯瑜中丞③联云："万里坏长城，叹息北征将士；中原搘半壁④，伤心南渡君臣。"又王之裔孙镇南⑤为浙江运使时，修葺祠宇，题联云："天章褒臣节⑥，想当年竭力致身，忠孝兼全，万古精诚光日月；祖训衍家传⑦，愿奕叶⑧承先启后，蒸尝勿替⑨，千秋俎豆炳⑩湖山。"皆警策。（〔清〕陆以湉《冷庐杂识》卷七《岳王祠联》）

［注］

①百战妙一心运用：化用岳飞名言"运用之妙，存乎一心"。②两言决千古太平：指岳飞所说"文臣不爱钱，武臣不惜死，天下太平矣"。③钱伯瑜：钱宝琛（1785—1859），字楚玉，又字伯瑜，清太仓（今江苏太仓市）人。嘉庆二十四年（1819）进士。历任提督贵州学政，同德知府，浙江督粮道，云南按察使，浙江布政使。擢湖南巡抚，改江西。道光二十一年（1841）调赴湖北，未赴移疾归。中丞：明清对巡抚的别称。④中原搘半壁：支撑中国半壁江山。中原，泛称中国。搘（zhī），支撑。⑤王之裔孙镇南：岳镇南（1785—1843），字文峰，清利津（今山东利津县）人。岳飞后裔，系岳雷一脉。道光二年（1822）进士，授翰林院编修，后历任都察院监察御史、湖南学政，浙

江盐运使、甘肃按察使、直隶按察使等职。运使：盐运使的简称。⑥天章褒臣节：皇帝曾作诗文表彰岳飞为臣的节操。天章，指帝王的诗文。清乾隆皇帝有咏岳飞的诗多首，“天章”当指此。⑦祖训衍家传：祖先的遗训绵延由家庭世代相传。衍，通“延”，绵延。⑧奕叶：累世，代代。⑨蒸尝勿替：祭祀不衰。蒸尝，本指秋冬二祭，泛指祭祀。替，废弃，衰微。⑩俎豆：俎和豆，古代祭祀、宴会时盛肉类等食品的两种器皿。后指奉祀、祭祀。炳：炳耀，光耀明亮。

南宋以来，题岳飞祠墓的对联颇多。《冷庐杂识》所录四则，当为作者最为欣赏的，也或为与作者时代相近的。所录数联皆立意新颖，对仗工整，表达了对联作者对岳飞功绩的颂扬和对历史的感叹。

17. 忠武书[①]云：“军事旁午[②]，未得时候台安[③]。远蒙翰教[④]，忠怀义气，直薄云汉而贯金石[⑤]。凡在含灵，能无奋感[⑥]，况飞素切同仇者耶[⑦]？比[⑧]已鼓励军士，直抵淮阴[⑨]，灭此而朝食[⑩]，上报国恩，而答知己，飞之愿也。即不然，亦将惟力是视[⑪]，生死以之[⑫]，决不鼠走狼顾偷存视息于人间也[⑬]。使还，附此申谢[⑭]。不宣[⑮]。岳飞顿首观文相公阁下[⑯]。”案，是书当作于建炎初年，御金人于江淮间事。此后平湖湘诸寇，经略中原矣。观文相公者，李忠定公也。读之，二公生气凛凛，千载如见。墨迹向藏吴中顾氏，今刻石于上海邑城岳祠左壁。敦复每拜祠下，流连不忍去。道光壬寅[⑰]冬十月，避夷难[⑱]，后道出沪城[⑲]，重有所感，乃为是诗。

（〔清〕蒋敦复《啸古堂诗集》卷五《书岳忠武王手书石刻后》诗引）

[注]

①忠武书：指岳飞回复李纲的信。②旁午：交错，纷繁。《韵会》："一纵一横曰旁午，犹言交错也。"③时候：时时问候。候，问好。台安：指对方的安好。台，星名。三台星与三公（太尉、司徒、司空）相应。因而旧时书信中用"台"作为对对方的敬称。④远蒙翰教：蒙您从远方来信指教。时李纲居住在福建长乐，岳飞驻军在安徽池州，故言"远蒙"。⑤忠怀义气，直薄云汉而贯金石：谓来信忠诚之心和正义之气上迫云霄而下穿金石。薄，迫近，逼近。云汉，天河。贯，穿。金石，喻坚固。⑥凡在含灵，能无奋感：凡是有灵魂的人，怎能不感动振奋？含灵，古人认为人为万物之灵，故称人为"含灵"。意谓含有灵魂和精神。奋感，犹"感奋"。⑦况飞素切同仇者耶：何况我岳飞是平素和您心灵契合、同仇敌忾的人呢？切，贴近，契合。同仇，共同赴敌。《诗经·秦风·无衣》："修我戈矛，与子同仇。"⑧比：近来。⑨直抵淮阴：径直抵达淮阴。淮阴，故城在今淮阴县东南。⑩灭此而朝食：消灭了敌人再吃早饭。以喻斗志的坚决和敌人的不堪一击。语出《左传·成公二年》："齐侯曰：'余姑翦灭此而朝食。'不介马而驰之。"⑪惟力是视：谓竭尽己力而为。《左传·僖公二十四年》："除君之恶，惟力是视。"⑫生死以之：将生死置之度外。语出《左传·昭公四年》："苟利社稷，死生以之。"是郑国大夫子产因改革军赋制度受到别人毁谤时说的话。这里的"以"字原意是"为""做"或"从事"。⑬决不鼠走狼顾偷存视息于人间也：决不犹豫不决、瞻前顾后、苟且偷生地活在人间。鼠走，鼠行走时常左右张望，以防不虞。喻人做事犹豫不决、摇摆不定。狼顾，狼走路时常回头后顾，以防袭击。喻人有后顾之忧。偷存，苟活。视息，仅存视觉、呼吸等。谓苟全活命。⑭附此申谢：附上此信表达谢意。申，表明，表达。⑮不宣：不一一细说。旧时书信末尾常用此语。语出汉杨修《答临淄侯笺》："反答造次，不能宣备。"

⑯岳飞顿首观文相公阁下：岳飞向李纲行礼致敬意。顿首，为周礼九拜之一。《周礼·春官·大祝》："一曰稽首，二曰顿首，三曰空首，四曰振动，五曰吉拜，六曰凶拜，七曰奇拜，八曰褒拜，九曰肃拜。"郑玄注："顿首，拜，头叩地也。"观文相公，称李纲。观文，为观文殿大学士的省称。绍兴二年(1132)，李纲被罢为观文殿大学士。相公，宋时称高级官员为相公。宋高宗即位初，一度起用李纲为相，仅七十五天即罢免。阁下，古代多用于对尊显的人的敬称。后泛用作对人的敬称。唐赵璘《因话录·征部》："古者三公开阁，郡守比古之侯伯，亦有阁，所以世之书题有阁下之称……今又布衣相呼，尽曰阁下。"⑰道光壬寅：道光二十二年（1842)。⑱避夷难：躲避英军侵略之难。夷，本称国内少数民族，后也称外国。1842年英国侵略军攻占吴淞、镇江，进攻南京，是年签订《中英南京条约》。⑲道出沪城：行程经过上海。沪，上海的别称。相传境内的吴淞江就是古代的"沪渎"，故称。

此书《鄂王家集》不载。清钱汝雯《宋岳鄂王文集》卷上题作《复李忠定书》。李忠定，李纲。忠定，其谥也。郭光先生考证，李纲《与岳飞书》与岳飞《复李忠定书》，当写于绍兴四年。据蒋敦复此文记载，岳飞《复李忠定书》墨迹先前藏于苏州顾氏，后刻石于上海邑城岳祠左壁。从信中可以看出，李纲来函勉励岳飞努力抗金杀敌，岳飞回函对李纲的"忠怀义气"深为"奋感"，表示与李纲"素切同仇"，决心对金寇"灭此而朝食""生死以之"，以此"上报国恩，而答知己"。蒋敦复读后，从中感受到"二公生气凛凛，千载如见"。

18. 窃见故丞相秦桧，虺蜴为心[1]，蛛蝥无智[2]。头能压日[3]，威震主而窃自北庭[4]；德果格天[5]，议和戎而迫成南渡。举天下志士仁人之气，销作佞柔⑥；极古来乱臣贼子之奸，无其伦比。冤哉赵相⑦，空归绝徼之魂⑧；痛矣岳侯，竟抱奇冤而死。其它毒害，不可殚原⑨。幸而潜伏冥诛⑩，未尽忠良于一网；何得滥叨血食⑪，徒贻⑫唾骂于千秋！亟予毁除⑬，用申彰瘅⑭。（〔清〕方浚师《蕉轩随录》卷五《拟朱子毁秦桧祠檄》）

［注］

①虺蜴为心：心像虺蜴一样狠毒。语出唐骆宾王《代李敬业讨武氏檄》："加以虺蜴为心，豺狼成性。"虺蜴（huǐxī），毒蛇和蜥蜴。《诗经·小雅·正月》："哀今之人，胡为虺蜴。"比喻肆毒害人者。②蛛蝥无智：像蜘蛛结网一样陷人于罪。蛛蝥（móu），蜘蛛的别名。无智，本指愚蠢、无知，此指运用其愚蠢的智慧。晋支遁《大小品对比要抄序》："无物于物，故能齐于物；无智于智，故能运于智。"③头能压日：指"秦头压日"。谓秦桧权势太重，遮蔽皇帝。明张岱《夜行船》卷一四《九流部》："高宗命周生拆一'春'字，周生言：'秦头太重，压日无光。'忤相桧，死于戍。"④威震主而窃自北庭：谓其使君主惊惧的威势暗中来自金国。北庭，泛指塞北少数民族所统治之地。⑤德果格天：格天，感通上天。语出《尚书·君奭》："在昔成汤既受命，时则有若伊尹，格于皇天。"秦桧丞相府建有"一德格天"阁，宋高宗亲书匾额。德果格天，语含讽刺。此"天"当指宋高宗。⑥销作佞柔：熔炼为谄佞柔媚的铸像。销，熔化金属。⑦赵相：指赵鼎。⑧空归绝徼之魂：白白使他死在远方的谪戍之地。绝徼，极远的边塞之地。⑨殚原：尽行宽恕。殚，尽。原，宽恕。⑩潜伏冥诛：暗中服从于阴间的惩治。冥诛，谓在阴间受到惩治。⑪滥叨血食：不当地受享祭祀。⑫贻：遗留。⑬亟予毁除：紧急予以毁坏废除。⑭用申彰瘅：以表明表彰美善，憎恨邪恶。彰瘅，"彰善瘅恶"的缩略。瘅（dàn），憎恨。

朱熹曾作《除秦桧祠移文》。方浚师作《拟朱子毁秦桧祠檄》，改移文为檄文，模仿朱熹揭露秦桧的罪恶，申明毁除秦桧祠的理由，表达对秦桧的深恶痛绝。辞气慷慨，激情愤惋，为文典雅，不让原作。

19. 予九岁初学诗，一日，游郡北育婴堂①，楼上祀武穆王神像，下跪秦桧等，口占②一绝云："育婴楼接岳王祠，日冷风寒积树枝。扇击③佞臣挥涕骂，有人匿笑④道予痴。"塾师见之，谓此子后必工吟，及今思之，真不脱小儿气。（〔清〕王之春《椒生随笔》卷一《儿时诗》）

［注］

①郡北：郡城北面。郡指衡州府，治衡阳（今湖南衡阳市）。王之春的家乡清泉县属衡州府。育婴堂：旧时收养社会遗弃婴儿的慈善机构。②口占：谓作诗文不起草稿，随口而成。③扇击：击打。④匿笑：窃笑，暗笑。

作者自言九岁初学作诗，即兴能成一绝句。第三句"扇击佞臣挥涕骂"，表达了儿童对岳飞遭诬被杀的哀伤，以及对秦桧阴谋害人的痛恨。末句"有人匿笑道予痴"，是请求别人不要窃笑说我傻，其实我对忠和佞、爱和恨是分得很清楚的。九岁的学童能够作出这样的诗实属难能可贵。难怪塾师预言"此子后必工吟"。

20. 阮文达平蔡牵①，得兵器，悉以镕铸秦桧夫妇铁像，跪于岳忠武庙前。好事者戏撰一联，制两小牌题之，作夫妇二人追悔口吻②，其一系秦桧颈上曰："咳，仆本丧心③，有贤妻何至若是④！"其一系王氏颈上曰："啐⑤，妇虽长舌⑥，非老贼不到今朝。"文达谒庙时见

之，不觉失笑。（《清稗类钞·诙谐类·秦桧夫妇追悔》）

［注］

①阮文达：阮元（1764—1849），字伯元，号芸台，清扬州仪征（今江苏仪征市）人。乾隆五十四年（1789）进士。历官湖广总督、云贵总督。拜体仁阁大学士。阮元被尊为一代文宗。经籍训诂之外，兼究天文、历算、地理等学，著述颇丰。卒谥文达。蔡牵（1761—1809）：福建同安人。乾隆五十九年因饥荒而下海为盗寇，清廷多次派兵征剿。嘉庆十四年（1809）八月，蔡牵与清军闽浙水师连续交战于浙江渔山外洋，遭清军围击，寡不敌众，蔡牵发炮自裂座船，与妻小及部众250余人沉海而死。②追悔口吻：后悔的口气。③仆：古时男子谦称自己。此拟秦桧自称。丧心：丧失天良。④何至若是：哪里至于如此。⑤啐（cuì）：叹词。表示轻蔑或斥责。⑥妇：妻。此拟王氏自称。长舌：长长的舌头。比喻好说闲话，搬弄是非。《诗经·大雅·瞻卬》："妇有长舌，维厉之阶。"郑玄笺："长舌，喻多言语。"

阮元用平盗寇所得兵器铸成秦桧夫妇跪像，是用污秽的质料铸成两个败类污秽的躯壳。而好事者所撰对联，模拟夫妇斗口，互相怨詈攻讦，表达对恶贯满盈的秦桧夫妇的斥责和嘲讽。二人久跪庙前，饱受日炙霜冻，风吹雨淋，再加上游人的击打唾骂，难免不堪忍受。他们也知道这是罪有应得，在互相指责中，秦桧供认自己丧心病狂，卖国害贤，王氏也供认自己搬弄是非，阴险狠毒，但又都埋怨对方成就了自己的罪恶，实际暴露了他们狼狈为奸，互助其恶。此联构思巧妙，耐人寻味，据说就是阮元本人所撰。

21. 秦大士[①]秦淮绝句，有"淮水而今尚姓秦[②]"句，一时脍炙人口，则以其姓得利也。某年，偕袁子才[3]游西湖，过岳王坟，睹秦桧像，人泥其题句[4]，秦大不怿[5]，子才为代吟曰："人于宋后羞称桧，我到坟前愧姓秦。"大士以姓几受奇窘[6]，微子才，殆矣[7]，是又以姓得害也。（《清稗类钞·姓名类·秦大士以姓得利得害》）

［注］

①秦大士：见"十六、痛奸"第19则注①。②淮水而今尚姓秦：意思是淮水到今天还被称为"秦淮"。《秦淮闻见录》载秦大士《秦淮绝句》："金粉飘零野草新，女墙日夜枕寒津。兴亡漫莫悲前事，淮水如今尚姓秦。"③袁子才：袁枚（1716—1798），字子才，号简斋，清钱塘（今浙江杭州）人。乾隆四年（1739）进士。授翰林院庶吉士。外任溧水、江浦、沭阳、江宁等地知县。后辞官定居江宁（今南京市），筑室小仓山隋氏废园，改名随园，从事诗文著述，自号仓山居士，世称随园先生。④人泥其题句：有人用泥巴涂抹秦大士所题写的诗句。⑤大不怿：老大不高兴。怿（yì），欢喜。⑥以姓几受奇窘：因为姓氏几乎受到罕见的窘迫。窘，尴尬，难为情。⑦微子才，殆矣：如果不是袁子才，就危险了。微，副词。要不是，要没有。

秦大士诗句"淮水而今尚姓秦"，确为佳构，故能脍炙人口。以淮水与己同姓，颇为荣幸而得意，"则以其姓得利也"。而他在岳王坟的题句，人们因为厌恶秦桧，累及他的姓名，故"人泥其题句"，"是又以姓得害也"。袁枚代秦大士所拟对联，既代其解嘲，又表达了自己的思想情感。上联足以反映长久以来人民群众对权奸的深恶痛绝，下联为秦氏子孙怀惭而语，能够传达出特殊人物处于特殊境地而产生的特殊心情。虽然并无一字涉及秦桧的平生作为，而对权奸误国、残害忠良的评价也已昭然若揭。联语对仗工整，炼字精确，构思新颖，立意深刻，非大才子不能为也。此联后来传颂颇广。

十九、谶兆

1. 岳王飞，字鹏举，相州汤阴县人。母家姚大翁[①]甚喜其为人。宣和四年[②]，令枪手陈广以技击[③]教之，一县无敌。一日，有黄冠者[④]见之，谓曰："子贵人也[⑤]，在坐诸公极有贵人[⑥]，宜自爱[⑦]。"姚问王至何官[⑧]，曰："他日在政事堂[⑨]执政。"诸人怃然[⑩]。黄冠既去[⑪]，王因干至县[⑫]，有李廷珪者，本系太史局[⑬]，以罪编隶相州[⑭]，偶到汤阴，王以五行示之[⑮]，许至两府[⑯]，且叹曰："世乱矣[⑰]！"其后同县李道官至节度使[⑱]，王贵承宣使[⑲]，徐庆防御使[⑳]，姚政团练使[㉑]，王万横行[㉒]，自余随王者皆正任[㉓]，廷珪亦武翼郎、兴国军都巡检使[㉔]。王至少保、枢密副使[㉕]。（〔宋〕岳珂《鄂国金佗续编》卷二八《孙逌编鄂王事》）

［注］

①母家姚大翁：指岳飞的外公姚大翁。②宣和四年：公元1122年。是年岳飞20岁。宣和是宋徽宗的第六个年号，也是其最后一个年号。③枪手：枪技高超的能手。技击：用于搏斗的武术。此指战斗中使枪的技巧。④黄冠者：戴黄冠的人，指道士。黄冠为道士之冠。⑤子贵人也：你是显贵的人。⑥在坐诸公极有贵人：在座的各位人士很有显贵的人。极，程度副词。⑦宜自爱：应该自己爱惜自己（的身体和名誉）。⑧姚问王至何官：姚大翁问道士岳飞做到什么官。此处的"王"，是后来追述时称已被追封为鄂王的岳飞。岳飞当时尚未贵显。⑨政事堂：唐、宋时宰相的总办公处。⑩诸人怃然：众人露出惊愕的样子。

怃然，惊愕貌。⑪既去：离开以后。⑫王因干至县：岳飞因办事到县城。干（gàn），做某事。⑬太史局：古之钦天监，五代、宋初称司天监。元丰改制后称太史局。掌观察天象，推算节气，制定历法等。⑭以罪编隶相州：因罪编管于相州（今河南安阳市）。⑮王以五行示之：岳飞以自己的生辰五行给李庭珪看。五行，水、火、木、金、土。旧时星相家以五行生克推算命运。⑯许至两府：许以官至两府。两府，宋代称中书省和枢密院为两府。宋欧阳修《归田录》卷二："盖枢密使……与宰相分秉朝政，文事出中书，武事出枢密，自此之后，其权渐盛，至今朝遂号为两府。事权进用，禄赐礼遇，与宰相均。"⑰世乱矣：世道乱了。⑱同县：同为汤阴县籍的。李道、王贵、徐庆、郝政、王万皆为汤阴县人。节度使：官名。统管一道或数州，总揽军、民、财政。宋以节度使为虚衔。⑲承宣使：官名。宋初沿唐制，置节度观察留后，无定员，无职守，虽冠有军名而不赴任，仅为武臣加官虚衔。宋政和七年（1117）改称承宣使。⑳防御使：官名。唐代开始设置的地方军事长官。宋置诸州防御使，但无职掌、无定员，不驻本州，仅为武臣之寄禄官。㉑团练使：官名。唐代官制，负责一方团练（自卫队）的军事官职。宋朝力采强干弱枝政策，团练使仅是虚衔。诸州团练使为武臣之寄禄官，无定员，无职掌，不驻本州。㉒横行：宋武臣阶官，又称横班。朝参皇帝时列成横行，有内客省使、客省使、引进使、四方馆使、东上閤门使、西上閤门使、客省副使、引进副使、东上閤门副使、西上閤门副使等。㉓自余随王者皆正任：其余跟随岳飞的人都做到了正任官。正任，五代时授官任职为正任，宋时仅食俸禄而无实职。㉔都巡检使：巡检司长官。品级为七品，统兵驻防。掌土军、禁军招填教习之政令，以巡防扞御盗贼。主要职责是募兵御边与维护境内治安。㉕少保：官名。为君国辅弼之官，"三孤"之一。枢密副使：枢密院长官枢密使的副职。岳飞任枢密副使在绍兴十一年（1141）四月。

岳飞少年时从周同习得精湛的箭术，初成年又从陈广练就一县无敌的枪法。这为他从军杀敌奠定了武功基础。至于黄冠道士和善于星象术的李庭珪的预言，或者是从岳飞及其同行者的气质中看出其非同凡响。文中提到的几个人都是汤阴人，后皆为岳家军中将领，其气质、举止肯定不同于常人。或者是传记作者孙逌故弄玄虚，从后来岳飞等一行人的官职编造出先前的预言。

2. 岳公飞微时①，尝于长安道中遇一相者②曰“舒翁”。飞时贫甚③，翁熟视④之，曰：“子异日当贵显⑤，总重兵⑥，然死非其命⑦。”飞曰：“何谓也⑧？”翁曰：“第识之⑨，子，猪精也，猪硕大而必受害。子贵显则睥睨⑩者众矣。”飞，靖炎间起偏裨⑪为大将，位至三孤，竟为谗邪⑫所害。（〔宋〕曾敏行《独醒杂志》卷一〇）

［注］

①微时：卑贱而未显达的时候。②长安：今陕西西安市。相者：旧指以相术为业的人。③飞时贫甚：岳飞当时特别贫穷。④熟视：注目细看。⑤子：第二人称，你。异日：犹来日，以后。贵显：谓居高位而显扬于世。⑥总：统率。重兵：人数多、实力强的军队。⑦死非其命：不能得其自然的寿数而死。儒家以顺应于天道、得其天年而死为得“正命”，反之，因意外的灾祸而死则为“非命”。《孟子・尽心上》：“尽其道而死者，正命也；桎梏死者，非正命也。”⑧何谓也：为什么？或你的话是什么意思？⑨第识之：只管记住我说的话。第，副词。只是，只管。识，记。之，代指下面的话。⑩睥睨：斜视。此指窥视，伺伺。⑪靖炎间：靖康、建炎间。起偏裨：出身自低级军官。⑫谗邪：指谗佞奸邪的人。

此记述颇为荒谬，因岳飞终其一生从未到过长安（西安）。但其指出岳飞功高名重，遭到众多谗邪之辈的睥睨，竟为所害，则为历史事实。“猪硕大而必受害”，所喻倒也形象。民众对于岳飞命运的解释民间化、宗教化。这是岳飞出身故事的早期形态，并呈现较为明显的民间风格。清人丁传靖辑《宋人轶事汇编》引《独醒杂志》，改“猪精”为“猿精”，或嫌猪之为物不雅，殊不知猪乃人类早期图腾崇拜之一也。

3. 辛企李次膺①绍兴八年，自右正言出为湖南提刑②。舟到武昌，大将岳飞来江亭通谒③。辛以道上不见宾客为解。岳不肯去，良久不获已④见之，即欲以明日具食⑤。意殊恳切，不得辞⑥。既宴，酒三行，延辛入小合⑦，尽出平生所被宸翰⑧，凡数百纸。具言眷遇之渥⑨，执辛手曰：“前夕梦为棘寺逮对狱⑩，狱吏曰：‘辛中丞被旨推勘⑪。’惊寤⑫，遍体流汗，方疑惧⑬，不敢以告人。而津吏报公至⑭，公自谏官补外⑮，他日必为独坐⑯，飞或不幸下狱，愿公救护之。”辛悚然不知所对⑰。才罢酒，即解维⑱。后数年，飞罢副枢奉朝请⑲。故部将王贵迎时相意⑳，告其谋叛，系大理狱，命新除御史中丞何伯寿铸治其事㉑，方悟昨梦乃新中丞也。何公后辞避不就㉒，乃以付万俟丞相云。二事刘襄子思㉓说。（〔宋〕洪迈《夷坚志》甲卷一五《辛中丞》）

［注］

①辛企李次膺：辛次膺（1092—1170），字企李（一说字起李、起季），莱州掖县（今山东莱州）人。政和二年（1112）进士。授单父县丞。宋高宗绍兴年间，擢右正言，主张抗金，力

斥和议。除直秘阁、湖南提刑，为秦桧所陷，奉祠十八年。秦桧死后，起知婺州。宋孝宗即位，拜御史中丞。隆兴元年(1163)，同知枢密院事，又拜参知政事，以疾力辞。②右正言：宋代官职名。中书省属官，掌规谏。出为：从朝廷调出外任地方官。湖南提刑：正式的称呼应该是荆湖南路提点刑狱使。宋朝开始设立提点刑狱公事，设于各路（行政单位），主管所属各州的司法、刑狱和监察，兼管农桑。③通谒：通报请求谒见。④不获已：不得已。⑤即欲以明日具食：岳飞就想在第二天准备食物款待辛次膺。⑥意殊恳切，不得辞：心意特别恳切，不能推辞。⑦延辛入小合：岳飞引其进入一间小阁楼。合，阁楼。⑧所被宸翰：所受到的宋高宗的亲笔手诏。⑨具言眷遇之渥：详说宋高宗对其优待深厚。⑩棘寺：大理寺。对狱：到案受审。⑪被旨：承奉圣旨。推勘：审问。⑫惊寤：受惊吓而醒来。⑬方疑惧：正在猜疑害怕。⑭津吏：古代管理渡口、桥梁的官吏。报公至：报告您来到。公，尊称辛次膺。⑮谏官：对君主的过失直言规劝并使其改正的官吏。补外：谓京官调外地就职。⑯独坐：唐人因《后汉书・宣秉传》中“三独坐”之事，遂以“独坐”为御史中丞别名。⑰悚然：形容害怕的样子。不知所对：不知道回答什么好。⑱解维：解开缆索。指开船。⑲副枢：枢密副使。奉朝请：给予闲散大官的优惠待遇。古称春季的朝见为“朝”，秋季的朝见为“请”。奉朝请者，即有以加朝会的资格。⑳迎时相意：迎合现任宰相（秦桧）的心思。㉑何伯寿铸：何铸，字伯寿。㉒辞避不就：托词退避不能完成。㉓刘襄子思：刘襄，字子思，南宋官员。

岳飞被杀的三年前，即绍兴八年（1138），岳飞可能已察觉宋高宗和秦桧对自己的猜忌，他担心自己会遇到什么不测。日有所思，夜有所梦。一次，岳飞夜里做了一个梦，梦见自己被大理寺逮捕受审，狱吏告诉他，主审者是奉旨推勘的“辛中丞”

（“辛”只是字音）。岳飞惊醒后吓得遍体流汗。正在疑惧间，有人报告右正言辛次膺调任荆湖南路提点刑狱使，要经过武昌。岳飞想，梦中的“辛中丞”莫非就是辛次膺？于是他强邀辛次膺在武昌停留并热情招待。酒过三巡，岳飞把辛次膺拉到一间小阁楼，将梦中的事告诉他，并请求说：“飞或不幸下狱，愿公救护之。”后来，岳飞被逮捕入大理寺监狱，主审者是新任御史中丞何铸，这时，岳飞才省悟先前梦中的“辛中丞”原来指“新中丞”。此事或为附会，以增其趣味，但也从侧面反映岳飞对自己的结局早已有所预感。

4. 岳公飞之破固石洞①也，贼寨据山之巅，悬崖百仞②，登者跻攀③而上，不胜其劳④。官军每登山，贼辄凭高据险⑤，投刃转石⑥，士卒皆重伤而却⑦。公既至，直入洞中，与贼寨相对而营⑧。贼畏公威名，坚守不复下山。公一日令曰：“来日当破贼！”军中不知所谓⑨。明日凌晨，令诸军阵于山下⑩，与贼寨相距甚近。既成列⑪，公临后登高以望之。贼在上，见官军逼近，亦整顿以待战。其酋长乃一女子，号廖小姑，持刃叫呼曰：“今日官军要破我寨，除是飞来⑫！”公闻其言，顾左右曰：“飞即我也！”击鼓进师。鼓声方合⑬，有众先登，公望其旗曰：“此前军第三队也，当作奇功！”诸军竞进，遂破贼寨，生擒其酋而归。（〔宋〕曾敏行《独醒杂志》卷七）

［注］

①固石洞：在今江西于都东北，虔吉盗匪彭友等盘踞处。②百仞：形容悬崖之高。八尺为仞。③跻攀：犹攀登。④不胜其劳：非常辛劳。不胜，十分，非常。⑤凭高据险：凭借高处险要之地而防守。⑥投刃转石：投掷利器，转动滚石。⑦却：

后退。⑧与贼寨相对而营：与盗匪的寨堡面对面地扎营。营，动词，安扎营寨。⑨不知所谓：不知道岳飞说的是什么意思。⑩阵于山下：在山下列阵。阵，动词，布列阵势。⑪既成列：军阵排列好以后。《左传·僖公二十二年》："宋人既成列，楚人未既济。"⑫除是飞来：既可解为"除非是飞过来"，又可解为"除非是岳飞前来"。⑬方合：刚交战。合，交锋。

5. 初，有唐生居鼎州[①]，尝与程昌禹[②]论湖寇之险，曰："他人寨栅，犹或可入，如杨么寨，则虽虎豹不可入也。"昌禹曰："然则奈何[③]？"唐生作俚语[④]应之曰："除是飞，便会入去。"昌禹大笑曰："世间岂有生肉翅人可使耶!"顾谓僚属曰[⑤]："兹事当且止也[⑥]。"又夏诚、刘衡等尝自诧[⑦]曰："吾城池楼橹[⑧]如此，欲犯我，除是飞来。"至是始验[⑨]。（〔宋〕岳珂《鄂国金佗稡编》卷六《鄂王行实编年》卷三）

［注］

①鼎州：治武陵县（今湖南常德市）。②程昌禹：应为程昌寓，时任鼎、澧州镇抚使兼鼎州知州。③然则奈何：那该怎么办呢？④俚语：方言俗语，民间浅近的话语。⑤顾谓僚属曰：回头看着属下说。僚属，属官，属吏。指贵族或大官的随员或职员。⑥兹事当且止也：此事（指征讨杨么军）应当暂且停止。⑦夏诚、刘衡：皆杨么军将领。自诧：自我夸耀。⑧楼橹：守城或攻城用的高台战具。楼橹顶端设望楼，以瞭望瞰制敌城。⑨至是始验：到这时（指岳飞平杨么）才应验。验，应验。

6. 鼎、澧群盗[①]，惟夏诚、刘衡二寨据险不可破，二人每自咤[②]曰："除是飞过洞庭湖。"其后卒[③]为岳飞所破。（〔宋〕陆游《老学庵笔记》卷一）

［注］

①鼎、澧群盗：指活动于鼎州和澧州的杨么部诸军。②自咤：同“自诧”，自我夸耀。③卒：最终。

7. 岳飞讨杨么，时么据洞庭，出没不可测[①]。偶获一谍者[②]，问其巢穴[③]，对曰：“险阻安可入[④]，惟飞乃能入耳！”飞大笑，曰：“天遣汝为此言[⑤]，吾必破其巢穴。”三军大喜，迄平之[⑥]。盖用兵行师，倘得吉兆，亦足以壮三军之气。（〔宋〕罗大经《鹤林玉露》丙编卷六《用兵吉兆》）

［注］

①不可测：不可揣度。②谍者：间谍，暗探。③巢穴：敌人或盗贼盘踞之地。④险阻安可入：地势险要哪里能够进入。⑤天遣汝为此言：上天派遣你说出此话。⑥迄平之：终究将杨么军讨平。

以上四则皆记盗寇叛匪凭仗其地势险要，寨栅坚固，或言“今日官军要破我寨，除是飞来”，或言“吾城池楼橹如此，欲犯我，除是飞来”，或言“除是飞过洞庭湖”，或言“惟飞乃能入耳”。就连鼎州唐生也称杨么寨“除是飞，便会入去”。这几处的“飞”，本指飞翔、飞跃，但后来顽匪皆为岳飞所攻破，原来的“飞”字，便又别解为岳飞的名字。于是人们认为敌人的狂言只不过是自取灭亡的谶语罢了。以上四则皆出于宋人记载，意同语异，这也反映出岳飞和岳家军无坚不摧的威名在当时广为传颂。

8. 绍兴庚申岁[①]，明清侍亲居山阴[②]，方总角[③]，有学者张尧叟唐老[④]，自九江来从先人[⑤]。适闻岳侯父子伏诛[⑥]，尧叟云：“仆去岁在羌庐[⑦]，正睹岳侯葬母，仪卫[⑧]甚盛，观者填塞[⑨]，山间如市。解后[⑩]一僧，为仆言：‘岳葬地虽佳，似与王枢密之先茔坐向[⑪]既同，龙虎[⑫]无异。掩圹[⑬]之后，子孙须有非命[⑭]者。然经数十年，再当昌盛。子其识之[⑮]。’今乃果然[⑯]，未知它日如何耳。”王枢密乃襄敏，本江州人，葬其母于乡里，有十子。辅道既罹横逆[⑰]，而有名宇者[⑱]，为开封幕[⑲]，过桥堕马死；名端者，待漏禁门[⑳]，檐瓴冰柱折坠[㉑]，穿顶而没[㉒]。后数十年，辅道之子炎弼、彦融，以勋德之裔[㉓]，朝廷录用以官，把麾持节[㉔]，升直内阁[㉕]。炎弼二子，万全、万枢，今皆正郎[㉖]。而诸位登进士第者接踵[㉗]。岳非辜[㉘]之后，凡三十年，涤洗冤诬，诸子若孙[㉙]，骤从缧绁进躐清华[㉚]。昔日之言，犹在耳也。（〔宋〕王明清《挥麈三录》卷三《岳侯与王枢密葬地一同》）

［注］

①绍兴庚申岁：宋高宗绍兴十年（1140）。②侍亲：侍奉父母。山阴：县名。山阴县和会稽县同城而治，同为会稽郡首县。民国元年（1912），二县合并为绍兴县，今为浙江绍兴市辖区。③方总角：正当童年。古时儿童束发为两结，向上分开，形状如角，故称总角。④张尧叟唐老：人名，当为字号连称。⑤九江：县名。今江西省九江市下辖县。来从先人：前来师从我的父亲。先人，祖先，常指已死的父亲。⑥适闻：刚刚听说。伏诛：被法律惩罚而受到死刑。岳飞死于绍兴十一年岁末，此“适闻”不应理解为绍兴十年，而应指绍兴十二年。⑦去岁：去年。此意当为往年。羌庐：即“匡庐”，乃庐山代称。宋人为避宋太祖赵匡胤的御讳，改称“羌庐”。⑧仪卫：仪仗与卫士的统称。⑨填塞：充塞，充满。⑩解后：同“邂逅”，指不期而遇或

者偶然遇见。⑪王枢密：指王韶（1030—1081），字子纯，江州德安（今江西德安县）人，北宋名将。足智多谋，富于韬略。官至枢密院副使，谥号襄敏。坐向：也称山向。旧时看风水者所定的坟茔方位。据说山向的吉凶与年月日有关。⑫龙虎：堪舆家语。指墓左右两边的土堆。左为青龙，右为白虎。⑬掩圹：将棺木放入墓穴内，加土掩埋。圹，墓穴，亦指坟墓。⑭非命：指因意外的灾祸而死亡。⑮子其识之：你可要记住我的话。识，记住。⑯今乃果然：现在竟然果如其言。然，指僧人所说的话。⑰辅道：王寀（1078—1118?），字辅道，一字道辅，王韶幼子。登第后，官校书郎，翰林学士，兵部侍郎。因病迷惑，好神仙道术，徽宗重和元年（1118）召入宫中延神，为林灵素所陷，下狱弃市，年四十一。罹横逆：遭遇横祸。⑱有名宇者：有个名叫王宇的人。下文"名端者"，类同。⑲为开封幕：做开封府的幕僚。⑳待漏禁门：在宫门外等待上朝。待漏，指封建时代大臣在五更前到朝房等待上朝的时刻。漏，铜壶滴漏，古代计时器，此处代指时间。禁门，指宫廷。㉑檐瓴：屋檐下接水的沟槽。瓴，砖瓦砌的通水沟。冰柱：滴水凝成的冰条。折坠：折断下落。㉒穿顶而没：击破头颅而死。没，通"殁"，死亡。㉓勋德之裔：有功勋德行的人的后裔。㉔把麾持节：指执掌军权。麾，军中发令的小旗。节，符节。魏晋以后有使持节、持节、假节、假使节等，其权大小有别，皆为刺史总军戎者。唐初，诸州刺史加号持节，后称节度使。㉕直内阁：任政府中枢官员。直，入值，谓官员入宫值班供职。㉖正郎：正职郎官。唐六部以郎中、员外郎为司官。历代沿置。㉗接踵：指接触到前面人的足跟。意谓连续不断。㉘非辜：指无罪而被杀。㉙诸子若孙：诸多子孙。若，和。㉚骤从缧绁进躐清华：骤然从囚犯越级擢升为清高显贵的官员。缧绁（léixiè），捆绑犯人的黑绳索。借指监狱，囚禁。进躐，越次擢升。清华，谓门第或职位清高显贵。

张尧叟曾在庐山目睹岳飞葬母之礼，偶然遇到一个僧人，僧人对他说："岳母的葬地虽好，好像与王韶家的祖坟坐向相同，两旁的地形也没有不同。埋葬后，子孙必然有非正常死亡的。但经过几十年，应当会再次昌盛。"还交代张尧叟一定记住他的话。后张尧叟到山阴县归从王明清的父亲，当听到岳飞被杀后，就把庐山僧人的话说出来，叹服他的预言初步应验了，只是不知道日后其子孙会不会再度昌盛。三十年后，岳飞平反昭雪，王明清追述了庐山僧人的预言。马克思所说"历史上常有惊人的相似之处"，正是多少历史经验的总结。

9. 自朝廷以岳侯赐第[①]为太学，有善司听者[②]闻鼓声，谓学中永无火灾，亦不出宰相。久之，自强破谶而相[③]。自是以诸生致宰相者相望[④]矣。阴阳拘忌[⑤]之说，可信乎？（〔宋〕叶绍翁《四朝闻见录》戊集）

[注]

①赐第：皇帝赏赐的宅第。②善司听者：善于用听觉算卦的人。③自强：陈自强，字勉之，宋长乐（今福建省福州市长乐区）人。淳熙五年（1178）戊戌进士。庆元初以曾为权相韩侂胄童蒙师，累擢右正言谏议大夫，御史中丞、右丞相，显贵无比。破谶而相：打破谶言而任宰相。相，名词作动词。④相望：互相看得见。形容接连不断，极言其多。⑤阴阳：指擅长星相、占卜、相宅、相墓方术的人。拘忌：拘束顾忌。

岳飞死后，宋廷把原先赏赐给岳飞的杭州故宅改为太学。有"善司听者"根据太学的鼓声预言：太学中永远不会发生火灾，也不会产生宰相。后来，陈自强自太学生而进士，到宋宁宗赵扩的庆元年间，居然打破谶言而升任宰相。所以，作者叶绍翁对谶言这种“阴阳拘忌之说”提出异议并记载下来。

10. 太学忠文庙[①]，相传为岳武穆王并祠所谓银瓶娘子者[②]，其签文与天竺一同[③]。如门里心肝卦[④]，私试得之必中[⑤]，盖私试摘卦于中门内故也[⑥]。如飞鸿落羽毛[⑦]，解试[⑧]得之者必中，以鸿中箭则羽毛落。（〔宋〕周密《癸辛杂识》续集卷下《银瓶娘子签》）

［注］

①太学忠文庙：太学中的岳飞庙。岳飞死后，宋廷将岳飞在杭州的故宅改为太学。宝庆元年（1225）宋理宗赵昀赐谥岳飞“忠武”。景定二年（1261）又改谥“忠文”。故称太学中岳飞庙为忠文庙。②“相传”句：意谓相传一并奉祀岳飞和所称的银瓶娘子。祠，奉祀。③其签文与天竺一同：太学忠文庙的签文与天竺寺的签文相同。签文，卦签上的文字。④门里心肝卦：签文为“门里心肝”的卦签。⑤私试：唐宋时聚集进士定期举行的临时考试。多与“公试”（官方主持的考试）相对。得之必中：得到此签必定中选。⑥盖：因为。摘卦：抽取卦签。中门：内、外门之间的门。⑦飞鸿落羽毛：签文为“飞鸿落羽毛”的卦签。⑧解试：解送的士人赴考。士人赴考，公家解送，故称。

相传太学忠文庙一并奉祀岳飞和银瓶娘子，庙中的卦签被称作“银瓶娘子签”。“银瓶娘子签”的签文与三竺寺的签文相同，也同样灵验。举出两则签文并说明之所以灵验的道理。这是首见于宋人关于“银瓶娘子”的记载，但并未说明“银瓶娘子”与岳飞是何关系，从“所谓银瓶娘子”一语可看出，作者大概也怀疑“银瓶娘子”其人。后人据此衍生出“银瓶娘子”是岳飞幼女。

11. 万历中岳石帆（元声）[①]本姓乐，欲附武穆，改岳姓。昆仲[②]三人，皆登两榜[③]。其一密友戏云："汝祀武穆，应不享[④]。"石帆惊问，友曰："金是武穆对头，石钟[⑤]名金声，由金而推之元，谅亦武穆所不乐者也，兄名元声。至于武穆一生心事，只为不肯和，石梁[⑥]却名和声。昆仲名字，专与武穆作对，安望其来享也[⑦]。"石帆亦不觉失笑。时石帆、石梁已登仕籍[⑧]，金声遂改骏声，登万历庚戌[⑨]进士。（〔清〕褚人获《坚瓠十集》卷三《岳石帆》）

［注］

①岳石帆：岳元声（1557—1628），字之初，号石帆，明嘉兴（今浙江嘉兴市）人。万历十一年（1583）以榜名乐元声中进士。累官至南京兵部右侍郎，因劾魏忠贤，削籍罢归。②昆仲：称人兄弟。长曰兄，次曰仲。③皆登两榜：都中了进士。唐朝时期，进士会试分甲、乙两科，明清进士会试，举人乡试，分别为甲榜、乙榜，合称"两榜"。凡通过乙榜中举人，再通过甲榜中进士而做官的人，叫作"两榜出身"。④应不享：意为岳飞应该不接受祭享。⑤石钟：岳金声（1573—?），字季有，号石钟，别号啬庵。监生。万历三十八年以榜名岳骏声中进士。历官太常寺正卿，通政使加二品服奉，赠刑部尚书。⑥石梁：岳和声（生卒年不详），字尔律，号石梁。万历二十年以榜名乐和声中进士。官至都察院右副都御史，巡抚顺天。⑦安望其来享也：怎么能希望岳飞来享受祭品呢？⑧登仕籍：指已做官。仕籍，旧指记载官吏名籍的簿册。⑨万历庚戌：明神宗万历三十八年（1610）。

岳元声、岳和声、岳金声兄弟三人，原本姓乐，元声、和声皆以乐姓登进士。其家因仰慕岳飞，改姓岳。一亲密朋友开玩笑说：你们家奉祀岳飞，岳飞应该不会接受。你想，金（朝）是岳飞的对头，岳飞肯定不喜欢；由金推之元（朝），料想岳飞也不喜欢。岳飞一生心事只为不肯讲和，而你们兄弟却偏偏取名和声，怎么能希望岳飞来享受你们的祭祀呢？改姓后，岳金声一直未中进士，遂觉得友人的话很有道理，于是岳金声改名岳骏声，避开"金"字。到了万历三十八年，岳骏声果然中了进士。友人拿兄弟三人的名字开玩笑，亦颇有趣，岳金声改名后中进士也属巧合。

12.《金山志》载岳武穆班师过金山寺①，禅师道月劝之勿赴阙②，武穆不听。道月遗以诗云："风波亭下水滔滔，千万坚心把柁牢。只恐同行人意歹，将身推落在深涛。"武穆至临安，被贼桧诬陷击大理狱，有亭扁曰风波③，始悟诗意，悔不从其言。武穆卒，桧闻前言④，遣卒⑤何立捕道月。道月方集众说法⑥，何立伺⑦之。道月忽说偈⑧曰："吾年四十九，是非日日有。不为自家身，只为多开口。何立从南来，我往西方走。不是佛力大，几乎落人手。"言讫，端坐而化⑨。（〔清〕褚人获《坚瓠五集》卷一《道月佛力》）

［注］

①金山寺：位于江苏省镇江市西北的金山。②赴阙：入朝。指觐见皇帝。③扁曰风波：匾额题为"风波"。④前言：指道月禅师规劝岳飞的诗。⑤卒：古代供驱遣从事一定劳役的奴隶。后用为低级差役的称呼。⑥说法：宣讲宗教教义。⑦伺：守候，等待。⑧偈：梵语"颂"，即佛经中的唱词，简作"偈"。⑨端坐而化：谓修行有素的人，端正地坐着，安然而命终。

此段故事产生于何时不得而知，始载于清初褚人获的《坚瓠集》，继清钱彩《说岳全传》转述而流传颇广，但经不起推敲。王曾瑜先生指出："关于岳飞遇害风波亭之说，宋代无大理寺狱有风波亭的记载。……此处记载（按，指《坚瓠集》此则记载）虽有风波亭的记载，却未说岳飞遇难是在风波亭。清钱彩《说岳全传》第六十一回方有'风波亭父子归神'的回目，虚构了岳飞、张宪和岳云被用麻绳勒死于风波亭，并将'道月'和尚改名'道悦'。按岳飞被迫班师在绍兴十年，当时到临安朝见，并未削职遇害，而罢兵权，罢枢密副使与遇害是在绍兴十一年。揆情度理，岳飞朝见是正常的事，身在官场，罗织之网既已摆布，也绝不可能因他'不赴阙'而得以不遇害之理。《坚瓠集》的故事是荒诞不经的……"（《宋元明清咏岳飞广辑·序言》）

二十、梦感

1. 绍兴十年[①]春，乐平人马元益[②]，赴大理寺监门[③]，与婢意奴俱行，至上饶[④]道中，同谒一神祠丐福[⑤]。是岁六月，婢梦与马至所谒祠下，有亲事官数辈传呼曰[⑥]："大卿请[⑦]。"指前高楼云："大卿在彼宰猪，为庆会召寮属[⑧]。"明日，马以语寺卿[⑨]周三畏。意建亥之月[⑩]，当有迁陟[⑪]。明年冬，寺中作制院鞫[⑫]岳飞。遇夜周卿往往间行至鞫所[⑬]。一夕月微明，见古木下一物，似豕而角[⑭]。周疑骇却步[⑮]。此物徐行，往狱旁小祠而隐。经数夕复往，月甚明，又见前怪，首上有片纸书"发"字。周谓狱成当有恩渥[⑯]。既而闻岳之门僧[⑰]惠清言：岳微时居相台[⑱]，为市游徼[⑲]。有舒翁者，善相人，见岳必烹茶设馔。尝密谓之曰："君乃猪精也。精灵在人间，必有异事。它日当为朝廷握十万之师，建功立业，位至三公。然猪之为物，未有善终，必为人屠宰。君如得志，宜早退步也。"岳笑不以为然。至是方验。元益说。（〔宋〕洪迈《夷坚志》甲卷一五《猪精》）

［注］

①绍兴十年：公元1140年。②马元益：字孝昭，南宋乐平（今江西乐平市）人。任至阁门宣赞。③赴大理寺监门：到大理寺监狱赴任。监门，指监狱。④上饶：县名。今江西上饶县。⑤丐福：祈福。⑥亲事官：官名，在政府部门中干办具体事务。数辈：数人。传呼：传唤，传命召唤。⑦大卿请：意谓大理寺

卿请您。大卿，宋代俗称中央各寺的正职长官为大卿。此指大理寺卿。⑧庆会：喜庆的宴会。寮属：同“僚属”，属吏。⑨寺卿：大理寺卿省称。⑩意：心想。建亥之月：农历十月。⑪迁陟：犹迁升。⑫制院：皇帝特命囚禁审讯犯人的处所。鞫：审问。⑬间行至鞫所：偷偷地走到审问犯人的处所。间行，偷偷地走，从小路走。⑭似豕而角：像是猪却长有角。⑮疑骇：疑惧，惊骇。却步：不敢前进，向后退。⑯恩渥：谓帝王给予的恩泽。⑰既而：不久。门僧：指约定为大户人家做礼忏，平时并有往来的僧道。⑱相台：相州（今河南省安阳市）的别名。州有铜雀台，故名。⑲游徼：指担任巡逻任务的官员或兵卒。

大理寺狱官马元益的侍婢，梦见又到与主人上任途中所祈福的上饶神祠，亲事官指着前面的高楼说：“大卿在彼宰猪，为庆会召寮属。”此梦与岳飞应当毫无关系。马元益把侍婢的梦告诉大理寺卿周三畏，官迷心窍的周三畏首先想到的是十月“当有迁陟”，也并未想到与岳飞有丝毫关系。第二年，岳飞被逮入大理寺，周看到一个怪物“似豕而角”，“往狱旁小祠而隐”。此物是不是猪，尚属可疑，况且与岳飞何干？但当周看到怪物的头上有片纸书“发”字，又一次勾起他升迁的欲望，于是把岳飞与猪发生联想，“谓狱成当有恩渥”。特别是岳飞门僧惠清关于“猪精”的传说，使周更加坚信“大卿在彼宰猪，为庆会召寮属”的梦话。所以，作为岳飞冤案的副主审，周三畏极力参与对岳飞罪名的罗织和判决，并在结案后如愿以偿地升任刑部侍郎，又升刑部尚书。

2. 绍兴十一年岁除之夕①，岳少保以非命亡。其子商卿霖并弟震同妻女②，皆羁管惠州郡③，拘置兵马都监厅之后僧寺墙角土室内④。兄弟对榻⑤，仅足容身，饮食出入，唯都监是听[6]。秦桧死，朝廷伸岳公之冤，且诏存访[7]其家，还诸子与差遣[8]。商卿未拜命[9]，间一夕[10]，闻寺钟鸣，恍惚如梦。见青袍一卒，类亲从快行[11]，系两袖于腰，手挈竹篮，贮刀剑椎凿之属[12]，锋毛吹刃，顿于榻上[13]。长揖一声，大喝云："奉上帝敕旨[14]，为官人[15]换仙骨。"语毕升榻。商卿怖汗[16]如雨，谨听所为[17]。遂以所赍器具[18]，恣加割剔[19]，然殊不觉痛[20]。须臾讫事[21]，收器而下。复唱云："换骨讫。"揖而告去。商卿揭帐视之，髑髅一躯[22]，自首至足卧于地。遂惊觉。日已亭午[23]，震在傍，言："闻兄伸吟[24]声甚苦，呼撼[25]之不应，念无策可为[26]，但坚坐守护，至今犹未盥栉[27]。"商卿具道所睹事。才绝□□□□轿来邀致，仍传庆语[28]。乃告命[29]已至，□□□□□之意。淳熙间，持湖北漕节[30]，鄱阳胡璟德□监分司粮料院[31]，与之谈此，青袍传旨时以大官职称之，不欲自言[32]。后擢工部侍郎广东经略而卒。（〔宋〕洪迈《夷坚志》丙卷一五《岳侍郎换骨》）

［注］

①绍兴十一年岁除之夕：时当公元 1142 年 1 月 27 日。岁除之夕，除夕夜。岁除，一年最终的一天。②商卿霖：岳霖（1130—1192），字商卿。岳飞第三子。震：岳震（1133—?），号东卿，岳飞第四子。③羁管：拘禁管束。惠州郡：今广东惠州市。④拘置：拘留。兵马都监：宋代军事职官名称。南宋初以要郡守臣带此职。南宋绍兴三年（1133）罢带。掌本处屯驻、兵甲、训练与差使之事。兵马都监厅，是兵马都监办公的处所。土室：土屋。⑤对榻：榻具相对。榻，狭长而较矮的床形坐具。⑥唯都监是听：只听从兵马都监的命令。⑦存访：探望问候。⑧还

诸子与差遣：使岳飞的诸位儿子回来并给予派遣。差遣，宋官员所任实际职务。⑨拜命：谓拜谢厚命。命，吊问之辞。⑩间一夕：其间某一夜。⑪类：像是。亲从：皇帝的亲信随从。快行：宋宫廷中吏役，亦称快行家。供奔走使令、传命令，皇帝出行时随从执衣服器物，听候役使，仪卫、卤簿中皆有之。⑫贮刀剑椎凿之属：（竹篮中）放着刀、剑、椎、凿之类的器具。凿，凿子，是一种雕刻工具，常用于木材雕刻、凿眼。⑬锋毛吹刃，顿于榻上：将毛发吹于（器具的）刃上，顿时断落在床榻上。形容器具锋刃之利。锋，借指刀、剑等有刃的兵器。⑭敕旨：帝王的诏旨。⑮官人：宋代对官员的敬称。⑯怖汗：害怕吓出的汗。⑰谨听所为：小心地听任穿青袍的人去做。⑱所赍器具：指所携带的刀剑椎凿等。赍（jī），携带。⑲恣加割剔：放任地加以割肉剔骨。⑳殊不觉痛：一点也不觉得疼痛。殊，很，特别。㉑须臾讫事：很快完事。讫，完结，终了。㉒髑髅一躯：一具骷髅。髑髅（dúlóu），一般指死人的头骨。此义同"骷髅"，干枯无肉的死人的全副骨骼。一躯，一具躯体。㉓亭午：正午，中午。㉔伸吟：同"呻吟"。㉕呼撼：呼唤并晃动。㉖无策可为：无计可施。㉗盥栉：梳洗。盥（guàn），浇水洗手，泛指洗。栉（zhì），梳。㉘庆语：给予赏赐的话。㉙告命：特指告身，授官之符。㉚持湖北漕节：任湖北漕运官。㉛监分司粮料院：任监察地方粮料院的官职。粮料院，官署名。宋初承唐制，有都粮料使，宋太宗太平兴国五年（980），分立诸司粮料院、马军粮料院与步军粮料院，后并马、步军为一院。掌文武百官与诸军俸料。南宋除行在有诸军、诸司粮料院外，并有分差各要地粮料院。㉜不欲自言：岳霖不愿自己说。

此则记述颇多舛谬。岳飞死后，宋廷令岳飞家属谪居岭南。秦桧死于绍兴二十五年，其时宋高宗并未"伸岳公之冤"。开始宣布给岳飞平反昭雪，"且诏存访其家，还诸子与差遣"，是在绍兴三十二年，宋孝宗赵昚即位之初。其时岳霖和岳震已离开惠州。岳霖可能得知朝廷对岳飞子孙赐以官职的消息，但尚未得到告命。一天夜里，岳霖做了一个奇怪而恐怖的梦，梦见上帝派人给他“换仙骨”，并“以大官职称之”。惊醒后，正好当地官府派轿子来接他，原来朝廷为他授官的告身已到。这反映了岳霖当时从心底急切地盼望脱胎换骨，在政治上彻底翻身的心愿。

3. 鄂州城内三公庙，其塑像鼎足而居①，不知为何神，邦人事之甚谨②。绍兴中，从义郎左良为本州金口巡检③，去郡三十里。一日将晚，似梦非梦，见黄衫走卒立庭下，称三公唤。良拒之曰：“吾职掌巡检，三公乃尊神，何为见唤④？”俄又一卒至，其言如前。不得已随之出，偕行到大官府，入门造堂⑤，遥望数人，道袍裹帽而坐，延良于末⑥，不交一谈。良起白之曰：“良承乏贱局⑦，奉命见呼，敢问何事也？”中一人云：“无他事，以此间失去一黄罗幔，烦为根索⑧。”良踟蹰未及对⑨，又云：“其人见在岳家军中。”良拜而退，恍若梦觉。明日谒岳少保，具以神语告之，敕军吏询究⑩。岳法制素严⑪，吏不敢缓，果实时擒获，既坏其半矣。岳惊异，命诛盗，而别制新幔送庙中。良复梦来谢。（〔宋〕洪迈《夷坚志》戊卷六《三公神》）

［注］

①鼎足而居：像鼎的三足分立那样。比喻三方面对立的局势。②邦人事之甚谨：当地人供奉三公神特别恭敬。邦人，常指本地人。③从义郎：宋阶官名。徽宗政和（1111—1118）中，定武臣官阶五十三阶，第四十五阶为从义郎。巡检：巡检使的

省称。宋时于京师府界东西两路，各置都同巡检二人，京城四门巡检各一人。又于沿边、沿江、沿海置巡检司。掌训练甲兵，巡逻州邑，职权颇重，后受所在县令节制。④何为见唤：为什么呼唤我来？见唤，被唤。⑤造堂：登上厅堂。造，到某处去。⑥延良于末：引左良坐在座次的末尾。⑦承乏：暂任某职的谦称。贱局：谦称所在的官署。巡检使的官署为巡检司。⑧根索：追查，搜求。⑨踟蹰未及对：心中犹疑没来得及回答。⑩敕军吏询究：命令军吏查问。军吏，指军中下层小官。询究：查考究问。⑪岳法制素严：岳飞执法向来严格。

三公庙失窃黄罗幔，此正巡检职责所系。巡检左良或有线索指向岳家军士卒，但又没有确切证据。以一个小小巡检贸然向战区统帅请求查究，不能不有所顾忌。万一查无其人，既冒犯岳飞的尊严，自己也无所遁词。所以，左良编造了一个自己所做的梦，“具以神语告之”，委任军吏“询究”。岳飞一向执法甚严，军吏不敢怠慢，果然及时将窃者擒获。岳飞命令诛杀盗者，又另制一新幔送入庙中。洪迈记载此事，大有称颂岳飞严于治军，对部下违法严惩不贷，于百姓秋毫无犯的意思。

4. 初，桧矫诏召王[①]，王不逆其诈[②]，遂挈子云同趋临安。偶梦两犬相对言，傍二人裸体侍立。因渡江走金山寺，卜之道月长老。长老曰：“此凶兆也。二犬中间著一‘言’，当是‘狱’字。傍立裸体人，殆[③]同受祸者耶？此行恐有牢狱灾，不如遂潜入江湖林野间，庶几免乎[④]。”王曰：“师指引固是善路，倘神天有眼，必不使忠臣陷于不义。违命避祸，岂人臣所宜。”遂别去。长老送之江干，复说偈曰：“风波亭下浪滔滔，千古留心把舵牢。谨防同舟生意歹，将人推落在江涛。”王不听，竟堕桧俊狡谋[5]，下大理狱。比万俟卨傅会锻炼[6]，引王至风波亭下，王始悟道月长老之言，嗟无及矣[7]。
（〔明〕徐缙芳《宋忠武岳鄂王精忠类编》卷六《金山禅卜》）

［注］

①矫诏：假托皇帝的诏书。王：指追封为鄂王的岳飞。②不逆其诈：没有预料他会欺诈。③殆：大概。④庶几免乎：差不多能得免除。⑤狡谋：狡诈的计谋。⑥傅会：谓虚构或歪曲事实，强加比附。锻炼：拷打折磨。⑦嗟无及矣：空自嗟叹已经来不及了。语出《诗经·王风·中谷有蓷》："啜其泣矣，何嗟及矣。"

道月长老解岳飞之梦，用组字法成"狱"字，而断为凶兆，也颇有理趣。或为好事者由"狱"字用拆字法成"两犬相对言"，而附会岳飞之梦，也未可知。既言岳飞梦兆之异，也明道月道行之深。道月长老劝岳飞"潜入江湖林野间"以避祸，岳飞谨守臣职，相信"神天有眼"，也见其堂堂正正，仰不愧于天，俯不怍于人，而无所畏惧。后半段与褚人获《坚瓠集》所记略同。

5. 岳武穆王庙食[1]汤阴，盖王之故乡也。弘治丙辰[2]，陆公完[3]以御史巡按河南，且满岁[4]，行部至县[5]，经祠所[6]，见石刻"尽忠报国"四字径可四尺[7]，意将祇谒[8]。是夕宿院[9]，梦入祠瞻拜，神起迎，款语良久[10]。神曰："予解兵柄，时在江西游衍[11]，甚得山水之乐，恨不久耳。"公问曰："史言王因秦桧谋陷，有诸[12]？"曰："诚然。然致害者张希狱也[13]。"因请于公曰："某栖托[14]于此，屋宇倾圮[15]，幸公新之[16]。"公辞以职非守土[17]，且不久当代去[18]，恐未易料理。曰："正须公言于守巡[19]耳。”公唯唯[20]。视神目与鼻左右若有四，揖而去。遂寤。迟明[21]往谒神像，与梦中所见恍似[22]，祠宇穿漏[23]，神面为霖雨催剥[24]，有损伤者四处。公异之[25]，阅县库[26]，得羡银[27]八十两，以托分巡佥事包裕[28]，又以书与巡抚陈都御史德修[29]新之。祠成，弘敞[30]倍胜于旧。（〔明〕徐缙芳《宋忠武岳鄂王精忠类编》卷六《汤阴梦征》）

［注］

①庙食：谓死后立庙，受人奉祀，享受祭飨。②弘治丙辰：弘治九年（1496）。弘治，明孝宗朱祐樘的年号，共 18 年（1488—1505）。③陆公完：陆完（1458—1526），字全卿，号水村，明长洲（今江苏苏州市）人。成化二十三年（1487）进士。正德（1506—1521）中官至吏部尚书。以交通宁王宸濠执至通州下狱，谪福建靖海卫。嘉靖五年（1526）卒。④且满岁：即将任职期满。⑤行部：巡行所属部域，考核政绩。至县：到汤阴县。⑥祠所：指汤阴岳飞庙。⑦径可四尺：直径大约是明代的四尺。⑧祇谒：祇谒，恭敬地进见。祇，当为“祗”。⑨宿院：住宿在县署中。院，官署。⑩款语：亲切交谈。良久：很久。⑪游衍：恣意游逛。⑫有诸：有这样的事吗？诸，代词，“之乎”的合音。⑬致害者：致使受害的人。张：指张俊。希狱：迎合冤案。⑭栖托：寄托，安身。⑮屋宇：房屋。倾圮：坍毁，倒塌的意思。圮，毁坏，破裂。⑯幸公新之：希望您对它翻新。新，使动词。使之新。⑰辞以职非守土：以自己的职分不是地方官为由推辞。守土，指地方官掌治其所辖区域。⑱代去：由人接替而离开。⑲守巡：指地方官和巡按官员。⑳唯唯：恭敬的应答声。㉑迟明：天刚刚亮，还没到早晨的时候。㉒恍似：仿佛相似。㉓穿漏：破败有漏孔。㉔霖雨：连绵大雨。催剥：摧折剥落。催，借为“摧”。㉕异之：认为此事很奇异。㉖阅

县库：察看县署库存。㉗羡银：盈余的银两。㉘包裕（1437—?）：字好问，明桂林（今广西桂林市）人。成化十四年进士。历任抚州推官、监察御史、贵州巡按，曾官河南按察司佥事，迁云南按察副使。因不满官场腐败，以疾辞官归乡。㉙巡抚陈都御史德修：陈道（1436—1504），字德修，一字德政，号南山，直隶盱眙（今江苏盱眙）人。天顺八年（1464）进士。弘治间累升江西右参政、云南右布政使、陕西左布政使，都察院右副都御史巡抚河南。官至南京右都御史，进南京刑部尚书。㉚弘敞：高大宽敞。

此为弘治十年重修汤阴岳飞庙的逸闻趣事。其人其事皆有记载可考，唯陆完与岳飞于梦中对话为神化其事。特别是陆完梦中所见岳飞“目与鼻左右若有四”，第二天陆完看到岳飞神像面部果然“为霖雨催剥，有损伤者四处”，何其神奇！此事据《崇祯汤阴县志》卷一九《纪扈》所载（见下则），疑为陆完自神其事。

6. 监察御史陆公完尝按[①]河南，行部之汤阴，夜梦冕丈夫[②]来见，鼻左有黑痣。次日，谒岳忠武庙，庙貌[③]圮矣，而像之鼻左微蚀[④]若痣者。悟而饬有司一新之[⑤]。复梦前丈夫来郑重谢，已而惨然[⑥]曰：“公得无类我乎[⑦]？公后当仗钺寄节[⑧]，制万里[⑨]，以剿流寇[⑩]立功，遂长中台[⑪]，董六师[⑫]，领百官[⑬]，威望甚重。”而其在按察使时，为宁王宸濠所器[⑭]。既入兵部，而王图复护卫[⑮]，公不能坚所守[⑯]，许之。后王反，株连逮系[⑰]，公叹曰：“武穆之祥[⑱]，其在今矣。”既论死[⑲]，末减[⑳]，得成（戍）福建。久之，卒于戍所。竟符所梦云。见《弇州史料》[㉑]。（《崇祯汤阴县志》卷一九《纪扈》）

[注]

①按：巡按，巡行按察。明代有巡按御史，为监察御史赴各地巡视者。简称“巡按”。②冕丈夫：头戴礼帽的男子。③庙貌：庙宇和神像。④微蚀：轻微剥蚀。⑤悟而饬有司一新之：梦醒后命令主管某部门的官吏全部更新庙宇和神像。悟，通“寤”。睡醒。⑥惨然：心里悲痛的样子。⑦公得无类我乎：您该不会像我一样吧。⑧仗钺：手持黄钺，表示将帅的权威。引申指统帅军队。寄节：委以符节，指任节度使。⑨制万里：主管广大地区。⑩流寇：流动不定的叛乱者。明末用以诬称李自成等领导的农民起义军。⑪长中台：任尚书省长官。中台，即尚书省。秦汉时尚书称中台，谒者称外台，御史称宪台，合称三台。⑫董六师：监督管理国家的军队。六师，周天子所统六军之师，后以为天子军队之称。⑬领百官：统领众官吏。⑭宁王宸濠：宁王朱宸濠是明太祖朱元璋的五世孙，即朱元璋第十七子宁王朱权的后裔。弘治十二年（1499）袭封宁王。正德二年（1507），先后贿赂太监刘瑾及佞臣钱宁、伶人臧贤等，密谋起兵。又企图以己子入嗣明武宗，以取得皇位。为人告发，于正德十四年借口明武宗正德帝荒淫无道，集兵号十万造反，四十三天之后大败，最后废为庶人，伏诛，除其封国。所器：所器重。⑮王：指宁王宸濠。图复护卫：企图恢复宁王一系已被裁撤的护卫人员。⑯坚所守：坚持自己的操守。⑰株连逮系：（陆完）受到株连而被逮捕。⑱武穆之祥：指岳飞所说“公得无类我乎”的预言。祥，凶吉的预兆。此特指凶兆。然陆完之事与岳飞殊不相类。⑲既论死：不久被判处死刑。⑳末减：谓从轻论罪或减刑。㉑《弇州史料》：明董复表编，三十卷。是书皆采掇《王世贞文集·说部》中有关朝野记载者，裒合成书，无所考正。

此则前半段与上则所记略同，所不同者在后半段“复梦前丈夫来郑重谢”以下。岳飞对陆完所说的话，是陆完自己所述，应视为陆完编造，特别不合情理。陆完交结宁王宸濠，宸濠反，陆完被治罪。岳飞怎么能对这样的人说“公得无类我乎”？一个不能坚守志节而依附叛贼的大臣，受到“株连逮系”，竟自比于志节高尚的抗金英雄，而托言于岳飞，多么滑稽可笑。

7. 万历戊子省试①，聘湖广学博李宗傅为礼记房考②。未至汴③，病欲归，夜梦有神语之曰：“吾乡里候公久矣，公病无患④。”于是扶病⑤行至朱仙镇，偶谒岳忠武王祠，瞻神像，忽忽⑥如梦中所见。傅心识之，不以语人。后入场，所得卷果汤阴人王骞⑦也。傅因语其事，众大异之。盖骞性至孝，嗜学，意为忠武所鉴⑧，故属梦云⑨。（《崇祯汤阴县志》卷一九《纪厖》）

［注］

①万历戊子：明神宗朱翊钧万历十六年（1588）。省试：元代以后分省举行的考试。又称乡试。通常每三年在各省省城举行一次，又称为大比。由于是在秋季举行，所以又称为秋闱。②学博：唐制，府郡置经学博士各一人，掌以五经教授学生。后泛称学官为学博。李宗傅：字孝云，号海显友，桐城（今安徽桐城市）人。嘉庆举人，官至湖南布政使。房考：亦称“房官”。明清乡、会试时分房阅卷的考官。③汴：开封的简称。④无患：无所忧惧，没有灾祸。⑤扶病：带病，抱病。⑥忽忽：迷糊，恍惚。⑦王骞：明汤阴人。万历十六年戊子科举人，官汾西知县。⑧意为忠武所鉴：料想是被岳飞所明察。鉴，明察。⑨属梦：托付于梦。云：句末助词，无实在意义。

乡试房考官李宗傅取中王骞试卷，拆封后知王骞为岳飞故乡汤阴人，于是向人讲述了他先前所做的梦。李宗傅的梦说明三点：一是证明他善于衡文，取士正确无误，二是岳飞死而心系故乡，且善于识人；三是表明他自己是岳飞所信赖、可托付的人。王骞“性至孝，嗜学”，不仅为岳飞所明察，也是与岳飞有相同特点的人。所以，李宗傅把梦说得神乎其神。人们相信岳飞在天有灵，也乐于传颂并记载下来。

8. 陈文龙[①]，兴化人。初在太学，累试不入格。一日梦太学土神岳侯请交代[②]，自谓必死于学。既而廷对[③]第一，前梦不复记矣。及守乡郡[④]，又梦神通诗，首言交代，后著年月曰“至元”[⑤]，心甚骇愕[⑥]。未几，俘至杭，拘系于太学，病将绝，叹曰：“皇宋未亡之前，鬼神已奉虏正朔[⑦]矣。吾今病且死，而适囚太学[⑧]，得无为太学土神乎[⑨]！”果卒。（〔明〕蒋一葵《尧山堂外记》卷六三《陈文龙》）

［注］

①陈文龙（1232—1276）：南宋兴化（今福建莆田）人，初名子龙，字刚中。度宗为之改名文龙，赐字君贲，号如心，陈俊卿五世从孙，抗元名将。元军南下，在各地守将纷纷投降的背景下，招降使者两次至兴化劝降文龙，均被其焚书斩杀。后被捕，押送杭州途中开始绝食，经杭州谒拜岳飞庙时，气绝而死，葬于杭州西湖智果寺旁。②土神：土地神。传说岳飞死后为太学土地神。交代：指前后任相接替移交。③廷对：即廷试。古代科举制度中，由皇帝亲自策问，在朝廷上举行的考试。其制始于唐武则天时。金、元、明、清四代科举考试之一。④及守乡郡：到了做家乡守备官员的时候。陈文龙曾出任福建、广东宣抚使兼兴化县指挥官。乡郡，指家乡所在之郡。⑤至元：元世祖忽必烈的年号。⑥骇愕：惊讶，惊愕。⑦奉虏正朔：尊奉敌人新颁的历法。正朔，原义是某朝历法的第一天。⑧适囚

太学：恰巧囚禁在太学。⑨得无为太学土神乎：该不是让我死后做太学的土地神吧。得无，表示反问或推测，意为莫不是，该不会。

岳飞死后，其在杭州的故宅被宋廷改设太学。人们悼惜岳飞，在太学内为岳飞建祠，尊为土地神，其意大概在于表明岳飞原本是这一宅区的主人。太学出身的陈文龙，素敬岳飞的抗金精神，后成抗元英雄。陈文龙先后两次梦见岳飞与其交代土地神一职，反映人们称许陈的气节与岳飞相同。然文中所记“又梦神通诗，首言交代，后著年月曰‘至元’”，则有违情理。试想，抗金英雄岳飞怎么会使用灭宋之元朝的年号呢？明郎瑛《七修类稿》卷一七《祀武穆不当》曾议及此事：“度宗朝，状元陈文龙初入太学时，梦土神请交代；至德祐末，神乃遗书请代，已而文龙为北兵缚至杭而卒。夫宋未亡时，岳已早去，而不奉其正朔；今北司左街之庙，犹将伯颜与岳王同祀一祠，岳岂堪与仇人共哉？”所言极是。

9. 徐鹏举者，中山武宁王七世孙也①。父奎璧，梦宋岳鄂王语之曰：“吾一生艰苦，为权奸所陷，今世且投汝家②，享几十年安闲富贵。”比生③，遂以岳之字名之④。及长⑤，则父已殁。以正德十二年嗣祖爵⑥，至今上初元始薨⑦。凡享国五十七年，为掌府及南京守备者数任⑧，备极荣宠⑨。较之武穆遭际⑩，不啻什佰过之⑪。（〔明〕沈德符《万历野获编》卷五《魏公徐鹏举》）

［注］

①徐鹏举：明代开国功臣徐达的后代，明朝军事将领，嗣魏国公爵位。徐鹏举守备南京时，振武营兵变，他被作乱的士兵呼为草包，狼狈而走，全无名将之风。中山武宁王：徐达

(1332—1385)，字天德，濠州钟离（今安徽凤阳东北）人。明朝开国军事统帅。卒谥武宁，追封中山王。②且投汝家：将要投生于你家。③比生：等到（徐鹏举）出生。比，及，等到。④遂以岳之字名之：就用岳飞的字“鹏举”作为他的名。⑤及长：等到（徐鹏举）长大后。⑥正德十二年：公元1517年。嗣祖爵：继承祖上的爵位。指从祖父徐俌那里继承魏国公爵位。⑦至今上初元始薨：到当今皇上（明神宗朱翊钧）改元之初才去世。⑧为掌府及南京守备者数任：徐鹏举正德十六年守备南京，兼掌中军都督府事，嘉靖四年（1525）八月加太子太保，统领中军都督府。⑨备极荣宠：极尽各种荣耀和恩宠。备极，犹言十二分，形容程度极深。⑩不啻什佰过之：不止超过十倍百倍。

徐鹏举之父敬仰岳飞的为人，也希望儿子成为岳飞一样的人物，因而儿子出生后用岳飞的字“鹏举”作为其名。但徐鹏举并没有实现其父的期望，不仅没有建立像岳飞那样的功业，反而被人称作“草包”。他靠祖宗恩荫，世袭为魏国公，“凡享国五十七年”“备极荣宠。较之武穆遭际，不啻什佰过之”，与岳飞形成鲜明的对照。其父梦岳飞对他说“今世且投汝家，享几十年安闲富贵”，大概是后人根据徐鹏举的生平编造出来，以示嘲讽。不然，以岳飞之“一生艰苦”，忠心为国，岂会说出“今世且投汝家，享几十年安闲富贵”的话？

10. 万历丙戌[①]之秋，七月既望[②]，张子议铸[③]义烈施将军持剑击桧之像，就精忠庙前祠之[④]。与汤阴魏尹汝松[⑤]协力从事。阅月[⑥]，怦怦欲过视之[⑦]。是夜，梦余诣庙再拜[⑧]。王答拜，施将军从旁亦拜。王若曰[⑨]：“呜呼！贤来[⑩]。朕志不克竟[⑪]，赖贤无沦没[⑫]，感无既[⑬]。

亦越八公欢[14]，施将军溢豫感则均[15]。周少卿避舍除若秽[16]，越涂丹雘于维栋[17]，壁罕有彰揭[18]。呜呼，贤来，其克有终[19]。”王乃右手挟余指向地作“忠”“孝”画[20]，随手有得[21]。王再拜，余竦仄拜如数[22]。施将军拜送，甫至门外像处而觉[23]。随呼童挑灯伸纸[24]，图梦中指画辄能成[25]。余腕中病鬼不工[26]，染两字徼灵[27]，实终王志，厥惟幸哉[28]！魏尹磨石索劖[29]，应登拜手稽首[30]附记。（〔明〕张应登《精忠庙壁新刻忠孝二大字记》）

［注］

①万历丙戌：明神宗万历十四年（1586）。②既望：农历十六日。望，指农历十五日。③张子：张应登自称。张应登，字玉车，明内江（今四川内江市）人。万历十一年进士。万历十三年任彰德府推官兼林县知事。升兵科给事中。曾编撰《汤阴精忠庙志》十卷，《岳忠武王年表》一卷。议：提议。铸：铸造。④就精忠庙前祠之：放置在精忠庙前奉祀它（指义烈施将军持剑击桧之像）。⑤汤阴魏尹汝松：汤阴县知县魏汝松。元代称县行政长官为尹，明代称知县，此以古名代今名。魏汝松，明德州（今山东德州市）人，嘉靖三十七年（1558）举人，万历十四年任汤阴县知县。后升均州知州。⑥阅月：经过一个月。阅，更历。⑦怦怦欲过视之：心情急迫地想过访看看建造结果。怦怦，心急貌，心跳貌。⑧梦余诣庙再拜：梦见我到精忠庙拜谒。再拜，古代一种隆重的礼节，拜两次，表达敬意。⑨王若曰：岳王于是说。若，乃。⑩贤来：贤契前来。贤，贤契，对弟子或朋友子侄辈的敬称。此称张应登。⑪朕志不克竟：我的志愿未能实现。⑫赖贤无沦没：倚仗贤契没有沉没。沦没，沉没，湮没。⑬感无既：感谢不尽。既，完毕，完了。⑭亦越八公欢：也超过神仙八公的高兴。八公，汉淮南王刘安门客，有苏非、李尚、左吴、田由、雷被、毛被、伍被、晋昌八人，称

“八公”。他们奉刘安之招，和诸儒大山、小山相与论说，著《淮南子》。《史记·淮南王传》“阴结宾客”司马贞索隐引《淮南要略》，田由作陈由，毛被作毛周。魏晋以来，《神仙传》《录异记》等道家著作以刘安好方技，遂附会八公为神仙。⑮施将军溢豫感则均：施将军过分快乐的感情则相同。溢豫，过分的快乐。溢，过度，过分。豫，快乐，高兴。⑯周少卿：指周三畏。传说其不愿审岳飞冤案挂冠而去。避舍：退避，指周三畏挂冠而去。除若秽：扫除那污秽。若，代词，那。⑰越涂丹雘于维栋：在四维梁柱上涂以红色颜料。意谓对屋内梁柱等加以彩饰。丹雘（wò），可供涂饰的红色颜料。越，发语词，无义。维，四角。栋，梁，包括柱。⑱壁罕有彰揭：墙壁缺乏装饰。罕，少。彰，明。揭，表露。⑲其克有终：希望能最终完成。化用《诗经·大雅·荡》“靡不有初，鲜克有终”。其，表示祈使。⑳王乃右手挟余指向地作“忠”“孝”画：岳王于是用右手挟带着我的手指向地上作“忠”“孝”二字的笔画。㉑随手有得：随即有所收获。㉒余竦仄拜如数：我惶恐不安地按照规定礼数行拜礼。竦仄，惶恐不安。㉓甫至门外像处而觉：刚到门外（施全）像的地方就醒了。㉔随呼童挑灯伸纸：随即呼唤童仆点灯铺纸。挑灯，指拨动油灯的灯芯使灯更亮，也常指点灯。伸纸，把纸伸平。㉕图梦中指画辄能成：模拟梦中岳王的指点就能写成。图，模拟。指画，指点。㉖余腕中病鬼不工：我的手腕被鬼缠住写得不好。中（zhòng），遭受。㉗染两字徼灵：书写“忠”“孝”两个字祈求神灵相助。染，染毫，濡墨挥笔。徼（jiǎo）灵，祈求神灵保佑。㉘厥惟幸哉：多么幸运啊。厥惟，发语词，无义。㉙魏尹磨石索劖：魏知县磨研碑石请求刻字，意谓魏知县请求书写“忠”“孝”两字准备刻石。劖，刻凿，指在石上刻字。㉚拜手：亦称“拜首”。古代男子跪拜礼的一种。跪后两手相拱，俯头至手。稽首：古时一种跪拜礼，叩头至地，是九拜中最恭敬者。

此记附刻在汤阴岳飞庙精忠坊两旁“忠”“孝”二大字碑石上，今尚存。明彰德府推官张应登提议在秦桧像后铸施全持剑击桧像，又撰《汤阴精忠庙志》《岳忠武王年表》，同时人王祖嫡曾称颂他“生平忠孝与侯契，梦寐千载成神交”。他为了在岳飞庙留下自己的书法，标榜自己的书法得神所助，便托言自己做了一个梦，梦见岳飞把住自己的手写了“忠”“孝”二字，醒来赶快按梦中笔画写成。为了显示自己的文才，又在“忠”“孝”两个大字碑石上作了附记。文颇古奥，有意卖弄。张应登的记梦，在当时或许有人相信，今天，明眼人一看便知其良苦用心。

11.《孑庵杂录》：秀水张恭锡①先生（晋徵）自述为诸生时，梦入岳王庙，王待以客礼。既而辞出，闻庙后树林中哀号声，往视之，见一囚反接于树，一力士执铁鞭鞭之。张问：“何人？”囚曰：“吾秦桧也，岳王法令每日受铁鞭一百。公幸与王善②，能为吾丐免③今日百鞭乎？”张诺之④，复入谒王，而王已预知其意，不复为礼，怒叱⑤曰：“汝向与吾同事，吾被桧贼害，汝亦几不免，今何得昧前因⑥，而反欲为贼乞哀？可速退，姑贷汝⑦。”张惶惧趋出⑧，再过林中，则见执鞭者又增一人，谓张曰：“王怒公为囚祈请，令今日加鞭一百。”张大惊悸而寤⑨，明日犹面热背汗，急往庙拜谢，幸无恙。（〔清〕褚人获《坚瓠秘集》卷六《秦桧日受铁鞭》）

［注］

①秀水：县名，今浙江嘉兴市。张恭锡：张晋徵（1601—1665），字恭锡，明末清初嘉兴（今浙江嘉兴市）人。崇祯七年（1634）进士。授闽县知县，官至福建布政使司佥事。②公幸与

王善：您幸好与岳王友好。公，对张晋徵的尊称。善，友好，交好。③丐免：请求免除。④诺之：答应了秦桧。⑤怒叱：气愤地斥责。⑥昧：违背。前因：佛教语。谓事皆种因于前世，故称。⑦姑贷汝：姑且宽恕你。贷，宽恕，饶恕。⑧惶惧：惶恐。趋出：小步疾行退出，表示恭敬。⑨惊悸：因惊慌而心跳得厉害。寤：睡醒。

张晋徵之梦，说明秦桧罪不容赦，刑不容减。秦桧想求人减免其苦，只能受到加倍的刑罚。此外，张晋徵自述此梦，也有自我抬高身价的嫌疑。一是“王待以客礼”，表明岳飞对他很尊敬。二是通过秦桧之口说“公幸与王善”，显示他与岳飞私交很好。三是通过岳飞所说“汝向与吾同事，吾被桧贼害，汝亦几不免”，暗示他的前身与岳飞同为抗金战友，且同受秦桧陷害。他想为秦桧求情，虽然受到岳飞的斥责，却并不影响他对自己的标榜。

12. 武林钱塘门[①]外，岳忠武墓在焉。铁铸秦桧及其妻王氏，反接裸跪[②]。往来者无论士大夫[③]，即樵叟牧竖[④]，必施挞楚[⑤]掷瓦砾，甚有溲溺其面[⑥]，涂矢粪[⑦]于口鼻。自古权奸身后之辱，莫贼桧若矣[⑧]。胜国[⑨]迄今，屡经更铸。乾隆乙酉[⑩]间，铁人复身首破裂，钱塘令拟[⑪]更铸之，启于中丞[⑫]。时中丞为熊公学鹏[⑬]，谓忠如忠武，其精诚贯金石，浩气塞宇宙，亘千古而不磨[⑭]。若贼桧死后何知，铁铸其身，不过抒后人愤郁[⑮]，非政之急务[⑯]也。任其销蚀[⑰]可也。是夕，梦桧夫妇枷□琅□[⑱]，蓬首垢面，稽颡[⑲]阶下云：“忠武斧□[⑳]，身所应受；世人蹴践凌轹[㉑]，不堪其苦；微公言[㉒]，一经更铸，此身又不知几历春秋矣！”次日中丞呼钱塘令，告以梦，

令促铸无缓[23]，且以精铁[24]为之，俾坚厚可经久也[25]。（〔清〕俞蛟《乡曲枝辞·岳忠武墓前重铸铁人记》）

[注]

①武林：杭州别称。钱塘门：为杭州的西城门之一。②反接裸跪：双手捆绑于身后赤身而跪。③无论：不要说，更不必说。士大夫：旧时指官吏或较有声望地位的知识分子。④即：即使。与上句中的“无论”相应。樵叟牧竖：砍柴的老人和放牧的儿童。⑤施：施加。挞楚：鞭打。⑥溲溺其面：在他们的脸上撒尿。⑦涂矢粪：涂抹粪便。矢，通“屎”。⑧莫贼桧若矣：没有人与奸贼秦桧相比的了。若，同，相当。⑨胜国：被灭亡的国家。此指明朝。⑩乾隆乙酉：清乾隆三十年（1765）。⑪钱塘令：钱塘县知县。拟：打算。⑫启于中丞：向巡抚禀告。启，启奏，禀告。中丞，巡抚的别称。⑬熊公学鹏：熊学鹏。⑭亘千古而不磨：延续久远而不磨灭。亘，空间和时间上延续不断。⑮抒：发泄。愤郁：愤恨抑郁。⑯急务：亟待解决的事情。⑰销蚀：损耗腐蚀。⑱枷□琅□：此处疑当为枷杻琅当。枷杻，木枷与手械。也指带枷，上手械。琅当，亦作“锒铛”。拘系犯人的刑具，也表示被铁链子锁着。⑲稽颡：古代一种跪拜礼，屈膝下拜，以额触地，表示极度的虔诚。⑳忠武斧□：缺字疑当为“钺”。㉑蹴践：践踏。凌轹：欺凌毁损。轹（lì），敲打，欺压。㉒微公言：如果不是您发话。㉓令促铸无缓：命令催促铸造不要迟缓。㉔精铁：优质的铁。㉕俾：使。坚厚：坚实厚重。经久：历时长久。

浙江巡抚熊学鹏令钱塘知县重铸秦桧及其妻铁像事，而此记于秦桧夫妇梦中惨状及谢语尤详，更增“且以精铁为之”，以使秦桧夫妇长久经受惩罚和羞辱。作者俞蛟记此事后评论道：“夫古来国贼以操、莽为首，然犹曰熏心富贵，遂致见利而忘义。彼秦桧何为者？身为宋臣，反为金人作奸细，必欲其君纳币称臣于敌而后快，致燕云不可复，两宫不可返，且杀忠武以媚之，岂其随徽宗北狩时，受金人国士之遇，必卖其君以报知己耶?”

13. 顺治[①]初，蔚州魏果毅公[②]官刑部尚书，尝梦至冥司[③]，代阴曹决冥中事[④]。一日，汤文正公斌访之[⑤]，值公[⑥]午睡，待之良久，甫出[⑦]。汤因以昼寝谏[⑧]。公笑曰：“非寝也[⑨]。此事本不欲言，因有关臣节匪细[⑩]，故不妨为知己道也。适[⑪]梦至冥司，提问秦桧公案[⑫]耳。”汤惊问曰：“此案至今犹未了[⑬]乎?”公曰：“非未了也。渠前世本在涿州[⑭]一富家为犬。其夜有数盗持刀入，执缚[⑮]主人。主人不敢号[⑯]，任其搜括[⑰]。盗犹未慊[⑱]，疑其尚有窖藏，胁以刃[⑲]，使指其处。而室中实无余蓄，盗举刃欲砍。犬从旁力啮其足[⑳]，盗反身断其首，而主人得乘间逸去[㉑]。冥官嘉其义[㉒]，俾[㉓]其托生秦氏为子。故生后眼有夜光也。不意忘其本来，害贤卖国，罪恶至此。阎罗用罚[㉔]令三十世为猪，以示杀害忠良之报。而桧仍欲乞为犬[㉕]。”汤公曰：“犬岂有胜于豕乎?”公笑曰：“此其所以为奸狡也[㉖]。犬不尽杀，而豕则未有能免屠割者也。适笞之三百[㉗]，渠犹不承[㉘]。继以炮烙[㉙]，乃服。今押往汴州为猪去矣。”问：“以前却在何处?”曰：“此案未可骤结[㉚]。自瀛国公入燕[㉛]以后，始令其世世投生岳氏，为鼠以饲其猫[㉜]，俾偿武穆之怨[㉝]。迄今才令往生他处[㉞]耳。”汤曰：“宋自和议成，而岁贡金币[㉟]，偷安半壁[㊱]。君臣游燕荒嬉[㊲]，无复中原之志，以迄于亡[㊳]。而南自南、北自北之议[㊴]，桧发之，桧实成之[40]。是其卖国之罪更大也。”曰：“此意授自金人，主于高宗，南渡享国不长，半由自取。既斩桧嗣[41]，俾其先宋而亡，已足蔽其辜矣[42]。但其毙武穆于狱，及诛杀不附和议诸贤，罪孽尤难末减[43]。需为猪三十世，乃可泄一朝忠臣之愤也。”汤叹息而退。（〔清〕朱翊清《埋忧集》卷五《秦桧为猪》）

［注］

①顺治：清世祖爱新觉罗·福临的年号，共18年（1644—1661）。②蔚州：治灵仙（今河北蔚县）。魏果毅公：魏象枢（1617—1687），字环极（一作环溪），号庸斋，又号寒松，山西蔚州（今河北蔚县）人。顺治三年（1646）进士。官至左都御史、刑部尚书。卒谥敏果。本文称果毅公，或误。③冥司：地府，阴间。④代阴曹决冥中事：代替地府官吏判决阴间的事。⑤汤文正公斌：汤斌（1627—1687），字孔伯，号荆岘，晚号潜庵。清睢州（今河南睢县）人。顺治九年中进士，官至工部尚书，卒谥文正。⑥值：正当。公：指魏象枢。⑦甫出：（魏象枢）才出来。⑧以昼寝谏：汤斌拿白天睡觉来规劝魏象枢。意谓汤斌劝谏魏象枢不应白昼睡觉。⑨非寝也：不是睡觉。⑩因有关臣节匪细：因为有关臣子的节操不是小事。⑪适：刚刚，方才。⑫提问：传讯审问。公案：案件，有纠纷的事件。⑬了：了断，结案。⑭渠：他。指秦桧。涿州：古郡县名。今河北涿州市。⑮执缚：捉住捆绑起来。⑯号：大声呼叫。⑰搜括：同“搜刮”。指搜求，用各种方法掠夺财物等。⑱慊（qiè）：满足，满意。⑲胁以刃：用刀胁迫。⑳力啮其足：尽力咬盗贼的脚。㉑得乘间逸去：得以趁机逃走。逸，逃。㉒嘉其义：赞许犬的义行。㉓俾：使。㉔阎罗用罚：阎罗因此惩罚他（秦桧）。㉕仍欲乞为犬：仍然想要请求做犬。㉖此其所以为奸狡也：这就是他用来耍弄奸诈狡猾手段的地方。㉗适笞之三百：刚才鞭笞他

三百下。㉘渠犹不承：他仍然不接受。㉙炮烙：古代酷刑，用炭火烧热铜柱，将人绑于铜柱上烧死，即坠炭上烧死。㉚此案未可骤结：这个案件不可立即了结。㉛瀛国公：指宋恭帝赵㬎。宋恭帝被俘以后，被元朝封为瀛国公。入燕：被元军掳往北方燕地。㉜为鼠以饲其猫：做老鼠来喂养岳家的猫。㉝俾偿武穆之怨：使他偿还岳飞的冤恨。㉞往生他处：前往投生其他地方。㉟岁贡金币：每年向金人贡献钱财。㊱偷安半壁：苟且偷安于半壁江山。㊲游燕荒嬉：无节制地嬉戏游乐。㊳以迄于亡：直到亡国。㊴南自南、北自北之议：为秦桧所提，是金侵略者灭宋的阴谋。㊵桧发之，桧实成之：秦桧首先提出此议，又实际完成了它。㊶既斩桧嗣：既然斩断秦桧的后嗣。秦桧之子秦熺是秦桧妻王氏娘家的侄子，秦桧实无后嗣。㊷已足蔽其辜矣：已经足以抵偿他的罪孽了。蔽辜，抵罪。㊸末减：从轻论罪或减刑。

此借魏象枢与汤斌谈其梦中代冥司审讯秦桧公案。据说秦桧前世本在涿州一富家为犬，因帮助主人狠咬盗贼的脚，使主人得以趁机逃走，被盗贼斩断其头。冥官嘉许它的义行，使它转生在秦氏家，即为秦桧。“不意忘其本来，害贤卖国，罪恶至此。阎罗用罚令三十世为猪，以示杀害忠良之报。”而秦桧“奸狡”，盘算“犬不尽杀，而豕则未有能免屠割者也”，乞求仍愿意为犬。在魏象枢的严刑拷问之下，秦桧才承认了他仍愿为犬的用心，仍押往汴州为猪。自宋亡后，又令秦桧转生在岳飞后裔家，“为鼠以饲其猫，俾偿武穆之怨”。魏象枢认为，秦桧提出并力促“南自南、北自北”的主张，卖国之罪虽大，念在“此意授自金人，主于高宗，南渡享国不长，半由自取”，既使秦桧绝嗣，又让他先于宋亡，已足以抵其罪了，“但其毙武穆于狱，及诛杀不附和议诸贤，罪孽尤难末减”，所以仍然判其三十世为猪，才可以发泄一朝忠臣的愤恨。

二十一、灵异

1. 建宁监作院[①]郑江，三衢吏也[②]，以棘寺推司得官[③]。常云：岳鹏举初入狱，欲坐以得督视所札子[④]，令策应[⑤]而三日不行，为违节制[⑥]，当行军法。何伯寿承奏命治其事[⑦]，乃谓岳曰："相公但放心，若相误，令某子孙皆无眼。"岳乃署[⑧]，竟坐死[⑨]。何由此得执政[⑩]，既而其家生子，果皆青盲[⑪]。此事得于老吏。（〔宋〕庞元英《谈薮》）

［注］

①建宁：县名，今福建建宁县。监作院：也简称"作院"，监督制作的机构。《淳熙三山志》卷二三《秩官类四·州司武官》："监作院，三员，内添差二人。作院旧系本州都监兼管，宣和二年置一员，差小使臣。添差二员，系用绍兴三年指挥。"②三衢吏也：最初是衢县的吏员。三衢，指浙江衢县（今衢州市衢江区）。因县境有三衢山，故称。③以棘寺推司得官：由大理寺推官得到建宁监作院的官职。④欲坐以：想以……定罪。得督视所札子：得到督视行师的公文。督视，监视，督察。札子，古代的一种公文，多用于上奏，后来也用于下行。⑤令策应：指绍兴十一年（1141）宋廷命令岳飞应援淮西军。⑥为违节制：是违抗命令。节制，指挥，管辖。⑦何伯寿：何铸，字伯寿。承奏命治其事：接受秦桧的奏请命令，审理岳飞一案。⑧署：签名，签署。岳飞相信何铸的话而在审判书上签名。此与史实不合。⑨坐死：坐罪被处死。⑩何由此得执政：何铸因此得升为执政官。宋称参知政事、门下侍郎、中书侍郎、尚书

左右丞、枢密使、枢密副使、知枢密院事、同知枢密院事为执政官。⑪青盲：俗称青光眼。症状为视力逐渐减退，渐至失明，但眼的外观没有异常，亦无明显不适感。

此则记述何铸担任岳飞一案的主审官，为了骗取岳飞的信任，曾发誓说："相公但放心，若相误，令某子孙皆无眼。"岳飞相信他，才签名画押。岳飞竟然被定为死罪，何铸因此而升为执政官。后来他家生的孩子果然都是青盲眼。此段记载与史实严重违背。何铸曾力辨岳飞无罪而受到秦桧的排挤和陷害，并没有因岳飞一案而升迁。岳飞被定死罪，是在万俟卨代何铸为主审官之后。何铸的后代是否皆为青盲眼，史无可考。"老吏"这样说，虽然弄错了人，但也反映了人们对岳飞含冤而死的不平，对不能公正持法的官员的憎恨和诅咒。

2. 有贞初至周流社①，视王之先墓②，时则有参政严陵宋兴率郡县官属暨教谕东安袁纯③以从。方设祭间④，俄有大鸟若隼⑤，盘云而下⑥，翔集冢颠⑦。侍行舍人⑧邵海引弓射之，矢至而举⑨，有贞觉其异也。遽叱止之⑩。少焉复集⑪，终享乃翥风而去⑫。见者皆以为异。（〔明〕徐有贞《敕建精忠庙碑》之《碑阴记》）

[注]

①有贞：徐有贞自称。周流社：村名，在汤阴城东约10公里。徐有贞《敕建精忠庙碑记》："彰德，古相州也。汤阴为其属邑。邑之周流社，王之生地也。"②王之先墓：鄂王岳飞的先茔。③参政：明于各省布政使下置左右参政，分领各道。严陵：地名，在浙江桐庐县南，相传为东汉严光隐居垂钓处。严光，字子陵，省称严陵，后人称其所居游之地为严陵山、严陵濑、严陵钓台等。宋兴：字厚仁，明淳安（今浙江淳安县）人。贡

士。正统间曾任河南布政司左参政，景泰间升右布政使。郡县官属：府、县级官员。教谕：县儒学学官。东安：杭州府新城县的别称。袁纯：字一之，杭州府新城县人。正统九年（1444）甲子科中举。任汤阴县学教谕，曾编辑《精忠录》。景泰七年（1456）八月，由试监察御史实授监察御史。④方设祭间：正在陈设祭品之时。⑤隼（sǔn）：猛禽。⑥盘云而下：从云霄盘旋飞下。⑦翔集：鸟飞翔而后停留。语出《论语·乡党》："色斯举矣，翔而后集。"冢颠：坟顶。⑧侍行舍人：陪伴尊长出行的武职官员。明有带刀散骑舍人，则为近侍武职。⑨矢至而举：箭射到大鸟前，大鸟飞走。⑩遽叱止之：急忙呵斥制止他。⑪少焉：一会儿。复集：大鸟又飞回来。⑫终享：祭祀完毕。翥风而去：乘风飞离。翥（zhù），鸟向上飞。

此记大鸟之异，一是在陈设祭品时，突然"盘云而下，翔集冢颠"；二是"矢至而举"，不会让人射到；三是"少焉复集，终享乃翥风而去"，与整个祭祀活动相始终。此言"有大鸟若隼"，自然使人联想到岳飞生时"有大禽若鹄"，因而认为大鸟是岳飞的化身，是岳飞的神灵前来享受祭祀。

3.《夷坚志》：秦桧矫诏，逮岳飞父子下棘寺狱①，遣万俟卨锻炼②之，榜掠③无全肤，终无服辞④。一日，桧于东厢窗下，画灰密谋⑤，其妻王夫人赞成⑥之，曰：擒虎易，放虎难！飞遂死狱中，张宪、岳雲戮于市，流徙两家妻孥⑦，资产皆没官。金人闻之，酌酒相贺曰：莫予毒也⑧！后桧挈家游西湖，舟中得暴疾，昏闷⑨之际，见一人披发瞋目⑩，厉声责曰：汝误国害民，杀害忠良，我已诉于天矣！汝当受铁杖于太祖皇帝殿下。桧自此怏怏不怿⑪以死。未几，其子熺⑫亦死。方士伏章[13]，见熺荷铁枷[14]，因问：秦太师何在？熺泣曰：吾父见在丰都[15]，方士如其言以往，果见桧与万俟卨俱荷铁枷，备受诸苦[16]。桧嘱方士曰：可烦传语夫人，东窗事发矣！卨在铁笼下，与桧争辩杀岳飞事。（〔明〕彭大翼《山堂肆考》角集卷四二《误国之报》）

[注]

①棘寺狱：大理寺监狱。②锻炼：严刑拷打，罗织罪名。③栲掠：拷打。栲，通“拷”。④终无服辞：终究没有服罪的供词。⑤画灰：用棍在灰中拨动。常作为暗自思考或秘密议事的辅助方式。⑥赞成：佐助并促成。⑦流徙：流放。妻孥：妻子和子女的统称，同妻小。⑧莫予毒也：再也没有人威胁、危害我了。表示目空一切，认为谁也不能伤害我。《左传·僖公二十八年》：“晋侯闻之而后喜可知也，曰：‘莫余毒也已。’”⑨昏闷：昏昏沉沉而失去知觉。⑩披发瞋目：披散着头发，怒瞪着眼睛。⑪怏怏不怿：闷闷不乐。⑫其子熺：秦熺（1117—1161）：字伯阳。本秦桧妻兄王唤孽子，桧留金时其妻养为后。高宗绍兴十二年（1142）进士，官至知枢密院事。二十五年桧卒，以少师致仕。三十一年卒。⑬方士：方术之士。泛指从事医、卜、星、相类职业的人。伏章：指向神灵俯伏呈上表章。⑭荷铁枷：戴着铁制的枷。枷，旧时一种套在脖子上的刑具。⑮见在：现今存在。丰都：又称丰都罗山，即是中国传说中的地府地狱。为北阴丰都大帝所统，有诸司曹官、魔王等。⑯备受诸苦：受尽各种刑罚。

此为《夷坚志》佚文。秦桧夫妇在东厢窗下密谋杀害岳飞，为敌除敌，为仇报仇，致金人闻之，酌酒相贺曰：“莫予毒也！”秦桧自知恶有恶报，所以最担心受到天谴冥报。其挈家游西湖而得暴疾，恍惚中出现被斥责并索命的幻觉，当是平素心虚的反映。秦桧因而抑郁而死，其子秦熺也死。方士伏章，见秦熺“荷铁枷”，又在丰都见秦桧与万俟卨“俱荷铁枷，备受诸苦”，尚在争辩杀害岳飞的责任，应是人们对害人者应受刑罚的想象。其时秦桧妻王氏还未死，故秦桧让方士传话说：“东窗事发矣！”这便成了阴谋败露的典故之源。

4. 安陆州①故有岳武穆祠，为十八景之一。世宗龙飞②，升州为承天府，营造宫殿，祠遂湮废③。万历中，守备④杜正茂创于城西，辟土⑤，下有积石甚多，取为周垣⑥之用，恰相当。最后得一石碑，出而洗之，光泽可照。远望之，中有人影甚多，其一奇伟丰腴⑦，簇拥⑧而过。如此经日⑨，众欢呼，以为武穆露形也。入夜，役卒⑩守之，见一伟丈夫⑪跃出，骑白马，冉冉⑫乘云而上，从者数百。遥见天门开，一人衮冕迓⑬之而入。守者惊伏⑭，不敢出声。比明⑮，碑上题一诗云：“北伐随明主，南征拜上公。黄龙已尽醉，长侍大明宫。”俄震雷，大雨洗去，一秀士⑯录之。余官南雍⑰，其人入监，出以示余⑱。味之⑲，则武穆已转世为英国⑳，酬此愿矣。大约明神再生，必有奇迹，终以兵解㉑，故英国卒终于土木㉒。客有言英国面白而肥，与魏公徐鹏举相类。徐之生，梦武穆到家，云当受汝家供养。则武穆在我朝，殆再转世矣㉓。（〔明〕朱国桢《涌幢小品》卷二〇《岳武穆》）

［注］

①安陆州：明洪武九年（1376）降安陆府置，省长寿县并入安陆州，改安陆府治为安陆州治（今湖北钟祥市）。嘉靖十年（1531）升安陆州为承天府。②世宗：指明世宗朱厚熜，年号嘉靖。龙飞：典出《易·乾》“飞龙在天，利见大人”。孔颖达疏：

“若圣人有龙德，飞腾而居天位。”遂以“龙飞”为帝王的兴起或即位。③湮废：湮没废弃。④守备：武官名。明代于总兵下设守备，驻守城哨。⑤辟土：开挖土地。⑥周垣：围墙。⑦奇伟：奇异不凡。丰腴：形容人体态丰满。⑧簇拥：很多人紧紧围绕着或卫护着。⑨经日：经过一整天或若干天。⑩役卒：服役的兵卒。⑪伟丈夫：身材魁梧的男子。⑫冉冉：慢慢地，缓慢地。⑬衮冕：即衮衣和冕，是古代中国帝王及上公的礼服和礼冠。此作动词，穿着礼服戴着礼帽。迓：迎接。⑭惊伏：受惊而趴伏。⑮比明：等到天亮。⑯秀士：德行才艺出众的人。⑰南雍：明代称设在南京的国子监。雍，辟雍，古之大学。⑱出以示余：拿出来给我看。⑲味之：体味诗意。⑳英国：指明英国公张辅。张辅（1375—1449），字文弼，河南祥符（今河南开封市祥符区）人。明成祖时大将张玉之子，明代重臣。早年随父参加靖难之役，累封信安伯、新城侯。后进攻并占领安南，改交址，受封英国公，予世袭诰券。他历事永乐、洪熙、宣德、正统四朝，与三杨等同心辅政，累加光禄大夫、左柱国。正统十四年（1449），随明英宗北征，在土木堡之变中阵亡，享年七十五岁，谥号忠烈，追封定兴郡王。㉑终以兵解：最终因兵刃而死。旧称学道者死于兵刃为“兵解”，意谓借兵刃解脱得道。㉒土木：指“土木之变”。亦称土木堡之变，指发生于明正统十四年明英宗朱祁镇北征瓦剌的惨败事变。㉓殆再转世矣：大概是再次转生吧。

万历中，承天府守备杜正茂于城西重修岳武穆祠，得一石碑，经过清洗，光泽可以照人。“远望之，中有人影甚多，其一奇伟丰腴，簇拥而过。”众人以为岳飞现形。入夜，守护的役卒又“见一伟丈夫跃出，骑白马，冉冉乘云而上，从者数百。遥见天门开，一人衮冕迓之而入”。天明后，碑上题一诗，不久为大雨洗去，幸有一“秀士”抄录下来。后来此人入南京国子监，给国子监祭酒朱国桢看，朱仔细体味诗意，应该是英国公张辅的口吻，臆度岳飞已经转世为张辅，实现了其痛饮黄龙府的夙愿。因张辅“面白而肥”，与魏国公徐鹏举相似，朱猜想岳飞在明朝大概又转世为徐鹏举了。此事记述离奇而详，其主旨在于说明岳飞转世仍为抵抗外侮的英雄，当然也有赞颂张辅的意思。

5. 余葬先君子于皋亭山①之麓，其山故元伯颜②取宋屯兵之处也。步村中，一蒙师③唐姓者，年八十余，自言其家驻此六世矣，大王父④犹及见宋末事。方伯颜兵至下屯⑤，其夕月明，忽大风雷震电。伯颜知有异⑥，起立帐外，勒兵防变⑦。见四山旌旗闪烁，皆作精忠字面。伯颜曰：“是矣，此岳公护本国，现灵异也。”亟宰牲为文致祭⑧曰：“王系心⑨本朝，此是大忠大义，敢不仰体⑩？但气数如此，王虽有心，不能违天。若旦日⑪宋以三千人来战，即敛兵北归⑫。如只力竭讲和，亦不能舍囊中物⑬，而为口舌⑭所动也。”祭讫，风雷皆止。明日，天皎洁如故。宋无一兵，且纳款⑮。伯颜入城，又亲诣王庙致祭。宋遂以亡。余闻其言，洒然⑯有异。方往来此中，将寻归骨处⑰，伴先君子。因欲买地立庙，合云长公祀之⑱，题曰“关岳庙”，而老废未能⑲也。

（〔明〕朱国桢《涌幢小品》卷二〇《岳武穆》）

[注]

①先君子：对已故父亲的称呼。皋亭山：又名半山，在今浙江省杭州市北郊。南宋时为临安防守要隘，元兵至，南宋君臣在此投降。②伯颜（？—1340）：元末大臣。③蒙师：蒙童的教师，启蒙的老师。④大王父：曾祖父。⑤下屯：安营驻扎。⑥有异：有异常情况。⑦勒兵防变：陈列兵力，防备事变。⑧亟

宰牲为文致祭：急忙宰杀祭祀的牲畜写祭文进行祭祀。⑨系心：挂心，心有所寄托。⑩仰体：谓体察上情。⑪旦日：明天，第二天。⑫敛兵北归：收起兵器回归北方。⑬囊中物：袋子里的东西。喻稳稳到手或不用费力就可获得的物品。⑭口舌：指劝说、争辩、交涉时的言语。⑮纳款：归顺，降服。⑯洒然：惊异貌，忽然。⑰归骨处：死后埋葬的地方。⑱合云长公祀之：与关云长公合并祭祀。⑲老废未能：衰老病弱而没能实现。

故事主要叙述灭宋蒙古统帅伯彦兵屯杭州城外皋亭山，明月之夜“忽大风雷震电”，“见四山旌旗闪烁，皆作精忠字面”，伯彦以为这是岳飞护卫故国，出现灵异，急忙宰牲致祭。他在祭文中称赞岳飞心系故国，是大忠大义，但宋朝气数已尽，即使岳飞有心，也无力挽救宋朝的命运。如果明天宋朝用三千人来战，他甘愿“敛兵北归”；如果只是“力竭讲和”，他则不会“舍囊中物”。第二天，宋朝竟然没有一兵一卒来战，且表示臣服归顺。伯彦入城，再次到岳王庙祭祀，表达敬意。宋朝于是灭亡。岳飞的爱国精神，不但受到世世代代中国人的敬仰，也受到敌国人的崇敬。

6.（秦桧）晚年谋篡大位，为朝中诸旧臣未尽，心怀疑忌[①]，欲兴大狱[②]，诬陷赵鼎、张浚、胡铨等五十三家谋反大逆[③]。吏写奏牍[④]已成，只待秦桧署名进御[⑤]。是日，桧适游西湖。正饮酒间，忽见一人披发而至，视之，乃岳飞也。厉声说道：“汝残害忠良，殃民误国，吾已诉闻上帝，来取汝命。”桧大惊，问左右，都说不见。桧因此得病归府。次日，吏将奏牍送览。众人扶桧坐于格天阁[⑥]下，桧索笔署名，手颤不止，落墨污坏了奏牍。立刻教重换来，又复污坏，究竟写不得一字。长舌妻王夫人在屏后摇手道："勿劳太师!"须臾桧仆于几上[⑦]，扶进内室，已昏愦[⑧]了，一语不能发，遂死。此乃五十三家不该遭在桧贼手中，亦见天理昭然也。有诗为证：忠简[⑨]流亡武穆诛，又将善类肆阴图[⑩]。格天阁下名难署，始信忠良有嘿扶[⑪]。（〔明〕冯梦龙《喻世明言》卷三二《游酆都胡母迪吟诗》）

［注］

①疑忌：因怀疑而生猜忌。②欲兴大狱：想制造重大的案件。大狱，多指牵涉面广而处罚严厉者。③五十三家：《宋史·秦桧传》载，"浚在永州，桧又使其死党张柄知潭州，与郡丞汪召锡共伺察之。至是，使汾自诬与浚及李光、胡寅谋大逆，凡一时贤士五十三人皆与焉"。大逆：封建时代称危害君父、宗庙、宫阙等罪行为"大逆"。④奏牍：奏章。牍，古代写字用的木片。⑤进御：进呈皇帝。⑥格天阁："一德格天阁"的省称，是秦桧所建阁名。绍兴十五年（1145）宋高宗为其亲书匾额"一德格天"。秦桧经常在阁中谋害大臣。⑦仆于几上：仆倒在几案上。几（jī），小桌子。⑧昏愦：头脑昏乱，神志不清。⑨忠简：指赵鼎。赵鼎谥忠简。⑩又将善类肆阴图：又把有德之士任意地阴谋陷害。善类，善良的人，有德之士。⑪有嘿扶：有神明暗中扶助。嘿，通"默"。

小说写秦桧"晚年谋篡大位"，想扫除赵鼎等五十三家忠良大臣之障碍，命吏写奏章待"署名进御"，是日游西湖，见岳飞披发而至，厉声说道："汝残害忠良，殃民误国，吾已诉闻上帝，来取汝命。"秦桧吓得得病归府。次日，在奏章上署名送览时，两次"手颤不止，落墨污坏了奏牍"，终至死去。五十三家大臣得以不死，是岳飞"诉闻上帝"之力，"亦见天理昭然也"。

小说根据相关史料演义而成，揭露了秦桧的险恶用心，反映了人们对秦桧死去的称快和对五十三家大臣免于祸难的庆幸，更反映了人们为岳飞复仇的普遍心理。

7. 钱宁①者，投钱太监，冒姓钱。能吹箫。武宗收为义子，赐姓朱。死后，魂游崔驸马②家，作声曰："谋反非罪，许宸濠晏驾迎立③。虽然，数也④。秦桧欲杀岳飞，不合助言⑤，冥司问七次凌迟⑥，今三次矣。"问在宋何人，不肯言。召天台道士遣之去。（〔明〕徐缙芳《精忠类编》卷六《钱宁魂异》）

［注］

①钱宁（？—1521），镇安人，正德年间锦衣卫官员，明武宗朱厚照义子。其性狡黠猾巧，有"开左右弓"射箭之技，深为明武宗所喜。②崔驸马：崔元（1478—1549），字懋仁，号岱屏，代州人，明宪宗朱见深永康大长公主之夫，封爵至太傅兼太子太傅驸马都尉京山侯。③许宸濠晏驾迎立：承诺朱宸濠在皇帝去世后迎接并推立他为帝。④数也：这是命运。数，气数，命运。⑤不合助言：不该帮助提议。⑥冥司：指阴间的长官。凌迟：封建时代一种残酷的死刑。

钱宁本非善类，投靠太监钱能，谄事权宦刘瑾，受宠于武宗为义子，又为宁王朱宸濠谋反的内应。钱宁死后，魂游崔驸马家，自言参与朱宸濠谋反，不算罪过，因为这是命运的安排。他的罪过是前身在宋朝，曾助言秦桧杀害岳飞。冥司对他判决七次凌迟之刑，现在才执行三次。问他在宋朝是何人，却不肯说。看来，明朝人对钱宁的评价，就像宋朝秦桧的党羽和帮凶。

8. 宋押衙何立①，秦桧差往东南第一峰构干即访风魔行者[2]，恍忽人引至阴司[3]，见桧对[4]岳事，令归告夫人，东窗事犯矣。复后，因即弃官，学道脱骨[5]，今在苏州玄妙观，为蓑衣仙。（〔明〕徐缙芳《宋忠武岳鄂王精忠类编》卷六《押衙见对》）

[注]

①押衙：宋元时对吏目的尊称。何立：传说为秦桧家将。②构干：同“勾干”。营谋，料理事情。风魔行者：小说中人物，一贯揭露、讽刺秦桧。③阴司：传说中阴间的权威机构，即地府，主导者为地藏王，主管人间生死。④对：受审问时答述案情。⑤脱骨：道教谓修炼得道，脱去凡胎而成圣胎，换易凡骨而为仙骨。

何立本为秦桧心腹爪牙，传说曾为秦桧前去捕道月长老。道月有“何立从南来，我往西方走”之偈。此又记其受秦桧差遣访风魔行者，入阴司亲见秦桧因岳飞一案受审，且“令归告夫人，东窗事犯矣”。何立顿悟善恶必有冥报，于是幡然悛惧，弃官学道，居然脱胎换骨，成为蓑衣仙。“放下屠刀，立地成佛”，岂此之谓乎？

9. 山阴王方伯泮[1]尝过汤阴，勒诗[2]岳祠中，意寓微讽[3]，还里以示郡守萧良[4]。久之，邻人某被冥摄[5]，见籍注方伯“毁谤先贤，萧良为证，夺寿，亡子孙[6]”，墨书[7]。其它善事朱书也。邻人惊晤[8]，走语[9]方伯，果然[10]。乃改前诗驰刻汤阴之祠[11]。虽寿终[12]，亡子。白洋朱氏说。（〔明〕谈迁《枣林杂俎·和集·岳武穆庙》）

[注]

①泮，即王泮，字宗鲁，号积斋，明山阴（今浙江绍兴）人。嘉靖四十四年（1565）进士，万历八年（1580）任肇庆知

府，后升任湖广布政司参政。②勒诗：把诗刻在石上。③意寓微讽：诗句有暗中讽喻之意。④郡守：郡的长官，主一郡之政事。宋以后郡改府，知府亦称郡守。此称绍兴府知府。萧良：《嘉靖绍兴府志》卷二六《职官志二·郡守》为萧良干，泾县人，万历十一年任。⑤被冥摄：被阴间招取灵魂。⑥籍注：登记册上注明。夺寿：剥夺寿数。亡子孙：没有子孙。亡，通“无”。⑦墨书：墨笔书写。下文“朱书”，即朱笔书写。⑧惊晤：惊醒。晤，明白。⑨走语：赶快前往告诉。⑩果然：果真如此。此指果真有“毁谤先贤，萧良为证”这样的事。⑪驰刻汤阴之祠：赶快镌刻于汤阴岳飞庙。⑫寿终：自然死亡。《释名·释丧制》：“老死曰寿终。寿，久也；终，尽也。生已久远，气终尽也。”

王泮经过汤阴而题诗刻石于岳飞庙，诗中暗有讽喻之意，阴间因而为他记下这一罪过并处以“夺寿，亡子孙”的惩罚。其邻人的灵魂在阴间登记簿上看到，急忙告诉他，他赶忙修改前诗，并“驰刻”于汤阴岳飞庙。阴间虽然减轻了他的处罚，让他自然老死，但终究没有免除“亡子孙”的惩罚。此类记载，全无依据，但表达了对英雄不可不敬的民众心理。

10. 《说听》载秦桧裔孙①某，宰汤阴②，绰有政声③，每欲谒忠武祠，辄逡巡弗果④。将及瓜⑤，谓同僚曰：“少保虽与先世有恶⑥，岂在后嗣耶⑦？且吾守官⑧，无愧神明，往谒何害⑨！”遂为文祭之，拜不能起，呕血数升而死。事在嘉靖初年。魏庄渠⑩提学河南归，为所亲言之⑪。此与宋御史罗汝楫子鄂州知州愿事全相类。（〔清〕王士祯《池北偶谈》卷二三《秦罗子孙》）

[注]

①裔孙：远代子孙。②宰汤阴：做汤阴知县。宰，主宰，掌治。③绰有政声：有绰异出众的好声誉。政声，官吏的政治声誉。绰，绰异，超然出众。④辄：总是。逡巡：因为有所顾虑而徘徊不前或退却。弗果：没有实现。⑤将及瓜：任期将满。《左传·庄公八年》："齐侯使连称管至父戍葵丘，瓜时而往，曰：'及瓜而代。'"后以"及瓜"指任职期满。⑥有恶（wù）：有憎恶仇恨。⑦岂在后嗣耶：哪里在于后代人呢？⑧守官：忠于职守。⑨往谒何害：前去拜谒有什么妨碍？⑩魏庄渠：魏校（1483—1543），字子才，别号庄渠，明昆山人。弘治十八年（1505）进士，授南京刑部主事，历员外郎、郎中，召为兵部郎，移疾归。嘉靖初，起广东提学副使。丁忧，补江西兵备，改河南提学，七年升太常寺少卿，转大理。明年，以太常寺卿掌祭酒事，寻致仕。⑪为所亲言之：为《说听》的作者陆粲亲自说的此事。

罗汝楫之子罗愿的故事与秦桧裔孙某的故事，清人笔记中传抄不衰。查历代《汤阴县志》，嘉靖朝甚至有明一代，并无秦姓为知县者。即使真有其人，难道岳飞是一个只计较个人恩怨而不分善恶的人吗？岳飞虽然与秦桧有仇怨，哪能忌恨其后代人呢？况且，秦某还是一个颇有政绩的官员，对岳飞也恭敬有礼，"为文祭之"，而令其"呕血数升而死"，难道就因为他有"秦桧裔孙"的原罪吗？可见，因果报应之说原本是善良人们追求公道的愿望，但强调到极端，也会动摇"天地自有公道"的信仰。清龚炜《巢林笔谈续编》卷上《罗愿等死岳祠必误》评论说："愚以恶恶止其身，至纯至粹如忠武，必不以桧、楫之恶，而仇其干蛊之子孙，此必传说之误；不然，则亦会逢其适耳。"

11. 《葭鸥杂识》：康熙丙子[①]春，浙抚王嵋谷维珍[②]，到西湖岳坟。礼拜武穆毕，顾瞻[③]墓前铁铸秦桧、王氏等跪于前，游人必笞扑[④]之，恻然悯焉[⑤]。默念此事已远，欲撤而去之，然未出于口也。忽觉背上若有人鞭之者，悚然而退[⑥]。涂中[⑦]即病，进署惛然[⑧]。百方祈祷，不愈而殂[⑨]。武穆在天之灵，可不畏哉。（〔清〕褚人获《坚瓠广集》卷四《岳坟灵异》）

［注］

①康熙丙子：清康熙三十五年（1696）。②浙抚：浙江巡抚。王嵋谷维珍：王维珍，字嵋谷，汉军镶蓝旗人。康熙九年进士，选庶吉士，散馆授编修。官至浙江巡抚，谥敏悫。③顾瞻：回视。④笞扑：拷打。⑤恻然悯焉：悲伤地产生怜悯之情。⑥悚然而退：害怕地离去。⑦涂中：途中。涂，通“途”。⑧惛然：神志不清貌。⑨殂（cú）：死亡。

浙江巡抚王维珍因怜悯秦桧夫妇久遭游人笞扑，而想将其撤去，背上立即受到鞭打，进而“涂中即病，进署惛然”，终至“百方祈祷，不愈而殂”。不管是不是岳飞在天之灵对王维珍进行惩罚，它反映了中国人不能同情恶人的普遍心理。特别是对杀害岳飞而死有余辜的秦桧夫妇，更不能有丝毫怜悯。

12. 王文禄《述略》：罗汝楫附[①]秦桧意，劾岳武穆而狱成。汝楫之子愿，知鄂州，入武穆庙，遽卒像前[②]。崇祯中，金陵秦某，桧之后裔，偶入岳庙，双睛堕出[③]，遂以瞽废[④]。又嘉靖初，钱宁死后，魂至崔驸马家，作声曰：“我问凌迟七次，今三世矣。因秦桧欲杀岳飞，不合助言，故冥司拟此罪，天律重主使也[⑤]。”问：“汝是宋时何人？岂万俟卨耶？”鬼不言而去。岳武穆死，狱卒隗顺负其尸逾城，葬于北山。后朝廷购求葬处，顺之子以告，及启棺，颜色如生，乃以礼服敛[6]焉。隗顺，史失载。（〔清〕褚人获《坚瓠广集》卷六）

［注］

①附：依附迎合。②遽卒像前：突然死于岳飞像前。③双睛堕出：两眼珠掉出来。④遂以瞽废：于是因眼瞎而残废。⑤天律重主使也：天界的律令重在惩罚主谋指使的人。⑥敛：入殓，将死人尸体移入棺木。

此则罗列四事，旨在证明善恶昭彰，报应不爽。罗汝楫之子罗愿突然死于岳飞庙像前，秦桧后裔入岳飞庙而两眼珠掉出来，二事同类，表明善恶之报，不但报在本人，而且报在后嗣。钱宁鬼魂虽未承认在宋为万俟卨，而作者和读者已心照不宣。万俟卨助纣为虐，为秦桧杀害岳飞的帮凶，天律问七次凌迟，至钱宁才经受三世，其恶报还将继续数百年。岳飞忠国抗敌，受诬被杀，隗顺负尸葬于北山，二十年后，“颜色如生”，与前面三人形成鲜明对照。

13.《樵书》：宋大理卿周三畏，不肯勘问[1]岳武穆，挂冠[2]而去，不知所之[3]。明万历中，延安葭州[4]山中，有剪头仙，口饮净水三瓯[5]，以水疗疾。开府郑汝璧[6]，大帅李如樟[7]，请至榆林，求其为民治疾。给水与人，无不随愈。畅谈古今，论及宋事，咸阳冤死[8]，仙辄大哭。问其姓，曰：“姓周。”昼夜令百余人环侍[9]之，忽不知其何从而去。抚帅求之不得，望空遥礼[10]，空中坠名帖[11]二纸，书“周三畏拜谢”五字，乃知剪头仙人即大理[12]也。（〔清〕褚人获《坚瓠秘集》卷二《剪头仙人》）

［注］

①勘问：查问，审问。②挂冠：辞官。③不知所之：不知道去了哪里。之，动词，去、到。④葭州：治今陕西省佳县，属河东北路。辖境相当今陕西省佳县、神木、吴堡等县地。⑤瓯：盆盂类瓦器。此作量词。⑥开府：指高级官员（如三公、大将军、将军等）建立府署并自选僚属之意。郑汝璧（1546—1607）：字邦章，号昆岩、愚公，明缙云（今浙江丽水市）人。隆庆二年（1568）进士。始授刑部江西司主事，累迁云南司郎中。⑦大帅：统军的主帅、主将。李如樟：明铁岭（今辽宁铁岭市）人。朝鲜族，李成梁第四子。任都指挥佥事，因功升广西延绥总兵官。官至东西延绥总兵官。⑧咸阳冤死：意谓被秦桧陷害冤屈致死。咸阳，指秦桧。《战国策·秦策四》载，齐、韩、魏攻秦，昭王割三城以求和，且曰："宁亡三城而悔，无危咸阳而悔也。"南宋丞相秦桧割地媚金以求偏安，事类昭王。秦都咸阳而桧姓秦，故时人以"咸阳"称之。⑨环侍：围绕陪侍。⑩遥礼：遥拜，远远地行礼。⑪名帖：又称名刺，即名片，用作拜谒通报的帖子。⑫大理：大理寺卿的省称。此称周三畏。

自从钱彩《说岳全传》中"勘冤狱周三畏挂冠"描写周三畏不肯"屈勘岳飞"，宁愿弃官归隐后，在后来的戏剧、小说中，周三畏的形象不断被拔高，成为一个刚正无私的法官。然而与真实的历史形象却大相径庭。周三畏虽不是秦桧的心腹，却是个畏首畏尾，丧失骨气，附会冤狱的人，无所称道。当岳飞遇害后，身为执政大臣的何铸、大理寺丞李若虚、何彦猷等人因曾反对岳飞冤狱而被处分，周三畏却升迁刑部侍郎，又升刑部尚书。如果周三畏真为岳飞开脱，却能被秦桧容忍，并进而升官迁职，岂有可能？此传说虽是对周三畏不明史实的美化，当可看出后世对岳飞冤案中秉公持正的官员的颂扬。

14. 《湖壖杂记》：银瓶小姐者，岳武穆季女[①]也。武穆被难，女欲叩阙上书[②]，逻卒[③]拦止，遂抱银瓶坠井而死。孝宗悟王之冤，就其第立庙以祀[④]。井在庙中，范银瓶像于庑右[⑤]。明时有宋观察者，祀岳王，谓武穆精忠固当拜，银瓶女流耳[⑥]，非所宜[⑦]，障之以屏[⑧]，于礼便[⑨]。后升公座[⑩]，睹玉貌锦衣神女，持弓矢当檐而立，僚寀具见[⑪]。观察惊顾[⑫]，矢发中昔[⑬]，成疽[⑭]而死。（〔清〕褚人获《坚瓠秘集》卷二《银瓶小姐》）

［注］

①季女：最小的女儿。②叩阙：扣击宫门。指官吏、百姓受到冤屈时，直接在皇宫外叩击宫门，以图向朝廷申诉的行为。上书：向君主进呈书面意见。③逻卒：巡逻的士兵。④就其第立庙以祀：趁着岳飞的宅第建立庙宇进行祭祀。⑤范：模子，制作器物的模型。此作动词，用模子塑造。庑右：房屋右边。庑，堂下周围的廊屋。泛指房屋。⑥女流耳：只不过是妇道人家罢了。⑦非所宜：不是应当祭祀的。⑧障之以屏：用屏障遮蔽银瓶的像。⑨于礼便：对礼拜岳飞更有益。⑩后升公座：后来登上办公席位。⑪僚寀：同僚。具见：全都看见。具，通“俱”。⑫惊顾：吃惊地回头看。⑬中昔：疑当为“中脊”。射中脊背。⑭成疽：成为毒疮。

岳飞有幼女银瓶，为民间传说。岳珂《金佗稡编》《金佗续编》全未提及。宋孝宗为岳飞平反昭雪，“访求其后，特与录用”，连岳飞的孙子孙女都有赐官，独不见对岳飞幼女银瓶赏赐的官告。岳珂有这样一位刚烈的姑姑，是岳家光荣，不可能不予记载。自宋末以来，关于银瓶娘子的记载相继不绝。明代“宋观察”认为虽有其人，因其为“女流”，不当奉祀，而受到“矢发中昔，成疽而死”的惩罚，旨在说明银瓶娘子孝女事迹不应被忽视，也显示银瓶娘子作为“神女”的灵验。

15. 余家[①]吴江之北麻村，居濒麻湖[②]。康熙四十一年四月晦夕[③]，遥见燎火[④]遍野，列如繁星，穿林登陇[⑤]，其行甚速，钲炮喧震[⑥]，而绝无人声。湖内之舟，舳舻[⑦]相接，桅灯高入天际，其灯皆书“岳府”二字。村人举家出走，惊以为盗。久之乃灭。及晓访之，远地百里内，无不有此，咸以为忠武神兵，道经吾邑也。

（〔清〕钮琇《觚剩续编》卷三《岳家神兵》）

[注]

①家：动词，家住。②居濒麻湖：居所临近麻湖。濒，靠近，邻近。③康熙四十一年：公元1702年。晦夕：月末最后一天的晚上。④燎火：火炬。⑤穿林登陇：穿过树林，登上高冈。陇，山冈高地。⑥钲炮喧震：钲声和炮声喧闹震动。钲，古代乐器名。形如铃，有柄可执。古时行军击钲使士兵肃静，击鼓使士兵前进。故用钲鼓为军事的代称。⑦舳舻：船头和船尾的合称，泛指船只。

作者记其亲历亲见的一幕奇景。由于是四月末的夜晚，没有月光，陆地上只能看到“燎火遍野，列如繁星”，以形容人数众多。“穿林登陇，其行甚速”，形容行军迅捷。能听到“钲炮喧震，而绝无人声”，形容军势威武，军纪整肃。湖面上能看到“舳舻相接，桅灯高入天际”，以形容水师雄壮。这只是作者当夜看到的，第二天才知道“远地百里内，无不有此”。大家根据桅灯上皆书“岳府”二字，知是岳飞率神兵经过其地。这种现象是如何形成的，是否确有其事，今天已无从稽考。但它反映出民间对岳家军的良好印象：水陆并重，军力强大；军容整肃，军纪严明；行动迅速，作风凌厉。

16. 罗愿[①]知鄂州，以父汝楫附秦桧论岳忠武王，不敢入王庙。一日，念吾政甚善，可以无愧于公，入庙拜之再拜，遽卒于像前[②]。埴谓：死生，命也。卒于庙，亦数与时会耶[③]！不然，以王之忠，何憾于死[④]？衔恨于党恶之臣[⑤]，而甘心于干蛊之子[⑥]，恐未必然也[⑦]。（〔清〕金埴《不下带编》卷二）

［注］

①罗愿：字端良，号存斋，宋徽州歙县（今安徽歙县）人。罗汝楫子。荫补承务郎。宋乾道二年（1166）进士，历任鄱阳知县、赣州通判、鄂州知事，人称罗鄂州。②遽卒于像前：突然死于岳飞像前。③亦数与时会耶：也是命运与时间巧合吧？④何憾于死：对于死有什么可恨。⑤衔恨于党恶之臣：憎恨结党作恶的大臣。⑥而甘心于干蛊之子：且快意于能继承父业的儿子死去。《易·蛊》："干父之蛊，有子，考无咎。"王弼注："以柔巽之质，干父之事，能承先轨，堪其任者也。"后谓儿子能继承父志，完成父亲未竟之业为"干父之蛊"。亦省作"干蛊"。此"干蛊之子"指罗愿。⑦恐未必然也：恐怕岳飞未必是这样的人。

罗汝楫之子罗愿入岳王庙而猝死，按今天科学解释，应是急性心脏病或急性脑出血发作，与岳飞了无关系。但人们宁愿相信是其父之恶报在其子身上。这反映了善恶报应在中国传统观念中的根深蒂固。金埴的评论虽持"数与时会"的观点，但这个"数"是指罗愿个人的命运，能抛开因果报应解释，已属难能可贵。更可贵的是，他能从岳飞的品性与操守方面分析，认为岳飞对于自己的死本无所恨，岂会因憎恨结党作恶的大臣而惩罚其子呢？所以认为岳飞"恐未必然也"。

17. 时刘孔昭[①]走浙，刘泽清[②]入海。惟刘良佐[③]降清，奉豫王[④]命，引兵追帝[⑤]至芜湖，于十五日及之[⑥]。且召黄得功[⑦]。得功不从，良佐伏弩[⑧]射中得功喉。得功创甚[⑨]，拔剑自刎。后金陵有人忽奔真武庙中者，跳舞大呼曰："我靖南侯[⑩]也。上帝命我代岳武穆王为四将[⑪]，岳已升矣。"言毕，手提右廊岳像于中，而已立其位，作握鞭状，良久乃苏云。是日，良佐挟帝去。之琪[⑫]投水死。（〔清〕南沙三余氏《南明野史》）

[注]

①刘孔昭：字复旸，明末青田（今浙江文成县）人。刘伯温第十四世孙，袭诚意伯爵。清兵入关后曾拥立福王朱由崧为帝，后莫知所之。②刘泽清：字鹤洲，明末曹县（今山东曹县）人，出身行伍，崇祯末年升至山东总兵。李自成军迫近北京时，崇祯帝命其率部火速入卫京师，其谎称坠马受伤，拒不奉诏。不久大顺军进入山东，刘又带领主力向南逃至淮安。明朝灭亡后，刘泽清在江南拥立福王朱由崧登基，被封为东平伯，与刘良佐、高杰、黄得功并称为江北四镇。顺治二年（1645），清军南下，刘泽清投降。清廷讨厌他反复无常，将其绞死。③刘良佐：字明辅，山西大同左卫（今山西大同市）人。初与高杰同属李自成部农民军，后降明，官至总兵。弘光帝立，封广昌伯，守颍州，为四镇之一。清顺治二年清军南下，他率部投降，掳弘光帝于芜湖，献交清军。隶汉军镶黄旗，封三等子。曾到江阴劝降，被阎应元痛斥。后至江西与金声桓、王得仁作战。官至左都督。④豫王：爱新觉罗·多铎，清太祖努尔哈赤第十五子。崇德元年（1636），封豫亲王。顺治元年，以定国大将军从多尔衮入关，击败李自成军。旋挥师破扬州，杀史可法。下江南，俘南明福王，晋和硕德豫亲王。⑤帝：指弘光帝朱由崧。是明神宗朱翊钧之孙，明光宗朱常洛之侄，福忠王朱常洵庶长

子。袭封福王爵位。崇祯十七年崇祯帝殉国后，同年五月朱由崧被四镇拥立于南京，改元“弘光”，建立弘光政权，在位仅八个月。弘光元年，（顺治二年，1645），清军兵临江南，南京城门大开，朱由崧逃亡芜湖，后押往北京，翌年被清军处死。⑥十五日：指顺治二年五月十五日。及之：追上弘光帝。⑦黄得功：号虎山，开原卫（今辽宁开原市）人。行伍出身，积功至副总兵，为京营名将。崇祯末年封靖南伯。明朝灭亡后，因参与拥立福王朱由崧，晋为侯爵。清军南下后，朱由崧逃入芜湖黄得功营中，清兵分兵来袭，得功率军在荻港与清兵大战，被刘良佐一箭射穿喉咙，于是抽刀自杀。⑧伏弩：埋伏弓箭手，也指暗箭。⑨创甚：受伤很严重。⑩靖南侯：指黄得功。崇祯十七年，黄得功因镇压农民起义有功，封靖南伯。南明福王时，进封靖南侯。⑪代岳武穆王为四将：代替岳飞为四将之一。四将，当指所谓“南宋中兴四将”韩世忠、张俊、刘光世、岳飞。⑫之琪：翁之琪，字符倩，明末钱塘县（今属浙江杭州市）人。原名翁玉，补杭州府生员。后投笔从戎，更名翁之琪，参加武举考试。崇祯九年中武状元，授舟山守备，累功升为总兵。弘光元年，击败左良玉起兵“清君侧”，因功升为左都督，挂征南将军印，加太子少保。后清兵南下，弘光帝出奔，翁之琪见大势已去，投水自尽。

此则言黄得功死节后，南京有人奔真武庙“跳舞大呼”，自称是黄得功，上帝命其“代岳武穆为四将”，并说岳飞已经升迁了。他还把右廊的岳飞像提到正殿中，自己立于岳飞原来的位置，“作握鞭状”。可见人们认为黄得功像岳飞一样有气节，而特别尊敬。至于此人“良久乃苏”，似乎先前处于昏迷状态，是否真的如此，个中玄机就不得而知了。

18. （东岳）庙有七十二司，司各有神主之。相传速报司[①]之神为岳武穆，最著灵异[②]。凡负屈含冤心迹不明[③]者，率于此处设誓盟心[④]，其报最速。阶前有秦桧跪像，见者莫不唾之，已不辨面目矣。（〔清〕富察敦崇《燕京岁时记·东岳庙》）

[注]

①速报司：迷信谓阴间东岳大帝属下专掌善恶因果报应的机构。由于报应迅速，故名。②最著灵异：最灵验。③心迹不明：心事不能明辨。④率：大都。设誓盟心：立下誓言，盟誓在心。

传说岳飞为速报司之神，最为灵验，其报应也最快。这大概是人们认为岳飞本身就是“负屈含冤心迹不明者”，由这样的人来主持速报司，最能体察冤屈者的心迹，而为之主持公道。人们唾弃阶前的秦桧像，也因为他是人间制造冤屈的代表。

19. 戏场有《扫秦》之疯僧，即济颠[①]，俗以为地藏王现身。《江湖杂记》载其事云：“秦桧既杀武穆，向灵隐祈祷，有一行者乱言讥桧，桧问其居址，僧赋诗有‘相公问我归何处，家在东南第一峰’之句，桧令隶何立物色[②]之，立至一宫殿，见僧坐决事[③]，立窃问之，答曰：‘地藏王决秦桧杀岳飞事。’数卒随引桧至，身荷铁枷，囚首垢面，呼告曰：‘传语夫人，东窗事发矣！’”按《云薖淡墨》所载，与此略同，《邱氏遗珠》所载，亦有“东窗事发”语，知此戏不尽属子虚也[④]。（〔清〕梁章钜《浪迹续谈》卷六《扫秦》）

[注]

①济颠：释道济的绰号，即济公和尚。宋天台（今浙江天台县）人，俗姓李，剃度于杭州灵隐寺。为便度世，佯狂云游，

故人称济颠。②隶：职位低微的吏役。物色：访求，寻找。引申为搜捕。③坐决事：坐着处理事情。④不尽属子虚也：不全是虚构。汉司马相如作《子虚赋》，假托子虚、乌有先生、亡是公三人互相问答。后因称虚构或不真实的事为“子虚”。

济颠和尚是一位深受百姓喜爱的高僧。他举止似痴若狂，然好打抱不平，扶危济困、除暴安良、彰善罚恶等种种美德，在民间广为传诵，人们都以为他是地藏王现身。秦桧杀岳飞后，向灵隐寺祈祷，济公敢于当面对其出言讥讽。秦桧问他的居址，他戏答“家在东南第一峰”。秦桧派何立去搜捕济公，正逢“地藏王决秦桧杀岳飞事”。地藏王正是济公和尚，秦桧“身荷铁枷，囚首垢面”，将接受济公的审判，见何立，呼告说：“传语夫人，东窗事发矣!”作者认为，此事见于多处记载，恐怕不完全属于子虚乌有吧。

20. 汴梁城南朱仙镇，有岳忠武庙。庙前有铁铸秦桧夫妇跪像，与吾浙西湖岳坟同。凡负贩之人①至其地者，必批秦桧之颊②，而摩王氏之乳，谓不如是，则是日鬻市廛不能获利③。岁月既久④，颊与乳光泽可鉴⑤。有秦氏家于庙侧⑥，耻之⑦，乘夜负⑧铁像投于河中。至次日，而二像仍在水面，浮而不沉。众人环观，无不骇异⑨，仍异置庙前焉⑩。（〔清〕俞樾《右仙台馆笔记》卷一〇）

[注]

①负贩之人：做小买卖的人。负贩，担货贩卖。②必批秦桧之颊：一定要打秦桧的耳光。批颊，指掌嘴，打耳光。③谓不如是，则是日鬻市廛不能获利：说是如果不这样，那么当天在集市上做买卖就不能赚钱。鬻（yù），卖。引申为做生意。市廛，指店铺集中的市区。④岁月既久：时间长久。⑤颊与乳光

泽可鉴：秦桧的面颊与王氏的乳房被磨得光可照人。⑥有秦氏家于庙侧：有姓秦的人居住在庙旁。家，名词作动词，居住。⑦耻之：认为与秦桧夫妇相近可耻。耻，意动词。认为可耻。⑧乘夜：趁夜间。负：背，背负。⑨众人环观，无不骇异：大家围绕观看，没有不惊异的。⑩仍舁置庙前焉：仍旧抬回去放置在岳飞庙前。舁（yú），抬。

岳家军前锋抵达朱仙镇，距开封四十五里，眼看就可恢复北宋故都，宋高宗却以十二道金牌诏岳飞班师。长期以来，民间一直认为是秦桧“矫诏”而令岳飞班师，不仅使抗金大业功亏一篑，而且还诬陷杀害了抗金英雄岳飞，所以对祸国害忠的秦桧夫妇恨之入骨。以至于在朱仙镇形成“必批秦桧之颊，而摩王氏之乳”，做生意就会赚钱，否则“不能获利”的民俗观念。住在岳庙旁边的秦氏偷偷将铁像投于河中，铁像竟然“浮而不沉”，确实令人“骇异”，这反映了民众对秦桧夫妇罪不容赦的愤恨和天不佑奸的大快。

二十二、厖钞

1. 天资敏悟强记①，书传②无所不读，尤好《左氏春秋》及孙吴兵法③，或达旦不寐④。家贫，不常得烛⑤，昼拾枯薪以自给⑥。然于书不泥章句⑦，一见得要领，辄弃之⑧。为言语文字⑨，初不经意⑩，人取而诵之，则辨是非，析义理⑪，若精思而得者⑫。（〔宋〕岳珂《鄂国金佗稡编》卷四《经进鄂王行实编年》卷一）

[注]

①天资敏悟强记：天赋聪明而记忆力很强。敏悟，犹聪明。强记，记忆力强。②书传：著作，典籍。③《左氏春秋》：亦称《春秋左氏传》，儒家经典。旧传为春秋时期左丘明所撰，是一部编年体史书。孙吴兵法：《孙子兵法》和《吴子兵法》的合称。④或达旦不寐：有时直到第二天天亮都不睡觉。⑤不常得烛：不能经常得到蜡烛。⑥昼拾枯薪以自给：白天拾干柴用来满足自己夜晚读书照明的需要。⑦不泥章句：不拘泥于剖章析句。章句，是离章辨句的省称，经学家解说经义的一种方式。作为一种注释，章句不像传注类注释那样以解释词义为主，而着重于逐句逐章串讲，分析大意。汉代一些儒者治学，从辨析章句入手，如东汉赵岐的《孟子章句》，王逸的《楚辞章句》。北齐颜之推《颜氏家训·勉学》："空守章句，但诵师言，施之世务，殆无一可。"⑧一见得要领，辄弃之：一旦读书得到要领，就丢开它。要领，指文章的要点、关键。⑨为言语文字：指写作文章。⑩初不经意：完全不是刻意而作。初，全，完全。⑪辨是非，析义理：辨明是非，分析道理。义理，文章的含义

和观点。⑫若精思而得者：好像是精心思考而得到的。

岳飞幼而聪颖善记，贫而刻苦好学，是受宋代崇文抑武风气所影响，深知寒门子弟要想摆脱困境，必须读书。后虽从戎，未能以文贵显，其留于后世之诗文，足见其文化程度尚好。岳飞能屡立战功，位至将帅，恐亦与其读书增长见识有关。而同时“不识一丁”的诸大将，难有比者。记述虽不无夸饰成分，大体尚属可信。

2. 生而有神力[①]，未冠[②]，能引弓[③]三百斤，腰弩[④]八石。尝学射于乡豪[⑤]周同。一日，同集众射[⑥]，自眩其能[⑦]，连中的者三矢[⑧]，指以示先臣[⑨]，曰：“如此而后可以言射矣[⑩]。”先臣谢[⑪]曰：“请试之[⑫]。”引弓一发，破其筈[⑬]，再发又中。同大惊，遂以其所爱弓二[⑭]赠先臣。后先臣益[⑮]自练习，能左右射[⑯]，随发辄中[⑰]。及为将[⑱]，亦以教士卒[⑲]，由是[⑳]军中皆善左右射，屡以是破贼锋[㉑]。（〔宋〕岳珂《鄂国金佗稡编》卷四《经进鄂王行实编年》卷一）

［注］

①神力：神奇之力。②未冠：指不满二十岁。古礼男子年二十而加冠。故未满二十岁为“未冠”。③引弓：挽弓，拉弓。④腰弩：用腰部开弩。弩，用机械发箭的弓。⑤乡豪：官名。《梁书·武帝纪中》：“（天监七年二月）庚午诏于州郡县置州望、郡宗、乡豪各一人，专掌搜荐。”⑥同集众射：周同召集众人射箭。⑦自眩其能：自己炫耀自己射箭的才能。眩，古同“炫”。⑧连中的者三矢：接连三箭射中目标。的（dì），箭靶的中心目标。矢，箭。⑨指以示先臣：指着箭靶给岳飞看。⑩如此而后可以言射矣：像这样今后才可以谈论射箭呢。⑪谢：逊让。⑫请

试之：请让我试射一下。之，代射箭。⑬破其筈：岳飞的箭射中周同的箭，使其箭尾破裂。筈（kuò），箭尾。⑭弓二：两张弓。古汉语常将数词放在名词后。⑮益：更加。⑯能左右射：能左右开弓射箭。⑰辄中：总是射中。⑱及为将：待到身任大将。⑲亦以教士卒：也用“左右射”教战士射箭。“以”后省略介词宾语。⑳由是：因此。㉑屡以是破贼锋：屡次用这种方法击破贼军的攻势。“是”代“左右射”。

生有神力，先天赋之；两破师筈，后天得之。由“益自习之”四字，可知前所习之者几多汗水，几多勤苦。“大惊”之余，赠以所爱弓，亦见周同识微察渐之明。岳飞后率士卒，教以左右射，屡破贼锋，果能不负恩师厚望。

3. 初，岳飞犯法①，有司将正典刑②。公③一见，奇之④，曰：“此将材也。”不加之罪，留之军前。至是遣为踏白使⑤，以五百骑授之⑥，曰：“汝罪当死，吾释不问⑦，今当为我立功。往视敌势⑧，毋得轻斗。”飞谢罪禀命，鼓勇而前，竟与敌接⑨，败之。公喜，擢统领，后迁统制。自是每出必捷。（〔宋〕王柏《鲁斋集》卷一四《宗忠简公传》）

［注］

①岳飞犯法：指岳飞擅自脱离王彦部队。②有司将正典刑：主管官员将要依照军法处以极刑。典刑，法典。③公：尊称宗泽。④奇之：认为岳飞很奇特。⑤踏白使：执行武装侦察任务的军官。⑥以五百骑授之：将五百名骑兵交给他。⑦吾释不问：我赦免你，不再追究。⑧往视敌势：前去侦察敌军的情势。⑨竟与敌接：径直与敌人交战。

此则记述岳飞深得宗泽知遇。岳飞擅离王彦的部队，按军法规定："军中非大将令，副将下辄出号令，及改易旌旗军号者，斩"，"背军走者，斩"。东京留守司的主管官员报告宗泽，宗泽早知岳飞骁勇善战，是难得的"将材"，便决定将他留在军中，委任为踏白使，率五百名骑兵，前去汜水关侦察敌情。岳飞深感宗泽的知遇之恩，"谢罪禀命""鼓勇而前"，一举打败敌军。宗泽大喜，立即任命他为统领，不久又提升为统制。自此，岳飞"每出必捷"。宗泽慧眼识人，为南宋抗金事业保留并选拔了一位杰出的将帅。

4. 当宋寇内讧①之日，忠武誓孤忠②，提偏旅③，破贼之计未决也。云阳长者倡义声④，迎饷军门⑤，令六师之气⑥不战而先奋，其于成功之助盖多矣。忠武名其堂，订以一经教子⑦，若豫占其后之必兴者⑧。今子孙诗书泽远⑨，延流⑩数百岁，仕宦不绝，得非本忠义一心之感协哉⑪！（《同治茶陵县志》卷二三，尹台《后一经堂歌》序）

［注］

①宋寇内讧：此指当时湖东路的盗匪曹成、马友、李宏和张用等，他们虽结为"义兄弟"，但流窜到荆湖一带后，却各自成军，割地称雄，彼此嫌隙很深，互相攻伐。其中军力最强者是曹成。绍兴二年（1132）岳飞讨伐曹成。②誓孤忠：立誓做忠贞自持的人。孤忠，忠贞自持、不求人体察的节操。③提偏旅：率领部分军队。偏旅，指主力军以外的部分军队。④云阳长者：指茶陵县老人尹彦德。云阳，茶陵的别称，以境内有云阳山得名。长者，指年纪大、辈分高、德高望重的人。《茶陵县志》载："宋岳忠武讨贺州贼曹成，道经茶陵，尹彦德劳其军，忠武曰：'君长者也，当以一经教子。'"倡义声：带头倡导德

义的名声。指送粮饷慰劳岳家军。⑤迎饷军门：岳飞到军营的大门外迎接粮饷。饷，军粮及军队的俸给。⑥六师之气：军队的士气。六师，周天子所统六军之师。亦泛指全部军队。⑦忠武名其堂，订以一经教子：岳飞为尹彦德堂舍命名，约定以六经中的一经教子读书。订，预先约定。⑧若豫占其后之必兴者：好像预先占卜得知尹彦德的后代一定兴盛一样。⑨诗书泽远：受诗书泽惠久远。⑩延流：延续传布。⑪得非本忠义一心之感协哉：莫非是本来忠和义专心不二的意念就相符合？感，意念，感应。忠指岳飞的忠心，义指尹彦德的义气。

尹彦德率众劳军，表现了人民群众对岳家军的爱戴和拥护；岳飞勉励尹彦德当以一经教子，表现了岳飞对人民群众的感谢和正确引导。这种“民拥军，军爱民”的鱼水关系，在当时唯有岳家军能够建立和保持。尹彦德牢记岳飞的教导，教子读书，并名其堂曰“一经堂”。自宋至清，历数百岁，尹之子孙因读书而做官的代代不绝。不唯“诗书泽远”，“得非本忠义一心之感协哉”的感叹，也谓岳飞之恩泽久远矣。

5. 春正月①，入见，上从容与谈用兵之要，因问先臣曰：“卿在军中得良马否？”先臣曰：“骥不称其力，称其德也②。臣有二马，故常奇之。日啖刍豆至数斟③，饮泉一斛④，然非精洁，则宁饿死不受⑤。介胄⑥而驰，其初若不甚疾⑦，比⑧行百余里，始振鬣⑨长鸣，奋迅示骏⑩，自午至酉⑪，犹可二百里。褫鞍甲而不息不汗⑫，若无事然。此其为马，受大而不苟取⑬，力裕而不求逞⑭，致远之材⑮也。值复襄阳⑯，平杨么⑰，不幸相继以死。今所乘者不然，日所受不过数升，而秣⑱不择粟，饮不择泉。揽辔未安⑲，踊跃疾驱⑳，甫㉑百里，力竭汗喘㉒，殆欲毙然㉓。此其为马，寡取易盈㉔，好逞易穷㉕，驽钝之材㉖也。”上称善久之。（〔宋〕岳珂《鄂国金佗稡编》卷七《鄂王行实编年》卷四）

［注］

①春正月：绍兴七年（1137）正月。②骥不称其力，称其德也：称千里马为骥，并不是赞美它的气力，而是赞美它的品德。称，称道，赞美。③日啖刍豆至数㪷：每天吃草和豆多达数斗。啖（dàn），同“啖”，吃。至，达。刍豆，牲口吃的草和豆。指马的饲料。㪷，同“斗”。容量单位，十升。④斛（hú）：量器名，也是一种容量单位，古时以十斗为一斛，南宋时改五斗为一斛。⑤然：但。精洁：指精细清洁的饲料和饮水。不受：不食饮。⑥介胄：披甲戴盔。介，甲，用作动词，披甲。胄，头盔，用作动词，戴盔。⑦若：好像，似乎。疾：快。⑧比：等到。⑨振鬣（liè）：竖起马鬣。鬣，马脖子上的长毛。⑩奋迅：振奋起来，加快速度。示骏：显示出骏马的品质。⑪自午至酉：从中午到傍晚。午，午时，白天十一点到一点。酉，酉时，下午五点至七点。⑫褫（chǐ）：夺取衣服或带，这里是脱去、解下的意思。鞍甲：马鞍和铠甲。不息不汗：不喘气，不流汗。⑬受大：指对饲料和饮水的要求多而且精。苟取：随便取用。⑭力裕而不求逞：力量充沛而不逞能。裕，充沛。⑮致远之材：能行长途的良马。⑯值：正当，适逢。复：收复。绍兴四年，岳飞率军收复襄阳等六郡。⑰平杨么：岳飞平杨么在绍兴五年。⑱秣（mò）：喂马的饲料。这里作动词用，吃。⑲揽辔未安：拉住缰绳还未坐稳。辔，马缰绳。⑳踊跃疾驱：跳跃起来奔驰。㉑甫：刚刚。㉒汗喘：淌汗，喘息，均作动词。㉓殆欲毙然：像死了一样。殆，近于，几乎。㉔寡取易盈：需求不多，容易满足。㉕穷：这里指力气耗尽。㉖驽钝之材：低下的劣马。比喻劣才。

绍兴七年春，岳飞入觐，宋高宗顺便问及岳飞是否有良马。岳飞不清楚宋高宗的用意，却做出了巧妙的回答。清代学者林云铭在其《古文笔法百篇》中，将此段谈话名为《良马对》，而列于“匣剑帷灯法”，足见其若隐若现、含蓄不露之妙。岳飞这番议论是有其针对性和现实性的。他以马喻人，劝喻高宗应当善于识别真正的人才。文中对骏马和劣马的评论，实是对抗金勇士和驽将庸臣的暗喻。同时，岳飞也以良马自喻，将自己比作“致远之材”，他希望宋高宗能交付给自己更多的军队和权力，以承担再次大举的重任。宋高宗虽“称善久之”，而终不能行其道，甚为可惜可憾。

6. 左司谏陈公辅请对[①]，上因语及岳飞事。公辅退，上疏言：昨亲奉圣语，说及岳飞，前此采诸人言[②]，皆谓飞忠义可用，不应近日便敢如此，恐别无他意，只是所见有异[③]，望陛下加察。然飞本粗人，凡事终少委曲[④]，臣度其心[⑤]，往往谓其余大将或以兵为乐[⑥]，坐延岁月，我必欲胜之。又以刘豫不足平，要当以十万众横截[⑦]敌境，使敌不能援，势孤自败，则中原必得。此亦是一说。陛下且当示以不疑，与之反复诘难，俟其无辞，然后令之曰，朝廷但欲先取河南，今淮东淮西已有措置，而京西一面，缓急赖卿。飞岂敢拒命？前此朝纲不振，诸将皆有易心[⑧]，习以为常，此飞所以敢言与宰相议不合也。今日正宜思所以制之。（〔宋〕李心传《建炎以来系年要录》卷一一〇，绍兴七年夏四月壬子）

［注］

①左司谏：官名。掌规谏讽谕。陈公辅（1076—1141）：字国佐，号定庵居士，台州临海（今浙江临海市）人。政和三年（1113）上舍及第。绍兴六年（1136），以吏部员外郎升左司谏。

请对：请求奏对。②采诸人言：搜集别人的议论。③只是所见有异：只是见解有所不同。④终少委曲：意谓总是率直而言。委曲，隐晦曲折。⑤度其心：揣测他的心意。度（duó），估计，揣测。⑥以兵为乐：凭借军队而取乐。⑦横截：横穿，横插。⑧皆有易心：都有轻视（朝廷）的思想。

绍兴七年四月，岳飞与张浚“议不和”，怒而回庐山为亡母“持余服”，宋高宗对此非常恼怒。他召见左司谏陈公辅时，表达了对岳飞的强烈不满。陈公辅是抗战派，向来被指为李纲的同党。他深知岳飞“忠义可用”，于是上奏，婉转地为岳飞开脱。陈公辅指出，岳飞生性率直，“凡事终少委曲”。岳飞因不满其他大将“以兵为乐，坐延岁月”，想要胜过他们，其志是可嘉的。岳飞勇于承担平定刘豫，收复中原的重任，“要当以十万众横截金境”，也是十分可取的。岳飞所以敢于“与宰相议不合”，是因为诸大将轻视朝廷已“习以为常”。他劝宋高宗对岳飞“当示以不疑”，“缓急赖卿”，岳飞不敢不听命。宋高宗权衡利害得失，为了自己的帝座，不得不用岳飞掌军。于是发布严令，命人敦请岳飞出山。

7. 建炎中兴，张、韩、刘、岳为将，人自为法，当时有张家军、韩家军之语。四帅之中，韩、岳兵尤精。常时于军中角①其勇健者，另为之籍②。每旗头、押队阙，于所籍中又角其勇力出众者为之；将、副③有阙，则于诸队旗头、押队内取之。别置亲随军④，谓之背嵬，悉于四等人内角其优者补之。一人背嵬，诸军统制⑤而下，与之亢礼⑥，犒赏异常，勇健无比，凡有坚敌，遣背嵬军，无有不破者。（〔宋〕赵彦卫《云麓漫钞》卷七）

［注］

①角：比试，竞争。②另为之籍：另给他们造册登记。籍，登记册，登记。③将、副：将领、副将。④亲随军：亲信随从组成的军队。⑤统制：军中官名。位于都统制、副都统制之下，统领之上。⑥亢礼：抗礼。谓以对等的礼节相待。

韩世忠和岳飞皆有背嵬军。岳飞的背嵬军尤其勇壮，屡屡攻坚挫锐。袁甫曾称赞“背嵬军马战无俦，压尽当年众列侯”。此则记载背嵬军的构成，层层角逐、选拔，地位特殊，待遇优厚，故能无往不胜。

8. 蒋宣卿待制灿①，绍兴中以善书著名，因救解岳侯，遂忤秦相，讽言者论罢②，闲废十年。一日，忽报有中使③至其家，时秦尚当国，老幼惊惶，虑有不测，蒋神色不变，徐而言曰：“主上圣明，吾无大过咎，且既从罢免，纵有后命，不过符④下州郡处分耳，亦何至遣中使？此必美意。不然，亦当任之⑤。”既而中使纳谒⑥，具传上旨，赐以香茶、汤药、宫罗⑦之属，又颁下翰苑所撰《宪圣慈烈皇后之弟吴八郡王》⑧，盖神道碑⑨，命蒋书之。蒋即奉敕，书以授中使而归。（〔宋〕陈槱《负暄野录》卷上《蒋宣卿书》）

［注］

①蒋宣卿待制灿：蒋灿（1085—1159），字宣卿，宋宜兴（今江苏宜兴市）人。历任承务郎、平江知府、临安知府、敷文阁待制、右大中大夫等职。待制，官名。②讽言者论罢：秦桧暗示谏官弹劾蒋灿而罢其官。讽，用委婉的语言暗示。论，举报，控告。③中使：宫中派出的使者。多指宦官。④符：盖有官府印信、下行公文的一种。⑤任之：任凭它。⑥纳谒：低头

进见。纳，用同“捺”。⑦宫罗：一种质地较薄的丝织品。⑧翰苑：翰林院的别称。宪圣慈烈皇后：宋高宗赵构的皇后吴氏。绍兴十三年（1143）被册立为皇后。⑨神道碑：立于墓道前记载死者生平事迹的石碑。

蒋灿因解救岳飞，逆忤秦桧，被秦桧暗中指使谏官弹劾而罢官，闲废十年，可见岳飞冤案株连之甚。一天，忽报宫中使者到其家，“老幼惊惶，虑有不测”，可见秦桧当国之淫威炽盛。“蒋神色不变”，说明蒋灿久经事故，刚正、沉毅。结果，虚惊一场，原来是宋高宗要他为内弟吴八郡王书写神道碑。这得益于蒋灿“以善书著名”。

9. 岳飞为湖北京西宣抚使，以身姓岳，母姓姚，一见姚岳①，大喜，遂辟为属官。及飞被罪（改作害），自谓非飞之客，且乞改岳州州名②。士论鄙之③。（〔宋〕徐梦莘《三朝北盟会编》卷二三四引《遗史》）

［注］

①姚岳：字崧卿，京兆（今陕西西安市）人。陕西陷没，避地入蜀。滥得进士，官左朝散郎。②乞改岳州州名：《建炎以来系年要录》卷一六八载，（绍兴二十五年六月）癸卯，诏改岳州为纯州，岳阳军为华容军。先是，左朝散郎姚岳献言秦桧，谓“乱臣贼子侵叛王略，州郡不幸污染其间，则当与之惟新。今夫岳飞躬为叛乱，以干天诛，虽讫伏其辜，然湖、湘、汉、沔皆其生时提封之内，而巴陵郡犹为岳州，以叛臣故地，又与其姓同，顾莫之或改”。③士论：士大夫间的评论、舆论。鄙之：认为他卑鄙。可意译为鄙视他。

姚岳本是陕西京兆人，陕西陷没，避地入四川。途中得到一册考进士的时文，于是就把它珍藏起来。张浚与金人作战失败，丢失山西地区，想收买该地区士大夫的心，绍兴年间开始举行科举考试，就令山西地区的举子尽作合格，姚岳得益于那册应试文章集而名列榜首。岳飞为湖北京西宣抚使，因姚岳的名字巧合他母亲的姓和他自己的姓，很喜欢他，就把他辟作自己的属官。而当岳飞被害，姚岳却恩将仇报，说自己不是岳飞的幕僚，骂岳飞是“乱臣贼子”，并且向秦桧献言，岳州的“岳”字与岳飞的姓相同，要把岳州改为纯州。对这样的人，士大夫当然鄙视他。

10. 飞之在鄂也，有左朝奉大夫王辅者尝知彭山县①，以赃败②，遂依③飞军中，飞亦厚待之。至是④，辅遣其子孝忠上书，指飞为奸凶，阴合桧意。桧喜，由是脱罪籍⑤，寻擢知普州⑥。辅，上蔡人也。（〔宋〕李心传《建炎以来系年要录》卷一四四，绍兴十二年正月戊申）

[注]

①左朝奉大夫：朝奉大夫为宋文散官名，正五品，文官第十一阶。元丰改制用以代后行郎中。后定为第十九阶。朝奉大夫又分左、右。彭山县：今四川眉山市彭山区。②以赃败：因为贪污丢掉官职。③依：依靠，托身。④至是：到岳飞被杀后。⑤脱罪籍：脱离罪犯的名册。⑥寻擢知普州：不久被提拔为普州知州。普州，治安岳（今四川安岳县）。

王辅因为贪污而丢官，托身于岳家军中，岳飞待他不薄。及至岳飞被杀，王辅却恩将仇报，落井下石，让他的儿子向朝廷上书，指控岳飞为“奸凶”。这正合秦桧心意，秦桧不但免除王辅所犯之罪，还提拔他为普州知州。像王辅这样泯灭良知的人，真是士大夫的败类！

11. 秦桧既杀岳氏父子，其子若孙皆徙重湖闽、岭①，日赈②钱米以活其命。绍兴间，有知名士知漳州者③，建言④：“叛逆之后不应存留，乞绝其所急，使尽残年⑤。”秦得其牍⑥，令札付岳氏知而已。士大夫为官爵所钓，用心至是，可谓“狗彘不食其余”矣。不欲言其姓名，以为荐绅之玷⑦。（〔宋〕王明清《玉照新志》卷五）

［注］

①其子若孙：岳飞的儿子和孙子。若，和。皆徙重湖闽、岭：都从湖湘地区贬窜到福建和五岭以南地区。重湖，洞庭湖的别称。闽、岭：福建和岭南。②赈：救济。③知漳州者：做漳州知州的人。漳州，治龙溪县（今福建漳州市）。④建言：陈述主张或意见。⑤乞绝其所急，使尽残年：请求断绝他们所急需的钱和米，使他们结束残余的岁月。⑥牍：指奏札。⑦以为荐绅之玷：而成为官僚士大夫的污点。荐绅，缙绅。古代高级官吏的装束，亦指有官职或做过官的人。荐，通“搢”。玷，白玉上的斑点。

岳飞遇害，株连其子孙，被贬窜到福建和广州地区，每天靠救济钱和米来活命。当时，秦桧势焰熏天，有个知名人士做漳州知州，为了进一步窃取高官厚禄，竟迎合秦桧，落井下石，提出断绝岳飞家属活命所急需的物资，让他们早点结束性命。这种人丧尽天良，是士大夫阶层的败类。作者王明清骂他是“狗彘不食其余”，不愿或不屑说出这个人的姓名，说出来怕他玷辱士大夫群体的名声。

12. 绍兴壬戌①，朝廷既罢三大将②，息兵议和。曾郎中时守黄州③，献《书事十绝句》于秦益公④。秦缴进于上，上喜，与升擢差遣⑤，任满，除台州⑥。诗云："吾君见事若通神，兵柄收还号令新。裴度只今真圣相⑦，勒碑十丈可无人。""淮上州州尽灭烽⑧，今年方喜得和戎。问谁整顿乾坤了，学语儿童道相公⑨。""连营貔虎⑩气如云，听诏人人愿立勋⑪。沔鄂蕲黄⑫一千里，更无人说岳家军。"……（〔宋〕吴曾《能改斋漫录》卷一一，曾郎中《献秦益公十绝句》）

［注］

①绍兴壬戌：宋高宗绍兴十二年（1142）。②既罢三大将：罢除韩世忠、张俊和岳飞的兵权。时岳飞已被害。③曾郎中：曾惇，字谹父，又作宏父，曾布孙，曾纡子。惇初仕湖州司录，历任太府寺丞，知黄州、台州，移知镇江府，绍兴二十四年知光州。守黄州：任黄州（治黄冈，今湖北黄冈市）知州。④秦益公：指秦桧。秦桧于绍兴十二年封魏国公，十七年改封益国公。⑤差遣：派遣。宋官员所任实际职务。⑥除台州：授予台州（治临海县，今浙江临海市）知州的官职。除，授官，除去旧职以任新职。⑦裴度只今真圣相：阿谀秦桧为当今德智最高的丞相。裴度，字中立，唐代中期的贤相。圣相，指具有最高德智的辅佐者。⑧淮上：指淮河岸边。尽灭烽：全都熄灭烽火。谓没有战事。⑨相公：宰相的尊称。此称秦桧。⑩貔虎：貔和虎，喻勇猛的将士。⑪听诏：听从皇帝的命令。立勋：立功。⑫沔鄂蕲黄：沔州、鄂州、蕲州、黄州的并称。皆在今湖北省，曾为岳飞的防区。

韩世忠、张俊、岳飞三大将被剥夺军权，本是宋高宗和秦桧向金人屈辱投降的阴谋。岳飞被杀，更是天下冤之。而曾惇却厚颜无耻地党附权奸，肉麻地阿谀投降派，为其歌功颂德，咒骂抗战中坚岳家军，实属泯灭天良，卑鄙龌龊！而宋高宗和秦桧却喜其奉迎，予以"升擢差遣"。原诗为十绝句，兹摘录其三首，以管窥一斑。

13. 太学土地，见系灵通庙正显昭德文忠英济侯[①]。今国子监[②]奏称，今太学土地为岳鄂王之故宅，乞超封王爵[③]。于陈乞间[④]，忽遇鄂州诸神显绩[⑤]，并加封号，内一项，土地岳鄂王已拟封昭烈王。具申[⑥]朝廷，遂奉寺官书判[⑦]，欲照鄂州土神，一体称呼[⑧]。今准钧判[⑨]，送寺拟封申呈[⑩]。奉寺官书判：太学，岳鄂王之故宅也，因以祀为土神，朝廷累尝封至八字侯[⑪]。近因武昌之捷，阴有相焉[⑫]，封为昭烈王，太学遂亦有超封王爵之请。同一鄂王，岂宜两谥。但“昭烈”二字，施之武昌之庙则可，施之孔堂[⑬]之侧之庙则不可。神生为忠臣，丰功伟烈，焜耀[⑭]今古，血食上庠[⑮]，英灵默佑[⑯]，于斯文有关焉。谥以“忠文”，畴曰不宜[⑰]。况“文忠”二字，昔以之封侯，恐与先圣[⑱]相似，故先“忠”后“文”，示有别也。（〔宋〕谢起岩《忠文王纪事实录》卷一）

［注］

①正显昭德文忠英济侯：太学土地神的封号。按宋吴自牧《梦粱录》卷一五：“太学内东南隅，设庙廷，奉后土神，即土地神，朝家敕封号曰‘正显昭德文忠英济侯’。”②国子监：亦称国子学，其职能具有二重性，一是作为官学最高管理机构，二是生徒就学的最高学府。③乞超封王爵：请求超越侯的爵位而封为王的爵位。④于陈乞间：正在陈请期间。⑤显绩：显示功绩。⑥具申：写呈文申报。⑦遂奉寺官书判：顺应太常寺官员书写的结论意见。遂，顺从，顺应。奉寺官，太常寺官员。⑧一体称呼：一样称呼（为昭烈王）。一体，一同、一律。⑨钧判：对太常寺判词的尊称。钧，旧时的敬辞，对尊长或上级用。

⑩送寺拟封申呈：送太常寺打算向上缄封申报。⑪八字侯：指“正显昭德文忠英济侯”。⑫阴有相焉：暗中有助于此。焉，相当于“于是”“于此”。⑬施之：用之于。孔堂：此指学校。因学校皆祀孔子。⑭焜耀：照耀。⑮血食上庠：在太学受享祭品。上庠，古代的大学。⑯默佑：在暗中默默保佑。⑰畴曰不宜：谁说不合适？畴，疑问代词，谁。⑱先圣：称孔子。

南宋太学，原为岳飞故宅。故朝廷曾封岳飞为太学土地神，号“正显昭德文忠英济侯”，庙额为灵通庙。太学学录杨懋卿申请“改赐庙额，特与超封王爵，及封神父、母、妻及五子、及五妇、及佐神六人”。正在陈乞期间，朝廷对鄂州土地神岳飞拟封“昭烈王”，国子司业兼玉牒所检讨官何梦然等将杨懋卿的申状呈报礼部，并建议“欲照鄂州土神，一体称呼”为“昭烈王”。礼部又呈报太常寺。太常寺认为：“‘昭烈’二字，施之武昌之庙则可，施之孔堂之侧之庙则不可。”提议“谥以‘忠文’”，并呈报尚书省。此则为尚书省牒的节录，以知岳飞何以又称“忠文王”。

后 记

仿《宋稗类钞》《清稗类钞》等书的体例，抄辑岳飞一人之事迹和逸闻，并作分类，对于我来说，是一种新的尝试。所辑资料，主要来源于宋代以来的野史笔记、文人别集，兼及地方志。其中，以宋人著述为主，大部分属于史实，或可补正史之不足；有的则未必，明显是对岳飞的神化。书名中的“故事”本含有佚事传闻的意思，如《汉武故事》。这些记载的本意无不崇敬岳飞，颂扬英雄，鞭挞邪恶，传播的皆是民族正气和爱国精神。所辑资料，除作疏通字句的注释外，还对其真伪进行必要的辨析，对其意义进行简要的解析。我的老师，96 岁高龄的张大猷先生认为，本书既有文献价值，可供研究者参考，又可普及岳飞事迹和精神，具有广泛的社会价值。书稿曾呈宋史专家王曾瑜先生、龚延明先生、姜锡东先生审阅。王曾瑜先生来信表示：“你们两部书，完全可以并行不悖。他们做的工作是白话注释词汇（指《鄂国金佗稡编续编译注》），与您的体例不同。”并提醒注意：“采用此种体例当然可以。既然传说与史料并行，是否有一个辨真伪，分清两者的问题。”龚延明先生来信作鼓励性评价：“原来，岳飞研究还有那么多事可以做，这是您智慧、毅力的结晶。”治辽宋金元史的符海朝博士提出指导意见并慨然作序。河北大学宋史研究中心姜锡东教授更是几番周折，倾全力促成出版事宜。值此书稿付梓之际，并向诸位先生致以诚挚的谢意。

傅炳熙于洹上默斋

2020年4月